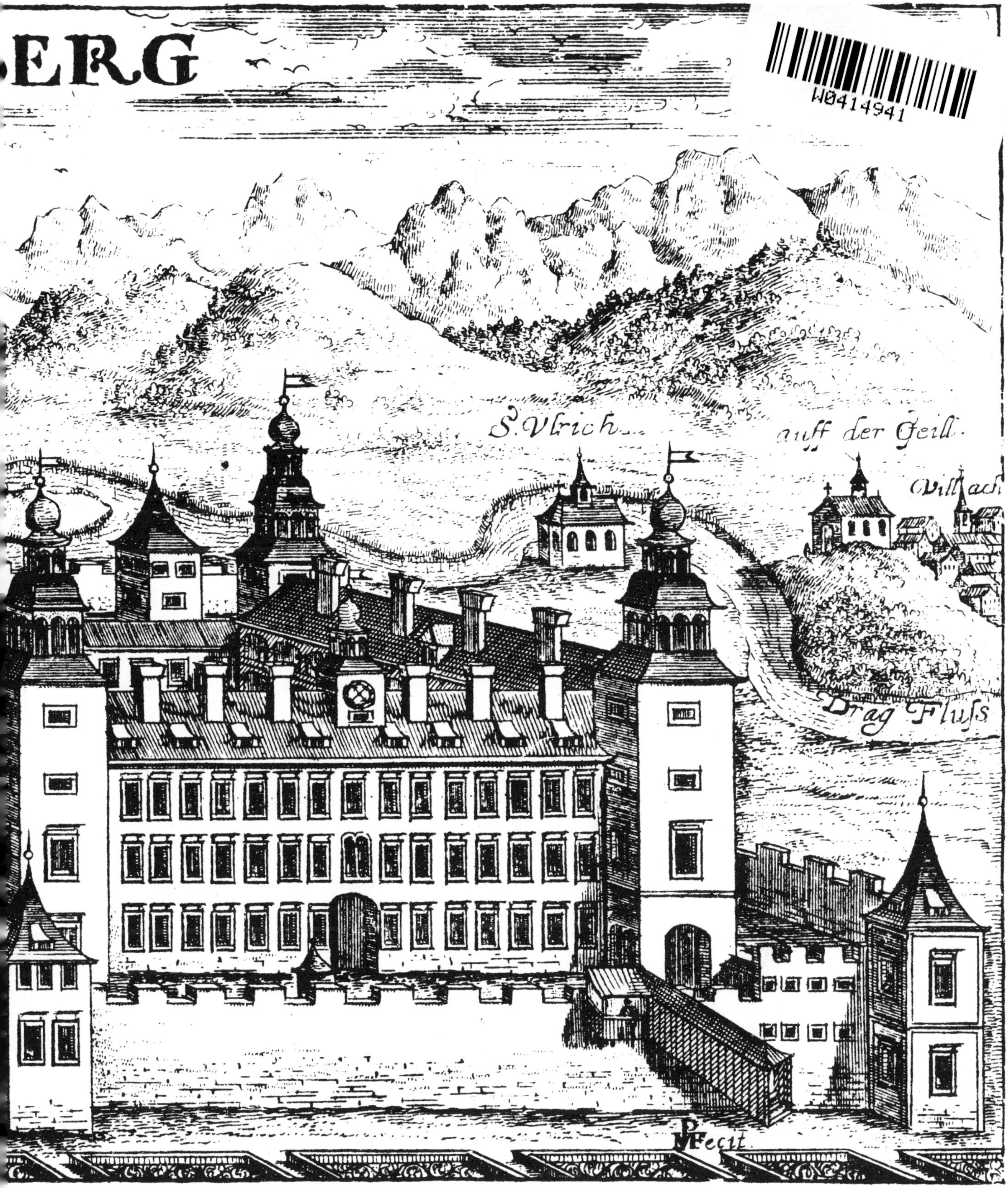
ERG
S. Vlrich
auff der Geill
Villach
Drag Fluss
Fecit

PETER WIESFLECKER · WERNBERG

PETER WIESFLECKER

WERNBERG

Aus der Geschichte einer Kärntner Gemeinde

VERLAG JOHANNES HEYN

IMPRESSUM

Druckvorstufe: Reprozentrum, Klagenfurt,
Druck: Carinthian Bogendruck GmbH&CoKG
Klagenfurt 2001
ISBN 3 85366 967 0

Inhalt

Das Wappen der Gemeinde Wernberg

EIN GOLDENER SCHILD MIT EINEM BLAUEN, OBEN VIERFACH GEZINNTEN SCHILD BELEGT, DARIN UNTEN EIN GOLDENER EICHELZWEIG VON ZWEI BLÄTTERN UND EINER EICHEL, ÜBERHÖHT VON DREI GOLDENEN STERNEN

Zum Geleit

Eine Straßenkarte des römischen Reiches aus dem Anfang des dritten Jahrhunderts nach Christus verzeichnet eine Station im Raum Wernberg/Sternberg. Verschiedene weitere Funde aus der Kelten- und Römerzeit sind Zeugen der bewegten Geschichte unseres Raumes und des alten Siedlungsgebietes zwischen der Drau und den Ossiacher Tauern.

Eine Errungenschaft der Revolution des Jahres 1848 waren die Einführung der politischen Gemeinde als kleinste Verwaltungseinheit. Auf dem Gebiet unserer heutigen Gemeinde entstanden die Gemeinden Wernberg und Umberg, die 1864 zur Gemeinde Wernberg vereinigt wurden.

Der interessante geschichtliche Hintergrund Wernbergs verlangte geradezu eine Darstellung. Mit der nun vorliegenden Publikation „Wernberg. Aus der Geschichte einer Kärntner Gemeinde" gehen wir gemeinsam ins neue Jahrtausend. Die Tür zur „geheimnisvollen Werkstatt Gottes", wie Goethe die Geschichte nannte, öffnete für uns Dr. Peter Wiesflecker, der vor drei Jahren vom Gemeinderat mit der Aufgabe betraut wurde, die Entwicklung des Siedlungsraumes und der Gemeinde Wernberg aufzuarbeiten. Unterstützt wurde er dabei von einem „Chronik-Arbeitskreis", der eigens dazu gebildet worden war. In liebevoller Kleinarbeit wurden verschiedene Themen aufbereitet und zahlreiche Bilder, mitunter mühsam, zusammengetragen, um dem Leser Geschichte lebendig zu machen. Historisches, spannend aufbereitet, soll Ihnen die Geschichte unserer Gemeinde und unseres Lebensraumes näher bringen.

Mein herzlicher Dank gilt all jenen, die dazu beigetragen haben, die „Wernberg-Chronik" zu einem interessanten Nachschlagewerk zu machen, Dr. Peter Wiesflecker und den Mitgliedern des Arbeitskreises, den zahlreichen Interviewpartnern und Zeitzeugen, vor allem jenen Menschen, die uns Einblick in ihre eigene, private Vergangenheit gewährten.

Wir haben die Pflicht, die Geschichte Wernbergs zu pflegen und so in Erinnerung zu behalten. Der vorliegende Band hilft uns dabei und drückt gleichzeitig Dankbarkeit und Respekt vor den Leistungen und Schicksalen jener aus, die vor uns hier gelebt und gewirkt haben. Ihre Geschichte ist zugleich ein Teil unserer eigenen.

Ihr

Franz Zwölbar
Bürgermeister der Gemeinde Wernberg

Vorwort des Autors

Aufgabe des Historikers ist es, den Blick zurück zu ermöglichen, Werden und Vergehen von Generationen darzustellen, den Heutigen zu vermitteln, was gewesen ist, vor allem auch, warum es so gewesen ist. Jeder Ort, jede Institution, jedes Gemeinwesen, jede Familie, jeder einzelne von uns hat seine Geschichte.

„Wernberg. Aus der Geschichte einer Kärntner Gemeinde" lautet der Titel des Buches, das nun vor Ihnen liegt und über die Geschichte Ihres Lebensraumes, seiner Menschen und jener Institutionen Auskunft geben will, die das Leben hier durch Jahrhunderte bestimmt haben und zum Teil noch immer bestimmen. Die vorliegende Publikation versteht sich als erstes Eintauchen in die Geschichte Ihrer engeren Heimat. Bei diesem Blick zurück, der im folgenden versucht wird, wird man sich immer vor Augen halten müssen, daß sich nur ein Teil der Zeugnisse, die über Geschichte und Entwicklung dieses Gebietes Auskunft geben, erhalten haben. Vieles ist im Laufe der Jahrhunderte verloren gegangen, nur weniges wurde in der Frühzeit überhaupt schriftlich festgehalten. Die erste Nennung eines Ortes bedeutet daher nicht, daß der Ort vor der Ausstellung dieser Urkunde, in der er erstmals genannt wird, nicht existiert hat, sondern vielmehr, daß sich diese Urkunde eben erhalten hat und nicht wie viele andere Zeugnisse, denen wir weitere Aufschlüsse zur Geschichte unseres Lebensraumes entnehmen könnten, verloren gegangen ist.

Trotzdem galt es bis zur Abfassung des Buches eine beachtliche Menge an schriftlichen Quellen zur Geschichte von Wernberg durchzusehen und auszuwerten. Archive in Klagenfurt, Graz und Wien wurden ebenso konsultiert wie lokale Quellen in der Gemeinde selbst. Nur ein Teil der Ergebnisse dieser Arbeit, die den Autor durch drei Jahre seines Lebens begleitete, konnte in dieses Buch aufgenommen werden, da die „Chronik von Wernberg" nur einen ersten großen Überblick über die Geschichte dieses Kultur- und Lebensraumes geben soll. Manches an diesem Bild, in dem Wernbergs Geschichte gleichsam nachgezeichnet wird, wird daher nur flüchtig skizziert oder mit wenigen Strichen aufgetragen erscheinen. Als Autor hoffe ich, daß das Nebeneinander von Hochpolitischem, wie etwa der Gründung der Burg Wernberg durch Herzog Bernhard von Kärnten, und Alltäglichem, von Humoreskem und Tragischem, gedacht sei hier an das Schicksal einer angeblichen Wernberger Kindsmörderin, einen eindringlichen Blick zurück gestattet.

Bewußt wurde dieses Buch als heimatkundliche Publikation angelegt. Ein breiter Leserkreis soll mit ihm angesprochen werden. Dies machte es notwendig, das auf manches, das zur Grundausstattung einer wissenschaftlichen Abhandlung gehört, verzichtet wurde.

Ein kleiner Quellen- und Literaturteil erschließt die wichtigsten Quellen und Literatur. Zitate erscheinen im Text im Kursivdruck.

Eine Arbeit wie die vorliegende, ist wie das Werk eines Einzelnen. Ohne die Hilfe des Arbeitskreises und ohne das Entgegenkommen einzelner Personen und Institutionen im Gemeindegebiet hätte manche Quelle nicht erschlossen werden können, wäre manches dem Autor verborgen geblieben. Es ist mir daher ein aufrichtiges Bedürfnis all jenen zu danken, die in vielfältiger Weise Hilfestellungen leisteten insbesondere den Mitgliedern des Arbeitkreises Eduard Haas, Josef Matschek, Brigitte Orsini-Rosenberg, Rosalia Soran, Georg Schulnig und Walter Zehetgruber, den Interviewpartnern Ing. Johann Arneitz, Erich Hochenberger, Maria Keller, Rosa Lepuschitz, Walter Matschek, Lorenz Oschounig, Arch. DI Felix Orsini-Rosenberg, Maria Perko, Rudolf Petritsch, Regina Piuk, Erich Romauch, Wilhelmine Tschabuschnig, Stefan Ulbing sen. und Maria Warmuth, den lokalen Geistlichen und Schuldirektoren, dem Kloster Wernberg, den Bediensteten der Gemeinde Wernberg und der konsultierten Archive und Bibliotheken, dem Landesgendarmeriekommando Kärnten und dem Gendarmierieposten Wernberg sowie allen, die durch Überlassung von Bildmaterial, Unterlagen und Informationen wesentlich zum Gelingen des Buches beigetragen haben.

Dr. Peter Wiesflecker

Graz, 1227 November 17

Bischof Eckbert von Bamberg und Herzog Bernhard von Kärnten schließen unter Vermittlung Erzbischof Eberhards II. von Salzburg und Herzog Leopolds VI. von Österreich und Steiermark [als solcher der dritte dieses Namens] einen Vertrag:

1. Der Herzog gibt an Bamberg das Schloß Wernberg und andere vom Abt von St. Paul erkaufte Güter zu Eigen und empfängt alles für sich und seine Kinder zu Lehen.
2. Der Herzog zerstört die zu bauen begonnene Brücke unter dem Schloß, um sie oder eine andere niemals wieder aufzubauen; auch wird er dort keinen öffentlichen Markt halten, noch Waren niederlegen, noch Zoll und Maut einheben lassen.
3. Der Herzog schenkt die von ihm angegriffenen Leute in Villach und das von den Viktringern erkaufte Grundstück dem Bistum Bamberg.
4. Der Herzog entsagt dem Streit um die Silbergrube am Berg des Bischofs von Bamberg.
5. Er verzichtet ebenso wie Wichard von Karlsberg und andere, die damit belehnt waren, auf das Schloß Reichenfels und wird dort auch kein neues Schloß erbauen.
6. Der Bischof von Bamberg zahlt dem Herzog 1000 Mark Silber Kölner Gewichts.

Urkunde vom 17. November 1227, Graz, mit der ersten Nennung Wernbergs. (Original StLA, AUR, Nr. 452)

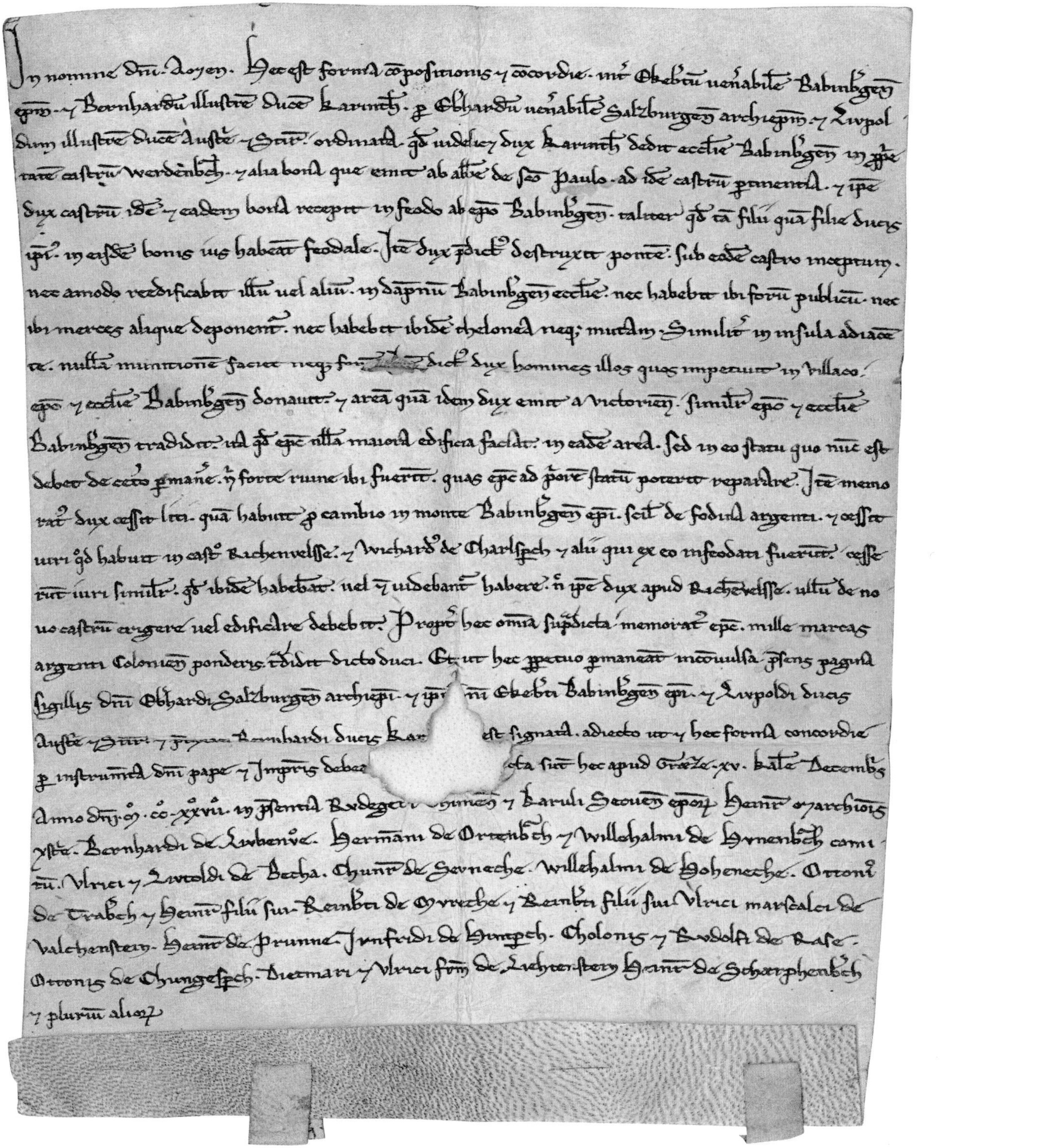

In nomine domini. Amen. Hec est forma compositionis et concordie inter Ekebertum venerabilem Babinbergensem
episcopum et Bernhardum illustrem ducem Karinthie, per Eberhardum venerabilem Salzburgensem archiepiscopum et Liupol-
dum illustrem ducem Austrie et Stirie ordinata. Quod videlicet dux Karinthie dedit ecclesie Babinbergensi in proprie-
tate castrum Werdenberch et alia bona que emit ab abbate de sancto Paulo ad idem castrum pertinentia. Et ipse
dux castrum idem et eadem bona recepit in feodo ab episcopo Babinbergensi taliter quod tam filii quam filie ducis
ipsius in eisdem bonis ius habeant feodale. Item dux predictus destruxit pontem sub eodem castro inceptum,
nec amodo reedificabit illum vel alium in dampnum Babinbergensis ecclesie. Nec habebit ibi forum publicum, nec
ibi merces alique deponentur, nec habebit ibidem theloneum neque mutam. Similiter in insula adiacen-
te nullam munitionem faciet neque fieri [illegible] predictus dux homines illos quos impetivit in Villaco
episcopo et ecclesie Babinbergensi donavit, et aream quam idem dux emit a Victoriano similiter episcopo et ecclesie
Babinbergensi tradidit, ita quod episcopus nulla maiora edificia faciat in eadem area, sed in eo statu quo nunc est
debet de cetero permanere. Si forte ruine ibi fuerint, quas episcopus ad priorem statum poterit reparare. Item memo-
ratus dux cessit liti quam habuit pro cambio in monte Babinbergensis episcopi, scilicet de fodina argenti, et cessit
iuri quod habuit in castro Rechenvelsse, et Wichardus de Charlsperch et alii qui ex eo infeodati fuerunt cesse-
runt iuri similiter quod ibidem habebant vel se videbant habere. Nec ipse dux apud Rechenvelsse ullum de no-
vo castrum erigere vel edificare debebit. Propter hec omnia supradicta memoratus episcopus mille marcas
argenti Coloniensis ponderis reddidit dicto duci. Et ut hec perpetuo permaneat inconvulsa, presens pagina
sigillis domini Eberhardi Salzburgensis archiepiscopi et ipsius [illegible] Ekeberti Babinbergensis episcopi et Liupoldi ducis
Austrie et Stirie et [illegible] Bernhardi ducis Kar[illegible] est signata, adiecto ut et hec forma concordie
per instrumentum domini pape et imperatoris debea[illegible]cta sunt hec apud Grezze XV. kalendas Decembris
anno domini M. CC. XXVII., in presentia Rudegeri [illegible]iemensis et Karuli Seccouensis episcoporum, Heinrici marchionis
Istrie, Bernhardi de Liubenowe, Hermanni de Ortenberch et Willehalmi de Hunenberch comi-
tum, Ulrici et Liutoldi de Pecha, Chunradi de Sevneche, Willehalmi de Hohenecke, Ottonis
de Trabech et Heinrici filii sui, Reinberti de Murekke et Reinberti filii sui, Ulrici marscalci de
Valchenstein, Heinrici de Prunne, Irnfridi de Hunsperch, Cholonis et Rudolfi de Rase,
Ottonis de Chungesperch, Dietmari et Ulrici fratrum de Lichtenstein, Heinrici de Scharphenberch
et plurium aliorum.

Kloster Wernberg (Original Kloster Wernberg)

Von Kelten, Römern und Slawen

Kärnten ist seit dem mittleren bis oberen Paläolithicum (100.000–10.000 v. Chr.) kontinuierlich von Menschen besiedelt, wenngleich die Siedlungsorte wechseln. Erste Spuren von Menschen wurden bisher in der Tropfsteinhöhle von Griffen, einem Rastplatz altsteinzeitlicher Jäger (40.000 v. Chr.), gefunden. Dies gilt auch für die Mittel- (10.000–3000 v. Chr.) und die Jungsteinzeit (3000–1900 v. Chr.). Bedeutender in ihrem Umfang wie Gehalt sind Funde der ausgehenden Jungsteinzeit. Neben zahlreichen Streufunden finden sich auch Hinweise auf Siedlungen, die auf eine *längere Seßhaftigkeit ihrer Bewohner* schließen lassen. Für den Zeitraum zwischen Jungsteinzeit und früher Bronzezeit (1900–1700 v. Chr.) finden sich in Kärnten auch Kupfergegenstände wie solche, die aus Beimengungen von Zink und Zinn verfertigt worden waren. Die zahlreichen Einzelfunde seit der Jungsteinzeit enthüllen aber auch, daß sich zumindest in den großen Talzügen Menschen – wenn auch nur zeitweise – aufgehalten haben. Sowohl für die frühe wie die mittlere Bronzezeit (1700–1400 v. Chr.) aber auch für die Zeit der Urnenfelderkultur (1400–750 v. Chr.) finden sich die Nachweise, zumeist in Einzel- oder Depotfunden, was jedoch nicht bedeutet, daß es *während dieser Epochen keine Siedlungen gegeben hat*, wie Gernot Piccottini, dessen Forschungen zum antiken Kärnten wir in diesem kurzen Abriß folgen, festgestellt hat. Als größter Depotfund der Urnenfelderzeit gilt jener von Augsdorf. 1892 wurden dort u. a. 32 Bronzesicheln entdeckt.

Zeugen der auf die Epoche der Urnenfelderkultur folgende Zeit der Hallstattkultur (750–250 v. Chr.) sind Siedlungen, etwa auf der Derter Platte bei Dreulach oder auf der Gurina im Gailtal sowie die Hügelgräberfelder von Frög bei Rosegg. Das Ende der Hallstattkultur kennzeichnet die Einwanderung keltischer Stämme um die Mitte des dritten vorchristlichen Jahrhunderts, die die einheimische Bevölkerung vorerst *überlagert*, sich sehr bald jedoch mit dieser vermischt haben dürfte. Gut ein Jahrhundert später, 150 v. Chr., wird im übrigen erstmals der Name der Noriker überliefert. In das letzte vorchristliche Jahrhundert, die Zeit, in der sich das unter diesem Volksstamm entstandene territoriale Gebilde – *regnum Noricum* –, im Inneren verfestigte, kommt es zu ersten Niederlassungen römischer Händler sowie zum Ausbau römischer Handelsstützpunkte im Land. In der zweiten Hälfte dieses Jahrhunderts erfährt das *regnum* seine bedeutendste Ausweitung bis weit in die ungarische Ebene hinein. Dieser *letzten politischen Manifestation des späten europäischen Keltentums* folgte 15 v. Chr. die Unterstellung unter römische Herrschaft, nahezu der logische Schluß einer langjährigen Nachbarschaft, die wohl auch die politischen Kräfteverhältnisse richtig einschätzte. Wenngleich *die Form der Annexion nicht einwandfrei geklärt* ist, so dürfte sich die Einbindung und Eingliederung in ein größeres Ganzes weitestgehend friedlich vollzogen haben. Die folgenden Jahrzehnte kennzeichneten eine verstärkte Zuwanderung von Römern und, mit dieser Hand in Hand gehend, eine fortschreitende Romanisierung der Bevölkerung wie Intensivierung von

Metallverarbeitung und Handel. Unter Kaiser Claudius erfolgte schließlich die Umwandlung des besetzten *regnum* zur römischen Provinz.

Die Zeugnisse dieser Zeit sind besonders reichhaltig und beschränken sich keineswegs auf die Städte. Herbergsorte oder Stationen, in denen die Pferde gewechselt werden konnten, – Mansiones und Mutationes – weist die *Tabula Peutingeriana* aus, darunter viele entlang des sog. *Schrägen Durchgangs*, der die Adria mit dem Donauraum verband. Unter den Stationen entlang dieser alten Handels- und Verkehrsstraße, die in Folge alle großen Völker-

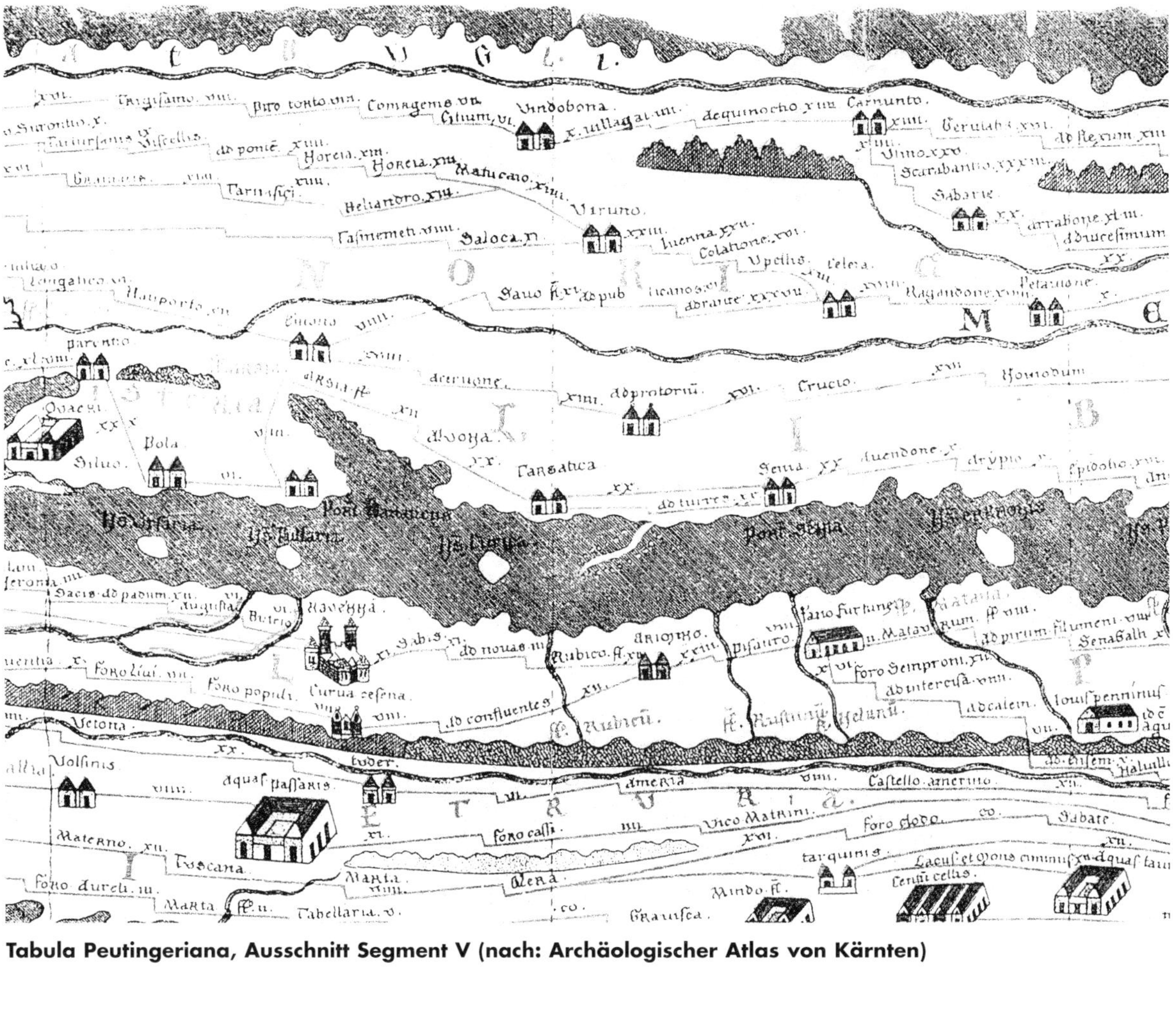

Tabula Peutingeriana, Ausschnitt Segment V (nach: Archäologischer Atlas von Kärnten)

bewegungen, die dieses Gebiet durchzogen haben, sehen sollte, wird auch *Tasinemetum* ausgewiesen, zwanzig Meilen (30 km) von Virunum entfernt. Die angegebene Meilenzahl läßt eine Lokalisierung der Station im Raum Fahrendorf–Lind/Sternberg zu. Der Name – Heiliger Bezirk des Gottes Tasos – weist auf ein schon vorrömisches Heiligtum dieser Gottheit hin. Doch diese Nennung eines Herbergsortes in unserem Gemeindegebiet ist nicht der älteste Hinweis auf zumindest zeitweisen Aufenthalt von Menschen in diesem Gebiet, wie der Fund eines Lappenbeils aus der Zeit der Urnenfelderkultur beweist.

Eine Zäsur jener Entwicklung, die Noricum in den ersten beiden nachchristlichen Jahrhunderten genommen und die eine Epoche *ungestörter kultureller Aufwärtsentwicklung* bedeutet hatte, waren die Markomannen- und Quadenstürme. Zur Sicherung der Donaugrenze wurde in dieser Zeit, um 175 n. Chr., die Legio II Italica in dieses Gebiet verlegt. Der Süden der Provinz blieb von jenen Völkerschaften, die sich nunmehr gegen die Grenze des Reiches in Bewegung setzten, verschont. Aus der Mitte des zweiten Jahrhunderts nach Christus stammt das Grabdenkmal an der Außenmauer des Chorschlusses der Pfarrkirche Sternberg. Dieser Nischenporträtgrabstein enthält die eingearbeiteten Reliefbüsten von drei Personen, einer Frau und zweier Männer. Aufgrund des Schmuckes der Frau und ihrer norischen Tracht wird man sie wohl der einheimischen Bevölkerung zurechnen müssen, wenngleich die beiden Männer, wohl Mann und Sohn der Frau, nach römischer Mode gekleidet sind. Besondere Beachtung

Nischenporträtgrabstein in der Außenwand der Pfarrkirche Sternberg (Original Gemeinde Wernberg)

verdient der Hals- und Brustschmuck der Frau, der detailliert gearbeitet ist. Im Kirchenmauerwerk finden sich zahlreiche Spolien von römerzeitlichen Bauwerken, links des Einganges zur Kirchenvorhalle findet sich ein Friesfragment. Das Relief zeigt je zwei links und rechts eines Delphins angeordnete Meergreife. Daß der Sternberg ein alter Kultplatz ist enthüllt nicht zuletzt jene, heute stark abgeschliffene Inschrift an der Front des Stiegenaufganges zur Sakristei. Dieser Inschrift zufolge – *Den Iunonen hat A... nus, Sohn (?) des Castrucius, das infolge Alters verfallene Heiligtum als Einlösung eines Gelübdes wiederhergestellt* – dürfte sich auf dem Berg ein Heiligtum der einheimischen Fruchtbarkeits- und Schicksalsgöttinnen befunden haben. Zeugen der römischen Vergangenheit dieses Gebietes haben sich auch in Föderlach und Gottestal gefunden. Föderlach war Fundort eines Inschriftenfragments, in Gottestal befindet

Weiblicher Kopf aus einem römerzeitlichen Rundmedaillon in der Außenwand der Pfarrkirche Gottestal (Original Gemeinde Wernberg)

sich an der Südwand des Gotteshauses eingemauert ein einfacher, weiblicher Kopf aus einem römerzeitlichen Rundmedaillon oder einem Nischenporträtgrabstein. Die Renovierung der Pfarrkirche in den 60er Jahren des 19. Jahrhunderts förderte zahlreiche Inschriften- und Relieffunde zu Tage, die sich heute im Landesmuseum in Klagenfurt befinden.

Die Nordgrenze der Provinz konnten dem Ansturm der Völker aus dem Norden letztlich nicht Stand halten. Unter Kaiser Diokletian kam es am Ende des dritten Jahrhunderts zu einer grundlegenden Neuordnung der Provinzen. Auch die Provinz Noricum wurde geteilt. Zentrum der Provinz im Süden – *Noricum mediterraneum* – war Virunum. Der Fall der Nordgrenze bedingte den Durchmarsch mancher Völker und für die einheimische Bevölkerung die Verlagerung ihrer Siedlungen auf Anhöhen. Den Mittelpunkt dieser befestigten Anlagen bildete der Kirchenbau, was auf eine *starke Durchdringung des Ostalpenraumes durch das Frühchristentum* schließen läßt.

Im letzten Jahrzehnt des sechsten Jahrhunderts werden die binnennorischen Bistümer letztmalig genannt. In den folgenden beiden Jahrzehnten wanderten slawische Stämme in den inneren Ostalpenraum ein und drangen bis in das östliche Pustertal vor. Diese Zeit bedeutete letztlich einen *markanten Bruch mit der spätantiken-romanischen Tradition.* Im achten Jahrhundert wird diese aus Restromanen und Slawen gebildete Bevölkerung erstmals als *Carontani* bezeichnet. Das sich formierende politische Gebilde, der weit über das Gebiet des heutigen Kärntens hinaus reichende slawische Karantanenstaat, hatte sein Zentrum am Zollfeld. Von der zweiten Missionierung dieses Gebietes, die nach der Unterstellung unter bairische Oberhoheit erfolgte, wird im Rahmen der kirchlichen Geschichte gesprochen werden.

Burgen und Schlösser im Gemeindegebiet

WERNBERG

1. DIE GRÜNDUNG WERNBERGS

1202 trat Bernhard von Spanheim, der jüngere Sohn Herzog Hermanns von Kärnten und der Babenbergerin Agnes, die Nachfolge seines Bruders Herzog Ulrich II. an, nachdem er schon in den Jahren zuvor den kranken Fürsten vertreten hatte. Mit dem jungen Spanheimer, der über ein halbes Jahrhundert regieren sollte, begegnen wir einem Dynasten, der mit Recht als der bedeutendste Kärntner Herzog angesehen wird. Der Bereich über den der Kärntner Herzog gebot, war freilich klein, von zahlreichen geistlichen und weltlichen Immunitäten durchbrochen. Er beschränkte sich im großen und ganzen auf das Städtedreieck St. Veit–Klagenfurt–Völkermarkt. Das Kärntner Herzogtum von 976, in seinem Umfang weit über die heutige Landesgrenze hinausgehend, war kein Stammesherzogtum wie Bayern oder Sachsen gewesen, sondern ein Amtsherzogtum. Die Reihe wechselnder Herzöge ohne sonderlichen Rückhalt im Land und die Ausdehnung des Herzogtums mit der Gefahr der Absplitterung einzelner Teile hatten Entstehung und Ausbau einer herzoglichen Gewalt von Anfang an kaum zugelassen.

Markstein auf dem Weg zur Landeshoheit war das Privileg Kaiser Friedrichs II. von 1232, in dem die einzelnen Fürsten erstmals als Landesherren bezeichnet wurden und in dem der Kaiser auf die königlichen Hoheitsrechte in einzelnen Territorien, wie Gericht, Münze und Zoll, Burgen- und Städtebau, die bisher ihm zugestanden waren, zugunsten der Fürsten verzichtete. Diesen stand demnach die Gerichtsbarkeit in ihren Ländern zu, der König durfte weder Burgen noch Städte in ihren Ländern errichten, so diese zum Nachteil des Territorialherrn gereichen würden. In der Reihe dieser großen Herren des Reiches nahm der Kärntner Herzog einen eher bescheidenen Platz ein, doch der ebenso tatkräftige wie staatsmännisch kluge Bernhard ging daran, die herzogliche Gewalt durchzusetzen bzw. zu erweitern. Bereits 1234 bezeichnet er sich als *dominus terre* (Landesherr). Wie schmal die Basis des Kärntner Herzogs war, von der aus er operieren mußte, mag ein Blick auf die hohe Gerichtsbarkeit, zugleich Ausdruck der Landeshoheit, zeigen, die im Herzogtum nicht der Herzog allein, sondern andere weltliche und geistliche Große ausübten, die für ihr Gebiet landesfürstliche Rechte in Anspruch nahmen. Besonders im Gebiet des heutigen Oberkärnten war die Position des Kärntner Herzogs eine denkbar ungünstige. Im Drau- und Gailtal saßen die Grafen von Görz, deren Gebiet, in dem sie über die hohe Gerichtsbarkeit geboten, sich bis in die Reichenau erstreckte. Neben diesen besaß der Erzbischof von Salzburg für das zumeist durch Königsschenkungen im Land erworbene Gebiet die hohe Gerichtsbarkeit, die ihm 1278 von König Rudolf I. nochmals bestätigt wurde. Gerichtsherr des Salzburger Eigenbistums Gurk war zunächst der Herzog von Kärnten. Die Gerichtshoheit über die große bambergische Enklave im Land mit ihren Zentren Villach und Wolfsberg kam erst im 14. Jahrhundert an den Kärntner Herzog.

Auch die territoriale Basis, von der aus Bernhard agieren mußte, war denkbar schmal. Der Norden des Landes bis weit hinein nach Mittelkärnten (Raum Friesach–Althofen–Maria Saal) war salzburgisches Territorium, das zudem im Land über zwei Eigenbistümer – Gurk, gegründet 1070, und Lavant, gegründet 1228 – verfügte. In Oberkärnten, vornehmlich im Gail- und Drautal, saßen die Grafen von Görz, im Raum Spittal die Ortenburger, in Villach und Wolfsberg das Bistum Bamberg, im Gebiet um Treffen der Patriarch von Aquileia, im Jauntal das Hochstift Brixen, im Gebiet um Maria Wörth das Bistum Freising. Im Osten des Landes finden wir neben dem Stift St. Paul, Salzburg und Bamberg die Grafen von Heunburg, die zwar nicht reichsunmittelbar waren, wie die Görzer, deren Stellung jedoch durchaus mit jenen der mächtigen Dynasten im Westen des Landes vergleichbar war.

Den Babenbergern und den steirischen Otakaren war lange vor ihren Kärntner Verwandten die Durchsetzung der Landeshoheit in ihren Territorien gelungen. Die Voraussetzung dazu waren Arrondierung und Verdichtung herzoglichen bzw. markgräflichen Besitzes durch die Übernahme des Erbes ausgestorbener Hochadeliger des Landes, der Erwerb von Vogteien bedeutender kirchlicher Institutionen, Rodungstätigkeit und die Ausübung von Rechten als Heerführer und Gerichtsherr. Bernhard folgte diesem Beispiel. Der territoriale Gewinn in Oberkärnten blieb bescheiden. Zwar ging um 1230 die Herrschaft Greifenburg an den Herzog, sie blieb jedoch zumeist an die Görzer verpfändet. Immerhin entwickelte sich aus dieser Enklave im Gebiet der Görzer Gerichtshoheit ein eigenes Landgericht, wie überhaupt Bernhard bei der Durchsetzung der herzoglichen Gerichtsgewalt am erfolgreichsten war. Seit 1239 ist ein oberstes Landgericht bezeugt und in einem Streit zwischen den Herren von Peggau und Albeck, in dem der Herzog als Gurker Vogt vermittelte, wird besonders hervorgehoben, daß die Streitbeilegung nicht zuletzt durch Bernhard in seiner Funktion als oberster Richter erreicht werden konnte. Gerade die Gerichtshoheit kennzeichnet die Ausbildung der Landeshoheit. Darin sieht man, daß in vielem das Territorium, über das der Herzog gebot, Merkmale eines Landes trug. Bernhards Nachfolger, insbesondere die Grafen von Görz-Tirol, die 1286 als Dank für die Unterstützung des ersten Habsburgers, mit Kärnten belehnt wurden, konnten darauf aufbauen. Bernhards zäher Kampf um die Durchsetzung der Gerichtshoheit, die – im Vergleich mit anderen Ländern – zwar nur langsam vor sich ging, und die Ausbildung eines die Herrschaftsgrenzen übergreifenden Landesrechtes, hat trotz mancher Rückschläge eine Art Landesbewußtsein geschaffen, das auch jene Territorien auf heutigem Kärntner Gebiet miteinschloß, über das andere als der Herzog geboten.

Spiegelbild der territorialen Zerrissenheit Kärntens ist die Entwicklung seiner Städte und Märkte, die, obgleich an europäischen Verkehrswegen liegend, keine sonderliche Bedeutung erlangen sollten, von Friesach und vom spätmittelalterlichen und frühneuzeitlichen Handelsplatz Villach abgesehen. Stadtherren waren außer dem Herzog auch der Erzbischof von Salzburg und der Bischof von

Bamberg. Neben Gerichtshoheit und territorialer Arrondierung betrachtete Bernhard von Spanheim den Ausbau der herzoglichen Städte und Märkte als weiteren wichtigen Schritt zur Durchsetzung der herzoglichen Gewalt, wobei ökonomische und wohl auch strategische Überlegungen eine Rolle spielten.

Dem bambergischen Villach kam im Verein der mittelalterlichen Städte des Landes besondere Bedeutung zu. Die Position dieser Stadt sollte durch eine herzogliche Konkurrenzgründung in unmittelbarer Nähe, noch dazu in einem Gebiet, in dem der Herzog Fuß fassen wollte, empfindlich gestört werden. Schon in der Zeit, in der der bambergische Bischof Eckbert der Reichsacht verfallen war, hatte Bernhard versucht, sich in Villach festzusetzen. 1211 erwarb er vom Stift Viktring dessen Haus in Villach, das strategisch günstig an der Draubrücke lag und welches kurz zuvor von Villacher Bürgern zerstört worden war. Der Bamberger Bischof, inzwischen aus der Acht entlassen, beobachtete die Aktivitäten des Herzogs, der das Haus zur Feste ausbauen ließ, zwar besorgt, wurde jedoch nicht aktiv. Den Plänen Bernhards, sich in der Stadt festzusetzen, begegnete der Bischof mit einem kaiserlichen Privileg von 1225, mit dem die Rechte des Bistums geschützt werden sollten. Da ihm in der Stadt selbst kein Erfolg vergönnt war, verlegte der Herzog seinen Plan gleichsam aus der Stadt heraus. Der Absicht, von einem befestigten Ort im Weichbild der Stadt, dieser und den durch sie strömenden Handel Konkurrenz zu machen, stand freilich das gänzliche Fehlen von geeignetem Gebiet entgegen, war doch der Grundherr, auf dessen Boden sich der Plan hätte verwirklichen lassen, das Stift St. Paul. Nun möchte man meinen, dem Kärntner Herzog wäre es als Vogt des Stiftes ein leichtes gewesen, einen geeigneten Ort für seine Gründung zu finden. Der Entfremdung von Klostergut, nicht zuletzt auch durch den eigenen Vogt, stand im Fall von St. Paul ein kaiserliches Schutzprivileg von 1170 entgegen, das 1226, also eben in jenem Jahr, da Bernhard daranging, die herzogliche Position an diesem alten Verkehrs- und Handelsweg neu zu bestimmen und entscheidend zu stärken, durch ein Privileg Kaiser Friedrichs II. erneuert worden war. Wollte er sich also am St. Pauler Gut Wernberg festsetzen, so konnte er es, nachdem die Belehnung mit Stiftsgut durch die beiden Privilegien untersagt worden war, nur im Kaufweg erlangen. Im Stift selbst sah man die Verwicklungen, die sich aus dem Verkauf eines so exponiert liegenden Gutes ergeben würden, vor allem mit seinem Nachbar, dem Bistum Bamberg, das auch im Lavanttal reich begütert war, voraus und lehnte ab. Eine zweite Niederlage, wiederum durch einen geistlichen Großen seines Landes beigebracht, wollte Bernhard nicht hinnehmen. In dieser Auseinandersetzung besaß er, wollte man es salopp formulieren, die besseren Karten. Als Vogt des Stiftes war er auch Vertreter der Abtei in allen weltlichen Rechten (Temporalien). Diese wurden nun von ihm gesperrt und die ohnehin prekäre Lage des Stiftes durch Aushungerung noch verschärft. Abt und Konvent gaben nach und verkauften dem Herzog das in einer Schleife der Drau liegende Gut, wobei Bernhard sich zur Wiedergutmachung aller dem Kloster durch die „Verkaufsverhandlungen" entstandenen Schäden verpflichtete. Sofort wurde am linken Draufer mit dem Bau einer befestigten Anlage begonnen, die durch eine Brücke mit dem rechten Ufer verbunden wurde. Der Plan des Herzogs war, sollte später der Altmeister der Kärntner Geschichtswissenschaft, August von Jaksch, in seiner *Geschichte Kärntens* feststellen, *fein ausgeklügelt*. Auf der Halbinsel, die die Drau geschaffen hatte, sollte ein öffentlicher Markt mit Maut und Zoll entstehen. Der Weg über die Wernberger Brücke führte über Arnoldstein direkt ins Kanaltal, so daß die gefährliche Gail, die man von Villach kommend bei Federaun überqueren mußte, umgangen werden konnte. Die Gegend um Ossiach sowie das Gebiet des Wörther Sees und auch Oberkärnten waren vom neuen Markt aus nicht schwer zu erreichen.

Bernhard gab sich jedoch mit dem Erreichten nicht zufrieden. Auch im oberen Lavanttal wurde er gegen Bamberg aktiv. Schloß Reichenfels und damit der wichtige Weg aus dem Steirischen ins Lavanttal, sowie eine Silbergrube gingen in seine Hand über. Und selbst in Villach versuchte er, ungeachtet des Privilegs von 1225, seine Position gegenüber dem mächtigen Nachbar zu stärken, in dem er weitere Liegenschaften in seinen Besitz brachte. Auch die Grafen von Görz, die Gegenspieler des Herzogs in Oberkärnten, versuchte er durch die Einnahme von Goldberg im Gailtal, das zur Sicherung des Wegs über den Plöcken diente, zu treffen. Hier blieb der Spanheimer auf Dauer erfolglos. Und auch Bamberg war nicht gewillt, die Gewaltaktionen Bernhards weiter hinzunehmen. Einer offenen Auseinandersetzung wich man zwar aus, doch man bemühte sich um die Vermittlung zweier Mächtiger, des Erzbischofs Eberhard II. von Salzburg und des österreichischen Herzogs Leopolds VI., eines Vetters des Kärntner Herzogs, der durch die zahlreichen Händel der vergangenen Jahre, als *Störenfried erster Güte erscheinen* mußte. Die Lage, in der er sich befand, war keineswegs günstig und der Vergleich, den Bernhard am 17. November 1227 in Graz mit dem Bistum Bamberg schließen mußte, war letztlich eine Niederlage auf allen Ebenen.

Auf Vermittlung des Erzbischofs und des österreichischen Herzogs schenkte Bernhard dem Bistum Bamberg Schloß Wernberg wie andere vom Kloster St. Paul erkaufte Güter, um sie immerhin für sich, seine Söhne und Töchter als Lehen zu empfangen. Die Brücke über die Drau war zu zerstören und durfte nie mehr wiederhergestellt werden, der Ausbau eines Markt-, Maut- und Zollplatzes einzustellen. Weder auf der Drauhalbinsel, auf der der Markt hätte entstehen sollen, noch an einem anderen Ort in der Nähe der Festung durfte ein Markt errichtet werden. Die Liegenschaften in Villach nebst dem Viktringer Haus gingen ebenfalls an das Bistum, ebenso Schloß Reichenfels und das Silberbergwerk. Auch bei Reichenfels durfte keine neue Feste des Herzogs entstehen. Tausend Mark Silber Kölner Gewicht waren der Preis, den Bamberg an Bernhard für diesen Vergleich zu zahlen hatte. Da man dem tat- und – bei der Durchsetzung seiner Pläne wohl auch – gewalttätigen Spanheimer offenbar mißtraute, mußte er sich zudem verpflichten, die Vereinbarung von

Papst und Kaiser bestätigen zu lassen. Am 23. Dezember 1227 bestätigte Papst Gregor IX. den Vertrag. Die kaiserliche Bestätigung ist nicht erhalten oder möglicherweise nie erfolgt.

2. Besitzgeschichte im Hoch- und Spätmittelalter

Den Kampf mit Bamberg um die Etablierung eines herzoglichen Handelszentrums am Drauufer hatte der Herzog verloren. Immerhin endete der Vergleich nicht mit einem völligen Gesichtsverlust, gestattete doch die Verleihung der Burg, die in jenem Vertrag von 1227 erstmals genannt wird, an den Herzog und dessen Nachkommen Bernhard zumindest den Fuß in der Tür zum Villacher Handelszentrum zu behalten. Und die Summe von 1000 Mark Silber, mit der er sich sein Einlenken quasi erkaufen ließ, war eine nicht unwillkommene Aufbesserung der fürstlichen Kasse. Der Kampf zwischen Bernhard und dem Bamberger Bischof aus dem mächtigen Geschlecht der Andechser wogte weiter.

In Villach war Bernhard an Bamberg gescheitert. Seine „Wernberger" Pläne hatte Bischof Eckbert ebenfalls zu verhindern gewußt. Nun wandte sich der Spanheimer einem dritten strategisch wichtigen Punkt an dieser alten Handels- und Verkehrsstraße zu, Federaun, das ebenfalls Bamberger Besitz war und mittels dem man den wichtigen Übergang über die Gail kontrollieren konnte. Auch hier blieb der Bischof vorerst Sieger, da es dem Herzog, der in diesen Auseinandersetzungen seine Ministerialen vorgeschoben hatte, nicht gelang, sich der Burg zu bemächtigen. Der Abfall des Bamberger Lehensmannes Heinrich von Finkenstein brachte jedoch den Bischof in die Gewalt des Herzogs. Eckbert wurde von Mitte Februar bis 2. April 1233 auf Finkenstein festgehalten. Der Finkensteiner forderte für die Freigabe seines Lehensherrn ein hohes Lösegeld. Zwischenzeitlich war die Sache bis nach Rom gedrungen. Der Papst, eben jener Gregor IX., dem wir schon einige Jahre zuvor anläßlich der Einigung zwischen Bamberg und Bernhard begegnet sind, befahl dem Erzbischof von Salzburg und Herzog Friedrich II. von Österreich, sich für die Freilassung des Kirchenmannes einzusetzen. Die Kräfte des Babenbergers waren durch einen Einfall der Bayern gebunden, sodaß er dem Bischof nicht zur Hilfe eilen konnte. Die Andechser und die Bamberger Kirche brachte das erforderliche Lösegeld auf und Eckbert ging frei. Für den Finkensteiner hatte die Sache jedoch noch ein unangenehmes Nachspiel. Bereits im März war über Heinrich der Bann und über Schloß Finkenstein das Interdikt verhängt worden. In einer im Lateran ausgestellten Urkunde befahl der Papst dem Abt von Rosazzo, dem Dompropst von Aquileia und dem Propst von San Stefano in Aquileia dies öffentlich zu verkündigen. Nachdem Heinrich den Bischof erst gegen Zahlung des Lösegeldes freigelassen hatte, und zudem gegen bambergischen Besitz weiter vorging, darunter auch ein Schloß, möglicherweise Federaun, zerstört hatte, wurde der Patriarch von Aquileia, in dessen Diözese Finkenstein lag und der im übrigen ein Bruder des Bamberger Bischofs war, vom Papst angewiesen, für die Wiederherstellung des von Heinrich von Finkenstein zerstörten Bambergischen Schlosses und die Wiederherstellung des Bambergischen Besitzes einzutreten. Zudem wurden Heinrich und dessen Helfershelfer, darunter Ministerialen des Kärntner Herzogs, bis sie nicht Genugtuung geleistet hatten, öffentlich als Gebannte verkündigt, und zwar an Sonn- und Feiertagen unter Glockengeläute *(pulsatis campanis)* und bei angezündeten Kerzen *(accensis candelis)*. Somit war auch Bernhards dritter Versuch sich in diesem strategisch wichtigen und wirtschaftlich interessanten Teil Kärntens festzusetzen gescheitert.

Wernberg selbst jedoch blieb, und dies war das Ergebnis von Bernhards 20jährigem Ringen, sich vor den Toren Villachs festzusetzen, in seiner Hand. Die Geschäfte des Herzogs auf der befestigten Anlage führten herzogliche Ministerialen, deren erster, *Albertus de Werdenberc*, uns als Zeuge in einer Urkunde Hertneids von Pettau und Erchengers von Hochenwang am 7. März 1246 begegnet und der noch bis 1282 nachgewiesen ist.

Bernhard und nach ihm sein Sohn Ulrich waren ungeachtet der Lehensherrlichkeit Bambergs an der Burg deren eigentliche Herren, den die Ausgabe bzw. Annahme als Lehen änderten nichts an den tatsächlichen Machtverhältnissen. Die Wernberger Güter Ulrichs III., der schon zu Lebzeiten seines Vaters, die Burg innehatte, dienten diesem 1255 als Garantie einer Bürgschaft, die er für Rudolf von Ras dem Bamberger Bischof leistete. Nach dem Tod Herzog Bernhards 1256 überließ Ulrich Wernberg seinem Bruder Philipp. Als dieser, der erwählter Erzbischof von Salzburg und zu guter Letzt auch noch Herzog von Kärnten gewesen war, ohne jedoch da wie dort, faktische Macht ausgeübt zu haben, 1279 in Krems als Letzter seines Hauses starb, wird auch ein Wernberger Gut des Herzogs genannt.

Im Todesjahr des letzten Spanheimers wurden die Söhne König Rudolfs I, mit den Gütern des Bistums Bamberg belehnt. Ausgenommen davon war jedoch die Feste Wernberg sowie dessen Einnahmen bis zu 40 Mark. In diese Einnahmen sollte auch der Ertrag des Landgerichtes, das erstmals in diesem Jahr erwähnt wird, eingerechnet werden, doch geriet gerade dieses Landgericht bald in Vergessenheit und lebte erst um die Mitte des 15. Jahrhunderts wieder auf.

Vom ersten der herzoglichen Ministerialen, die auf Wernberg saßen, haben wir bereits gehört. Im Jahr seiner letzten Nennung (1282) wird erstmals *Welf von Werdenburch* genannt, den die Urkunde als *castellanus de Werdenburch*, als Verwalter und Hüter der Burg anführt. 1299 stiftet Welf im Kloster Viktring drei Jahrtage zu seinem, seiner Mutter, seines Vaters und aller *vordern* (Vorfahren) Seelenheil. Diese Stiftung dotiert der Wernberger, damals auch Vizedom in Krain und in der Mark, mit insgesamt sieben Huben und einer Schwaige. Eine der Huben lag bei Wernberg, am sogenannten *Werchpuechl* und stammte aus Welfs Eigengut. In der Zeugenreihe dieser Urkunde finden wir einen weiteren Namensträger, nämlich *Haertwich von Werdenburch* sowie einen Neffen des Stifters, *Albrecht von Summerek*, den Sohn von Welfs Schwester.

1286 wurde Meinhard von Görz-Tirol, der Schwiegervater von König Rudolfs ältestem

Sohn Albrecht und Stiefvater des letzten Hohenstaufen, mit Kärnten belehnt. Damit tritt uns als Herzog von Kärnten ein Mann entgegen, dessen Tatkraft und staatsmännische Klugheit ihn in eine Reihe mit dem großen Spanheimerherzog Bernhard stellt. Der Übergang der Macht an die im Land, vornehmlich in Oberkärnten reich begüterten Görz-Tiroler, vollzog sich nicht konfliktfrei. Die Großen des Landes, unter ihnen Ulrich von Heunburg, der die Kärntner Herzogswitwe Agnes geheiratet hatte, probten den Aufstand. Meinhard blieb letztlich siegreich. Die Weitsicht, die den Vater gekennzeichnet hatte, fehlte seinen Söhnen, namentlich Heinrich, dem letzten der Kärntner Herzöge aus dem Haus der Görzer, nach dessen Tod 1335 das Land an die Habsburger gedieh. Heinrichs Versuch, sich nach dem Ende der Przemysliden in Böhmen, denen ein kurzes habsburgisches Zwischenspiel gefolgt war, festzusetzen, scheiterte. Böhmen fiel an die Luxemburger, Heinrich blieben der bloße Titel eines böhmischen Königs und zahlreiche Schulden. Zur Deckung dieser mußte das herzogliche Gut herhalten, und unter diesen Gütern auch unser Wernberg.

Das Lehensband, das Wernberg mit Bamberg verbunden hatte, war bald in Vergessenheit geraten bzw. die tatsächlichen Machtverhältnisse ließen es in Vergessenheit geraten. Schon Meinhard hatte die stolze Burg an der Drau bald nach seinem Herrschaftsantritt in Kärnten in Besitz genommen. Seine ständig geldbedürftigen Söhne versetzen die Burg 1312 an Heinrich von Hohenlohe. Die finanzielle Situation des Landesfürsten besserte sich auch nach Antritt der neuen Dynastie nicht. Auch die Habsburger waren, wie eigentlich alle Dynasten, in ständigen Geldnöten und Wernberg wurde immer wieder verpfändet.

Auf der Burg selbst finden wir weiterhin Ministeriale. *Gundacher von Wernburch* wird 1304 in einer Urkunde seines Nachbarn, des Grafen Walter von Sternberg, als Zeuge genannt. 1308 verpfänden er und sein Bruder *Chvonrat der Doner* Einkünfte aus Dörfern bei Villach und Wernberg. 1329 erhalten er, seine Söhne und Töchter von Herzog Heinrich *den turn ze Werdenburch bei dem tor und der hofstat uncz uber daz tor und zwen pavmgarten*, was zuvor *her Wlfinch*, wohl der Krainer Vizedom Welf, besessen hatte, zu Lehen. Neben den Donner oder Tonner treten weitere Inhaber der Burg auf, die wohl nicht zur Gänze an eine Familie ausgegeben worden war. 1353 hören wir von *Niclas dem Tonner von Werdenburch*, 1362 von einem *Hertlein von Werdenburch*. Bereits 1313 tritt uns in einer Urkunde des Sternbergers *Albrecht der schütz von Werdenburch* entgegen, vier Jahre später vier seiner Söhne, die auch namens ihrer Geschwister zugunsten des Klosters Viktring auf zwei Huben verzichteten. Zeuge dieses Rechtsgeschäftes war ihr Onkel, der uns bereits bekannte *Chvonrat der Doner*. Einen Enkel Albrechts, Jörg, finden wir 1370 als Burggraf auf Wernberg. Gemeinsam mit seiner *wirtin* (Ehefrau) *Kathrey* tätigt er in diesem Jahr einen Verkauf an die Gottestaler Kirche. 1397 begegnen wir Peter von Liebenberg als Herrn auf Wernberg, der über jenen *thail zu Werdenburch* verfügte, den einst *Niclas Doner inn* gehabt hatte. Die folgenden Jahrzehnte nen-

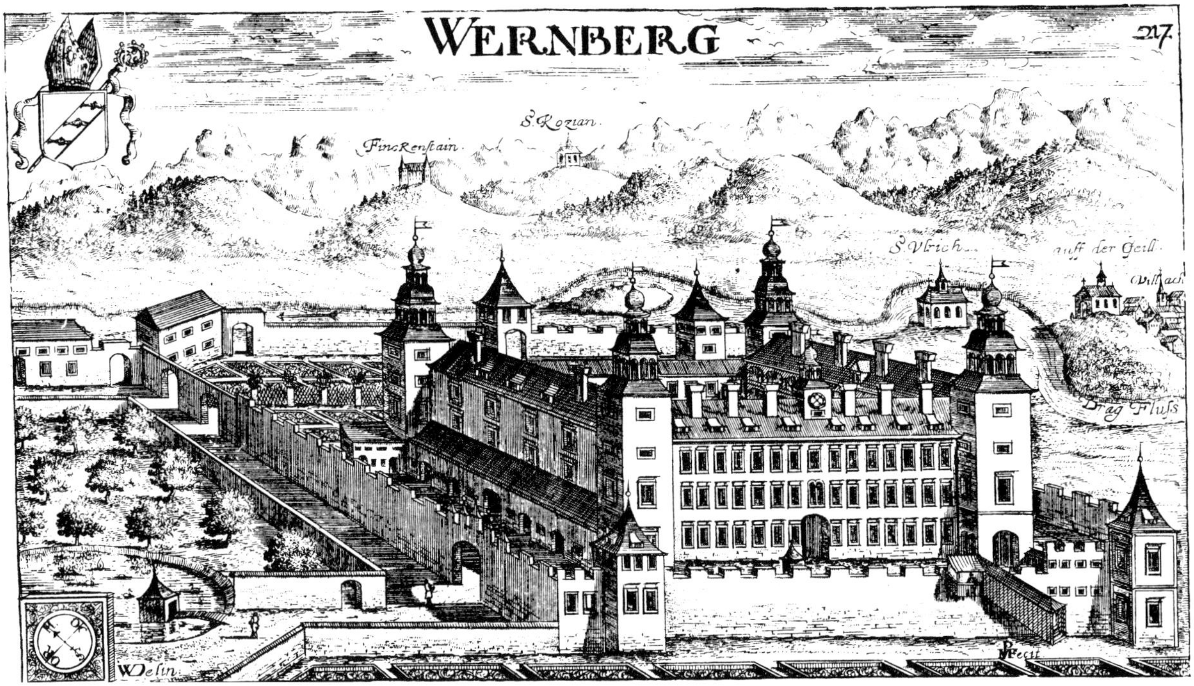

Schloß Wernberg aus Valvasor, Topographia Archiducatus Carinthiae (Original Verlag Heyn, Klagenfurt)

nen immer wieder Namen verschiedenster Burggrafen, so 1409 *Andre Wernburger*, 1411 dessen Vetter *Hans Wernberger* und schließlich 1421 *Ersam Wernburger* und dessen Onkel *Hans Fregacher*.

Am 26. Mai 1425 belehnte Herzog Friedrich IV. von Österreich Rupprecht und Hans Kreutzer mit Wernberg. Mit diesen begegnen wir Mitgliedern einer Familie, die – wie der Kärntner Genealoge *Gustav Adolf von Metnitz* schreibt – *zweifellos das vornehmste Villacher Geschlecht unter den geadelten Bürgern* dieser Stadt war und durch ein Jahrhundert auf der Burg sitzen sollte. Die Familie tritt uns erstmals 1371 mit Rupprecht (*Rüpplein*) Kreutzer entgegen, der zu den Lehensmannen der Grafen von Ortenburg gehörte. Ihren Aufstieg vom Villacher Patriziat zu höchsten Verwaltungsfunktionen im Land vollzog sich vorerst in den Diensten der Grafen von Görz. Rupprecht I. gleichnamiger Enkel, dem wir als ersten der Familie auf Wernberg bereits begegnet sind, wurde Pfleger auf Finkenstein und zuletzt Hauptmann der Grafschaft Görz. Den beachtlichen sozialen Aufstieg, den die Familie unter ihm genommen hatte, setzte sein Sohn Sigmund fort, der gemeinsam mit seinem Bruder Rupprecht als Inhaber von einst ortenburgschen, nunmehr durch Erbanfall an die Grafen von Cilli gekommener Lehen, auftritt. 1449 finden wir ihn als Pfleger auf Landskron. In diesen Jahren vollzog Sigmund auch den Schwenk von seinem bisherigen Lehensherrn, dem Grafen von Görz, hin zum habsburgischen Landesfürsten. In den Auseinandersetzungen zwischen Kaiser Friedrich III. und dem Görzer Grafen um das Erbe der Cillier tritt er immer wieder als Parteigänger des Kaisers auf. In den 50er Jahren finden wir ihn, wie schon vor ihm seinen Vater, als Pfleger auf Finkenstein, aber auch als Inhaber von Gurker Lehen, wie 1455 als Herrn auf Burg Prägrad, die er 1468 an Jakob von Ernau abgab. In den frühen 60er Jahren erreicht Sigmunds Karriere in kaiserlichen Diensten ihren Höhepunkt. Der Verleihung der Ritterwürde folgt 1460 die Übertragung der Landesverweserstelle in Kärnten und die Ernennung zum kaiserlichen Rat. An Einnahmen aus dieser Funktion bezog Sigmund unter anderem jährlich 100 Vierling Roggen und 100 Vierling Hafer. Aus einer Anweisung des Kaisers an den Verwalter von Bleiburg, Andre Glogauer, wissen wir, daß der Landesverweser zusätzlich noch jährlich zwei Faß Wein erhalten sollte. Auch Sigmunds Bruder Rupprecht stand in kaiserlichen Diensten, vornehmlich in Kriegsdiensten. Er begründete die kurzlebige Linie der Kreutzer zu Kottingbrunn in Niederösterreich, die bald nach 1500 im Mannesstamm erloschen ist.

Sigmunds genaues Todesdatum ist unbekannt. Er dürfte vor 1473 gestorben sein. Seine Frau Magdalena, die Tochter des einstigen Krainer Verwesers Jakob von Raunach, siegelt nämlich in diesem Jahr bereits als Witwe. Über sie berichtet uns Paolo Santonino in seinen Reisetagebüchern:

Am 16. des Monats [September 1486] *gingen wir von Villach nach dem vier Meilen entfernten Dorf Bogenfeld ab. Dort gab unser Bischof die von den Türken ausgebrannte Kirche des hl. Nikolaus, welche eine Filiale von Maria-Gail ist, dem Gottesdienste wieder und weihte den Nikolausaltar, der von denselben Türken entweiht worden war, wieder ein. ... Nach der gottesdienstlichen Handlung suchten wir das nahe Dorf auf. Dort speisten* [wir] *von vielen Gängen, und es saß mit uns zu Tische die edle und wohlgeborene Frau Magdalena Raunach, Witwe des weiland edlen Goldkettenritters, Herrn Sigismund Kreutzer, mit dem edlen Herrn Ludwig, dessen Sohn, einem jungen Adeligen von echtem Schrote, er verspricht viel nach seiner Anlage. Es war diese edle Frau Magdalena mit zahlreicher Dienerschaft, Gefolgsleuten und Mägden ins Dorf gekommen. Darunter waren drei ebenso ehrbare wie wohlgewachsene Jungfrauen. Der Grund war, daß sie den Bischof ehren und einige Mädchen als Patin zur Firmung führen wollte. Sie ist eine züchtige, großherzige und entschlossene Frau, von hohem Wuchse, wohlgebaut, ein froher, schöner Anblick; sie ist noch jung an Jahren und blieb mit zwei Kindern unvermählt nach ihrem teuren Gemahle. Das väterliche Erbe und das großväterliche Stammgut der Kinder, Schloß Bärenburg* [wohl Wernberg, Anm.], *ferner deren beweglichen anderen Besitz hat sie mit solcher Geschicklichkeit und Klugheit verwaltet, daß während der vergangenen 15 Jahre nichts verlorengegangen oder im Werte verringert worden ist. Sie ist auch jene Hausfrau, welche mehrere*

Portal von Schloß Wernberg (Original Gemeinde Wernberg)

Jahre in ihrer Zucht und Aufsicht die Prinzessin Kunigunde von Österreich, Seiner Majestät des Kaisers liebste Tochter, bei sich hatte. Daraus kann jeder vernünftige Mensch entnehmen, mit welcher Verläßlichkeit, Ehrbarkeit, Klugheit, Würde und anderen Tugenden die genannte Frau Magdalena begabt war. Sie stammt von weiland Herrn Jakob Raunach ab, dessen Verwandter der Herr Jakob Raunach ist, der durch mehrere Jahre Triest als Stadthauptmann gerecht und sauber verwaltet hat. Nach der Mahlzeit nahmen wir von Frau Magdalena Abschied und zogen zur Burg Rosegg.

Die Familie setzte Sigmunds gleichnamiger Sohn fort, der 1484 ebenfalls als Landesverweser von Kärnten genannt wird. Er folgte seinem Vater auch als Herr von Wernberg. Als solcher wird er 1494 genannt. Nach Sigmunds Tod ging dessen Witwe Margarethe von Cles 1515 mit Wolfgang Khevenhüller eine zweite Ehe ein. Obwohl aus ihrer Ehe mit Sigmund zwei Kinder hervorgegangen waren, war wenige Jahre später Wernberg bereits zur Gänze in Wolfgangs Besitz übergegangen.

3. DIE KHEVENHÜLLER ALS BESITZER WERNBERGS

Am 1. September 1519 wird Wolfgang Khevenhüller als alleiniger Herr auf Wernberg genannt, nachdem es ihm gelungen war, alle Anteile an der Burg zu erwerben. Die Familie des neuen Burgherrn stammte gleich den Kreutzern aus dem Villacher Stadtbürgertum und war einst wohl im Gefolge der bambergischen Bischöfe nach Kärnten gekommen. Die Familie tritt erstmals kurz vor 1400 mit Hans Khevenhüller unter den Villacher Bürgern auf. Hans wird von 1413–1415 als Stadtrichter von Villach genannt und starb am 1425, zwei Jahre bevor die Khevenhüller mit der Übernahme der Burg Eichelberg erstmals in unserem Gebiet Fuß fassen konnte. Mit Wolfgang begegnen wir als Herrn auf Wernberg erstmals einem Vertreter einer der bedeutendsten Familien Kärntens, die heute noch im Besitz der mächtigen Burg Hochosterwitz ist. Das

Burgenbild auf Hochosterwitz, ein Ölgemälde aus dem 16. Jahrhundert im Ausmaß von 90 x 110 cm, läßt einen Blick auf jene Burgen und Schlösser zu, die sich einst im Besitz der Khevenhüller befunden haben. Dieser *vollstendig verleslicher Entwurff Jenner Herrschafften, Gschlösser und Guetter, weliche das Hochansenliche Hochgräffliche Haus von Kevenhüller vormals allhier in Lanndt Karnthen possediert hat* umfaßt 23 Burgen und Baulichkeiten. Neben Hochosterwitz, Piberstein bei Himmelberg, Großkirchheim im Mölltal, Karlsberg, Annabichl und Freienthurn, um einige zu nennen, finden wir auch Eichelberg und Wernberg.

Wie seine Besitzvorgänger aus den Reihen der Familie Kreutzer finden wir auch Wolfgang Khevenhüller in kaiserlichen Diensten. Er war kaiserlicher Rat, nahm an der Seite Karls V. an der Schlacht von Pavia, der berühmten Landsknechtsschlacht teil, die mit einem Sieg der kaiserlichen Truppen und einer Niederlage König Franz I. von Frankreich endete, und focht gegen die Seeräuber vor Tunis. Aus seiner Ehe mit Sigmund Kreutzers Witwe Margaretha, der Schwester des Kardinal Cles von Trient ging ein Sohn, Sigmund, hervor, der dem Vater nach dessen Tod 1536 im Besitz Wernbergs folgte. An Vater und Sohn erinnern Grabdenkmäler in der Villacher Jakobskirche. Wolfgangs Gruftplatte befindet sich heute an der äußeren Nordwand der Kirche, während Sigmund an der Seite seines gleichnamigen Vetters aus der Osterwitzer Linie in einem monumentalen Grabdenkmal beigesetzt wurde. Da die Ehe von Wolfgangs Erben mit Katharina Meixner kinderlos geblieben war, ging das Erbe nach Sigmunds Tod im Jahr 1561 an dessen Vetter Georg, die *hervorragendste Persönlichkeit Kärntens im 16. Jahrhundert*.

Obwohl Protestant war er ein treuer Diener seiner habsburgischen Herren, war Feldherr und Politiker und in seiner Baulust ein wahrer Vertreter der Renaissance. Hochosterwitz und Wernberg wurden von ihm im großen Stil umgebaut und großzügig erweitert, wobei Wernberg als Sommersitz dienen sollte. Der Nordteil der Anlage sollte dabei seinen burgartigen Charakter behalten, gegen Süden wurden als Abschluß Terrassen angelegt. In der Attika des Nord- und zugleich Hauptportals, das von Diamantquadern eingerahmt ist, erinnert ein Brustbild an den Bauherren. Es zeigt ihn mit seinen beiden Gemahlinnen, Sybilla Weitmoser und Anna Thurzo von Bethlenfalva, für letztere errichtete Georg das heutige Schloß Annabichl bei Klagenfurt. In beiden Ehen hatte sich Georg mit Töchtern bedeutender Gewerkenfamilien verbunden. Sybilla stammte aus einer Salzburger Familie, deren Schloß, heute zur Ruine geworden, bei Gastein stand. Anna stammt aus einer oberungarischen Goldgewerkenfamilie und war zum Zeitpunkt der Heirat mit Georg verwitwet. Die Vermählung mit der reichen Ungarin soll in einem Feldlager stattgefunden haben. Jedenfalls war Anna die passende Partnerin für den Wernberger Schloßherrn, der in kaiserlichen Diensten zu höchsten Ämtern aufgestiegen war. Obwohl Protestant war Georg Landeshauptmann von Kärnten geworden, Mitglied des Geheimen Rates und Präsident der innerösterreichischen Hofkammer. Als Ehrenamt wurde seiner Familie das eines Erbstallmeisters des Herzogtums Kärnten verliehen. Nach seinem Tod im Jahr 1587 wurde Khevenhüller in der Villacher Jakobskirche, dem traditionellen Begräbnisort seiner Familie beigesetzt. Eine Darstellung auf dem Paradebett, in rotem Marmor ausgeführt, bildete den Deckel des Hochgrabes in der Stadtpfarrkirche, in dem Georg beigesetzt wurde. Nach der Rekatholisierung der Kirche im Jahr 1594 wurde der Stein, die bedeutendste Spätrenaissanceplastik Kärntens aus der Kirche entfernt. Heute hat sie, aufgestellt zwischen den beiden Seitenkapellen, wieder ihren Platz in der Kirche gefunden. Ein Familienepitaph, den der landschaftliche Bildhauer Ulrich Vogelsang 1580 geschaffen hatte, erinnert in der Kirche ebenfalls an Georg. Gemeinsam mit seiner Familie kniet der Freiherr und Landeshauptmann vor dem Gekreuzigten. Rechts vom Kreuz knien die männlichen, links die weiblichen Mitglieder seiner Familie.

Auf Georg folgte als Herr von Wernberg und der anderen Khevenhüllerschen Besitzungen sein Sohn Sigmund, dem jedoch kein sonderlich langes Leben vergönnt war. Für seinen minderjährigen Sohn Paul führte dessen Mutter Regina, aus dem steirischen Geschlecht der Freiherren von Thannhausen, die Vormundschaft. Um die junge Witwe, die als *frumes* und *pider Weib* galt, warb der zweifache Witwer Bartlmä Khevenhüller aus der Landskroner Linie des Hauses. Nach drei Tagen Bedenkzeit, in denen sie sich mit ihrer Mutter beraten hatte, nahm Regina den Antrag an und folgte ihrem wesentlich älteren Mann als Frau und Schloßherrin nach Landskron.

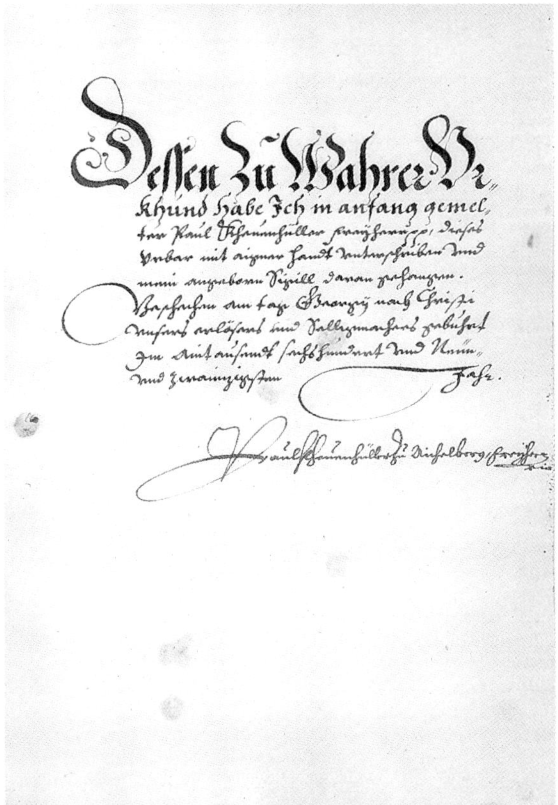
Dessen zu Wahrer Ur-
khund habe Ich im anfang gemel,

Ausschnitt aus dem Urbar der Herrschaft Wernberg mit der Unterschrift Paul Khevenhüllers (Original StLA Graz, A. Lamberg, Familie, K. 233, H. 988, fol. 154r)

Pauls Großvater hatte trotz seines Bekenntnisses zur Lehre Luthers eine steile Karriere durchlaufen können. Zu Pauls Zeiten war dies nicht mehr möglich. Die innerösterreichischen Habsburger, in deren Diensten die Khevenhüller reich und mächtig geworden waren, begannen mit der rigorosen Durchsetzung der Gegenreformation. Der Adel, der bisher manche Freiheit in religiöser Hinsicht genossen hatte, wurde nunmehr vor die Wahl gestellt, entweder zur katholischen Kirche zurückzukehren oder auszuwandern. Paul Khevenhüller blieb seinem Bekenntnis treu und wanderte aus. Die Besitzungen, darunter Wernberg, wurden verkauft und man mag sich vorstellen, daß der Erlös, der daraus gewonnen wurde, weit geringer war als der tatsächliche Wert der Güter. Gemeinsam mit seiner Frau Regina, einer geborenen Freiin von Windisch-Graetz, und den Kindern verließ Paul Kärnten und ging über Regensburg nach Nürnberg um schließlich in schwedische Dienste zu treten. Die Wernberger Linie der Khevenhüller erlosch bereits in der Generation von Pauls Kindern. Er selbst starb 1655 als hochrangiger schwedischer Militär. Ebenso wie Paul verließen auch andere Mitglieder der Familie das Land. Ein Zweig kehrte zum Katholizismus zurück und blieb. 1763 wurde diese Linie in den Reichsfürstenstand erhoben. Diesem ersten Fürsten Khevenhüller, dessen Nachkommen noch heute im Besitz der Burg Hochosterwitz sind, verdanken wir aufgrund seiner umfangreichen Tagebücher interessante Einblicke in das Leben am Wiener Hof unter Maria Theresia.

4. Besitzgeschichte vom 17. bis ins 20. Jahrhundert

An die Stelle der zur Emigration gezwungenen protestantischen Adeligen traten Familien, die am katholischen Glauben festgehalten hatten oder auch rechtzeitig zu diesem zurückgekehrt waren. Paul Khevenhüller hatte Schloß und Herrschaft 1629 an Hans Sigismund Graf Wagensperg, einen Geheimen Rat und Kämmerer Ferdinands II., verkauft. Anläßlich dieses Verkaufs wurde ein Urbar der Herrschaft Wernberg angelegt, das sich heute im Steiermärkischen Landesarchiv befindet. Im März 1632 wurde der Graf von Kaiser Ferdinand II. mit der Herrschaft und dem Landgericht Wernberg belehnt. Neben Wernberg erwarb Wagensperg auch die Herrschaft Damtschach. Doch er konnte den Besitz nicht lange halten. Gleiches galt für seinen Nachfolger Graf Werdenberg, der noch im Jahr des Erwerbs bereits an Johann Peter Freiherrn von Coronini verkaufen mußte. Diese Görzer Familie, die später in den Reichsgrafenstand aufstieg, und aus deren Reihen einer der Erzieher Kaiser Franz Josephs I. stammen sollte, blieb immerhin zwei Jahrzehnte im Besitz von Wernberg.

Am 18. September 1651 stellte *Peter Anthoni Coronin Freyherr zu Prebatsch et Gradischutta, Herr zu Rubia* im eigenen Namen wie in dem seiner Brüder *Johann Pompei* und *Johann Baptista* in Graz eine Urkunde über den Verkauf der Herrschaft Wernberg *samt des uralten nunmehr allhier auf Wernberg incorporierten Schlosses Aichelberg und des adelichen Sitz Dambschach* aus. Käuferin war Anna Regina Freifrau von Breunner, geborene Gräfin von Wagensperg. Mit ihr kehrte ein Mitglied der Familie Wagensperg nach Wernberg zurück.

Anna Regina war eine Tochter von Hans Sigismund Graf Wagensperg, der Wernberg zwischen 1629 und 1633 besessen hatte. Seit

1617 war sie mit Maximilian Breunner verheiratet, dem sie eine beachtliche Mitgift in die Ehe einbrachte, und der sie zur Mutter von zwölf Kindern machte. Beide Familien gehörten zu jenem Teil des Adels Innerösterreichs, auf den der Landesfürst sich unbedingt verlassen konnte. Taufpate von Maximilian Breunner war Erzherzog Maximilian, der Hochmeister des Deutschen Ritterordens, gewesen. Immer wieder streckte der Freiherr den Habsburgern beträchtliche Summen vor, so erhielt der Kaiser 1631 von Breunner ein Darlehen von 70.000 Gulden. Der Kaiser befand sich im Krieg und die Auseinandersetzungen im Reich und an den Nebenschauplätzen des Dreißigjährigen Krieges verschlangen Unsummen. Als Sicherstellung erhielt Maximilian die bei Baden in Niederösterreich gelegene Herrschaft Neuhaus, die der Kaiser 1633 wieder auslöste. Ähnlich den Khevenhüllern im 16. Jahrhundert durchlief Maximilian als Mitglied des katholisch gebliebenen Teils des Adels eine beachtliche Karriere. Bereits mit 21 Jahren war er Stallmeister des späteren Kaisers Ferdinand II. In seiner Heiratsurkunde wird er als Kämmerer von Erzherzog Johann Karl genannt, 1620 als innerösterreichischer Regierungsrat, 1623 als Hofkammerrat und Kämmerer des Kaisers. In diesem Jahr erhielt die Familie auch das erbliche Kämmereramt im Erzherzogtum Österreich, 1633 wurden ihm, inzwischen Hofkammerpräsident, Herrschaft und Hauptmannschaft von Tulmein verliehen. Gleichzeitig fiel auch das Görzer Erbkämmereramt an die Familie.

Nach Maximilians frühem Tod – er starb 42jährig 1635 in Ödenburg – setzte seine Witwe den Weg einer kontinuierlichen und konsequenten Vermögensbildung fort. Durch zwei Jahrzehnte blieb sie Verwalterin der Breunnerschen Güter, die durch Zukäufe, darunter auch durch solche von ihrer eigenen Familie, beträchtlich erweitert werden konnten. Zu jenen Herrschaften, die sie als Vormund ihrer Kinder erwarb, gehörte auch Wernberg. Als künftiger Besitzer der Herrschaft war ihr jüngerer Sohn Ferdinand Ernst gedacht und als solcher wird er in der Verkaufsurkunde von 1651 auch genannt. Im Juli 1652 wurde Ferdinand Ernst durch die Grafen Widmann-Ortenburg mit Wernberg belehnt, scheint jedoch bald schon auf diesen Besitz verzichtet zu haben, da in den folgenden Jahren Anna Regina und ihre Tochter Constanzia Maria von Eibiswald als Besitzerinnen der Herrschaft auftreten und mit dieser auch belehnt wurden. Anna Regina hielt sich immer wieder auf Wernberg auf. Dort erkrankte sie im Herbst 1658 an *schberen Cathar* und machte ihr Testament. Ihr Vermögen betrug gut 57.000 Gulden. Ferdinand Ernst erhielt 15.000, die jüngste Tochter Cäcilia 10.000, der Rest ging zu gleichen Teilen an ihre sieben übrigen Kinder. Die Kapuziner in Villach sollten 500 Gulden erhalten, 300 die Grazer Jesuiten, weitere Legate gingen an verschiedene Kirchen und Hausarme. Ihr Wernberger *zucht mädl* (Ziehtochter) erhielt 100 Gulden als Heiratsgut, der Vorreiter ein Legat von 25 Gulden, alle übrigen Dienstboten zusammen 200 Gulden. Anna Regina ist kurze Zeit später auf ihrem Kärntner Schloß gestorben. Am 28. Jänner 1659 wurde sie im Grazer Dom neben ihrem Mann beigesetzt. Ihrem Grabstein ist zu entnehmen, daß sie *vor zehn Wochen in Kärnten verstorben* sei.

Wernberg fiel nach Anna Reginas Tod vorerst an ihren ältesten Sohn Karl Gottfried. Seine verwitwete Schwester Constanzia Maria, die bereits neben der Mutter als Inhaberin Wernbergs genannt wird, scheint einen Teil der Einkünfte der Herrschaft bezogen zu haben. Immerhin wird 1659 in ihrem Namen ein Stift- und Ausstandregister angelegt. Noch zu Lebzeiten Karl Gottfrieds, der ebenso wie seine Schwester Constanzia ohne Nachkommen starb, ging der Besitz an die Freiherrn von Galler über. In diese Familie hatte Theresia Maria Breunner 1651 eingeheiratet. Als Vormund ihrer Kinder verkaufte Theresia am 31. Mai 1672 die Herrschaft Wernberg an das Stift Ossiach.

Der Grund für den Erwerb des Schlosses durch Abt Kaponig von Ossiach war, so will es die Ossiacher Überlieferung, die Sorge um die Gesundheit der klösterlichen Gemeinschaft, der das Klima an einem der schönsten Badeseen Kärntens nicht zuträglich war. 1660 hatte das Stift bereits aus diesem Grund das Gut Poitschach bei Feldkirchen erworben. Der erhoffte Erfolg blieb aus und das Gut wurde 1668 wiederum verkauft. Nun bot sich im einstigen Khevenhüllerschloß das geeignete Objekt für den Sommeraufenthalt von Abt und Konvent an. Schloß Wallersberg in Unterkärnten wurde verkauft und der Abt konnte Wernberg, das in seiner großzügigen Bauausführung genug Platz bot, um die Geistlichen aufnehmen zu können, erwerben. Das Schloß befand sich in bestem Zustand, galt mit seinen zahlreichen Räumen als eines der *schönsten und wohlerbautesten ... im ganzen Land* und verfügte, wie eigens hervorgehoben wird, über einen großen Ziehbrunnen in einem der Höfe, während im anderen ein *Röhrbrunn* stand, der *gar beständig und gutes Wasser* gab. Christoph Kaponig ging nun daran das Schloß für den Aufenthalt des Konventes zu adaptieren, wobei ihm zugutegehalten werden muß, daß er an den Umbau mit dem nötigen Verständnis heranging, durchaus eine Ausnahme im Zeitalter des Barock. Zur geistlichen Versorgung des Konventes entstand unter Abt Virgil Gleißenberger an der Nordwestecke des Schlosses eine Kapelle, die unter Abt Ludinger ausgestaltet wurde. Unter Abt Ildinger erfolgte schließlich die barocke Ausgestaltung im Inneren des Hauses. Einige Säle erhielten reichen Stuckschmuck, die Malerei zeigt Benediktiner bei verschiedensten Arbeiten.

Von den Mönchen wurde, wie wir an anderer Stelle noch hören werden, auch die Versorgung der Bevölkerung in geistlicher Hinsicht übernommen und der letzte Abt von Ossiach, Roman Zußner, war einige Jahre als Seelsorger in Gottestal tätig.

Das Kloster Ossiach fiel, wie andere Klöster in unserem Land auch, dem Reformeifer Josephs II. zum Opfer. Dem großen Sohn Maria Theresias schienen nur jene geistlichen Institutionen erhaltenswert, die sich der Erziehung und Bildung der Jugend oder der Krankenpflege widmeten. Ebenso wie das Kloster Arnoldstein, das Stift St. Paul oder das Benediktinerinnenstift St. Georgen am Längsee erreichte auch den Ossiacher Konvent die kaiserliche Entschließung zur Aufhebung. Mit 1. März 1783 wurde das Stift Ossiach aufgehoben. Die Patres konnten in die Seelsorge wechseln und waren zukünftig Weltgeistlichen gleichgestellt. Der Klosterbesitz, darunter auch Wernberg, wurde zugunsten des Staates eingezogen. Aus dem Erlös sollten nicht zuletzt jene Geistlichen bezahlt werden, die für die Besetzung der zahlreichen neugegründeten josephinischen Pfarren benötigt wurden.

Für das Schloß begann nun eine Zeit zahlreicher, mitunter rasch aufeinanderfolgender Besitzwechsel. Nach der Aufhebung Ossiachs erwarb Gottlieb Karl Freiherr von Ankershofen, der Vater des bedeutenden Kärntner Historikers das Schloß. 1809 ging es um 15.000 Gulden an den Villacher Anton Nagele. Zu diesem Zeitpunkt saßen auf Schloß Damtschach seit gut einem Jahrhundert die Freiherrn von Jöchlinger. Anna Gräfin Batthyany, die Gattin des Damtschacher Schloßherrn Felix Jöchlinger, erwarb von Nagele das Schloß und Wernberg blieb auch ihr bevorzugter Aufenthaltsort, zumal es auch die nötige Distanz zu ihrem Ehemann bot, dessen Eskapaden nicht nur für seine Frau, sondern auch für viele seiner Untertanen Anlaß zu ständigem Ärgernis gaben. Nach dem Tod der Baronin ging der Besitz an ihre beiden Töchter Johanna und Ernestine, die ihrem Vater auch im Besitz des Jöchlingerschen Fideikommisses gefolgt waren. Johanna war seit 1839 mit dem kaiserlich-königlichen Kämmerer Friedrich Graf von Orsini und Rosenberg verheiratet, Ernestine hatte im Jahr vor ihrer Schwester Adolf Graf Wagensperg geheiratet. Beide Schwestern nahmen mit ihren Familien – zumindest zeitweise – in Damtschach und Wernberg Quartier. Während Damtschach der bevorzugte Aufenthalt der Familie Rosenberg war, lebte Ernestine mit Mann und Kindern auf Wernberg. Dem Testament von Johanna Rosenberg ist zu entnehmen, daß die Familie über lange Zeit mit größeren finanziellen Schwierigkeiten zu kämpfen hatte. Sie wendet sich darin nochmals an ihre Tochter Johanna und deren Mann Sigmund von Karolyi, da diese das versprochene Heiratsgut nie zur Gänze erhalten hatten. Die Gräfin bietet ihnen als Ersatz die Wohnung im Damtschacher Pfleghaus an, mehr könne sie als *unglückliche Mutter, die so viel besaß und so viel verloren hat*, für Tochter und Schwiegersohn nicht tun.

Tatsächlich war Wernberg im Jänner 1877 an einen Herrn Wallnöfer verkauft worden, der die Herrschaft offensichtlich als Spekulationsobjekt erworben hatte. Im März 1878 erwarb das Schloß der österreichische Offizier Johann Freiherr Fröhlich von Salionze, dessen Karriere an *Joseph Roths Radetzkymarsch* erinnert. Fröhlich hatte in der 51. Promotion von Militär-Maria-Theresien-Rittern am 27. November 1848, also der letzten die Kaiser Ferdinand I. vorgenommen hatte, das Kleinkreuz dieses höchsten militärischen Ordens des alten Österreich erhalten. Johann Fröhlich war damals Unterleutnant der *Wocher-Infanterie* gewesen und gerade 26 Jahre alt. Mit dieser Auszeichnung, die 1757 von Kaiserin Maria Theresia geschaffen worden war und mit der bis 1918 automatisch der persönliche Adel und auf Ansuchen der österreichische Freiherrnstand verbunden waren, wurden hervorragende militärische Leistungen gewürdigt. Gleichzeitig mit Fröhlich wurde damals auch Ludwig von Benedek, der unglückliche Feldherr von Königgrätz (1866) ausgezeichnet.

Der junge Leutnant hatte die Auszeichnung für seinen Einsatz bei Salizone am 24. Juli 1848 erhalten. Den Ort seiner Waffentat wählte er zwei Jahre später als Prädikat seines Freiherrnstandes, der ihm von Kaiser Franz Joseph I. am 6. Dezember 1851 verliehen wurde. Fröhlich machte 1856 im Adjutantencorps Dienst, wurde zweiter Flügeladjutant beim I. Armee-Commando, im Februar 1859 zum Oberstleutnant befördert und kurz darauf zum Kommandanten eines Grenadierbataillons ernannt. Mit diesem machte er den Feldzug von 1859 mit. In Anerkennung seiner hervorragenden Leistungen in der Schlacht bei Solferino, in der er das gleichnamige Kastell verteidigte, erhielt er das Ritterkreuz des Leopoldordens. Am 9. Dezember 1859 quittierte er den Dienst und zog sich, erst 34jährig, ins Privatleben zurück. Anläßlich seines Ausscheidens aus der Armee wurde ihm der Titel eines *k.k. Obersten ad honores* verliehen.

Folgt man einem Eintrag in der Gottestaler Pfarrchronik so hatte Fröhlich für Wernberg 75.000 Gulden gezahlt. Gemeinsam mit seiner zweiten Frau – seine erste Frau war nach nur fünfjähriger Ehe verstorben – und drei Kindern zog der neue Besitzer im März 1878 ein. Am Weihnachtstag des Jahres 1878, also nur wenige Monate nach der Übernahme des Schlosses, fand man den Schloßherrn *tot im Bette liegend*. Mit einem Revolver hatte der ehemalige Offizier seinem Leben ein Ende gemacht. Als Grund für die Tat nennt der damalige Ortspfarrer *Schwermut*. Fröhlichs Witwe Josephine übernahm den Besitz, doch sollte der Familie auch weiterhin auf Wernberg wenig Glück beschieden sein. Der Sohn wählte, dem Beispiel des Vaters folgend, eine militärische Karriere, und heiratete in die Kärntner Gewerkenfamilie Rauscher von Steinberg ein. Die ältere Tochter wurde die Frau eines Offiziers, der 1917 als Generalmajor in der kaiserlichen Leibgarde Dienst tat. Finanzielle Transaktionen im Zusammenhang mit einem Fabriksbau brachten die Baronin jedoch, wie der Schreiber der Gottestaler Chronik nobel-zurückhaltend formuliert, in *mißliche Verhältnisse*, sodaß das Schloß im Dezember 1887 verkauft werden mußte.

Neuer Besitzer des Schlosses wurde der ungarische Adelige Ludwig Freiherr Fischer von Nagy-Szalatnya. Auch diese Familie blieb nicht lange im Besitz des Schlosses. 1897 gab sie Wernberg auf. Sowohl an die Fröhlich von Salizone wie die Fischer von Szalatnya erinnerten bis in die Zwischenkriegszeit zwei Meßstiftungen an der Gottestaler Kirche. Bei ihrem Weggang aus Wernberg richtete Baronin Fröhlich zum Andenken an ihren hier verstorbenen Mann eine Meßstiftung in Höhe von 120 Gulden ein, aus deren Ertrag jährlich eine Seelenmesse gelesen werden sollte. Baronesse Margarethe Fischer richtete 1893 eine solche Stiftung für die auf Wernberg verstorbene Oberstenwitwe Elisabeth Fischer-Nagy-Szalatnya ein, die in Gottestal begraben worden war. Beide Stiftungen wurden durch Inflation entwertet.

1897 ging das Schloß in den Besitz der Grafen Schönfeldt, einem deutschen Uradelsgeschlecht, das 1788 den Reichsgrafenstand erhalten hatte, über. Jener Zweig der

Familien Wagensperg und Schönfeldt vor Schloß Wernberg im September 1898 (Original Maria Keller)

Familie, der sich auf Wernberg niederließ war auch in Oberösterreich begütert. Der Vater des neuen Schloßherrn Heinrich Schönfeldt, Anton Graf Schönfeldt hatte eine mittlere militärische Karriere durchlaufen, ehe er sich auf sein Gut Ginselberg bei Scheibbs zurückzog. Glanzvoller war die Stellung der Mutter Heinrich Schönfeldts, einer gebürtigen Gräfin Festetics von Tolna. Als Obersthofmeisterin der Erzherzogin Marie-Therese, der Schwägerin Kaiser Franz Josephs, hatte sie eine der höchsten Funktionen am Wiener Hof eingenommen, mit denen Frauen betraut werden konnten. Heinrich Graf Schönfeldt hatte zum Zeitpunkt der Übernahme Wernbergs seine bescheidene militärische Charge bereits quittiert und lebte als Privatmann abwechselnd in Oberösterreich und Kärnten. Seine Ehe mit Olga Grimmer von Adelsbach scheiterte und wurde geschieden. Während der Graf sich nach Ginselberg zurückzog, blieb seine Frau, in zweiter Ehe mit dem ehemaligen k.u.k. Rittmeister Edmund von Mihalovich verheiratet, auf Wernberg.

Im letzten Kriegsjahr des ersten Weltkriegs brach auch die ehemalige Gräfin und nunmehrige Frau von Mihalovich ihre Zelte in Wernberg ab und verkaufte das Schloß an Johann und Anna Kostarica. Der rasche Wechsel an Besitzer, der schon die vergangenen Jahrzehnte gekennzeichnet hatte, blieb auch bestimmend für die Geschichte des Klosters in der Zwischenkriegszeit. Nach zehn Jahren gaben die Kostarica auf und Wernberg ging an Leo Graf Zeppelin, einen Verwandten des Erfinders des Luftschiffes. Fünf Jahre später wollte auch er verkaufen. Der einzige Interessent der sich für das Schloß fand war der Wiener Hotelier Hübner, der in der Sternberger Chronik als schlesischer Großindustrieller firmiert. Was ihn bewogen haben mag, den riesigen Bau zu erstehen, sei dahingestellt. Bereits ein Jahr nach der Übernahme verkaufte auch er. Knapp eineinhalb Jahrhunderte nach dem Weggang der Ossiacher Benediktiner ging das Haus wiederum in geistliche Hände über. 1935 erwarb die Kongregation der Missionsschwestern vom Kostbaren Blut das Schloß und die dazugehörige Land- und Forstwirtschaft.

5. Schloss Wernberg heute

Es bedarf keiner Ausführungen, daß der ständige Besitzerwechsel dem Schloß und dem Gutsbetrieb nicht sonderlich förderlich gewesen war. Nach dem Weggang Zeppelins hatte der stolze Bau wohl den Tiefpunkt in seiner Geschichte erreicht. Nur mühsam konnte das Haus wieder in die Höhe gebracht werden.

Ab 1935 entwickelte sich das Haus zu einem Anziehungspunkt für junge Frauen, die sich der Kirche für ihre Pastoral- und Sozialarbeit zur Verfügung stellen wollten. Die *Missionsschwestern vom Kostbaren Blut* (so der offizielle Name) gehören einer relativ jungen Kongregation an. Der Vorarlberger Franz Pfanner hatte die Kongregation 1885 in Natal (Südafrika) gegründet. Die Generalleitung der Gemeinschaft, die in zehn Provinzen unterteilt ist, hat ihren Sitz in Rom. Seit 1948 ist Wernberg auch Sitz der Provinzoberin der österreichischen Provinz, der 1999 86 Schwestern angehörten und die u.a. in Langen bei Bregenz, Salzburg, Riedegg bei Gallneukirchen (OÖ) und Dorf Tirol in Rumänien weitere Niederlassungen unterhält.

Hauptintention der Gemeinschaft bleibt *die Botschaft Jesu Christi zu leben und dadurch weiterzutragen*. Seit 1935 haben sich in Wernberg 251 Schwestern durch Ablegung der Gelübde an die Kongregation gebunden. In dieser Zeit standen zehn Schwestern dem Haus als Oberin vor, fünf Wernberger Schwestern der österreichischen Provinz als Provin-

Schloß Wernberg (Original Georg Lippitsch)

Paramentenstickerei im Kloster Wernberg (Original Kloster Wernberg)

zialoberin. Den geographischen Schwerpunkt der Arbeit bildet Afrika.

In Wernberg selbst lebten im Jahr 2000 63 Schwestern. Sie und die Angestellten des Hauses tragen und ermöglichen die Arbeit in den vielfältigen Bereichen des Hauses. Neben der Fremdenpension mit 45 Betten und dem Bildungshaus, der Paramentenstickerei, einem Kunstatelier und der Hostienbäckerei, unterhalten die Schwestern einen Kindergarten und finden in der Erwachsenenbildung, Pfarren, Religionsunterricht und im Pastoral- und Sozialeinsatz ein weites Betätigungsfeld.

Der einstmals herabgekommene Gutsbetrieb ist heute ein landwirtschaftliches Mustergut mit *Kreislaufwirtschaft*. 62 ha der klostereigenen Flächen werden landwirtschaftlich, 129 ha als Forstbetrieb, vor allem für die groß angelegte Hackschnitzelheizung, genützt.

EICHELBERG

1. BESITZGESCHICHTE IM HOCH- UND SPÄTMITTELALTER

Der Kärntner Chronist Jakob Unrest nennt in der Adelsliste, die einen integrierenden Teil seiner *Kärntner Chronik* bildet, unter den ausgestorbenen Geschlechtern des Landes auch *dy Aichelberger von Aichelwerg*. Man geht wohl nicht fehl in der Annahme, diese Familie mit dem auf der im Gebiet unserer Gemeinde liegenden Burg Eichelberg einstmals ansässigen Geschlecht zu identifizieren.

Dem ersten des auf der Burg sitzenden Geschlechts, *Reinher von Aichelberg*, begegnen wir in den Schilderungen Ulrichs von Liechtenstein über das Turnier am Friesacher Fürstentag des Jahres 1224. Unter jenen, die sich im ritterlichen Kampf maßen, war auch *her Reinher von Eychelberc, vor dessen Stössen mancher Ritter niedersank.* Auch unter den Teilnehmern der Venusfahrt Ulrich von Liechtensteins 1227 wird Reinher genannt, anläßlich der er am Turnier in St. Veit teilnahm. Reinher I. von Aichelberg ist in der Folge oftmals belegt, so nennt ihn etwa eine Urkunde Herzog Bernhards von Kärnten für das Kloster Mariabrunn bei Landstraß vom 8. Mai 1249 unter den Zeugen. Gemeinsam mit ihm wird in dieser Urkunde auch sein Bruder Ulrich genannt. In den 70er Jahren des 13. Jahrhunderts wird als Zeuge in Urkunden wiederum ein Reinher von Aichelberg genannt, der wohl ein Sohn des ersten uns bekannten Aichelbergers gewesen sein muß. Im August 1289 lernen wir ein weiteres Mitglied der Familie kennen.

Bernhardus de Aichelberch, ein Sohn des alten Reinher, vermacht, im Begriff gegen die Ungarn ins Feld zu ziehen, dem Kloster Viktring für den Fall seines Todes eine Hube zu *Taekerich* (nordöstl. von Villach) für eine wöchentliche Totenmesse. Der Anfall der Hube an Viktring dürfte tatsächlich eingetreten sein, denn als letzte der Familie wird 1291 und 1292 noch *Wilbirkh von Griuen, hern Reinhers witwe von Aichelbergkh*, genannt. Jakob Unrest nennt als letzen des Hauses einen Hans von Aichelberg, doch läßt sich ein solcher anhand der Quellen nicht identifizieren.

Die Söhne Herzog Meinhards belehnten nach dem Aussterben der Aichelberger ihren Dienstmann Ulrich von Trixen mit der Burg. Diese Mitteilung ist für lange Zeit die letzte, die wir zur Geschichte der Burg, haben. Erst 1427 hören wir wieder von der Burg. Auf ihr saß in diesem Jahr Christof Volrer, zugleich auch Pfleger von Landskron, der sie an Hans Khevenhüller, den ersten dieses Geschlechts, das uns bereits bei der Darstellung der Geschichte der Burg Wernberg begegnet ist, verpfändete. 1431 werden die Khevenhüller von Herzog Friedrich IV. mit der Burg belehnt. Das reiche Ratsbürgergeschlecht hatte damit erstmals unter den Burgherren des Landes Fuß gefaßt, und tritt nun als *Khevenhüller von Aichlberg* auf. Keinen Bezug auf diesen ersten Adelssitz, den die Familie auf Dauer erwerben konnte hat die Eichel im Wappen der Khevenhüller, das der Familie bereits von König Wenzel um 1400 verliehen wurde. Wohl bald nach der Übernahme der Burg wurde diese von den neuen Herren einer weitgehenden Umgestaltung unterzogen. Die befestigte Anlage widerstand dem Angriff der Türken, die 1480 über die Ossiacher Tauern gegen Feldkirchen zogen. Im Krieg Kaiser Friedrichs III. gegen den Ungarnkönig Matthias Corvinus scheint die Burg jedoch zerstört worden zu sein. Ihre Inhaber scheuten offenbar die Wiederherstellung dieser entlegenen Anlage und Kaiser Maximilian gestattete Augustin Khevenhüller den Bau des Ansitzes Damtschach, an dessen Stelle sich zuvor wohl ein Wirtschaftshof der Burg befunden hatte. Der Bezug zur Burg blieb insofern bestehen, da ihr Name auch weiterhin im Titel der Familie Khevenhüller aufschien, wie ein Blick in den Hofkalender des Jahres 1918 zeigt. Darin werden als Titel des Chefs des nunmehr fürstlichen Hauses Khevenhüller-Metsch angeführt: *Fürst zu Khevenhüller-Metsch und Aichelberg, Graf zu Hohen-Osterwitz und Annabüchl, Freiherr zu Landskron und Wernberg, Erbherr auf Carlsberg, Herr der Grafschaft Hardegg.*

2. Die Khevenhüller als Besitzer der Burg

In einer Urkunde, ausgestellt am Sonntag (6. 7.) nach Udalrici des Jahres 1511, gestattete Kaiser Maximilian Augustin Khevenhüller den Bau eines Ansitzes in Damtschach. Wie wir noch hören werden wurde in diesen Bau auch eine an diesem Ort befindliche Kirche integriert, die Vorläuferin der heutigen Schloßkapelle bzw. Pfarrkirche.

Obwohl die Burg, auf die die Khevenhüller in ihrem Titel Bezug nahmen, nicht immer bewohnt war und kurzzeitig dem Verfall Preis gegeben war, suchten sie immer wieder um

Markus Pernhart, Ruine Eichelberg (nach Markus Pernhart, Burgen und Schlösser in Kärnten (Klagenfurt 1988) Nr. 49

Belehnung mit dieser an, denn trotz ihrer Devastierung waren eine Reihe von Rechten damit verbunden. Bis zum Verkauf der Burg durch Paul Khevenhüller, der 1629 als Protestant das Land verlassen mußte, begegnen wir verschiedenen Mitgliedern der Familie als Inhaber der Burg, die jedoch spätestens seit dem Erwerb Wernbergs durch Georg Khevenhüller in ihrer Bedeutung immer mehr zurücktrat. So finden wir in der Reihe der Herren auf Eichelberg neben Augustin Khevenhüller, Christoph Khevenhüller aus der Landskroner Linie des Hauses, der 1553 gemeinsam mit seinen Neffen von König Ferdinand I. mit der Burg belehnt wird. Auf Georg Khevenhüller, den Gestalter Wernbergs und Landeshauptmann von Kärnten, der nach dem Tod seines jüngeren Bruders Franz die Burg alleinig innehatte, folgten dessen Söhne Sigmund und Franz und schließlich die Enkel Paul und Franz.

Anläßlich des Verkaufs der Herrschaft Wernberg durch Paul Khevenhüller erfahren wir allerdings, daß die zerstörte Anlage wieder aufgebaut worden war. Offenbar war man nach Augustin Khevenhüller darangegangen, die Burg wiederherzustellen. Im Urbar der Herrschaft Wernberg heißt es nämlich: *Das Schloß Aichelberg ist ebenfals woll erpaut, hat auch schöne zimmer darinnen, und umb und umb eine Ringmauer.* Zwanzig Jahre später wird ebenfalls noch vom *Schlosse Aichelberg* gesprochen. Drei Jahrzehnte später wird jedoch bereits von einem *zerrissen und meistentheils abgefallen*(en) Gebäude berichtet, 1769 schließlich davon, daß das Schloß schon *vor ohngedenklichen jahren ... gänzlich zusammengefallen* sei.

1629, zweihundert Jahre nach dem Erwerb der Burg, verließen die Khevenhüller, wie bereits oben beschrieben Kärnten. *Umb besser gelegenheit willein* verkaufte Paul Khevenhüller seinen Besitz an Hans Sigmund Graf Wagensperg. Die Burg sollte für die nächsten Jahrzehnte das Schicksal der Wernberger Herrschaft, der sie ja *incorporiert* war, teilen.

3. Besitzgeschichte vom 17. bis ins 20. Jahrhundert

Bei der Darstellung der Geschichte des Schlosses Wernberg haben wir bereits von der raschen Abfolge mehrerer Besitzer gehört, die auf die Khevenhüller gefolgt waren. Nach dem

Kauf der Khevenhüllerschen Herrschaften in unserem Gebiet wurde Graf Wagensperg 1632 auch mit Eichelberg belehnt, denn oberster Herr der Burg war noch immer der Landesfürst und daher mußte, wenngleich dies am faktischen Besitzstand nichts änderte, dieser den neuen Herrn mit der Burg belehnen.

Auf Wagensperg folgten Graf Werdenberg und schließlich die Görzer Coroninis, ehe auch sie die große Herrschaft und mit ihr Eichelberg aufgeben und an Hans Sigmunds ebenso rührige wie geschäftstüchtige Tochter Anna Regina Breunner verkaufen mußten. Eichelberg war also vorerst in Breunnerscher Hand und ging nach dem Tod der Wernberger Schloßherrin und infolge Kinderlosigkeit ihres Ältesten und ihrer in die Familie Eibiswald eingeheirateten Tochter Constantia an Theresia Galler, eine der vielen Töchter der Breunnerin.

Beim Verkauf von Schloß und Herrschaft Wernberg wurde die seit Georg Khevenhüllers Zeiten bestehende Verbindung mit Eichelberg gelöst. Wernberg ging an das Benediktinerstift Ossiach, Eichelberg und Damtschach blieben im Besitz der Familie Galler. Während Damtschach, insbesondere die Schloßkapelle, in dieser Zeit manche bauliche Veränderung erfuhr, verfiel die einst stolze Burg. Wenige Jahre, nachdem die Khevenhüller in den Reichsfürstenstand aufgestiegen waren, war Eichelberg vollends zur Ruine geworden.

Die Burg blieb fortan mit dem Besitz der Herrschaft Damtschach verbunden. Aus dem Besitz der Galler ging die Anlage 1699 in den von Clemens Ferdinand Graf Kaiserstein über. Als dessen Tochter Maximiliana 1703 Josef Ignaz Freiherrn von Jöchlinger heiratete, brachte sie ihm die Burg als Teil ihres Damtschacher Besitzes in die Ehe ein. Die Besitzreihe der Freiherren von Jöchlinger auf Eichelberg wurde 1769 unterbrochen. Am 13. März dieses Jahres wird Dr. Franz Anton Rainer zu Harbach mit der inzwischen zur Ruine gewordenen Burg belehnt.

Der neue Burgherr entstammte einer Lavanttaler Familie, die im Dienst der Bischöfe von Bamberg gestanden war und mit Max Wolfgang Rainer einen Abt des Stiftes St. Paul gestellt hatte. Dieser trat unter dem Namen Johannes in das Stift ein, erhielt 1701 die Priesterweihe, war von 1709 bis 1714 Kastner des Stiftes, wurde 1724 Prior und schließlich 1728 zum 44. Abt von St. Paul gewählt. Er starb im Jahr 1742. Sein Neffe Franz Anton, Doktor der Rechte und ursprünglich Advokat in Klagenfurt, wurde 1738 k. k. Kriminalrat, 1743 Hofkammerprokurator in Kärnten und schließlich 1758 *Bannrichter in den salzburgischen Landrechten in Kärnten*. 1755 wurde er in den erbländisch-österreichischen Adelsstand mit dem Prädikat Harbach, das er sich nach seinem 1752 erkauften Besitz bei Klagenfurt gewählt hatte, ernannt. Nur zwei Jahre nach seiner Belehnung mit Eichelberg starb Rainer in Klagenfurt. Schloß Harbach mußte 1780 von seinen Erben verkauft werden.

Auch im Besitz der Burg Eichelberg konnte sich die Familie nicht lange halten, denn bald schon begegnen wir wiederum den Jöchlingern als Herren der Eichelberg. Als Teil des Jöchlingerschen Fideikommisses ging die Anlage nach dem Tod von Felix Jöchlinger auf dessen Töchter Johanna und Ernestine über. Als ihnen nach dem Tod ihrer Mutter auch Wernberg zufiel waren die einstigen Khevenhüllerschen Besitzungen wieder in einer Hand vereinigt. Eichelberg und Damtschach blieben nach dem Abverkauf Wernbergs weiterhin verbunden. Die Anteile der Familie Wagensperg wurden von Johannas Nachkommen abgelöst. Eichelberg befindet sich wie Damtschach heute im Besitz der Familie Orsini-Rosenberg, in die Johanna Jöchlinger 1839 eingeheiratet hatte.

Damtschach – ein neuzeitlicher Adelssitz

Mit dem Erwerb von Burg Eichelberg, deren Geschichte wir oben kurz gestreift haben, hatten die Khevenhüller erstmals im Gebiet der heutigen Gemeinde Wernberg Fuß gefaßt. Nach der Zerstörung der Burg wurde von einer Wiedererrichtung vorerst Abstand genommen. Offenbar schien an der Wende vom Mittelalter in die Neuzeit, in einer Zeit sich ändernder Kriegstechnik die Erneuerung einer befestigten Anlage nicht mehr zeitgemäß.

1511 erhielt Augustin Khevenhüller die Erlaubnis des Landesfürsten einen Adelssitz in Damtschach zu errichten. Die Wahl des Ortes war keineswegs zufällig. Er lag in der Nähe der zerstörten Burg und dürfte wohl schon davor einen Wirtschaftshof von Eichelberg beherbergt haben. Zudem besaß der Ort ein kleines Gotteshaus, das nunmehr in den Bau des Schlosses integriert wurde. Die einzelnen Besitzer Damtschachs in der Zeit der Khevenhüller haben wir bereits kennengelernt. Auf Augustin folgte Christoph Khevenhüller aus der Landskroner Linie des Hauses gemeinsam mit seinen Neffen und schließlich Georg Khevenhüller und dessen Söhne und Enkel, ehe Paul Khevenhüller 1629 das Land verlassen und Damtschach ebenso wie Wernberg und Eichelberg aufgeben mußte.

Damtschach spielte angesichts prächtig und großzügig ausgestatteter Sitze wie Wernberg, Hochosterwitz und Landskron im Reigen der Khevenhüllerschen Burgen und Schlösser nur eine Nebenrolle. Kaum ein Mitglied der Familie dürfte sich auf Dauer hier aufgehalten haben. Das heutige Schloß war nicht vielmehr als ein ansitzartig ausgestalteter Wirtschaftshof, auf dem Khevenhüllersche Pfleger die Geschäfte führten. Als solche finden wir in der zweiten Hälfte des 16. Jahrhunderts die Familie Hämbl. Wie die Khevenhüller und die Kreutzer stammten auch die Hämbl aus dem nahen Villach. Ein Mitglied der Familie, *Heinrich Hemel*, saß um 1400 als Burggraf auf Straßfried bei Thörl-Maglern und war Inhaber des Landgerichts zu Feistritz an der Gail, einem Ortenburger Lehen, das diese Villacher Ratsbürger von Otto von Weißenegg gekauft hatten. Die Hämbl gehörten damit gleich den Kreutzern zu den Aufsteigern ihrer Zeit, die in jenes Vakuum eindrangen, das der alte Landadel, der seine Besitzungen nicht mehr zu halten vermochte, hinterließ. Im Dienste regionaler Dynasten, wie der Ortenburger oder Görzer, oder in jenen des Landesfürsten erwarben diese Familien Besitzungen und damit verbundene Rechte, um schließlich im Adel des Landes aufzugehen. Heinrich Hemels ältester Sohn Anton wurde Pfleger auf Straßfried, Stein im

Drautal und Feldsberg bei Pusarnitz, Sohn Hans Bürger von Wien und einen dritten finden wir als Pfleger im Kanaltal. Durch die Heirat von Antons Sohn Sigmund mit Barbara von Luttach kam ein Zweig der Familie nach Tirol. Nach dem Verkauf ihres Sitzes Luttach auf Pfalzen (1533) kehrte die Familie nach Kärnten zurück, um eine Generation später in Khevenhüllersche Dienste auf Damtschach zu treten. Als solche sind zwischen 1567 und 1604 *Christof* und dessen Sohn *Bernhard Hämbl* nachgewiesen. Bernhard war 1611 Hauptmann der ständischen Fußknechte.

Den Khevenhüllern folgte 1629 Graf Wagensperg als Besitzer des Ansitzes, 1633 Graf Werdenberg und schließlich die Familie der Freiherrn von Coronini, die den Besitz 1651 gemeinsam mit Wernberg und Eichelberg an Wagenspergs Tochter Anna Regina Breunner verkaufte. Im Kaufvertrag Coronini-Breunner wird Damtschach als *adelicher Siz* bezeichnet. Auch die folgenden Inhaber des Schlosses die Familie Breunner, Eibiswald und Galler sind uns bereits begegnet. Damtschach ging ebenso wie Wernberg und Eichelberg als Breunnersches Erbe an die Familie Galler. Der bedeutendere Teil dieser Erbschaft, Schloß und Herrschaft Wernberg, wurde 1672 an das Stift Ossiach veräußert, Eichelberg und Damtschach blieben im Besitz der Familie.

In der Zeit, da die Galler auf Damtschach saßen, wurde der Bau zahlreichen Veränderungen unterzogen und sein barockes Gesicht verdankt Damtschach letztlich dieser Familie. Eine besondere Ausgestaltung erfuhr in dieser Zeit die Schloßkapelle, deren Hochaltar 1684 von Maria Isabella Galler errichtet wurde. Meßstiftungen, ja selbst die erste uns bekannte Damtschacher Glocke wie das byzantinische Marienbild im Oratorium der heutigen Schloßkirche gehen auf diese Familie zurück.

Ebenso wie Eichelberg ging Damtschach an der Wende vom 17. zum 18. Jahrhundert an die Familie Kaiserstein. Der neue Besitzer des Schlosses hat sich jedoch nicht in Damtschach, sondern in einem der bedeutendsten Wallfahrtsorte Kärntens ein bleibendes Denkmal geschaffen. Gemeinsam mit seiner Frau Marie Elisabeth stiftete er 1714 den Hochaltar von Maria Saal, einen mächtigen Barockaltar mit sechs Säulen. Seine Grabstätte hat Kaiserstein im übrigen im Kapuzinerkloster in Klagenfurt gefunden, wo heute ein Epitaph an ihn erinnert.

Erbin seines Besitzes wurde seine Tochter Marie Maximiliane, die 1703 in die Familie Jöchlinger von Jochenstein eingeheiratet hatte. Den letzten dieses Hauses, das eineinhalb Jahrhunderte auf Damtschach saß, Felix Jöchlinger, werden wir als eigenwillige wie ungewöhnliche Persönlichkeit noch kennenlernen. Folgt man der Fama, so stand am Beginn dieser Familie ein ebenfalls ungewöhnlicher und zudem gewalttätiger Ahnherr, nämlich kein anderer als Johann Parricida, zugleich Enkel des ersten Habsburgers am deutschen Thron wie von dessen böhmischen Widerpart Ottokar II. Przemysl. Zum besseren Verständnis muß kurz ausgeholt werden. 1282 belehnte Rudolf I. seine Söhne Albrecht und Rudolf mit den Herzogtümern Österreich und Steiermark, in denen sich nach dem Ende der Babenberger Ottokar II. von Böhmen festgesetzt hatte. Als der Böhme dem Habsburger 1278 unterlag, gab Rudolf die Länder an seine beiden Söhne aus. Die Belehnung zu gesamter Hand (1282) wurde bald darauf zugunsten Albrechts rückgängig gemacht und Rudolf sollte mit einem anderen Fürstentum oder Geld entschädigt werden. Die Entschädigung unterblieb und nach Rudolfs frühem Tod wurde dessen Sohn Johann Erbe der Ansprüche. Albrecht I. bestritt die Ansprüche des Neffen keineswegs, verzögerte jedoch deren Einlösung. 1308 erreichte der Streit schließlich in der Ermordung Albrechts durch Johann seinen Höhe- und Schlußpunkt. Der „Vatermörder (Parricida)" floh nach Italien, seine Spur verliert sich einige Jahre später. Hier setzt nun – zumindest der Überlieferung nach – die Jöchlingersche Familiengeschichte ein. In Siena soll Johann ein Mädchen zur Frau genommen haben und durch sie Vater eines Sohnes geworden sein. Der Sohn kehrte in die habsburgischen Länder zurück und begründete dort die Familie der späteren Freiherrn von Jöchlinger. Johann Parricida hat sich tatsächlich in Siena aufgehalten. Alles andere ist frei erfunden. Einzig das Herkunftsland der Familie, Niederösterreich, in dem sich Parricidas Sohn niedergelassen haben soll, ist das Stammland der Jöchlinger. Ihr Stammbaum beginnt allerdings erst zwei Jahrhunderte später und weit weniger spektakulär.

Stammvater der Familie ist nicht der verfemte Königsenkel, sondern der Stammersdorfer Bauer Blasius Jöchlinger, dessen vier Söhne sich 1543 Weingärten teilten. Einer dieser Söhne, Christof Jöchlinger, ist wie der Vater Weinbauer in der Stammersdorfer Gegend. Aus seiner Ehe mit Barbara Pinter stammt Wolfgang Jöchlinger, der spätere Regimentsrat Karls II. von Innerösterreich. 1567 wird unter den Studenten der Wiener Universität ein *Wolfgangus Jöchlinger* aus Wien, 1571 ein solcher aus *Stammasdorf, austriacus* genannt. Und 1581 findet sich ein Kandidat der Rechtswissenschaften dieses Namens in Padua und Bologna.

Der Doktor der Rechte durchlief in habsburgischen Diensten eine steile Karriere. Er ist bereits *der fürstlichen Durchlaucht Erzherzogen Karls zu Österreich Regimentsrat* als er 1589 einen Weingarten, den ihm seine Mutter vererbt hatte, verkauft. Im Jahr darauf erhielten er und seine Brüder Hans, Matthäus, damals Vicedom in Österreich ob der Enns, und Thomas, Stadtschreiber zu St. Veit in Kärnten, den Adel und eine Wappenbesserung. 1598 wurde Jöchlinger unter die steirischen Landstände aufgenommen. Seine Söhne Wolf und Dominik erhielten 1634 den Freiherrnstand. 1636 wurde die Familie unter die Kärntner Landstände aufgenommen. Wie der Vater standen auch seine beiden Söhne in kaiserlichen Diensten. Wolf der Jüngere starb 1661 in Graz als vormaliger innerösterreichischer Hofvizekanzler und Geheimer Rat, Dominik war Vizedom in Kärnten.

Wenden wir uns nun dem letzten dieses Hauses zu. Folgt man dem Diktum, *daß oft nach Jahrhunderten in irgendeinem einzigen späten Nachkommen alles das, was das ganze Geschlecht ausgezeichnet hat, ungebrochen zum Vorschein kommt*, so müßte man von dem in den Reichsfreiherrnstand und zu steirischen und Kärntner Landständen aufgestiegenen

Felix Freiherr Jöchlinger von Jochenstein, Besitzer von Schloß Damtschach (Original Familie Orsini-Rosenberg)

niederösterreichischen Geschlecht der Jöchlinger sagen, daß es ein *wildes* Geschlecht gewesen sein muß, vor allem dann, wenn man die Charakterisierung des Letzten dieser Familie, *Felix Freiherr Jöchlinger von Jochenstein* (1786–1846), Herrn auf Wernberg und Damtschach, hört. Die Witwe seines Urenkels Felix Orsini-Rosenberg, Gräfin Marianne Orsini-Rosenberg, hat ihn wie folgt beschrieben:

Er war ein wilder Geselle, ein Prachtexemplar von einem Mann; scheute keine Gefahr und nahm sich vom Leben was er wollte, kannte keine Schranken, war rücksichtslos. In erster Ehe war er mit Marie Wilhelmine Gräfin Ursenbeck-Massimo verheiratet. Seine zweite Frau war eine Ungarin, Gräfin Maria Anna Batthyani. Die Ehe muß nicht sehr glücklich gewesen sein.

Der damalige Pfarrer von Gottestal charakterisierte den Patronatsherr über dessen *mit großem Pomp und militärischen Ehren* durchgeführte Beisetzung er kurz berichtet, mit einem einzigen Satz: *Ein Mann mit bestem Herzen, aber schlechtester Erziehung.*

Man würde der Persönlichkeit von Felix Jöchlinger wohl kaum gerecht werden würde man ihn auf die Gestalt des *tollen Barons* reduzieren. Er war vielmehr ein Mann auf der Höhe seiner Zeit mit Verbindungen weit über den Habsburgerstaat hinaus. Ausdruck dieser, wenn man so will, „Internationalität" sind die Gartenanlage von Schloß Damtschach oder jene Möbel, mit denen er seinen Ansitz ausstatten ließ, die auch heute noch durch ihre schlichte Eleganz bestechen und vom Form- und Stilgefühl Jöchlingers Zeugnis geben.

Felix unruhiges Blut scheint auch der eine oder andere seiner Nachkommen geerbt zu haben. Seine Tochter aus erster Ehe, *Emerentia*, brannte mit ihrem Musiklehrer durch. Dazu legte sie ihre Kleider an das Drauufer, sodaß man glauben mußte, sie sei ertrunken. Die Verbindung mit dem Musiklehrer war jedoch nicht von langer Dauer. 1839 heiratete sie *Jakob Kull*, einen Grazer Gutsbesitzer.

Auch in der Generation von Felix` Enkel sorgte ein *schwarzes Schaf* für manche Aufregung in der Familie. *Lothar Orsini-Rosenberg*, der jüngere Sohn von Felix` Tochter Johanna,

Maria Anna Freifrau Jöchlinger von Jochenstein, geb. Gräfin Batthyany, Besitzerin von Schloß Wernberg (Detail aus dem Grabstein in der Pfarrkirche Gottestal)

galt als leidenschaftlicher Spieler. Seine Frau Angelica, geborene Gräfin von Hoditz und Wolframitz, lebte zeitweise getrennt von ihm. Für sie wurde von der Familie die einstige *Gräfitsch-Keusche* in eine Villa umgebaut, deren Obergeschoß einige Jahre auch als Schulhaus diente.

Lothars Schwester Johanna war mit dem ungarischen Aristokraten *Sigismund Karolyi von Karoly-Patti und Nasvar*, dem Besitzer von Schloß Harbach bei Klagenfurt verheiratet. Karolyi bürgte für seinen Schwager. *Dieser verspielte in einer Nacht derart, daß ... auch der Besitz in Harbach in fremde Hände kam.* Die Familie stellte Johanna *und deren Familie das Pfleghaus in Damtschach auf Lebzeiten als „Entschädigung" zur Verfügung.*

Johanna war im übrigen die einzige der vier Töchter von Johanna Jöchlinger und Friedrich Rosenberg, die eine Ehe einging. Zwei ihrer Schwestern traten in Damenstifte ein, die der Versorgung von unverheirateten Damen des Adels dienten. Johanna Karolyi-Rosenberg und ihre Familie blieben Damtschach und Wernberg auch weiterhin verbunden. Ihre Tochter Irma heiratete den kaiserlichen Offizier Josef Freiherr von Morsey gen. Picard, der nach dem Ende des alten Österreich seinen Dienst als k. u. k. Major quittierte und sich mit seiner Frau in Wernberg niederließ. In der Zwischenkriegszeit gehörte der streng konservative Offizier über lange Jahre dem Wernberger Gemeinderat an. Diesen Zweig der Jöchlingerschen Nachkommen repräsentiert derzeit in Wernberg Johanna Karolyi-Rosenbergs Urenkelin Maria Keller, geb. Freiin von Kotz.

Da Felix Jöchlinger ohne männliche Nachkommen gestorben war, fiel seine Erbe an seine beiden Töchter Johanna Orsini-Rosenberg und Ernestine Wagensperg. Der Besitz des Barons war als Fideikommiß eingerichtet, ein Instrumentarium zur Sicherung des Besitzes, bei dem auch der Erbanfall genau geregelt wurde. Auf Johanna folgten ihre Söhne Felix und Lothar. Gräfin Rosenberg und ihr Mann, der k.k. Kämmerer und pensionierte Major Friedrich Graf von Orsini und Rosenberg hatten stets einige Monate des Jahres auf Damtschach verbracht, die andere Zeit zumeist im Rosenbergschen Palais in Klagenfurt, dem heutigen Rathaus der Kärntner Landeshauptstadt. Wie wir dem Testament des Grafen entnehmen können, gehörte seine Liebe dem Theater. Auf Damtschach unterhielt er ein Haustheater *im oberen Garten mit allen Decorationen Zubehör, nebst der sehr schönen, großartigen, werthvollen Sammlung der Nebelbilder (?), vielen sehr schönen Taschenspielereien (?), ... Theatercostümen*. All dies vermachte er seinen Enkeln mit der Hoffnung, es mögen ihnen diese Dinge *das große Vergnügen machen*, das er daran gehabt hatte.

Vom jüngeren Rosenbergsohn Lothar, der seiner Familie wie sein Großvater Felix Jöchlinger zu manchem Ärgernis Anlaß gegeben, insbesondere aber durch seine Spielleidenschaft seiner Mutter ein beträchtliches Vermögen gekostet hatte, haben wir bereits gehört. Sein älterer Bruder Felix, der als eigentlicher Erbe für Damtschach ausersehen war, machte als Militär Karriere und folgte hier einer Familientradition, die Mitglieder dieses Kärntner Fürstenhauses in höchste Funktionen bei Hof, in Verwaltung und Militär geführt hatte. Die Abstammung der Familie von den böhmischen Rosenberg oder den römischen Orsini, die selbst in Genealogien des 19. Jahrhunderts noch zu finden ist, gehört gleich der Parricidaabstammung der Jöchlinger ins Reich der Legende und ist vor dem Hintergrund der Geschichtsschreibung des Barock zu sehen, in der zahlreiche Adelsfamilien ihren Stammbaum zu einem besonderen Ahnherrn zurückführen wollten. Als Beispiel mögen hierfür die Fürsten von Porcia gelten, über deren Wappen am Spittaler Schloß ein Hinweis auf die behauptete Abstammung aus dem trojanischen Königshaus angebracht wurde. Die Familie Rosenberg wurde 1633 in den Reichsfreiherrnstand erhoben, 1648 in den österreichischen Grafenstand und 1681 in den des heiligen römischen Reiches. Zwei Jahre darauf wurde die Familie auch in das fränkische Reichsgrafenkollegium aufgenommen. Seit 1790 führt der Chef des Hauses den Fürstentitel und die Familie gehörte seit 1825 zu jener doch kleinen Zahl an österreichischen Adeligen, die bei Nachweis der erforderlichen väterlichen und mütterlichen Abstammung das Recht der Ebenbürtigkeit mit regierenden Häusern des Deutschen Bundes besaßen. Seit 1621 gehörten die Rosenberg den Kärntner Landständen an, 1660 erwarben sie von den verarmten Keutschachern auf Tanzenberg das Ehrenamt eines *Obersterblandhofmeisters in Kärnten*. Neben der Kärntner Landstandschaft besaß die Familie seit 1660 die des Herzogtums Steiermark, seit 1687 gehörten sie dem niederösterreichischen Herrenstand an. 1695 wurden sie unter die Stände des Königreichs Böhmen aufgenommen (*böhmisches Inkolat*) und 1781 unter die der Grafschaft Görz.

Von 1686 bis 1698 bekleidete Franz Andre Graf von Orsini und Rosenberg das Amt des Landeshauptmanns von Kärnten. Vor seiner Tätigkeit in Kärnten war der Graf Reichshofrat und kaiserlicher Gesandter an verschiedenen deutschen Höfen gewesen. Als Landesverweser des Herzogtums Kärnten finden wir, nachdem Fürst Hannibal Alphons von Porcia 1724 auf das Amt des Landeshauptmanns hatte verzichten müssen, Wolf Siegmund Graf von Orsini und Rosenberg. 1728 wurde er für eine Amtszeit von fünf Jahren zum Kärntner Landeshauptmann bestellt. Ein weiteres Mitglied der Familie in dieser Funktion war Vinzenz Graf von Orsini und Rosenberg, der 1774 zum Landeshauptmann bestellt wurde. In seiner Amtszeit verfaßte er eine Beschreibung Kärntens, in der er Mißstände in der Landesverwaltung kritisierte und zugleich Verbesserungsvorschläge unterbreitete. 1782 wurde er, trotz einer durchaus beachtlichen Bilanz – u. a. der Bau des Allgemeinen Krankenhauses, des Militärspitals und des Waisenhauses in Klagenfurt – abberufen und zog sich als *Schlachtopfer des neuen Systems* unter Joseph II. *ohne mindeste Pension oder sonstige Ergözlichkeit* nach achtjähriger Tätigkeit als Landeshauptmann und 33 Jahren im Staatsdienst ins Privatleben zurück.

Die kaiserliche Anerkennung, die Vinzenz Rosenberg versagt worden war, erhielt in reichem Maße dessen Vetter Franz Xaver Rosenberg, der bereits in jungen Jahren in den Dienst des Wiener Hofes getreten war und 1750 im Alter von 27 Jahren zum Gesandten am dänischen Hof bestellt wurde. 1757 wurde er Gesandter in Madrid und bereitete dort den Weg für die Heirat des späteren Kaisers Leopold II. mit der spanischen Infantin Maria Ludovica. Rosenberg blieb dem jungen Paar auch nach Antritt der Herrschaft Leopolds in der Toskana verbunden, wurde 1766 Obersthofmeister des Großherzogs und dessen engster Berater und erster Minister. 1772 kehrte er an den Wiener Hof zurück, begleitete den jüngsten Kaisersohn und späteren Kurfürsten von Köln Erzherzog Max auf dessen Kavalierstour. Unter Joseph II. wurde er Oberstkämmerer und Minister, Funktionen, die er auch unter Josephs Nachfolger Leopold II. und Franz II. beibehielt. Anläßlich der Krönung Leopolds in Frankfurt wurde Rosenberg 1790 in den Reichsfürstenstand erhoben. Nach seinem Tod ging, da er unverheiratet geblieben war, der Fürstentitel auf den Sohn seines Vetters Vinzenz, Franz Seraphin über, der als Militär Karriere machen sollte und 1832 als General der Kavallerie, Militär-Maria-Theresienritter (seit 1801) und Hofkriegsrat gestorben ist.

Die glanzvolle Karriere, die der Vater durchlaufen hatte, blieb seinem Sohn Friedrich, dem wir als Ehemann von Johanna Jöchlinger bereits begegnet sind, versagt. Er quittierte den Dienst als Major. In der Generation von Franz Seraphins Enkel finden wir jedoch wiederum zwei Generäle. Neben Maximilian Graf von Orsini und Rosenberg (1846–1922), einem Sohn von Friedrichs Bruder Joseph und langjährigem Obersthofmeister des populären Erzherzog Rainer, dessen *unzertrennlicher Begleiter und Gehilfe* er gewesen war, Felix Orsini-Rosenberg (1846–1905), den älteren Sohn aus der Verbindung Rosenberg-Jöchlinger.

Er wurde 1865 als Leutnant ausgemustert, tat Dienst im Infanterieregiment Nr. 50, besuchte 1868–1870 die Kriegsschule und versah danach in den zentralen Büros des Generalstabs Dienst. 1872 wurde er zum

Blick auf Schloß und Pfarrkirche Damtschach (Original Gemeinde Wernberg)

Hochaltar in der Pfarrkirche Damtschach
(Original Gemeinde Wernberg)

Innenansicht der Pfarrkirche Gottestal
(Original Gemeinde Wernberg)

Wappen der Familie Wagensperg
(Original StLA Graz, Kleine Wappenmatrik, fol. 17r)

Wappen der Familie Breunner
(Original StLA Graz, Kleine Wappenmatrik, fol. 32r)

Wappen der Familie Khevenhüller
(Original StLA, Graz, Kleine Wappenmatrik, fol. 26r)

Wappen der Familie Galler
(Original StLA, Graz, Kleine Wappenmatrik, fol. 32r)

Wappen der Familie Jöchlinger (Original StLA, Graz, Kleine Wappenmatrik, fol. 20r)

Wappen der Familie Orsini-Rosenberg (Original StLA, Graz, Kleine Wappenmatrik, fol. 37r)

Detail aus der Decke im Refektorium des Klosters Wernberg mit der Darstellung der „Übertragung" des Klosters Ossiach nach Schloß Wernberg (Original Gemeinde Wernberg)

Dr. Felix Orsini-Rosenberg, Besitzer von Schloß Damtschach, mit seiner Frau Marianne geb. Gräfin Fünfkirchen (1927) (Original Familie Orsini-Rosenberg)

Hauptmann und 1880 zum Major befördert. Im gleichen Jahr wurde er zum Flügeladjutanten des Kaisers ernannt, kehrte 1884 in den abwechselnden Truppen- bzw. Generalstabdienst zurück. 1890 gehörte er der internationalen Militärkommission zum Abschluß eines Waffenstillstandes zwischen Bulgarien und Serbien an, wurde 1893 Generalmajor und 1898 Divisionär. Er starb 1905 als Kommandant des XIII. Korps und Kommandierender General.

Aus Felix Rosenbergs Ehe mit Franziska Freiin Henninger von Seeberg stammten drei Kinder. Seine jüngere Tochter Gabriele war seit 1901 mit Paul Graf Czernin, dem jüngsten Bruder des späteren Außenministers Kaiser Karls I., Ottokar Czernin, verheiratet, Hedwig mit dem letzten k. u. k. Bezirkshauptmann von Trient Guido Graf Consolati und der Sohn, Dr. Felix Orsini-Rosenberg (1886–1962), schlug noch im alten Österreich die diplomatische Laufbahn ein und beendete diese als Gesandter der Zweiten Republik am belgischen Hof.

1927 wurde Felix Rosenberg alleiniger Besitzer von Schloß Damtschach, nachdem er die Anteile von Verwandten am ehemaligen Jöchlingerschen Fideikommiß abgelöst hatte. Im Besitz von Schloß und Herrschaft folgte ihm sein Sohn Architekt Felix Orsini-Rosenberg.

STERNBERG – NOTIZEN ZUR BESITZGESCHICHTE

Die Geschichte der Burg Sternberg, die wir im folgenden streifen wollen, reicht bis ins letzte Drittel des 12. Jahrhunderts zurück. In einer Eintragung im Traditionscodex des Stiftes St. Paul begegnen wir den ersten Inhabern dieser befestigten Anlage, deren Namen auf die slawische Bezeichnung für einen steilen Berg – stremec – zurückgeht. Unter den Zeugen dieser Urkunde, datiert auf die Jahre 1170/1180, die Graf Ulrich von Heunburg, ein

Mitglied jener mächtigen Unterkärntner Familie, der wir bei der Darstellung der Geschichte des Wernberger „Gründers" Herzog Bernhard bereits begegnet sind, ausstellte, finden wir *Reinhart, Hugo et Hainricus de Sternberc.*

Wlricus comes de Sterenberch, der erstmals 1237 als solcher genannt wird, ist ein Heunburger. 1229 wird er als Graf von Malta genannt, zwischen 1237 und 1269 als Graf von Sternberg. Der Chronist Jakob Unrest führt die Grafen von Sternberg unter dem Hochadel des Landes, kennt jedoch nicht ihre Abstammung aus dem Haus der Grafen von Heunburg. Er nennt sie als Erbauer der Burg Landskron und weiß auch zu erklären, warum diese stolze Burg aus dem Besitz der Familie an den Landesfürsten gekommen sei, nämlich als Mitgift einer Sternbergerin anläßlich ihrer Ehe mit einem Kärntner Herzog. Auch mit der Vogtei über das Stift Ossiach bedenkt Unrest die Grafen. Beides gehört in das Reich der Legende, wenngleich der Chronist vom Techelsberg um den Letzten aus diesem Geschlecht wußte und diesen sogar mit Namen – Walter – anführt.

Gegen Ende des 13. Jahrhunderts ging es mit den stolzen Grafen von Sternberg, die aus einer der ersten Familien des Landes stammten, immer mehr begab. Die Krainer Besitzungen wurden an die Grafen von Ortenburg verkauft, 1304 gingen Teile ihres Lungauer Besitzes an den Erzbischof von Salzburg. Aus diesem Verkauf entstanden beiden Seiten langwierige Streitigkeiten. 1311 mußte die Familie angesichts ihrer tristen finanziellen Situation ihre Burg um 320 Mark Agleier Herzog Heinrich von Kärnten überlassen und sie zu Lehen nehmen. 1314 gingen schließlich die Rechte an der Villacher Maut an das Bistum Bamberg. Damit war die letzte einträgliche Quelle verloren. Die finanzielle Situation der Familie wurde jedoch durch die zahlreichen Verkäufe nicht verbessert. 1329 mußte sie schließlich die Burg aufgeben. Graf Walter von Sternberg, der letzte des Hauses, verkaufte diese an die Ortenburger, die damit vom Herzog belehnt wurden. Die Sternberger selbst werden in den folgenden Jahren noch hie und da in Urkunden genannt, schließlich verschwindet die einst mächtige und bedeutende Familie im Dunkel der Geschichte.

Sternberg blieb bis zum Ende der Ortenburger im Jahr 1418 im Besitz der Familie. Diese Familie besaß, nach einem Ausgleich mit den Habsburgern im Jahr 1338, auch die Vogtei über Ossiach und daher hat Jakob Unrest diese wohl auch ihren Heunburger Vorgängern auf Sternberg zugeschrieben.

Der mächtige Wehrbau war ein begehrtes Objekt. Als die Ortenburger 1418 starben ging ihr reiches Erbe an die Cillier. Sternberg war nach wie vor ein landesfürstliches Lehen. Die Belehnung der Grafen von Cilli mit der Burg hätte durch die Habsburger geschehen müssen. Unter Mißachtung des Lehensbandes belehnte Kaiser Sigismund seine Cillier Verwandten mit der Burg, die damit und mit dem umfangreichen ortenburgschen Erbe zu einer mächtigen Konkurrenz des Herzogs von Kärnten zu werden drohten, verfügten sie doch damit auch in Kärnten über zahlreiche Herrschaften und Lehensleute.

Unter jenen die im Dienst der kriegslustigen Cillier Grafen standen, finden wir Jan Wittowetz, der – folgt man der *Chronik der Grafen von Cilli – zu der zeit als die graven von Cilli mit den von Österreich kriegten, soldner weisse mit dreyen pferden an der von Cilli hoff* gekommen war. Wittowetz, Sproß eines *armen rittermessigen geschlechts in Behaimb* machte in Cillier und später habsburgischen Diensten eine große Karriere. Nachdem er sich schon dem letzten Grafen von Cilli in Kriegsdiensten unentbehrlich gemacht hatte, wurde er nach dessen Tod zum *obristen haubtmann* ernannt, dem die Verteidigung des Cillier Erbes oblag. Hauptkonkurrenten um das reiche Erbe des in Belgrad ermordeten Ulrich III. von Cilli waren Kaiser Friedrich III. und Johann von Görz. Sowohl Habsburger wie Görzer hatten mit den Grafen von Cilli Erbverträge geschlossen. Vorerst schien der Görzer die besseren Karten zu haben. Unmittelbar nach Bekanntwerden der Ermordung Ulrichs besetzte Johann verschiedene Herrschaften in Kärnten. Friedrich versuchte einen Ausgleich mit dem Grafen. Gegen das Versprechen, dieser werde die Lehen und Regalien als Fürst des Reiches sowie eine finanzielle Entschädigung erhalten, sollte der Görzer auf die okkupierten Burgen verzichten. Graf Hans stimmte zu und bereits 1457 schien der Kampf um das gewaltige Erbe entschieden. Als der Vergleich jedoch nicht eingehalten wurde, begann der Görzer eine Fehde gegen den Kaiser. Dieser konnte Jan Wittowetz auf seine Seite ziehen. Gemeinsam mit Sigmund von Pösing ging Wittowetz daran, den Widerstand des Görzers zu brechen. Bei diesen Kämpfen wurden auch Sternberg und Hohenwart zerstört. Als selbst Görzer Lehensleute ihrem Herrn die Gefolgschaft aufkündigten, war die Entscheidung gefallen. Der Kaiser blieb siegreich und Herr des Cillier Erbes. Am 25. Jänner 1460 wurde in Pusarnitz der Ausgleich zwischen Habsburg und Görz fixiert.

Wittowetz wurde vom Kaiser für seine Kriegsdienste reich entschädigt. Er wurde mit Sternberg belehnt und erhielt zudem ein Wappen, das nicht nur auf die Burg selbst, sondern auch auf ihre Vorbesitzer die Grafen von Cilli und in weiterer Folge die Heunburger, deren Wappen die Cillier übernommen hatten, Bezug nahm. Die Beschreibung des Wappens des neuen Sternberger Burgherrn lautete: *Mit namen ain schilt von Rubin, darinn drey stern von gold darauf ein helm getzirt mit seiner helmdekch auf demselben helm ain kron von gold daraus zwo ausgeprait flug vnd in jeder derselben flug auch drey stern, nach des schildes vnderweisung als die varben hie inn ausgestrichen sind, so weillent die von Sternberg gefurt haben vnd vns als landesfürstn in Kernden mit tod vnd abganng derselben von Sternberg vnd nu der grafen von Cili ledig worden ist.* Wittowetz wurde in den Grafenstand erhoben und 1462 finden wir ihn unter den Räten Kaiser Friedrichs III. Den Aufstieg, den der einstige Söldner genommen hatte, zeigen auch die Heiratsverbindungen. Zu nächster Verwandschaft Wittowetz gehörte die mächtige Familie der Weißpriach, die zwischen 1461 und 1466 sogar einen Salzburger Erzbischof stellte. Eine Tochter von Jan Wittowetz heiratete Hans III. Graf von Montfort, dessen Mutter Margarethe eine geborene Gräfin von Cilli gewesen war und 1480 als letzte ihrer Familie gestorben ist. Die Spur Wittowetz verliert sich in den folgenden Jahren. Ein Hinweis auf einen seiner Söhne liegt für das Jahr 1472 vor.

Friedrich III. vereinigt die zerstörte Burg Sternberg mit der Herrschaft Landskron und übergab beides dem St. Georgs Ritterorden, den er in Millstatt installiert hatte. Hauptaufgabe dieses weltlichen Ordens sollte die Abwehr der Türken sein, die in den 70er und 80er Jahren des 15. Jahrhunderts das Land mehrfach brandschatzend und plündernd durchzogen hatten. Ihre Züge durch Kärnten waren Vorboten jener Bedrohung an der Ostgrenze des Habsburgerreiches, die die Politik des Wiener Hofes in den nächsten zweieinhalb Jahrhunderten entscheidend beeinflussen und bestimmen sollte. Nach dem Tod des letzten Hochmeisters Wolfgang Prantner gingen Sternberg und Hohenwart 1545 in den Besitz der Khevenhüller über. Bernhard Khevenhüller war das erste Mitglied der Familie, das zusammen mit Landskron die beiden verödeten Wehranlagen erwerben konnte. Nach Wernberg, Damtschach und Eichelburg gehörte nunmehr auch der vierte Adelssitz im heutigen Gemeindegebiet den Khevenhüllern. Das Gebäude selbst, einstmals, wie der Chronist Christalnick schreibt, Sitz einer *gewaltigen graffschaft in Kärndten* war 1583 bereits *öde*.

Wie bei den anderen Ansitzen im Gemeindegebiet folgten den Khevenhüllern zahlreiche andere Familien als Inhaber der Burg, ehe diese 1938 in den Besitz der Familie Hippel kam.

Grundherr und Untertan

Die Begriffe *Grundherr und Bauer* beschreiben ein Verhältnis von gegenseitigen Rechten und Pflichten vor dem Hintergrund des sozialen, politischen und ökonomischen Wandels. Es war dies kein Verhältnis, das beide Teile gleichmäßig oder gar gerecht in die Pflicht nahm, sondern wohl das von Herr und Untergebener, wenngleich letzterer im Laufe dieser langen gemeinsamen Geschichte dem Herrn durchaus selbstbewußt entgegenzutreten wußte.

BESITZRECHT

Verwendet man für die damals auf den Huben und Keuschen Lebenden den Begriff Bauer, so muß hier angemerkt werden, daß grundsätzlich zwischen freien und untertänigen Bauern zu unterscheiden ist. Freisassen, Bauern, die also frei auf ihrem Hof saßen und nur dem Landesfürsten Abgaben zu leisten hatten, finden wir in unserer Gemeinde nicht. Damit unterschieden sich die Menschen hier, was ihre besitzrechtliche Stellung betrifft, prinzipiell nicht von der großen Masse der übrigen Bauern ihrer Zeit. Nicht nur der Grund und Boden, den sie bewirtschafteten, war Eigentum des Grundherrn, sondern – wollte man es überspitzt und unter Negierung der zahlreichen Schattierungen, die das Verhältnis von Grundherr und Untertan kennt, formulieren – auch sie selbst. Die gängigsten Ausdrücke hierfür lauten *hörig* oder *glebae adscripti* (= der Scholle zugeschrieben).

Grund und Boden wurde den Bauern auf Zeit zur Bearbeitung überlassen. Dieses bäuerliche Besitzrecht wird als *Freistiftrecht*

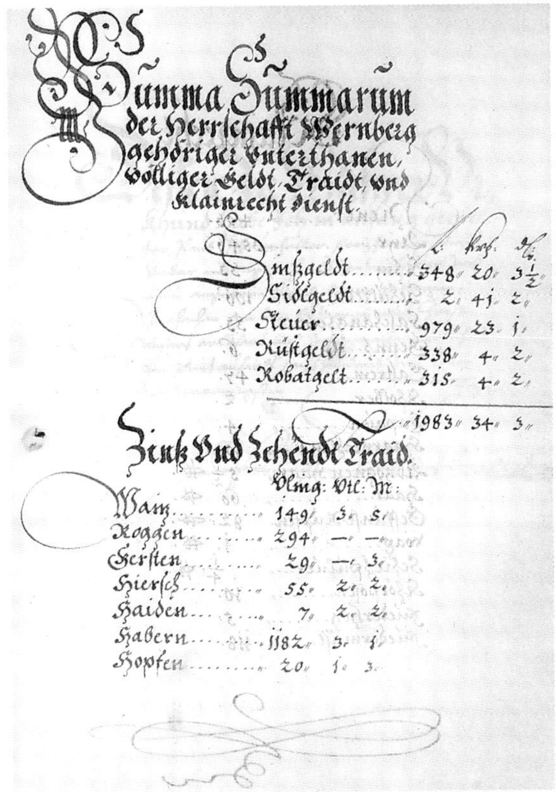
Summa Summarum der Herrschaft Wernberg gehöriger Unterthanen, völliger Geldt, Traidt, und Klainrecht dienst.

	fl.	kr.	d.
Zinßgeldt	348	20	3½
Stiftgeldt	2	41	2
Steuer	979	23	1
Rüstgeldt	338	4	2
Robatgelt	315	4	2
	1983	34	3

Zinß Vnd Zehendt Traid.

	Vierling	Viertel	M.
Waitz	149	3	5
Roggen	294	—	—
Gersten	29	—	3
Hiersch	55	2	2
Haiden	7	2	2
Habern	1182	3	1
Hopfen	20	1	3

Ausschnitt aus dem Urbar der Herrschaft Wernberg mit einer Aufstellung der Einnahmen an Geld und Getreide (Original StLA Graz, A. Lamberg, Familie, K. 233, H. 988, fol. 153r)

bezeichnet. Der Herrschaft stand das Recht zu, das Gut nach Ablauf der festgelegten Zeit an einen anderen zu vergeben. In den überwiegenden Fällen erfolgte die Vergabe des Gutes jedoch auf des Untertanen *leibs leben lang*. Der Übergang des Besitzes aus der Hand des Grundherrn in die des Bauern wird als *Verehrung* bezeichnet. Der Untertan hatte dafür eine bestimmte Summe Geldes zu erlegen, die mitunter, gerade bei größeren Bauerngütern, eine beträchtliche Höhe erreichen konnte, kamen doch zur eigentlichen Summe noch das Schreib- und Stempelgeld, ein *Leykauf*, die Kosten für die Erstellung des Übergabeinventars und eine Art Aufwandsentschädigung für die Schätzleute, die von seiten der Grundherrschaft wie auch von Untertanenseite für dieses Geschäft nominiert wurden.

So finden wir etwa in der *Pfleg und Jahrs Schluß Raittung* des Wernberger Pflegers *Carl Langenau* für den Zeitraum von 1. September 1652 bis 1. Jänner 1653 die Eintragung, daß am 28. Oktober 1652 *Mathis Arräs* eine im *Neudorffer ambt* liegende Hube, die vor ihm sein Vater *Thomann* besessen hatte, um 30 Gulden auf *sein Leben lang* verehrt habe. Am 16. Dezember 1652 verehrte die *wiitib Eva Paradisin* eine zur Herrschaft Wernberg gehörige Hube im *Köstenberger ambt*, zu der auch eine *Tafferngerechtigkeit* gehörte. Der neuen Besitzerin wurde die Hube jedoch nicht lebenslänglich, sondern nur auf 15 Jahre verliehen. Die Höhe der Ehrung dafür – 60 Gulden – war beachtlich.

Das Freistiftrecht war ohne Zweifel die ungünstigste Besitzform, doch konnte der Grundherr vor der Zeit ohne guten Grund überhaupt nicht und selbst nach Ablauf der vereinbarten Zeit auch nicht vollends frei, über eine Vergabe des Gutes an andere verfügen. Die grundlegenden Untersuchungen zum bäuerlichen Besitzrecht in Kärnten, die wir *Walter Fresacher* verdanken, haben gezeigt, daß auch diese gemeinhin eher ungünstige Besitzform große Differenzierungen kannte. So finden wir in Kärnten Talschaften und Grundherrschaften, in denen wir trotz des *Freistiftrechtes* von einer quasi-Erblichkeit der Bauerngüter sprechen können, und dies lange vor der Zeit, ehe dies der aufgeklärte Staat dekretierte. In Ermangelung männlicher Nachkommen sprang eben ein Schwiegersohn ein. Einem *Extract* aus den Sternberger Kirchenrechnungen für den Zeitraum 1647 bis 1718 können wir etwa entnehmen, daß 1651 *Clemen Suppitsch* sein *gütl* seinem *Aydem Valentin Sturmb* übergeben hatte und dieser der Kirche Sternberg als Grundherrschaft 20 Gulden als Ehrung bezahlte. Besaß ein Besitzer keine Nachkommen und dachte daher daran, sein Gut zu verkaufen, so wurde auch in solchen Fällen zumeist ein Ausgleich mit der Herrschaft gefunden. So erwarb etwa *Urban Kuffer* 1650 eine der Kirche Sternberg untertänige Keusche von ihrem bisherigen Besitzer *Jakoben Truppi* um 50 Gulden. Die Herrschaft verlangte als Ehrung für den kleinen Besitz fünf Gulden und weitere fünf als ihren Anteil (*abfahrt*) am Kaufpreis.

Sehr oft war die *Freundschaft*, also die gesamte betroffene Sippe, mit Fragen der Besitzübergabe befaßt. Schien einer der ihren nicht tauglich für den Besitzantritt oder meldete die Herrschaft Bedenken gegen den vorgeschlagenen Nachfolger an, so präsentierte die Familie zumeist einen anderen Kandidaten, der auch den Vorstellungen des Grundherrn entsprach und eine geordnete Wirtschaftsführung am Besitz garantierte. Nicht selten wurden hier auch zwischen zwei Familien, die Ansprüche auf die Besitznachfolge hatten oder zumindest zu haben vermeinten, ein Ausgleich, etwa durch Heiraten, gefunden.

Der prinzipiell mögliche Entzug des Hofes nach Ablauf der vereinbarten Frist konnte sich auf dessen Instandhaltung mitunter ungünstig auswirken. Es lag daher auch im Interesse der Grundherrschaft, ihren Untertanen in dieser Frage entgegenzukommen. Denn ein tadellos geführtes und erhaltenes Gut stellte auch einen beträchtlichen Wert dar, zumindest lag dieser höher als bei einer heruntergekommenen und verluderten Wirtschaft, die nur mit beträchtlichen Mitteln wieder in die Höhe zu bringen war, und die bei der *Verehrung* zu erlegende Summe wurde nicht nur nach Umfang, sondern auch nach dem Zustand der Wirtschaft bemessen. Daher konnten selbst Besitzer ohne leibliche Nachkommen damit rechnen, daß der von ihnen zur Nachfolge Vorgeschlagene, von der Grundherrschaft akzeptiert wurde.

Dazu kam, daß auch der Staat im Zeitalter des *aufgeklärten Absolutismus* an einem ebenso leistungsstarken wie leistungswilligen Bauerntum interessiert war. Daher gilt es, nun kurz jene Bauernschutzmaßnahmen zu streifen, die von Maria Theresia und Joseph II. getroffen wurden. Am 31. Dezember 1772 erließ die Herrscherin das sog. *Kaufrechtspatent*, mit dem alle freistiftlichen Gründe zu *wahren Kaufrechtsgründen* erklärt wurden. Hatte bisher, wenn schon nicht de iure, wohl jedoch aus den oben geschilderten Momenten mitunter eine de facto-Erblichkeit von Bauerngütern bestanden, so räumte das Patent dem bisherigen Besitzer die Möglichkeit ein, seinen Nachfolger selbst zu bestimmen, ja auch seinen Hof zu verkaufen oder zu vertauschen.

Im sog. *Kaufrecht*, auf das das Patent der Kaiserin Bezug nimmt, begegnen wir der zweiten Besitzform, die ungleich günstiger war als das Freistiftrecht. Wurde ein Besitz nach Kaufrecht erworben, so hieß dies nichts anderes, als daß zugunsten einer einmaligen Zahlung, die sich am Wert des Gutes orientierte, der Grundherr auf einen Teil seiner Rechte am Gut verzichtete. Zwar blieb jenes nach wie vor im Eigentum der Herrschaft, doch konnte diese, anders als im zeitlich fixierten Freistiftrecht, den Besitzer weder *abstiften*, wie die Vergabe des Besitzes an einen anderen bezeichnet wurde, noch einen anderen Nachfolger, als den vom Besitzer selbst nominierten, zum Zug kommen lassen. Wir finden in dieser Form des Besitzrechtes, unbeschadet des der Herrschaft verbliebenen Eigentumsrechtes am Gut, eine rechtlich fixierte Erblichkeit, die durch einmalige Zahlung erworben werden konnte.

Nach dem Patent Maria Theresias konnte der bisherige Inhaber des Gutes, dieses *zeit seines Lebens als ein Kaufrecht innehaben, nützen, genießen und gebrauchen.* Er durfte es, wie bereits erwähnt, mit Zustimmung der Grundherrschaft verkaufen und bis zu einem Drittel seines Wertes durch Verpfändung belasten. Durch letztwillige Anordnung oder durch ein anderes Rechtsgeschäft konnte er seinen Nachfolger benennen. Starb der Besitzer ohne Testament so waren zur Erbfolge die *Abkömmlinge männlicher* und in deren *Mangel* die *weiblichen Geschlechtes in gerader Linie* zur Nachfolge berufen. In Ermangelung direkter Nachkommen war die Besitznachfolge den *nächsten Seitenverwandten bis* [in den] *zweiten Grad ... zugesichert.*

Die Erben hatten sich *bei jedem Erledigungsfall* binnen sechs Wochen bei der Grundherrschaft *anzumelden und ihre Ansprüche zureichend darzuthun*. Waren sie außer Landes, so wurde die Frist auf drei Monate verlängert. Geschah dies nicht, wurden die *Gülte zur anderweitigen Verleihung für heimgefallen angesehen*.

Der jeweilige Besitzer hatte sich zudem zu verpflichten, das verliehene Gut in *gutem baulichen Stand* zu halten, ohne Zustimmung der Grundherrschaft nichts zu veräußern oder zu verpfänden und jede Streitigkeit, die den Besitzstand betraf, dem Grundherrn zu melden. Ihm selbst war es verboten, sich *eigenmächtig* in Rechtsstreitigkeiten einzulassen.

Die Aufhebung der Leibeigenschaft durch Joseph II. im Jahr 1781 beendete die persönliche Abhängigkeit des Untertanen von seinem Grundherrn. Die Bauern waren nun als Personen frei. Sie konnten den Hof ohne Zustimmung des Grundherrn verlassen. Die Abhängigkeit bezog sich fortan allein auf das Obereigentum der Herrschaft am Besitz. Die Unterstellung eines Teiles Kärntens unter französische Verwaltung als Teil der zum Königreich Italien gehörigen Illyrischen Provinzen brachte den Bauern weitere Freiheiten. Alle Robotleistungen und Naturalabgaben wurden in Geld abgelöst und waren fortan bar zu erlegen. Zudem wurde von der Gesamtsumme ein Fünftel zugunsten der Bauern abgezogen. Auch nach der Rückkehr der österreichischen Verwaltung wurden diese Bestimmungen nicht zurückgenommen.

Das Revolutionsjahr 1848 brachte das Ende der Grundherrschaft. Auf Antrag des Abgeordneten Kudlich gingen gegen eine Entschädigungszahlung, die in einem komplizierten Verfahren ermittelt wurde, Grund und Boden in das Eigentum der Bauern über. Alle Leistungen des Untertanen wurden in Geld umgerechnet. Von dieser Summe wurde ein Drittel abgezogen. Damit wurden jene Verpflichtungen abgegolten, die seitens der Grundherrschaft gegenüber ihren Untertanen bestanden, wie die Beistellung von Saatgut bei Ernteausfall oder Beiträge zur Armenversorgung. Die zwei verbleibenden Drittel wurden mit zwanzig multipliziert. Von dieser Summe hatte der einzelne Bauer die eine Hälfte zu bezahlen, während die andere vom Staat übernommen wurde. Diese Summe wurde dann vom Staat an die einzelnen Grundherrschaften ausbezahlt und deren Rechte abgelöst.

RECHTE UND PFLICHTEN DER UNTERTANEN

Wie wir bereits gehört haben, hatte jeder Besitzer jährlich Abgaben zu leisten. Zuoberst aller Leistungen standen jene an den Landesherrn, die von der Grundherrschaft eingehoben und weitergeleitet wurden. Als solche finden wir die *Kontribution*, das Rüstgeld, die *Extraanlag* und den *Fleischkreuzer*. Diese Leistungen waren in bar zu erlegen. Der überwiegende Teil der landesfürstlichen Steuern diente militärischen Zwecken und konnte beträchtliche Höhen erreichen.

An *Rüstgeld*, eine Militärsteuer, zahlte der Wernberger Untertan *Anthoni Stotz* 1629 zwei Gulden. *Sebastian Zetting*, der zwei Huben bewirtschaftete, zahlte naturgemäß mehr, nämlich vier Gulden, während *Andre Paterniuz*, ein Weber zu Trabenig, als Keuschler nur vierzig Kreuzer zu bezahlen hatte. Eine weitere Steuer war der Fleischkreuzer. Die Untertanen der Herrschaft Damtschach leisteten dafür im Jahr 1806 Zahlungen in Höhe von 244 Gulden und fünf Kreuzer. Während der vulgo *Rauter ob Aichelberg* zwei Gulden und 26 Kreuzer zu zahlen hatte, betrug der Anteil, den die Besitzer vulgo *Thomele* in Umberg, *Michl* und *Rader* in Ragein zu leisten hatten nur jeweils 20 Kreuzer.

Beachtlich war auch jener Betrag, den die Untertanen jährlich an *gewöhnlicher Steuer* an den Landesherrn zu zahlen hatten. Im Wernberger Urbar von 1629 finden wir den uns schon bekannten *Antony Stotz* in diesem Jahr mit der Summe von vier Gulden und 45 Kreuzer belastet, *Sebastian Zetting* mit gut sieben Gulden. Zu den jährlich verlangten Abgaben konnten in Kriegs- und Notzeiten weitere außerordentliche Steuern treten. Aber auch erfreuliche Ereignisse in der Dynastie, wie die Heirat einer Erzherzogin, schlugen sich für den einzelnen Untertanen weniger erfreulich zu Buche. Wiederholt wurde nämlich von diesen ein Beitrag zur Ausstattung der ausheiratenden Prinzessin eingehoben.

Zu den Leistungen an den Landesherrn traten jene an die Grundherrschaft, der ja das Eigentum an den zur Bewirtschaftung ausgegebenen Gütern zustand und der dafür jährlich zu bestimmten Terminen Geld- und Naturalleistungen zu erbringen waren. Die bedeutendste und wohl auch älteste dieser Leistungen war der Grundzins, der jährlich entrichtet wurde. Unterblieb diese Abgabe so zog das

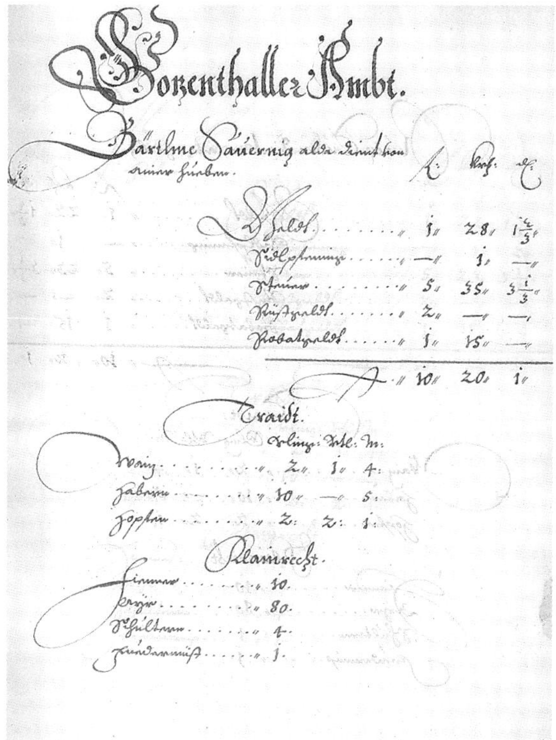

Ausschnitt aus dem Urbar der Herrschaft Wernberg mit einer Aufstellung der jährlichen Leistungen des Wernberger Untertanen Bartlmä Sauernig aus dem Amt Gottestal an die Herrschaft Wernberg (Original StLA Graz, A. Lamberg, Familie, K. 233, H. 988, fol. 25r)

weitreichende Konsequenzen nach sich, die bis zur *Abstiftung* des Untertanen gehen konnten.

Ursprünglich waren die Leistungen an den Grundherrn überwiegend Naturalleistungen gewesen. Mit der Zurückdrängung der Naturalwirtschaft wurde es auch für die Bauern zunehmend interessant, einen Teil ihrer

Leistungen in Geld entrichten zu können. Von Vorteil war dabei, daß einmal fixierte Geldleistungen nicht ohne weiteres erhöht werden konnten. Die ständige Geldentwertung war daher für die Bauern in diesem Zusammenhang von Vorteil, da für diese Geldleistung immer weniger Naturalien, durch deren Verkauf man die Summe gewann, aufgewendet werden mußten. So betrug der Grundzins, den *Antony Stotz* 1629 leisten mußte, nur 49 Kreuzer. *Sebastian Zettinig* war für seine zwei Huben mit einem Gulden und zwanzig Kreuzer belastet. Gemessen an diesen Abgaben waren die Zahlungen von *Andre Paterniuz* mit 55 Kreuzer relativ hoch. Dieses Mißverhältnis zwischen den Leistungen der *Stotzschen* Hube und der wohl um vieles kleineren Keusche des *Paterniuz* ist wohl darauf zurückzuführen, daß die Weberbehausung, die *Paterniuz* innehatte, erst viel später entstanden ist, als das größere Bauerngut. Während für dieses die schon vor langer Zeit festgesetzte Summe im Laufe der Zeit nicht nur durch die Inflation immer leichter zu erbringen war, wurde jener Betrag, den die Grundherrschaft von der Weberkeusche verlangte, dem tatsächlichen Geldwert der Zeit angemessen, also im Verhältnis zum Bauerngut relativ hoch, angesetzt.

An weiteren Geldabgaben finden wir den *Sidlpfennig*, eine Art jährliche Ehrung, die jedoch im Fall der Herrschaft Wernberg nur von den Inhabern von Bauerngütern gefordert wurde. Auch diese Geldleistung war – rund ein Kreuzer jährlich – denkbar gering. Keuschler mußten diese Geldforderung nicht leisten. In dieser Abgabe, die bei in Freistift vergebenen Besitzungen gefordert wurde, finden wir ein Relikt der ursprünglichen Bedeutung des freistiftlichen Besitzrechtes. Die Vergabe des Besitzes erfolgte nicht auf *daś leibs leben* des Inhabers, sondern jährlich, wofür eben dieser Betrag geleistet wurde. Im Laufe der Zeit wurde daraus eine jährliche Forderung der Grundherrschaft, obwohl die Besitzungen nunmehr auf längere Zeit, in den überwiegenden Fällen sogar auf Lebenszeit vergeben wurden.

In Geld abgelöst wurde in der Herrschaft Wernberg auch die Robot. Unter dieser Bezeichnung, eine weitere lautet *Fron*, waren Arbeitsleistungen für den Grundherrn zu verstehen, die jährlich zu erbringen waren.

An Robot verlangte die Herrschaft Wernberg von ihren Untertanen im Jahr 1629 bei *ainer hurben* 20, bei einem Zulehen 15 und von *ainer keische* zehn Tage *mit der handt zu robothen*. Sollte diese Robot nicht oder nicht zur Gänze gefordert werden, so war jeder Tag mit *ain schilling* abzulösen. Die Summen die für die in Geld abgelöste Robot von der Wernberger Herrschaft gefordert wurden bewegten sich zwischen 15 Kreuzer und eineinhalb Gulden.

Die Robot umfaßte verschiedenste Arbeiten, von Zugarbeiten über die Besorgung von Saat und Ernte auf den Meiereigründen der Herrschaft bis hin zu Transportdiensten, bei denen die durch Eigenwirtschaft und Naturalabgaben gewonnenen Erzeugnisse der Herrschaft zu den Abnehmern gebracht werden mußten. Die Pfarre Gottestal forderte etwa von ihrem Untertanen am Schustergut in Dellach zwei Tagesfuhren. Auch der Besitzer vulgo *Huvajnig* hatte dem Gotteshaus zwei solche zu leisten. Andere Untertanen des Gotteshauses leisteten zusammen insgesamt 22 Arbeitstage im Jahr. Das Kloster Arnoldstein, das in der späteren Steuergemeinde Wernberg, ebenfalls Untertanen besaß, forderte von seinen Hintersassen Robotdienste wie *Dungbreiten, Heumachen, Wiesenräumen, Heudörren, Grummethmähen, Schneiden, Holzschlagen*, die Jagdrobot und Zugdienste, wobei jedoch entfernter hausende Untertanen ihre Leistungen zumeist bar ablösten, wie wir 1629 aus Wernberg erfahren. Dort war es üblich *den par weit entlegnen ... darfür geldt anzuschlagen*. Alle Roboten waren zeitlich bestimmt. Eine Ausnahme bildete lediglich die sog. *Gebäurobot*, die *nach Erforderniß* oder *sooft als von neten* ausgeschrieben werden konnte. Unter diesem Titel wurden auch verschiedenste Arbeiten verlangt, von Stein- oder Holzfuhren bis hin zum Heueinbringen. Verständigt, wann er zur Robot zu erscheinen habe, wurde der Untertan vom Pfleger oder einem herrschaftlichen Diener. Der Weg zur Robot galt bereits als Teil der geforderten Leistung. Bei weiteren Fuhren, etwa im Rahmen der *Traidtragrobot*, erhielt der Fuhrmann eine Art Taggeld. Anfallende Mautgelder auf solchen Wegen gingen stets zu Lasten der Herrschaft. Eine Robot, die die Herrschaft Wernberg, dem Urbar von 1629 zufolge, nicht in Geld ablösen ließ, außer bei den *weit entsessenen* Untertanen, war die Pflicht *ain claffter holz, wo ihm dasselbe ausgezaiget wird,* [zu] *hakhen und ins Schloß Wernberg* [zu] *führen*.

Eine weitere Bauernschutzmaßnahme der Kaiserin Maria Theresia war das *Robot-Patent* von 1778, mit dem verfügt wurde, daß fort-

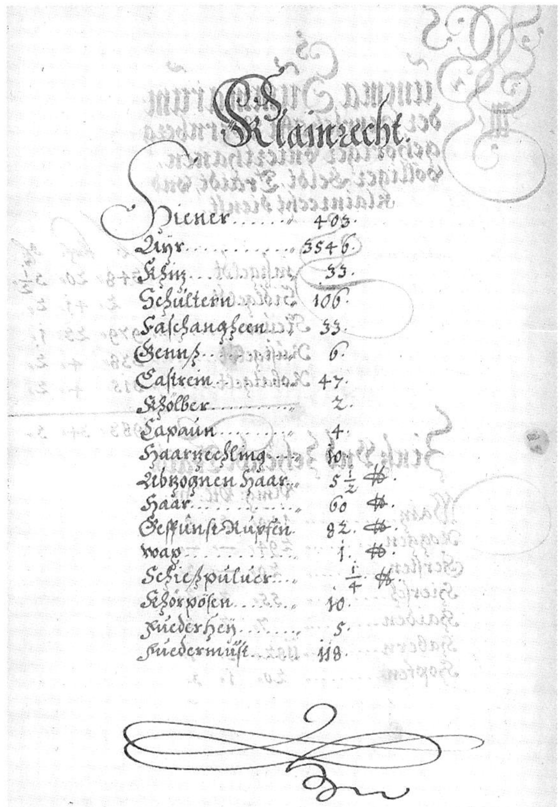

Ausschnitt aus dem Urbar der Herrschaft Wernberg mit einer Aufstellung der Einnahmen aus sog. Kleinrechten (Original StLA Graz, A. Lamberg, Familie, K. 233, H. 988, fol. 153v)

an jeder Untertan wöchentlich nicht mehr als drei Tage für seinen Grundherren zu roboten brauchte. Dort, wo die Robot bereits weniger als drei Tage pro Woche betrug, hatte es so zu verbleiben. Eine Ausweitung war nicht möglich. Im Gebiet unserer Gemeinde waren die Bedingungen ohnehin besser. Gemessen an den Robotforderungen der Gottestaler Kirche sehen wir, daß die Untertanen nur wenige Tage im Jahr zu Arbeiten herangezogen wurden.

Neben Geldleistungen und die Verpflichtung zur unentgeltlichen Arbeit (Robot) hatte der jeweilige Besitzer auch Naturalleistungen zu erbringen. Die Herrschaft Wernberg forderte etwa vom Trabeniger Bauern *Simon Scheffmann* 1629 einen Vierling *waiz*, vier Vierling und drei Massl Roggen und 13 Vierling und drei Massl Hafer. Untertanen aus dem *Gotzentaller ambt* der Herrschaft Wernberg dienten neben *waiz und haber* Hopfen, so der Besitzer *Bartlmä Sauernig* zwei Vierling, zwei Viertel und ein Massl. Die gleiche Abgabe an Hopfen hatte etwa auch *Lucas Caspar*, der in Dragnitz eine Hube samt Zulehen bewirtschaftete, zu erbringen. Zu diesen Leistungen traten noch die sog. Kleinrechte, die zum Teil aus einer ursprünglich freiwilligen Leistung des Untertanen hervorgegangen waren. Der uns schon bekannte *Sebastian Zettinig* leistete 1629 sechs Hühner, 80 Eier, zwei Kitze, vier Schweinsschultern und zwei *Faschanghenn* (Faschinghühner), also eine im Fasching jedes Jahres terminisierte Abgabe sowie einen *Fuder mist*. Weniger umfangreich waren die Kleinrechte, die *Antony Stotz* zu leisten hatten. Hier fehlen die Faschingshühner wie überhaupt die Leistungen an Hühnern, Eiern, den Kitzen und Schultern geringer sind. Noch besser gestellt war in dieser Hinsicht *Primas Scheffman* aus Trabenig. Seine Kleinrechte bestanden einzig aus dem *Fuder müst*.

Im Interesse des Bauern lag es, diese Urbarialforderungen schriftlich zu fixieren, um so jedem Versuch der Grundherrschaft, Leistungen, die keine rechtliche oder gewohnheitsrechtliche Grundlage besaßen, auszuweiten, entgegen treten zu können. Ein solches Korrektiv bildete die Anlage von Stockurbaren, in denen die Leistungen der einzelnen Besitzungen an die Herrschaft verzeichnet wurden. War eine Forderung strittig und nicht im Stockurbar verzeichnet, so durfte sie von der Herrschaft nicht eingehoben werden. Auch hierin erkennen wir erste von der staatlichen Autorität geförderte Bauernschutzmaßnahmen.

Zehent, Vogtei und Gericht Rechte und Pflichten des Grundherrn

Von den Verpflichtungen der Untertanen gegenüber dem Grundherrn haben wir im vorangegangenen Abschnitt gehört. Aber auch der Grundherr war den ihm untertänigen Bauern zu Leistungen verpflichtet. Die Beistandspflicht bei Rechtsstreitigkeiten, die auch das *Kaufrechts-Patent* von 1772 anführt, gehörte ebenso dazu wie die Hilfe in Katastrophenfällen, die Obsorge über ein – zumeist nur in den Ansätzen vorhandenes – Fürsorge- und Armenwesen oder die Pflicht zur Erhaltung der örtlichen Schule und die Bereitstellung der dafür notwendigen Mittel. Daneben übernahm die Grundherrschaft auch richterliche Funktionen. Kleinere Kriminalvergehen und Fragen des – modern gesprochen – Zivilrechtes wurden von ihm abgehandelt. Schwere Kriminalfälle – *Malefizfälle* – mußten vor dem Landgericht abgehandelt werden. Des weiteren war die Grundherrschaft auch jene Stelle, bei der Rechtsgeschäfte der Untertanen untereinander abgewickelt werden konnten. Ehe- und Übergabsverträge wurde zumeist in der Herrschaftskanzlei und vor einem herrschaftlichen Beamten schriftlich fixiert und eine Zweitschrift der Vereinbarung dort auch hinterlegt. Die Grundherrschaft hatte also Funktionen wahrzunehmen, die nach ihrem Ende in die Kompetenz der politischen Gemeinden, Bezirksämter und Bezirksgerichte übergingen.

BESCHREIBUNG DER GRENZEN DES LANDGERICHTES WERNBERG 1629:

Der Herrschaft Wernberg Landtgericht fanget sich an auf der Landtstrasen an der Zauchen beym Creuz und gehet neben oder ob des Unterwiertes hauß alda nach dem Waldtwege daselbs abwerts auf St. Ulreichs kürchen, welche mit dem vorhauß in Wernberger, mit dem andern und grösseren thail aber in Landtskroner gericht liegt. Und von dann hirumb auf die mitte Traa und nach der miten Traa abwerts bis gegen St. Stephan zu Föderlach. Von der Traa daselbst aufwerts durch das dorf aldort auf dem wege so gehen Warnspohl (?) an die Landtstrassen und nach der Landstrassen widerumb aufwerts auf die Zauchen an erstbemeltes orth und ist nirgends strittig.
Dieses Landtgericht hat seinen aignen stokh und galgen.

Daneben gab es in den einzelnen Landgerichten sog. *Burgfriede*, die zumeist in Verbindung mit adeligen Ansitzen eigene Rechtsbezirke bildeten. Solche Burgfriede umfaßten jedoch zumeist nicht nur das eigentliche Gebiet des Ansitzes sondern durchaus auch weitere Gebiete, ja sogar einzelne Dörfer. Der Zutritt zum Burgfried war dem Landrichter ohne ausdrückliche Erlaubnis nicht gestattet. Mußten Verbrechen geahndet werden, die nur vor dem Landgericht verhandelt werden konnten, so war der Inkrimierte an der Grenze des Burgfriedes dem Landrichter zu übergeben, der ihn der Verhandlung und Bestrafung zuführte. In unserem Gebiet bildete das Amt *Aichelberg* einen eigenen Burgfried im Landgericht Landskron.

Das Gerichtswesen brachte dem jeweiligen Herrschaftsinhaber neben Verpflichtungen auch Einnahmen durch Gerichtsgebühren und Strafen, die verhängt wurden. So hören wir, daß am 16. Juni 1652 der Landskroner Untertan *Adamb Heber* mit einem im Landgericht Wernberg ansässigen Untertanen der Herrschaft Khünegg *geraufft* hatte. Über beide wurde ein Bußgeld von jeweils zwei Gulden verhängt. Teurer kam das Vergehen, das sich der ledige Keuschler *Michl Khofler* und *Eva Prantnerin* zuschulden kommen ließen. Wegen *geübter hurerey* wurden die beiden im selben Monat mit jeweils sieben Gulden bestraft.

Ein weiteres Recht, daß im Laufe der Zeit in die Hand des Grundherrn übergegangen war, war der Zehent. Ursprünglich war der zehnte Teil der Ernte der Kirche abzuliefern. Ein Drittel dieser Abgabe verblieb dem Ortsgeistlichen, der davon seinen Unterhalt

bestritt, zwei Drittel standen dem Bischof zu. Im Laufe der Zeit wurden Zehentanteile verkauft oder als Lehen ausgegeben. 1832 ging der im Bereich der Steuergemeinde Wernberg eingesammelte Zehent an die Herrschaft Wernberg, jener aus der Gemeinde Trabenig an die Herrschaften Khünegg, Landskron und die Pfarre Sternberg. Den beiden Letztgenannten stand er auch in der Gemeinde Sand zu. Wernberg und die Pfarre St. Nikolai in Villach teilten sich jenen aus den Dörfern der Steuergemeinde Neudorf, während der in der Gemeinde Umberg eingesammelte Zehent zur Gänze der Herrschaft Damtschach zukam.
Die Kirche Sternberg bezog etwa 1779 Einnahmen aus dem Zinsgetreide und dem Zehent im Geldwert von 162 Gulden. Der *Sack getraid zehent* – das Getreide wurde hier bereits im Sack, also gedroschen geliefert –, der jährlich dem Pfarrer von Sternberg zukam, betrug 1805 rund vier Metzen *waiz*, 26 Metzen *Korn*, 16 Metzen Gerste, 53 Metzen Hafer, sieben Metzen Hirse und ein Metzen Haiden. Einige Untertanen lösten ihre Schuldigkeiten bar ab. Insgesamt verzeichnete der Geistliche an Einnahmen aus dem Zehent in diesem Jahr rund 177 Gulden, was etwa ein Drittel seiner Gesamteinkünfte war. Der *Naturalgarbenzehent* – hier erfolgte die Abgabe in Schober (meist 60 Getreidegarben) –, der ihm 1805 geleistet wurde, hatte einen Wert von rund 63 Gulden.
Eine weitere Funktion, die vom Grundherrn wahrgenommen wurde, war die Vogtei. Die Kirche selbst durfte – *ecclesia non sitit sanquinem* (die Kirche dürstet nicht nach Blut), lautete die herkömmliche Erklärung – keine Waffen führen. Daher bedurfte es, um ihre Untertanen wirkungsvoll schützen und vertreten zu können, eines *weltlichen Armes*, der für sie, im übertragenen Sinn, das Schwert führte. Die Übernahme der Vogtei bei großen geistlichen Institutionen bedeutete für den jeweiligen Vogt auch immer einen enormen Machtzuwachs. Bis zum Ende der Grundherrschaft übten die Inhaber lokaler Herrschaften auch immer die Vogtei über die Untertanen kirchlicher Institutionen in ihrem Gebiet aus. Die Herrschaft Wernberg besaß die Vogtei der Kirche in Gottestal und von deren Filiale in Föderlach. Die Vogtei der Kirche von Sternberg stand der Herrschaft Landskron zu und über die geistlichen Untertanen im Gebiet der späteren Steuergemeinden Umberg und Trabenig stand der Herrschaft Damtschach die Vogtei zu. In der Steuergemeinde Neudorf, wo die Pfarrgült St. Nikolai in Villach und jene von Molzbichl sowie die Kirchengült von St. Kathrein Untertanen besaßen, übte Wernberg die Vogtei aus.

Kirche und Pfarre

Neben der Grundherrschaft repräsentierte die Kirche durch Jahrhunderte die zweite Autorität in Dorf und Gemeinde. Der kirchliche Jahreslauf mit seinen vielen bäuerlichen Feiertagen garantierte Dienstboten und Taglöhnern *so etwas ähnliches wie Freizeit.* Es war die Autorität der Kirche, die hier durch ihr zähes Festhalten an Althergebrachtem, den Forderungen des Staates und der Bauern nach Reduktion dieser arbeitsfreien Tage, die mit Meß- und anschließendem Gasthausbesuch begangen wurden, einen Riegel vorschob, wenngleich auch sie letztlich der Abschaffung einzelner dieser Feiertage zustimmen mußte.

Gerade im gemischtsprachigen Gebiet Kärntens mit seinem traditionell katholisch-konservativen Bauerntum, zu dessen Ausläufern das Gemeindegebiet von Wernberg gehört, besaß der katholische Geistliche höchstes Ansehen. Der seit der Mitte des 19. Jahrhunderts in Kärnten spürbare Priestermangel war durch die immer stärker werdende liberale Orientierung mittel- und großbäuerlicher Kreise, aus denen sich bis dahin ein Gutteil der Kärntner Priester rekrutiert hatte, noch verschärft worden. Als Bischof Josef Kahn 1887 das Bischöfliche Seminar in Klagenfurt grundlegend reformierte, schuf er damit eine Einrichtung, die auch den Söhnen kleinbäuerlicher Familien den Besuch des Gymnasiums in Klagenfurt und damit sozialen Aufstieg ermöglichte. Die hohe Zahl an Neupriestern aus dem Gemeindegebiet zu Beginn des 20. Jahrhunderts zeigt, daß Kahns Überlegungen richtig gewesen waren.

Die Gründung zahlreicher Pfarren im Zeitalter des Josephinismus, unter ihnen Damtschach, war nicht allein in der Sorge des Staates um das Seelenheil seiner Untertanen begründet. Der josephinische Staat sah im staatlich besoldeten Geistlichen auch ein Organ der staatlichen Verwaltung auf dem Weg zum Zentralstaat. So hatte der Pfarrer obrigkeitliche Verordnungen von der Kanzel aus bekannt zu geben. Aber auch Meliorationen in der Landwirtschaft, wie die Einführung neuer Feldfrüchte, sollte von den Geistlichen vor Ort besorgt werden. Und letztlich wäre auch die Theresianische Schulreform undurchführbar gewesen, hätten nicht zahllose, schlecht besoldete und von ihren Pfarrkindern oft unbedankt gebliebene Pfarrer und Kuraten in ihren Privat- und Notschulen Generationen von Landkindern in die Welt der Buchstaben und Zahlen eingeführt. Die Schulgesetze der liberalen Ära und der Aufbau eines flächendeckenden Volksschulwesens wäre ohne die Arbeit jener einfachen Landpfarrer nicht möglich gewesen. Ehe wir uns nun der Geschichte der drei Pfarren des Gemeindegebiets – Damtschach, Gottestal und Sternberg – zuwenden, ist es notwendig, die Grundzüge der kirchlichen Entwicklung Kärntens zu skizzieren.

GRUNDZÜGE DER KIRCHLICHEN ENTWICKLUNG

Mit dem Mailänder Edikt von 313 hatte Kaiser Konstantin den Christen gestattet, ihre Religion auszuüben. Der Nachweis für christliches Leben auf dem Boden des heutigen Österreichs führt jedoch viel weiter zurück.

Als ältester gilt das Regenwunder des Jahres 172, als plötzlich einsetzender Regen die Truppen des römischen Kaisers Marc Aurel vor der Vernichtung durch die anstürmenden Germanen bewahrt haben soll. Dieses Wunder wird dem Gebet christlicher Soldaten im römischen Heer zugeschrieben. Für das beginnende vierte Jahrhundert mehren sich die Zeugnisse christlichen Lebens. Der Christenverfolgung unter Kaiser Diokletian fiel im Jahr 304 der ehemalige Militärbeamte Florian aus *Lauriacum*, dem heutigen Lorch, zum Opfer.

Mit der Duldung des Christentums durch Konstantin kam es auch zur verstärkten Missionstätigkeit. War das Christentum zuvor zumeist durch Händler oder Soldaten ins Land gekommen, so folgte nun für unser Gebiet eine planmäßige Missionierung. Zentrum dieser ersten Christianisierung Kärntens war Aquileia. Unter den Teilnehmern der Synode von *Serdica*, dem heutigen Sofia, im Jahr 343 werden auch Bischöfe aus Noricum genannt. Für diese Zeit können wir bereits zwei Bistümer auf dem Gebiet des heutigen Kärnten annehmen, *Teurnia und Virunum*. Die *vita Severini* nennt für das Jahr 470 den ersten Bischof unseres Gebietes, *Paulinus von Teurnia*. 392 war das Christentum unter Kaiser Theodosius Staatsreligion geworden und manches heidnische Heiligtum wurde in eine christliche Kirche umgewandelt. In den Wirren der Völkerwanderungszeit ist diese erste blühende christliche Kultur Kärntens, deren Zeugnisse wir beispielsweise noch heute in Teurnia finden, untergegangen.

Den Beginn der zweiten Christianisierung Kärntens können wir für die Mitte des achten Jahrhunderts ansetzen. Die Slawen, bei deren Einwanderung eineinhalb Jahrhunderte zuvor, das spätantike christliche Kärnten untergegangen war, waren unter bayrische Oberhoheit gekommen. Auf Wunsch des Karantanenfürsten Borut wurden sein Sohn Cacatius und sein Neffe Cheitmar, die er den Baiern als Geisel hatte stellen müssen, in Chiemsee christlich erzogen. Nach dem Tod Boruts und der kurzen Regentschaft Cacatius kehrte Cheitmar nach Karantanien zurück und auf Einladung dieses ersten christlichen Fürsten sandte Bischof Virgil von Salzburg den Chorbischof Modestus, vier Priester und einen Diakon als Missionare ins Land. Modestus weihte die Kirche von Maria Saal, wo er noch heute verehrt wird, weiters die Kirche in St. Peter im Holz und die auch heute noch nicht genau lokalisierbare Kirche *„ad undrimas"*. In Maria Saal wie in St. Peter konnte man an spätantike Traditionen anknüpfen. Trotz mehrfacher Rebellionen gegen Cheitmar, bei denen das Missionswerk der Salzburger Kirche in Kärnten durchaus in Gefahr war, gelangen mit der endgültigen Durchsetzung der bairischen Oberhoheit unter Herzog Tassilo III. nach 772 Festigung und Fortgang der Missionierung des Landes, zumal Cheitmar wie auch dessen Nachfolger Waltunc wiederholt um die Entsendung von Missionaren durch Salzburg gebeten hatten.

Gleichzeitig mit der von Salzburg getragenen zweiten Christianisierung Kärntens hatte auch Aquileia den Versuch unternommen, vor langer Zeit verlorenes Territorium wiedergutzumachen. Nachdem schon Pippin, der Sohn Karls des Großen, 796 und 803 die

Schloß Wernberg um 1830 (Original Familie Orsini-Rosenberg)

Schloß Damtschach um 1830 (Original Familie Orsini-Rosenberg)

Sternberg (Original Gemeinde Wernberg)

Vorhalle der Pfarrkirche Sternberg mit ornamentalen Deckenmalereien (Original Gemeinde Wernberg)

Hochaltar der Pfarrkirche Sternberg (Original Gemeinde Wernberg)

Grenzen zwischen dem Salzburger und dem Aquileier Missionsgebiet festgelegt hatte, entschied Karl der Große selbst durch seinen Schiedsspruch von 811 die Frage der strittigen Grenze und setzte als solche die Drau fest. Die damals getroffene Entscheidung sollte erst im 18. Jahrhundert im Zuge der josephinischen Reformen revidiert werden. 1751 trat das Erzbistum Görz an die Stelle des Patriarchats von Aquileia. Unter Joseph II. wurde der Kärntner Teil dieser Diözese dem Bistum Gurk zugeschlagen, das 1070 ebenso wie das 1228 gegründete Bistum Lavant als Salzburger Eigenbistum entstanden war und nur einen kleinen Teil des Salzburger Jurisdiktionsgebietes umfaßt hatte. Im Fall von Gurk war es jenes Gebiet, das durch die Stiftung der Gräfin Hemma von Zeltschach-Friesach in geistliche Hände gekommen war. Mit der Übertragung des Bistums Lavant nach Marburg im Jahr 1859 fand diese unter Joseph II. begonnene Angleichung der Diözesangrenzen an die Landesgrenzen ihren Abschluß, da damals der im Herzogtum Kärnten liegende Teil dieses Bistums der Diözese Gurk angegliedert wurde. Aufgrund der Grenzziehung nach dem ersten Weltkrieg und dem Verlust von Kanal- und Mießtal waren weitere Korrekturen der Gurker Diözesangrenzen erforderlich.

DIE GESCHICHTE DER PFARRE DAMTSCHACH

Die erste Nennung der Kirche zu Damtschach finden wir in jener Urkunde vom 30. September 1431, mit der *Hanns Khevenhuller*, damals Pfleger zu Federaun, Herzog Friedrich von Österreich bestätigt, mit der Feste *Aychlberg* belehnt worden zu sein. Bei der Beschreibung der Grenzen der Herrschaft nennt die Urkunde auch *zwo kirchen, die zunachst [der Burg] ... liegen, sand Johanns und sand Bartholome*, also die Kirche von Damtschach und deren Ragainer Filiale. Der Vorgängerbau der heutigen Damtschacher Pfarrkirche dürfte wohl von der Herrschaft Eichelberg erbaut worden sein, der auch das Patronat darüber zustand. Als Eichelberg zerstört wurde und Augustin Khevenhüller 1511 mit Erlaubnis Maximilians I. den Bau des heutigen Schlosses Damtschach begann, wurde die Kirche in den neuerbauten Adelssitz integriert. Ursprünglich soll die Kirche, ostwärts gerichtet gewesen sein. Beim Bau des Edelsitzes wurde sie nach Süden gewendet.

Kirchenrechtlich unterstand das Damtschacher Gotteshaus der Kirche St. Nikolai in Villach, die die alte Mutterpfarre St. Ruprecht vor 1437 abgelöst hatte und 1461 zur Dotierung des neugeschaffenen Laibacher Bistums verwendet wurde. Das Verhältnis der Pfarre Damtschach zur Villacher Mutterpfarre war nicht immer konfliktfrei. 1515 etwa beendete das Laibacher Domkapitel einen Streit zwischen dem Damtschacher Schloßherrn, seinen Untertanen und weiteren Angehörigen *der Khirchen zu Aichlberg* auf der einen und dem Vikar der Nikolai-Kirche auf der anderen Seite, der *wegen des Gottesdienst so in baiden Khirchen von bestimbten Vicari vnd seinen gesellen järlich vnd zu ainer yeden Heilligen Zeit* entstanden war. Dabei wurde vereinbart, daß der Villacher Vikar einen anderen Kaplan anstelle des bisherigen *gesellen* mit den seel-

Burg Eichelberg aus Valvasor, Topographia Archiducatus Carinthiae (Original Verlag Heyn, Klagenfurt)

Aichelberg.

DAs alte und zerrissene/ und meistentheils abgefallene/ Schloß Aichelberg/ ligt im Obern Viertheil / zwischen Ossiach und Wernberg/ auf einem hohen Berg/ in der Wildniß/ ist also alles verödet/ ausser einen Meyerhof darbey. Es hat vorzeiten dieses grosse und starcke Schloß denen Aichelbergern zugehört / welche schon abgestorben seynd ; hernach ist es Kevenhüllerisch gewesen / jetzt aber an die Herren Grafen Găller gelangt.

sorglichen Aufgaben betrauen solle, damit die *Khirchen zu Aichlberg* zu bestimmten Tagen *mit dem Gotsdienst versehen werde.* Als Nachfolgerin der Mutterpfarre St. Ruprecht bezog die Nikolai-Kirche auch den Zehent der Damtschacher Kirche. Aber auch der Kirche von St. Georg am Sternberg war die Damtschacher Kirche verpflichtet. So erhielt der Sternberger Pfarrer aus der Nachbarpfarre jährlich einen bestimmten Betrag für Kirchen- und Mesnergebühren. Mit dem Erwerb der Herrschaft Wernberg durch das Kloster Ossiach begannen für die Kirche Damtschach recht bewegte Zeiten, in denen diese mehr als einmal im Mittelpunkt einer „Pfarregulierung" stand. Nach Wunsch des damaligen Damtschacher Schloßherrn sollte die Kirche von Damtschach zur Filialkirche St. Matthäus in Umberg *gepfarrt* werden. Als die Damtschacher Kirche 1678 der Pfarre Gottestal unterstellt wurde, weigerte sich Gräfin Galler als Besitzerin der Herrschaft vorerst dies zu akzeptieren. Erst den dringlichen Einwendungen verschiedener Geistlicher, darunter des Erzpriesters von Graz, der sich auf Anweisung des Laibacher Kapitels der Gräfin besonders anzunehmen hatte, stimmte diese zu. Verschiedentlich wird vermutet, die von Graf Galler betriebene Umpfarrung nach Umberg und die fehlende Nennung einer Kirche in den Quellen – diese sprechen stets nur vom Schloß Damtschach – habe seinen Grund darin, daß *zu dieser Zeit die Kirche St. Johann ... aus unbekannten Gründen nicht bestand* und man daher Sternberg aufgesucht habe, wodurch es zur erwähnten Abhängigkeit von dieser Kirche gekommen sei. Tatsächlich hatte die Kirche unter Gräfin Galler eine umfassende Neugestaltung erfahren. So wurde 1684 der neue Hochaltar geweiht. Die Kirche erhielt eine kleine Glocke, die, da der *Kapellenturm* zu schwach war, im Uhrturm des Schlosses ihren Platz fand und über hundert Jahre ihren Dienst versah, ehe sie 1788 umgegossen wurde. Zudem hatte Gräfin Isabella Galler als *Stüffterin und fundatrix* umfangreiche finanzielle Bestimmungen zum Erhalt der Kirche getroffen. Jährlich sollten zumindest zwei Messen gehalten werden, und zwar zum Patrozinium und zur Kirchweih. Der *windische* Prediger, der bei diesen Messen Verwendung finden sollte, erhielt für seinen Dienst einen Gulden. Am Fest des Kirchenpatrons im Jahr 1698 hielten etwa, wie die erhaltenen Rechnungen belegen, sechs Geistliche Gottesdienst. Außerdem wird der *windische* Prediger angeführt. Die Zahl der jährlichen Messen dürfte jedoch größer gewesen sein, als die von Isabella Galler bestimmten. So wissen wir, daß etwa 1695 zumindest zehn Messen für die Zinsen des von der Gräfin dafür ausgesetzten Kapitals gehalten wurden.

Als im Zuge der Josephinischen Pfarreform die einzelnen habsburgischen Länder mit einem flächendeckenden Netz von Pfarren überzogen wurden, wurde die Kirche in Damtschach, die jedoch von Umfang und Ausstattung nicht mehr war als eine Schloßkapelle, als Kirche für die neuzuerrichtende Kuratie Damtschach ins Auge gefaßt. Die benachbarten Pfarren Gottestal und Sternberg hatten Teile ihres Pfarrgebietes an die neue Pfarre abzugeben, Sternberg etwa Ragain. Zum überwiegenden Teil war jedoch das Gebiet, das die neugeschaffene Kuratie umfassen sollte, bisher von St. Nikolai betreut worden. Gegen die Abtrennung von dieser Pfarre wehrten sich die Bewohner der *gegend Umberg*, die vertreten durch *Matthias Preinsegg* und *Johann Christalnigg* am 24.9.1788 an das Ordinariat das Gesuch richteten, *ihrer vorigen Pfarr St. Nicolay zugethan bleiben [zu] dürfen, [zumindest] bis zu Damtschach eine taugliche Kirche erbaut und verfertigt werde*, da die als Kirche vorgesehene Schloßkapelle *nicht einmal die Pfarrmenge zum stehen, sützen oder knien fasset* und zudem wegen *der sich gleich in neben befindlichen s[alva] v[enia] Hundte [und] der nachend Kuchl ... Mann nicht im Stande sein könnte, daß Heylige Meßopfer mit gebührender Andacht anzuhören*. Ein gleichlautendes Schreiben richteten namens der *gegend Ragain* deren Vertreter *Mathias Schöffmann* und *Mathias Sturm*, die das Ordinariat ersuchten, zumindest vorerst bei der Pfarre Sternberg verbleiben zu dürfen.

Die neugeschaffene Kuratie Damtschach, deren Patronat vorerst der Landesfürst und spätestens seit 1815, wahrscheinlich jedoch schon seit 1791, die Herrschaft Damtschach innehatte, bot auch für einen Geistlichen vorerst wenig Anreiz, sich um diese zu bewerben. Zwar war auch die benachbarte Gottestaler Pfarre, die ungleich größer war als Damtschach, in den Augen ihrer Geistlichen nur unzureichend dotiert, doch gemessen an den Einkünften, die der Damtschacher Pfarrer bezog, mußte sich sein Gottestaler Mitbruder wie Krösus vorkommen. Am 11. August 1786 war die Kuratie Damtschach eingerichtet worden, doch vier Jahre später war der Pfarrhof noch immer nicht errichtet, so daß der Kurat im *Schulgebäude*, also in jenem Gebäude, in dem mehr schlecht als recht und obendrein wohl nur mit großen Unterbrechungen der Unterricht stattfand, wohnen mußte. Verschiedentlich wurden Überlegungen laut, die neugeschaffene Pfarre wieder aufzulassen. In einer Stellungnahme räumte der Damtschacher Pfleger *Anton Perchinig* 1791 zwar ein, daß das fehlende Kuratenhaus ein Problem darstelle, doch sei weder vom Kirchenvermögen noch vom Religionsfond bisher ein Beitrag geleistet worden. Alle Anschaffungen seit Einrichtung der Kuratie habe der Patron aus eigenem getätigt und dafür 600 Gulden aufgewandt. Die *Kurazie*, so der Pfleger weiter, *sei in keinem Fall der Auflassung geeignet* und sei *zu überkommung der Sakramente als zur Anhörung der Hl. Meß und des Worts Gottes ... angemeßnstens*. Diese positive Sicht scheint jedoch Damtschachs erster Kurat Kaspar Oman nicht geteilt zu haben, denn als nach der Resignation des Gottestaler Pfarrers Aichholzer die Pfarre frei wurde, bewarb sich Oman um diese und verließ alsbald den schlecht besoldeten Damtschacher Posten. In Folge wechselten die einzelnen Geistlichen ziemlich rasch. 1811 wurde der Geistliche *Georg Bramer* mit der Betreuung der Pfarre beauftragt, er verließ jedoch bereits im Frühsommer 1812 Damtschach und zog sich nach Wernberg zurück, wobei er deutlich zu erkennen gab, daß er nicht bereit sei, nach Damtschach zurückzukehren, da er *mit seinem Gehalte nicht leben könne*. Von der französischen Verwaltung, der Damtschach als Teil der Illyrischen Provinzen nach der Niederlage Österreichs 1809 unterstellt war, bezog der

Kurat jährlich 217 Francs. Die Gemeinde zahlte ihm weitere 300. An Beichtgeld und Stolgebühr nahm er jährlich 60 Franc ein, 50 betrugen die Interessen der Stiftungen. Von der Herrschaft Damtschach erhielt er jährlich sechs Klafter Holz, die ihm die Gemeinde unentgeltlich schlagen und ins Haus bringen ließ. Der Geldwert dieses Naturalbezuges wurde mit 13 Franc veranschlagt. *Zwar machen diese Einkünfte*, schrieb sein unmittelbarer Vorgesetzter, der Pfarrer von Sternberg, der damals Dechant des Oberen Rosentales war, *keinen angemessenen Gehalt aus, aber bey der dermahligen bedrängten und für den Landmann geldlosen Zeit wäre es mit dem doch auf eine kurze Zeit auszukommen.* Kurat Bramer sah die Dinge anders. Ende Oktober 1812 wurden die Damtschacher Pfarrinsassen wiederum vorstellig und klagten, daß der Provisor *noch immer in Wernberg sitze [und] seit circa zwei bis drei Monaten in loco Damtschach nur zweymal Gottesdienst gehalten habe.* Die Abordnung der Pfarrkinder erklärte, daß Bramer spätestens zu Allerheiligen nach Damtschach zurückzukehren und fortan in Damtschach zu *residieren* habe. Als dieser sich weigerte, hatten auch die kirchlichen Vorgesetzten von diesem eigenwilligen Geistlichen genug und suspendierten ihn.

In den folgenden Jahren kehrte in der Pfarre wieder Ruhe ein, wenngleich Damtschach auch weiterhin kein sonderlich begehrter Pfarrort war, da das Einkommen des jeweiligen Seelsorgers erbärmlich gering blieb. Doch *Andreas Juch*, den man an Stelle Bramers nach Damtschach berufen hatte und der 1813 zum *wirklichen Pfarrer* bestellt wurde, harrte im Unterschied zu seinen Vorgängern, die nach Möglichkeit versucht hatten, bald wieder von hier weg zu kommen, aus. Erst als Juch resignierte, um in Pension zu gehen, wurden wiederum Überlegungen laut, die Kuratie in Damtschach, denn zur Pfarre wurde es erst 1891, wiederaufzulassen. Betrieben wurde dies von der Herrschaft Damtschach, besser gesagt von deren Herrn Felix Jöchlinger, der mit seinen Untertanen ohnehin auf keinem guten Fuß stand. Dem Antrag des Barons auf Vereinigung der Kuratie mit der Pfarre Gottestal folgten umfangreiche Erhebungen unter der Pfarrbevölkerung, die von Dechant Thomas Moser geleitet wurden. Dabei hatten Pfarrgemeinde und betroffene Priester zu beantworten, ob *eine solche Rückpfarrung der Tamtschacher Gemeinde nach Gottestal in Hinsicht der Ortslage, der Entfernung beider Orte, der Bevölkerung und sonstiger Verhältnisse räthlich sei?* Da die um die Kuratie Damtschach vergrößerte Pfarre Gottestal für die Besorgung durch einen Priester zu groß gewesen wäre, wollte man seitens der vorgesetzten kirchlichen Behörden wissen, ob es in Gottestal überhaupt möglich sein werde, einen Kaplan unterzubringen, ob dieser auch an Werktagen nach Damtschach kommen könne, um hier zu zelebrieren und ob, und dies war wohl der springende Punkt, die Pfarre Gottestal aus ihren Einnahmen einen Kaplan überhaupt bezahlen könne. Schließlich war von Interesse, in welchem Zustand sich das Kuratenhaus in Damtschach befinde, das von der Herrschaft als *unbrauchbar* bezeichnet wurde. Stimme dies, so wäre mitzuteilen, was man für die Unterbringung des Kuraten tun könne. Die beiden Pfarren nahmen zu den ihnen vorgelegten Fragen ausführlich Stellung. Vorab schien ihnen wichtig festzustellen, daß nicht Gottestal sondern St. Nikolai in Villach als Mutterpfarre der Damtschacher Kuratie anzusehen sei, da die überwiegende Zahl der nunmehr vom Damtschacher Kuraten betreuten Pfarrkinder aus Orten stammten, die vor 1786 zur Pfarre St. Nikolai gehört hatten. Des weiteren wandten sowohl der Pfarrer von Gottestal, der Kurat von Damtschach wie 22 Ortsvertreter ein, daß die schwierigen Wegverhältnisse in der Gemeinde, eine Vereinigung der beiden Pfarren nicht zulasse, im Gegenteil, eine solche würde eher dazu führen, daß der Besuch der Messe unmöglich wäre und man so *das Wort Gottes entbehren müßte*. Die Bestellung eines Kaplans für die nach der Einpfarrung von Damtschach rund 1390 Seelen umfassende Pfarre Gottestal wäre allein aus finanziellen Gründen unmöglich, zudem besitze der Pfarrhof von Gottestal keine Kaplanwohnung und ehe eine solche errichtet würde, was Pfarre und Gemeinde auf Jahre hinaus belasten würde und *die Kosten eines eigenen neuen Kuraziehauses erreichen* würde, solle man das Geld doch lieber für den Ausbau eines solchen in Damtschach verwenden, zumal die derzeitige Wohnung des Kuraten – *das hölzerne Kuratenhaus ist wirklich in einem sehr baufälligen Zustand und nichts weniger als eine kompetente Wohnung eines Seelsorgers. Es wäre also höchst an der Zeit für eine bessere zu sorgen* – mehr als zu wünschen übrig ließ. Da jedoch nunmehr die Herrschaften Wernberg und Damtschach in einer Hand vereinigt seien und die maßgeblichen herrschaftlichen Beamten sich in Wernberg aufhalten würden, könnte doch das, so der listige Einwand der Pfarrkinder, leerstehende Pflegerhaus der Herrschaft Damtschach als Wohnung für den Kuraten adaptiert werden. Wenn man schon an eine Änderung der Pfarrgrenze denke, heißt es in dieser Stellungnahme weiter, so sei nur eine Übertragung der Kuratie Damtschach nach Umberg sinnvoll, da dieser Ort inmitten der Pfarre liege. Sollte man dieser Überlegung seitens der kirchlichen Behörden nähertreten, so werde *die Gemeinde ein Lokal zur Erbauung eines Kuratenhauses von einem dorthigen Unterthanen erkaufen und zum Bau nach Kräften in Natura und in Geld beitragen*, ohne jedoch auf den Anteil der Patronatsherrschaft verzichten zu wollen.

Nach dieser Stellungnahme der Gemeinde blieb alles beim Alten und in Zukunft sollte die Frage einer Umpfarrung nicht mehr aktuell werden. Anläßlich der Visitation im Jahr 1857 attestierte man der Pfarrbevölkerung *einen guten und religiösen Sinn für die Kirche, ...* sie besuche *den Gottesdienst und den Beichtstuhl eifrig* und habe *dem Kuraten meistens auf eigene Kosten einen hübschen Pfarrhof gebaut*. Die Wohnung des Kuraten, für die nicht nur die Gemeinde, sondern auch der Patronatsherr zu sorgen hatte, blieb über längere Zeit Quell manch unerfreulicher Auseinandersetzungen zwischen dem jeweiligen Kuraten und den Erben nach Felix Jöchlinger. 1862 wohnte der Kurat im herrschaftlichen Pflegerhaus. Da jedoch die Familien Orsini-Rosenberg und Wagensperg *dieses selbst zu bewohnen* gedachten, ließ Gräfin Rosenberg den Pfarrer im Mai 1862 wissen, daß er die *inne gehabte Wohnung* bis September zu räumen habe. Die Gräfin und ihre Schwester, Gräfin Wagensperg, würden ihm im Gegenzug jene 400 Gulden auszahlen, die seinerzeit ihr Vater Felix Jöchlinger *für den Verkauf des einstigen schadhaften Curatenhauses erhalten hatte.* Mit diesem Geld und den Beiträgen der Pfarrgemeinde entstand schließlich auf vom Patronatsherrn zur Verfügung gestellten Grund ein neuer Pfarrhof, der auch im Eigentum der Pfarrgemeinde blieb.

Die im letzten Drittel des 19. Jahrhunderts spürbare Verschärfung des Konfliktes zwischen deutsch- und slowenischsprachigen Kärntnern machte auch vor der Pfarre Damtschach nicht halt. Im März 1886 erhob Lothar Orsini-Rosenberg, der die Interessen seiner betagten Mutter auf Damtschach vertrat, beim Ordinariat Beschwerde über den wenige Tage zuvor verstorbenen Kuraten von Damtschach und ersuchte, man möge künftig seitens der kirchlichen Behörden dem Umstand Rechnung tragen, daß die Pfarre zweisprachig sei und *jährlich wenigstens ein paar mal deutsche Predigten gehalten werden und das Evangelium auch deutsch vorgelesen werde*, da *seit sechs Jahren weder eine deutsche Predigt gehalten noch das Evangelium deutsch gelesen* worden sei. Die Sprachenfrage bot auch in den folgenden Jahrzehnten Anlaß zu ständigen Auseinandersetzungen, zumal die Bevölkerung durch den Zuzug Deutschsprachiger rasch und stark anwuchs. Diesem Umstand trug der Pfarrausschuß von Damtschach im Jahr 1933 insoferne Rechnung, als er das Ordinariat ersuchte, daß *die slowenische und deutsche Predigt abwechselnd gehalten werde*, nachdem seit einigen Jahren schon an *jedem ersten Monatssonntag die deutsche Predigt eingeführt* worden war. Neben den nationalen Auseinandersetzungen verschärfte sich in den 20er Jahren auch der politische Gegensatz und die Kirche bezog hier eindeutig Stellung, wenngleich der Damtschacher Pfarrer seinen kirchlichen Vorgesetzten wiederholt mitteilen mußte, daß jede kirchliche Arbeit in der Pfarre, wie etwa die Einführung der *Katholischen Aktion* 1929, *mit sehr grosser Vorsicht in Angriff genommen werden [muß], weil hier sehr starke sozialdemokratische Strömungen bestehen* und zudem selbst bei konservativen Kreisen *der liebe Gott bei der Tasche selbst zu existieren aufhöre.*

Ungeachtet der Konflikte, die es in dieser Pfarre wie in vielen anderen Kärntens in jenen Jahrzehnten gegeben haben mag, bot das Leben für einen Seelsorger hier durchaus auch Annehmlichkeiten, und die Besetzung der Pfarre bereitete trotz des in Kärnten immer spürbarer werdenden Priestermangels keine Schwierigkeiten. Zwar wuchs die Gemeindebevölkerung hier rascher als anderswo, doch immer noch blieb die Pfarre überschaubar und erlaubte den einzelnen Geistlichen auch ihren Liebhabereien nachzugehen. So beschäftigte sich Pfarrer Schaubach, der durch 30 Jahre in Damtschach tätig gewesen war, eingehend mit Archäologie und Numismatik. Die finanzielle Situation der hier tätigen Geistlichen hatte sich bis in die Jahre vor dem ersten Weltkrieg erheblich verbessert. Zwar verfügte die Kirche von Damtschach auch weiterhin über keinen nennenswerten Grundbesitz, aber im Laufe der Zeit war auch hier die eine oder andere *Fromme Stiftung* eingerichtet worden, deren Zinsen das Einkommen von Pfarrer und Mesner, wenn auch in weit geringerem Umfang als in den Nachbarpfarren, aber immerhin doch ein wenig aufzubessern erlaubte.

DIE SEELSORGER VON DAMTSCHACH

Dem einen oder anderen der Damtschacher Seelenhirten sind wir bei unserem Streifzug durch die Geschichte der Pfarre bereits begegnet und wir haben auch gehört, daß nicht jeder der hier tätigen Geistlichen mit seinen Pfarrkindern zufrieden gewesen ist und auch umgekehrt mag dies verschiedentlich gegolten haben. Ursprünglich hatten ja die *gesellen* des Pfarrers von St. Nikolai hier seelsorgliche Funktionen erfüllt und auch der Pfarrer von Sternberg hat dies wiederholt in Vertretung seiner Villacher Mitbrüder getan.

Dem ersten Geistlichen der neuerrichteten Pfarre Damtschach, *Kaspar Oman*, sind wir ebenfalls bereits begegnet. Der gebürtige Krainer war 1787 nach Damtschach gekommen, hatte die schlecht dotierte Stelle jedoch bereits 1788 in Richtung Gottestal, das damals zur Besetzung anstand, verlassen und ist dort 76jährig 1820 gestorben.

Die auf ihn folgenden Geistlichen wechselten in rascher Folge. 1788 bis 1789 wirkte *Johann Buttalo* als Provisor in Damtschach, ehe er von *Johann (Georg) Trunk* am 20. August 1789 abgelöst wurde. Dieser Geistliche hat sich auch mit einer bemerkenswerten Eintragung in den Damtschacher Matriken verewigt. Als Trunk die Pfarre jedoch bereits 1791 verließ, kehrte Buttalo zurück und wurde 1792 zum Kuraten bestellt. Auf ihn folgte 1807 *Leopold Schaffer* als Provisor, der jedoch bereits im Jahr darauf von *Stefan Hollister*, der die Pfarre für zwei Jahre als Kurat übernehmen sollte, abgelöst wurde.

Mit seinem Nachfolger *Georg Bramer*, der seit März 1811 in Damtschach wirkte, erhielt die Pfarre einen Geistlichen, der von Anfang an nicht gewillt war, sich in die bescheidenen Verhältnisse, die der kleine Ort bot, zu fügen und alsbald das damals noch hölzerne Kuratenhaus mit einer besser ausgestatteten Unterkunft in Wernberg vertauschte. Seine mangelnde Anwesenheit in Damtschach bereitete seinen Vorgesetzten manches Ungemach, da die Pfarrbevölkerung nicht bereit war, einen Seelsorger zu akzeptieren, der nur ab und zu in der Pfarrkirche erschien. Als die deutlichen Warnungen des Ordinariats keine Wirkung zeitigten, wurde Bramer suspendiert und die Kuratie *Andreas Juch* übertragen, der auch nach seiner Pensionierung im Jahr 1839 in Damtschach blieb und mit seinen Pfarrkindern ein gutes Auskommen hatte. Für kurze Zeit übernahm nach Juchs Resignation der bisherige Pfarrkooperator von Ottmanach *Isidor Wuzella* die Kuratie, wobei er die Pfarre Sternberg mitbetreute.

Mit dem 1809 in St. Jakob im Rosental geborenen *Andreas Tautscher*, der sich gegen vier weitere Mitbewerber hatte durchsetzen können, erhielt Damtschach im September 1839 wiederum einen Kuraten. Tautscher war davor Kaplan in Kappel an der Drau gewesen. 1852 bewarb er sich um die Pfarre Glainach. Gestorben ist er 1882 als wohlbestallter Dechant von Maria Saal.

Nach seinem Weggang betreute *Andreas Kleewein* Damtschach als Provisor, ehe im Oktober 1853 der bisherige Kaplan von Malborghet im Kanaltal, *Josef Skarbina*, als Kurat nach Damtschach kam. Der neue Seelsorger war 1821 in Latschach am Faaker See zur Welt gekommen und hatte in Klagenfurt studiert. 1866 verließ er Damtschach, um als Pfarrer von Uggowitz in jenen Teil der Diözese zurückzukehren, in dem er bereits als Kaplan gewirkt hatte. Dort ist er 1879 gestorben.

Für kurze Zeit übernahm *Isidor Wuzella*, der bereits 1839 in Damtschach Seelsorger gewesen war, die Pfarre. Doch bereits im Dezember 1866, also nicht ganz ein Jahr, nachdem er die Kuratie vom scheidenden Pfarrer Skarbina übernommen hatte, bat er das Ordinariat um Entbindung von dieser Aufgabe, da er sich mit zunehmenden Alter außerstande sah, neben Sternberg auch Damtschach zu versorgen.

An seiner Stelle wurde der gebürtige Ludmannsdorfer *Johann Sablatnig* berufen, der bis 1872 in Damtschach blieb. 1871 bot man ihm die Stelle des Kuraten an, doch Sablatnig lehnte ab und bewarb sich stattdessen um die Pfarre St. Egyden an der Drau, wo er 1907 als Pfarrer gestorben ist.

Für kurze Zeit mußte wiederum der Sternberger Nachbar in Damtschach aushelfen. Doch schon Im Jänner 1873 konnte Pfarrer Link von Sternberg die Pfarre dem neuen Kuraten *Jakob Rebernig* übergeben. Rebernig, 1842 in Ebental geboren, war wie einst Andreas Tauscher vor seiner Bestellung Kaplan in Kappel gewesen. 44jährig ist Rebernig im März 1886 gestorben. Er hatte aus seiner nationalen Einstellung kein Hehl gemacht und dies hatte, wie wir bereits gehört haben, zu mancher Auseinandersetzung in der Pfarre, aber auch mit der Patronatsherrschaft geführt.

Nach Rebernigs frühem Tod mußte, wie schon 13 Jahre zuvor, Pfarrer Link von Sternberg Damtschach nochmals übernehmen, ehe der gebürtige Gailtaler *Franz Schaubach* seine Stelle in Damtschach antreten konnte. Mit den Verhältnissen im Gemeindegebiet wurde der einstige Pfarrer von Arriach bald vertraut, hatte er doch nach seiner Berufung nach Damtschach auch die Pfarre Gottestal als Provisor zu betreuen. Bereits vier Jahre nach seinem Antritt als Damtschacher Kurat wurde Schaubach als Nachfolger seines Sternberger Mitbruders Link zum Dechant des Dekanates Oberes Rosental bestellt und hat dieses Amt bis zu seinem Tod im März 1918 ausgeübt. Zeitweilig führte er auch für seinen Gottestaler Mitbruder Anton Gabron, dessen finanzielle Situation über lange Jahre gänzlich ungeordnet war, die Verwaltung des Gottestaler Kirchenvermögens.

Für kurze Zeit übernahm *Anton Gabron* nach Schaubachs Tod die Pfarre Damtschach, nachdem er schon zu dessen Lebzeiten des öfteren in der Pfarre hatte aushelfen müssen. Im Juli 1918 kam dann der bisherige Kaplan der Stadtpfarre Bleiburg *Josef Verhnjak* als Provisor nach Damtschach und wurde im Februar des folgenden Jahres zum Pfarrer ernannt. In dieser Zeit übernahm *Verhnjak* auch die Pfarre Sternberg. Doch bereits 1920 suchte er um Versetzung in den zeitweiligen Ruhestand an. Dies wurde ihm zwar seitens seiner Vorgesetzten nicht gewährt, immerhin konnte er Damtschach jedoch verlassen, das fortan vom Sternberger Pfarrer *Marašek* mitversorgt wurde. 1925 verließ er Sternberg und bewarb sich um Damtschach, das ihm Ende März 1925 übertragen wurde.

1940 mußte *Marašek* die Pfarre verlassen und sich nach Wien zurückziehen, wo er vorerst als Kaplan in einer Pfarre im dritten Wiener Gemeindebezirk wirkte. Seine Versetzung nach Wien war notwendig geworden, nachdem er in Kärnten *Gauverbot* hatte. Die Gründe dafür blieben stets im Dunkeln. Aussagen zufolge sollen *drei slowenische Vaterunser*, die er bei einem Begräbnis in Köstenberg gesprochen hatte, zur Ausweisung aus Kärnten geführt haben. Tatsächlich war der gebürtige Tscheche, der mit seiner Meinung schon vor 1938 nicht hinter dem Berg gehalten hatte, manchem ein Dorn im Auge. Das Kriegsende erlebte *Marašek* als Insasse eines Wiener Gefangenenhauses. Im August 1945 kehrte er nach Damtschach zurück, fand jedoch die Verhältnisse in der Pfarre *sehr verworren* vor, gab alsbald auf und übernahm *nach Intrigen und Querelen*, die ihm den Aufenthalt in Damtschach verleideten, am 4. März 1946 die Pfarre Zweikirchen.

Nach *Marašek* Gauverweis übernahm vorerst *Johann Zimolin* die Pfarre als Administrator. 1941 wurde er nach Ebriach versetzt und an seine Stelle trat für einen Monat der Missionar *Ignaz Millik*, den im Juni 1941 der bisherige Eisenkappler Kaplan *Johannes Lex* ablöste, der seit 1944 auch Sternberg mitbetreute. *Lex* verließ Damtschach nach *Marašek* Rückkehr und wurde 1946 von Bischof *Köstner* mit der Leitung des *Bischöflichen Knabenseminars Marianum* auf Schloß Tanzenberg betraut, dessen Fortbestand der junge Geistliche, der schon in Damtschach und Sternberg viel *jugendlichen Eifer* gezeigt hatte, in den nicht leichten Nachkriegsjahren sicherte. Ohne seinen Einsatz und sein Engagement hätte diese Kärntner Eliteschule kaum eine Zukunft gehabt.

Zwischen 1946 und 1949 folgte für Damtschach ein mitunter rascher Wechsel verschiedener Geistlicher. Vorerst lag es nach *Karl Marašeks* Resignation an seinem Sternberger Mitbruder *Theophil Hensel* Damtschach zu betreuen, den nach wenigen Monaten *Konstantin Haunbol* ablöste. Im Jänner 1947 wurde *Hensel* wiederum für einige Monate mit Damtschach betraut. Für eineinhalb Jahre übernahm Mitte Mai 1947 *Dr. Thomas Klinar* die Pfarre und als er mit 1. Jänner 1949 zum Pfarrer von Vorderberg im Gailtal bestellt wurde, war es wieder am Sternberger Pfarrer Damtschach mitzubetreuen. Erst im September 1967 wurde *Thomas Hensel* von seinen Pflichten als Mitprovisor entbunden.

Für drei Jahre übernahm *Franz Hudl* Damtschach als Provisor. Ihm folgte als Seelsorger von Damtschach *Ignaz David*, der seither diese Pfarre betreut.

ÜBERBLICK ÜBER DIE GESCHICHTE DER PFARRE GOTTESTAL

In einer am 1. Mai 1360 ausgestellten Urkunde verspricht Pfarrer Hans von St. Ruprecht am Moos (bei Villach) den *pharrleute*[n] *ze sand Margret* für diese Kirche einen *pharrer und gesellen* mit *allen geistliche*[n] *rechte*[n] zu bestellen, die auch die Kirche in Föderlach innehaben sollen. Zum Unterhalt dieses ersten uns bekannten *Pfarrers* und der Kirche von Gottestal dienten 14 Huben. Im Gegenzug erhielt der Pfarrer von St. Ruprecht von den Gottestaler Pfarrinsassen eine Hube zu Töbring. Neben dem Aussteller bekräftigten diese Vereinbarung die beiden höchsten weltlichen und geistlichen Repräsentanten des Landes, nämlich der Landeshauptmann Graf Hans von Pfannberg und Bischof Peter von Lavant, als salzburgischer Archidiakon in Kärnten auch ranghöchster Geistlicher des Salzburger Erzbistums in Kärnten. Aus der Urkunde geht jedoch nicht hervor, ob die Kirche in Gottestal neu gegründet oder schon länger bestanden hat. Die Abhängigkeit von der Villacher Mutterpfarre blieb bestehen, da die Kirche von Gottestal als Zeichen ihrer Zugehörigkeit *gen sand Rup*[re]*cht* jährlich eine Mark Aglaier Pfennige zu zahlen hatte. Der Pfarrer von Gottestal hatte damit die Stellung eines Vikars inne, der vom St. Ruprechter Pfarrer abhängig war und von diesem auch ernannt wurde.

In der Gottestaler Mutterpfarre St. Ruprecht am Moos begegnen wir einer der Kärntner Urpfarren. 860 hatte König Ludwig der Deutsche der Salzburger Kirche unter ihrem Erzbischof Adalwin reichen Besitz übereignet, darunter eine *curtis ad Trebinam*, deren Mittelpunkt im heutigen Treffen bei Villach zu lokalisieren ist. Im Gebiet dieses einstigen Königshofes entstand die Pfarre St. Ruprecht, deren Zugehörigkeit zu Salzburg auch das Rupertpatrozinium anzeigt und die 1195/1196 erstmals genannt wird. Nach und nach entstanden, ebenso wie in Gottestal mit seiner Filialkirche Föderlach, auf dem Boden der Urpfarre weitere Pfarren. Auf dem Gebiet der St. Ruprechter Kirche wurde das Kloster Ossiach gegründet. 1195/96 löste Abt Hilteward von Ossiach Pfarrer Ulrich von St. Ruprecht die auf Klostergrund liegende Kirche in Gratschach gegen Zahlung von 30 Denaren ab. Abt und Mönche erwarben damit das Recht in dieser Kirche Gottesdienst zu halten, jedoch *sine populo*, also unter Ausschluß der Öffentlichkeit. Auch in der unmittelbaren Nachbarschaft Gottestals entstanden neue Pfarren. So hören wir im Jahr 1410 erstmals von einem Pfarrer von Kranzelhofen, der am 13. August dieses Jahres als Zeuge in einer Urkunde des Hohenwarter Burgherrn Christoph Harrenpeck auftritt und zudem als Inhaber zweier Vogthuben genannt wird. Die bedeutendste der St. Ruprechter Filialkirchen war jedoch St. Nikolai in Villach, die seit 1309 nachgewiesen ist. Nach und nach lief diese im bedeutenden bambergischen Handelszentrum liegende Pfarre der abgelegenen Mutterkirche den Rang ab und vor 1437 wurden deren Pfarrechte nach St. Nikolai übertragen. Die Pfarre Gottestal hatte fortan ihre Schuldigkeiten dorthin zu entrichten. St. Nikolai mit seinen Filialkirchen wurde 1461 vom Landesfürsten für die Dotierung des neugeschaffenen Bistums Laibach verwendet.

Das Patronat über Gottestal stand der Herrschaft Wernberg zu. Nach Aufhebung des Klosters Ossiach gingen die Patronatsrechte auf den Landesfürsten über. Die Patronatsrechte blieben über längere Zeit strittig. 1815 einigte man sich schließlich über deren künftige Ausübung. 1/3 der Rechte standen demnach dem Domkapitel von Laibach zu, 2/3 der Herrschaft Wernberg. Das bedeutete, daß die jeweiligen Pfarrherren von Gottestal einmal vom Laibacher Kapitel und hierauf zweimal vom jeweiligen Wernberger Schloßherrn vorgeschlagen wurden. 1838 beantragte die Herrschaft Wernberg – allerdings erfolglos – das Patronat ihr allein zu übertragen. 1889 löste die Diözese Gurk die in ihrem Gebiet liegenden Patronatsrechte des Laibacher Kapitels ab und fortan teilten sich Herrschaft Wernberg und Bistum Gurk die Patronatsrechte im Verhältnis 2:1.

Bis zur josephinischen Pfarregulierung gehörten neben den heute zugehörigen Orten Dragnitz, Duel, Föderlach, Goritschach, Gottestal, Kletschach, Neudorf, Schleben, Drautschen, Wernberg, Wudmat und Zettin auch Damtschach, Kaltschach und Trabenig zur Pfarre Gottestal, während Umberg und Ragain von St. Nikolai mitprovidiert wurden. Nachweise über Taufen, Begräbnisse und Heiraten aus diesen beiden Orten sind daher für die Zeit vor den Reformen Josephs II. in den Matriken dieser Villacher Pfarre zu finden.

Als 1786 in Damtschach eine Kuratie eingerichtet wurde, die die Orte Damtschach, Kaltschach, Ragain, Sand, Trabenig und Umberg umfaßte, nahmen dies Teile der verbliebenen Gottestaler Pfarrinsassen zum Anlaß, die Übertragung der Pfarre nach Wernberg zu fordern. Namens der Nachbarschaften Wernberg, Zauchen, St. Ulrich, Föderlach, Wudmat, Kletschach und Neudorf richteten *Simon Schöfman, Johan Bürger, Michael Köchl, Simon Kunstl, Bärtl Woloneg, Thomas Schöfman und Christ[ian?] Laßnig* ein Gesuch an den Freiherrn von Ankershofen, den damaligen Besitzer von Schloß Wernberg, ihren Antrag an das Bistum Gurk, *daß die Pfarr Gottesthall nacher Wernberg transferiert und ein Kuratpriester nach Föderlach bestellet werden möchte ... zu unterstützen und hilfliche Hande zu bietten.* Als Gründe für ihr Gesuch führten sie an, daß die Kirche Gottestal *in einer Abseite* gelegen und die Pfarrgebäude durch *erlittene Feuersbrünste überhaupts baufällig* seien. Zudem sei der Weg nach Gottestal, namentlich im Winter, äußerst beschwerlich. So würde der Weg von Wudmat zur Messe 1 ½ Stunden, von Föderlach gut eine Stunde betragen. Dies bedeute, daß *die Meisten was unter 15 Junge und über 50 Jahre alte Leithe seien, durch den Winter ohne Meß und Gottesdienste sein müssen.* Demgegenüber brächte die Übertragung der Pfarre nach Wernberg, *das in Mittelpunkt der Pfarr Gemeinde, an der Landstraßen gelegen* sei, den Vorteil, daß man zum Gottesdienst *viel bequemer und nützlicher* gelangen könne. Zudem wandten die Bittsteller ein, sei die Pfarre, die derzeit *beiläufig 1010 Seelen* zähle zu groß, um von einem Geistlichen allein besorgt werden zu können. Daher biete es sich an, in Föderlach eine Kuratie einzurichten, zumal sich dort *eine Gute Wohl gebaut geräumige Kirche mit Gottes Acker umgeben ... vorfindig befände.* Und auch über den anzustellenden Kuraten, für dessen Wohnung der bisherige Gottestaler Pfarrer schon sorgen werde, hatte man sich bereits Gedanken gemacht. Ohne dem *Religions Fonde eine neue Bürde aufzulasten* möge man doch einfach einen der geistlichen Herren aus den aufgehobenen Stiften Viktring oder St. Paul hierher transferieren, *die ohnehin ihre Pension genüssen.* Zur Pfarre Wernberg sollten die Orte *Wernberg, Zauchen, St. Ulrich, Schleben, Zettin, Gottesthal und Dragnitz* mit insgesamt 107 Familien gehören, zur Kuratie Föderlach die Orte *Föderlach, Udmath, Kletschach, Neudorf, Goritschach und Duell* mit 101 Familien. Neben den *öfteren* geistlichen *Tröstungen*, die diese Pfarregulierung zuließe, könnte zudem ein deutschsprachiger Kurat bestellt werden, so daß *diese Einleitung mittler Zeit die Windische Sprache ganz vereitlet und die Teutsche eingepflanzet würde.*

Das Gesuch wurde, wohl durch Ankershofen, dem Ordinariat übermittelt, das Erhebungen durchführen ließ. Gegen den Plan der oben genannten Orte wandten sich in scharfen Worten die Bewohner von Gottestal, Dragnitz, Goritschach, Duel, Zettin und Schleben. Die Einbeziehung von St. Ulrich mit seiner deutschsprachigen Bevölkerung würde, so lesen wir in ihrer Stellungnahme vom April 1788, Predigt und Christenlehre unmöglich machen. Die Ablehnung des Planes, die Pfarre Gottestal nach Wernberg zu übertragen und zu teilen, faßten sie schließlich in einem Satz zusammen, der auch den Motor dieser Pfarregulierung enthüllt. *Da sich*, heißt es darin, *unser Herr Pfarrer nahmens Matheus Aichholzer seiner Vernunft beraubet und zu den geistlichen Handlungen ausser Kraft gesetzt* habe, möge seine fürstbischöfliche Gnaden die Pfarre Gottestal *mit einem Seelsorger pro interims gnädigst ... versorgen als auch ... in loco Gottesthal ... bekräftigen.* Außerdem, so teilte man mit, besitze einzig Gottestal einen Pfarrhof, der zugegebenermaßen saniert werden müsse, zudem eine Wohnung für den Mesner und ein Schulzimmer. All das würde einer Übertragung der Pfarre in die Wernberger Schloßkapelle, die man wohl dem Beispiel Damtschachs folgend, als Pfarrkirche vorgesehen hatte, widersprechen. Doch die Betreiber des Projekts wollten nicht so schnell aufgeben. Schloßherr Baron Ankershofen signalisierte zumindest nicht Ablehnung, und daher wurde 1788 ein neuerlicher Versuch unternommen. Als sich auch das Villacher Kreisamt gegen eine Übertragung der Pfarre nach Wernberg aussprach und damit der Plan, die Föderlacher Filialkirche zur Kuratie umzuwandeln, gescheitert war, ersuchten die *Insassen* von Föderlach, Neudorf, Kaltschach und Wudmat im Oktober 1788, daß auch *künftighin an jedem neuen Sonntag* [= erster Sonntag im Monat] in Föderlach die Messe gelesen werde.

Der Grund, warum Pfarrer Aichholzer der Pfarregulierung, die unter Teilen seiner Pfarrkinder für so große Aufregung gesorgt hatte, sichtbar wohlwollend gegenüberstand, mag auch darin begründet gewesen sein, daß diese für einen Priester, vor allem dann, wenn er in die Jahre kam, zu groß war und er daher einen Hilfspriester anzustellen hatte, was die Einnahmen, die er bezog, stark schmälerte, da er ja den Kaplan zu versorgen hatte. Die Einrichtung Föderlachs als Kuratie hätte die Zahl der Pfarrinsassen halbiert, die Einnahmen wären jedoch annähernd gleichgeblieben. 1755 heißt es, die Einkünfte des Pfarrers von Gottestal seien derart gering, daß der *Vikar*, so wird der Pfarrer in dieser Quelle bezeichnet, nur kümmerlich davon leben könne. Neben den Stolgebühren, also den Zahlungen, die der Priester für Begräbnisse, Taufen, Heiraten und Messen erhielt, dienten die Abgaben der Pfarrinsassen bzw. der der Kirche untertänigen Bauern dem Erhalt der kirchlichen Gebäude und Gottesdiensterfordernissen wie dem Unterhalt des Priesters. Zur Ausstattung der Kirche Gottestal gehörten, wie wir aus der Urkunde von 1360 wissen, 14 Huben, zu der im Laufe der Zeit vier weitere gekommen waren. 1848 besaß die Kirche in Gottestal insgesamt 18 Untertanen, so in Schleben (*vlg. Paulitsch*), Wernberg (*vlg. Svajnig* und *Neukeusche*), Umberg (*vlg. Rader*), Görtschach, Köstenberg, Neuhaus, Dragantschach, Selpritsch, Emmersdorf, Augsdorf, Drobollach und Latschach. Von diesen bezog die Kirche jährlich in Geld 28 Gulden und 55 Kreuzer, an Getreide vier Vierling und 10 Maßl Weizen, 15 Vierling und 9 Maßl Roggen, 75 Vierling Hafer. Der Geldwert dieser Abgaben betrug 1848 128 Gulden und wurde mit insgesamt 1714 Gulden im Zuge der Grundentlastung abgelöst.

Neben dem Kirchenvermögen gab es auch das Pfründevermögen. Der Pfarrhof Gottestal, also die Pfarrpfründe, verfügte über 15 Untertanen, deren Abgaben 1848 einen Geldwert von rund 84 Gulden repräsentierten. Weiters waren einzelne Besitzer dem *Pfarrhof* robotpflichtig. So leistete der Besitzer vulgo *Hvajnig* in Föderlach bis 1848 jährlich zwei *Tagesfuhren*. Insgesamt hatten die Pfarrpfründe Robotforderungen an verschiedene Besitzer von zusammen 26 Tagen im Jahr. Diese Leistungen mußten im Rahmen der Grundentlastung mit 1.000 Gulden abgelöst werden. Zudem waren verschiedene Besitzer verpflichtet, dem Pfarrer jährlich 51 Brote zu geben. Zum Pfarrhof gehörten insgesamt 16 Hektar und 93 Ar Grundbesitz, während die Grundstücke der Pfarrkirche 1895 nur 1545 Quadratklafter umfassten, die einen jährlich Reinertrag von einem Gulden abwarfen und insgesamt mit nur 35 Gulden bewertet waren. Folgt man dem Volksmund, so sei der Besitz der Kirche von Gottestal früher um vieles umfangreicher gewesen, doch hätte die Drau ihr Bett durch den geistlichen Besitz gelegt und diesen so geschmälert.

DIE PFARRER VON GOTTESTAL

In der Urkunde vom 1. Mai 1360 haben wir erstmals von einem Pfarrer von Gottestal gehört, wenngleich die Urkunde keinen Namen nennt. Wir können jedoch annehmen, daß die umfangreichen Bestimmungen, die der St. Ruprechter Pfarrer und die Gottestaler Pfarrinsassen hinsichtlich des Unterhaltes von Kirche, Pfarrer und Kaplan damals getroffen haben, wohl vor dem Hintergrund der Installierung eines geistlichen Herren in diesem Gebiet zu sehen ist. Doch bis zur ersten namentlichen Nennung eines Gottestaler Pfarrherrn sollten noch mehr als hundert Jahre vergehen.

Eine Urkunde von 1474 nennt einen *Cristianus Kalcher* als *rector parrochialis ecclesiae*. Die Nennung des nächsten, *Stephanus Karber,* als *provisor filialis ecclesiae* im Jahr 1519 spiegelt in der Bezeichnung Filialkirche für Gottestal zudem die Rechtsstellung wider, die diese Pfarre gegenüber St. Nikolai eingenommen hat. 1625 hören wir von einem *Joannes Asberus* als Pfarrer in *Gotzenthall*, 1656 von *Lukas Fortunat*, der in diesem Jahr die beiden der Gottesmutter und Johannes dem Täufer geweihten Seitenaltäre errichten ließ. Die Matriken von St. Nikolai führen für 1687 einen namentlich nicht genannten *vicarius von Gozenthall* an, der Verstorbene des zur Pfarre St. Nikolai gehörigen Ortes Umberg am dortigen Friedhof bestattet habe. 1698 wird *Lambertus Wuttey* als Provisor von Gottestal genannt. Er wie die auf ihn folgenden geistlichen Herren sind ausschließlich in den Nikolaier Matriken überliefert, so 1707 der *cooperator in Gozenthall Bartholomäus Rainer*, 1708 Provisor *Valentin Tropper*, 1709 *Matthias Kulnig*, von 1718–1724 *Matthias Sigot*, der als *parochus*, also als Pfarrer, genannt ist.

Bis zur Aufhebung des Stiftes Ossiach 1783, das 1672 die Herrschaft Wernberg als Sommersitz für Abt und Konvent erworben hatte, übernahmen immer wieder Patres des Stiftes seelsorgliche Funktionen in der Pfarre, da das Stift mit der Herrschaft Wernberg auch das Patronat über die Pfarre Gottestal erworben hatte. So war von 1726 bis 1742 der Ossiacher Benediktiner *Marcus Alphonsus Zollner* in Gottestal tätig. 1745 finden wir *P. Romanus Zußner* als Provisor von Gottestal, der schließlich der Letzte in der langen Reihe der Ossiacher Äbte werden sollte. Unmittelbar auf ihn folgte *Matthias Andreas Laßnik*, der bereits 1739 erstmals in den Gottestaler Matriken nachgewiesen ist, einige Jahre hindurch auch die Pfarre Peilenstein in der Untersteiermark betreut hatte und schließlich durch 22 Jahre, bis 1767, Gottestaler Seelsorger war. Nach ihm übernahm für ein Jahr *Antonius Tscheschar* als Provisor die Pfarre, ehe er nach Augsdorf und Kranzelhofen kam, wo er erstmals 1769 als Kooperator und letztmals 1793 als Vikar nachgewiesen ist.

1768 übernahm der gebürtige Rosentaler *P. Romanus Huebmershoffen* die Pfarre. Er stammte aus einer 1738 in den erbländischen österreichischen Adelsstand mit dem Prädikat *von Silbernagel* erhobenen Kärntner Gewerkenfamilie, der anläßlich ihrer Standeserhebung die Genehmigung zur Auslassung ihres bisherigen Familiennamens erteilt worden war, und die sich, ebenso wie P. Roman in den Gottestaler Matriken, fortan *Silbernagel* nannte. Nach Silbernagels Weggang aus Gottestal fungierten 1772 verschiedene im Schloß anwesende Benediktiner in Gottestal. Neben den Patres *Anselmus Kriegsberger* und *Jacob Bailach* auch der Ossiacher Prior *P. Anselmus Berndl*.

1772 trat dann mit Matthäus Aichholzer ein Mann das Amt als Pfarrer an, den wir schon bei der Darstellung der versuchten Pfarregulierung von 1787/88 kennengelernt haben, und dem ein Teil seiner Pfarrkinder unterstellte, er habe den Verstand verloren und sei nicht fähig, seine priesterlichen Funktionen wahrzunehmen. Inwieweit das der Wahrheit entsprach, können wir heute nicht mehr beurteilen. Wir wissen nur, daß ihm gegen Ende seiner Amtszeit *P. Christoph Rainer* als Hilfspriester zur Seite gestellt wurde. Aichholzer resignierte 1788 nach 16-jähriger Tätigkeit als Provisor und Pfarrer und starb 1812 im Alter von 80 Jahren in *Lind außer Villach*.

Sein Nachfolger wurde sein Damtschacher Amtsbruder *Kaspar Oman*, der zuvor als

Lokalkurat ein eher dürftiges Priesterleben gefristet hatte und für den die Bestellung zum Seelsorger in Gottestal sicherlich auch eine finanzielle Verbesserung gebracht hatte. Oman, der aus Radmansdorf in Krain stammte, blieb durch mehr als 30 Jahre in Gottestal und starb hier 76-jährig am 23. Juni 1820. In den letzten Jahren dürfte ihm der Dienst schon schwergefallen sein. So beschwerte sich der Wernberger Pfleger Anton Nagele 1818 namens der Pfarrgemeinde, man habe schon *durch zwei Jahre keinen ordentlichen Seelsorger*. Oman wurde pensioniert, blieb jedoch weiterhin vor Ort und erhielt in *Jakob Kopitschar* einen jungen Aushilfspriester. Nach Omans Tod wurde Kopitschar am 30. Juni 1820 zum Pfarradministrator ernannt. Nach der Bestellung von *Johann Aichholzer* zum Seelsorger in Gottestal verließ er die Pfarre und wurde 1831 Pfarrer von Feistritz an der Gail, wo er am 2. August 1840 seinem Leben *durch einen Sturz über die ... Friedhofsmauer und den scharfen Felsen in den Bach* ein Ende setzte.

Mit Dekret vom 23. November 1820 wurde Johann Aichholzer, 1786 in Egg am Faaker See geboren, zum Pfarrer von Gottestal bestellt. 1828 verließ er die Pfarre, um die Stelle eines Pfarrers von St. Gandolf anzutreten. Als pensionierter Pfarrer von St. Gandolf ist er 1851 in Villach gestorben. Während des halben Jahres bis zum Amtsantritt von Pfarrer *Johann Liebergott* wirkte der bisherige Provisor von St. Gandolf *Urban Kucher* in Gottestal. Der 1791 in Timenitz geborene Kucher übernahm 1829 die Pfarre Schiefling und ist dort hochbetagt 1876 gestorben.

Am 5. November 1828 trat der bisherige Pfarrer von Mellweg im Gailtal *Johann Liebergott* die Stelle eines Pfarrers von Gottestal an. Liebergott war am 22. Juni 1798 in Ludmannsdorf geboren worden und ist 56jährig am 19. September 1854 gestorben. Anläßlich der Visitation des Jahres 1852 stellten Bürgermeister, Gemeinderat und Kirchenkämmerer dem Pfarrer das schöne Zeugnis aus, daß sie *mit dem Herrn Pfarrer ganz zufrieden* seien und *weder Bitte noch Beschwerden vorzubringen* hätten. Nach dem frühen Tod von Liebergott betreute kurzfristig *Jakob Seebacher* die Pfarre als Provisor, ehe er zum Pfarrer von St. Stefan im Gailtal bestellt wurde.

Im Unteren Gailtal, wohin der bisherige Provisor Seebacher nun kam, hatte der neue Pfarrer von Gottestal, *Gregor Krautzer*, lange Jahre als Geistlicher verbracht. Krautzer, 1806 in St. Jakob im Rosental geboren, war 1831 zum Priester geweiht worden und hatte bis zur Berufung nach Gottestal durch 14 Jahre als Pfarrer von Saak im Gailtal gewirkt. 1856 folgte er dem späteren Domdechanten und päpstlichen Hausprälaten *Jakob Rebernig*, der seit 1850 als Dechant für das Dekanat Oberes Rosental fungiert hatte, in dieser Funktion. Krautzer erlitt am 22. März 1859 einen Schlaganfall, der ihm die Ausübung seines Dienstes unmöglich machte, wie einem Schreiben an das Ordinariat zu entnehmen ist. In diesem teilt er mit, er sei *so leidend, daß er sich nicht einmal getraut die hl. Messe zu lesen*. Für die erste Zeit nach seiner Erkrankung stellte man ihm den Priester *Anton Kowatschitsch* als Kaplan zur Seite, doch erkrankte dieser bald nach Dienstantritt an einer Lungenentzündung. Krautzer resignierte 1860 sowohl auf seine Funktion als Pfarrer von Gottestal wie als Dechant für das Obere Rosental und zog sich in sein Elternhaus nach St. Jakob zurück, wo er am 4. Juni 1864 gestorben ist.

Der nach Krautzers Resignation ins Auge gefaßte Provisor für Gottestal, der pensionierte Pfarrer von Perau/Villach *Bartholomäus Haberl* weigerte sich die Stelle unter dem Hinweis auf den weiten Weg, den er zurückzulegen hätte, anzutreten.

Mit dem jungen Villacher Stadtkaplan *Johann Sumper* erhielt Gottestal nicht nur einen jungen und agilen Geistlichen, sondern auch eine kraftvolle Persönlichkeit, die das geistliche wie politische Leben in Pfarre und Gemeinde in den folgenden Jahren entscheidend mitgestalten sollte. Der bei seinem Amtsantritt 37jährige stammte aus der Pfarre St. Egyden an der Drau, hatte nach seiner Priesterweihe im Jahr 1851 durch vier Jahre in seiner Heimatpfarre als Kaplan gewirkt, war danach als Provisor in Rosegg, Zeltschach und am bekannten Kanaltaler Wallfahrtsort Maria Luschari tätig gewesen. Von dort kam er als Kaplan nach Paternion und über die Pfarre Perau schließlich an die Villacher Stadtpfarrkirche. Bekannt geworden ist Sumper weit über die Grenzen seiner Gemeinde hinaus nicht nur als pointierter Redner sondern vor allem als Bienenzüchter. Schon bald nach seinem Dienstantritt hatte er in Gottestal einen *Bienenschutz-Verein* gegründet, der wohl einer der ersten seiner Art in Kärnten gewesen sein dürfte. Ein von ihm entwickelter Bienenstock, der als *Gottestaler Bienenstock* bekannt wurde und sein in slowenischer Sprache erschienenes Buch *Bucelar (Der Bienenzüchter)* trugen wesentlich zu seinem Ruf als anerkannter Fachmann bei. Zudem versuchte er sich auch mit einer Seidenraupenzucht und pflanzte Maulbeerbäume. In seiner Amtszeit wurde die Pfarrkirche vergrößert und die durch Brand zerstörte Filialkirche in Föderlach wieder aufgebaut. 1887 bat Sumper um Enthebung von seinem Amt und ist bald darauf, am 18. Jänner 1888, noch nicht 61jährig in Gottestal gestorben.

Nach Pfarrer Sumpers Pensionierung wurde vorerst kein eigener Geistlicher für Gottestal bestellt. Sumpers Nachbar, der Damtschacher Pfarrer *Franz Schaubach*, übernahm für die folgenden zwei Jahre die Betreuung von Gottestal, bat jedoch im Juni 1889 das Ordinariat, ihn von der Funktion eines Provisors zu entheben.

Auch sein Nachfolger *Martin Kovac*, der im Oktober 1889 sein Amt als Provisor antrat, hielt nicht lange in der Pfarre aus. Wiederholt wandte er sich an das Ordinariat, mit der Bitte um Enthebung von diesem Posten. Anfang Juli 1890, also knapp zehn Monate nach seinem Eintreffen in Gottestal, faßte er seine bisherigen Erfahrungen in einem Schreiben zusammen, daß die ihm anvertraute Pfarrgemeinde in keinem guten Licht erscheinen läßt. *Durch Wort und Schrift*, heißt es darin, *kann man nichts ausrichten; die Mehrzahl der Pfarrinsassen wollen keinen Gehorsam kennen. Wenn man vergeblich ermahnt von der Kanzel bezüglich Erfüllung der Osterpflicht ..., wenn Pfarrinsassen sterben ohne Sterbesakramente, obwohl längere Zeit schon kränklich und der Seelsorger immer zu haben war. Wenn Laien sich einmischen wollen und das Recht zu haben vorgeben in seelsorglichen Funktionen, so scheint der Seelsorger überflüssig zu sein, zumal selten ein so miserables Wohngebäude zu Gebothe steht, wie schwerlich solches in unserer Diözese sich finden wird.* Kovacs Klagen blieben im Ordinariat nicht ungehört und bereits drei Wochen später konnte er Gottestal verlassen, da er zum providierenden Kanonikus in Maria Saal und Mitprovisor von Karnburg bestellt wurde. Pfarrer Link von Sternberg, damals auch Dechant des Oberen Rosentales, wies das Ordinariat eindringlich daraufhin, daß angesichts der *Verhältnisse insbesondere der Wohnverhältnisse in der Pfarre ... kein Seelsorger für Gottestal gefunden werden würde*, sollten sich diese nicht *deutlich* ändern.

Vorerst behalf man sich seitens der kirchlichen Behörden durch die Übertragung der Pfarre an den Provisor von St. Niklas an der Drau *Josef Jereb*. Doch der 70jährige Geistliche weigerte sich, die Pfarre zu übernehmen. Sein fortgeschrittenes Alter und der beschwerliche Weg von St. Niklas nach Gottestal würden, so seine Stellungnahme gegenüber dem Ordinariat, die Ausübung seiner Pflicht unmöglich machen, da er dieses nur *mit dem Schiff oder Fähre, die nicht immer zur Hand* seien, erreichen könne und *der Gang über die Föderlacher Brücke, welche ... sehr oft von der Drau fortgeschwemmet wird, den Weg nach Gottestal um eineinhalb Stunden erweitere*.

Auf Jereb folgte für kurze Zeit der Priester *Franz Lenz*, der Gottestal bereits im Mai 1891 wieder verließ, um als Seelsorger der Wallfahrtskirche Maria Luschari zu wirken. Auf ihn folgte der gebürtige Tscheche und bisherige Kaplan in Gutenstein *Adalbert Krejci*, der 1892 die Pfarre Göriach im Gailtal erhielt und dort 1901 gestorben ist.

Im gebürtigen Untersteirer *Anton Gabron*, der im Februar 1892 zum Pfarrer von Gottestal bestellt wurde, hoffte man den richtigen Mann für diesen schwierigen Posten gefunden zu haben. Gabron kannte die Kärntner Verhältnisse gut, hatte er doch im Klagenfurter Priesterseminar studiert. 1887 war er zum Priester geweiht worden und hatte seine Kaplanszeit im Mießtaler Ort Schwarzenbach verlebt, ehe er von St. Stefan am Feuersberg nach Gottestal berufen wurde. Der gute Redner und begeisterte Sänger Gabron entwickelte schon kurz nach Amtsantritt große Aktivität, die jedoch die finanziellen Möglichkeiten von Pfarrer und Pfarre mehr als einmal überstiegen. Die Bilanz seiner 26jährigen Tätigkeit in Gottestal war jedoch beachtlich und reichte vom Wiederaufbau des abgebrannten Pfarrhofstadels, über die Anschaffung dreier neuer Altäre und der Orgel bis hin zum Kauf zweier neuer Glocken. Daß dabei die Finanzen der Pfarre mitunter in erhebliche Unordnung geraten sind, sei nur am Rande erwähnt. Zeitweilig mußte der Pfarrer die Verwaltung des Kirchenvermögens sogar seinem Damtschacher Amtsbruder übertragen. Doch all dies wogen wohl die sechs Neupriester auf, die während seiner Amtszeit aus der Pfarre Gottestal hervorgegangen waren. Der erste Weltkrieg und die Zeit des Abwehrkampfes, die den Konflikt zwischen den beiden Volksgruppen in Kärnten verschärften, führten letztlich auch zu Gabrons Abberufung. Der gebürtige und überzeugte Slowene schien nunmehr nicht mehr der richtige für eine Pfarre an der Sprachgrenze, zumal

Primiz in Gottestal 1909 (Original Gertraud Ulbing)

er aus seiner Einstellung kein Hehl machte. Ende 1918 verließ er Gottestal und zog sich nach Laibach zurück, wo er 1927 gestorben ist. Am Friedhof von Gottestal erinnert ein von *seinen Studenten* errichteter Gedenkstein an seine Tätigkeit in dieser Pfarre.

Ähnlich der Zeit nach dem Tod von Pfarrer Sumper, dem Gabron in seinem Engagement als Priester, der sich auch als Politiker verstand, nicht unähnlich gewesen war, folgte nun für die Pfarre eine Zeit rasch wechselnder Seelsorger. Im Jänner 1919 übernahm vorerst der Provisor von Damtschach, *Josef Verhnjak*, die Betreuung der Pfarre, ehe er sie an den bisherigen Administrator von Timenitz, *Matthäus Wornig*, übergab. Als die Pfarre 1921 zur Besetzung ausgeschrieben wurde, forderte ein Großteil der Bevölkerung Wornigs Verbleib. Auf Betreiben von Baron Morsey kam es sogar zu einer bemerkenswerten Eingabe aller damals im Wernberger Gemeinderat vertretenen Parteien an das Ordinariat. In ihrem Schreiben vom 24.1.1921 ersuchten *Georg Marinitsch (Deutsch-demokratische Partei), Josef Baron Morsey (Christlich-soziale Partei), Michael Trink (Sozialistische Partei) und Thomas Romauch (Landbund)* das Ordinariat, die Pfarre dem bisherigen Administrator zu verleihen, da in der *Pfarre Frieden herrsche und alle zufrieden* seien und die Petenten *als gute Söhne der katholischen Kirche unter Herrn Wornig das beste Gedeihen des religiösen Lebens erwar-*

Pfarrer Thomas Ulbing (Original Rudolf Petritsch)

ten konnten. Die Intervention blieb erfolglos, Wornig wurde zum Pfarrer von St. Margarethen am Töllerberg bestellt und Gottestal dem bisherigen Pfarrer von Rinkenberg *Johann Sekol* verliehen, der jedoch unmittelbar darauf resignierte und sein Amt als Pfarrer von Gottestal nie antrat.

Für ein Jahr übernahm nun der Sternberger Provisor *Karl Marašek* die Pfarre ehe sie der gebürtige Föderlacher *Thomas Ulbing*, der bis dahin Pfarrer von Edling gewesen war, verliehen erhielt. Ulbing stammte vom vulgo Achatz in Föderlach, hatte in Klagenfurt das Gymnasium besucht und war 1905 im Alter von 24 Jahren zum Priester geweiht worden. Ähnlich wie in Sumper und Gabron erhielten die Gottestaler im neuen Pfarrer, der mit den Verhältnissen in der Pfarre natürlich bestens vertraut war, einen ebenso eifrigen wie rührigen Seelsorger, dessen Amtszeit jedoch nicht ohne Konflikte bleiben sollte. Auch Ulbing, der aus seiner politischen und nationalen Einstellung nie ein Hehl gemacht hatte, mußte während der NS-Zeit, wie manch anderer seiner Mitbrüder, die Pfarre verlassen. Im Mai 1941 wurde *Karl Röks* zum Pfarradministrator bestellt. Nach dem Krieg konnte Ulbing in seine Pfarre zurückkehren und erst zwei Jahrzehnte später, im Alter von 85 Jahren und 43 Jahre nach seiner Bestellung zum Pfarrer von Gottestal, zog er sich in die Pension zurück. 88jährig ist er 1969 gestorben.

Nach seiner Resignation übernahm der Pfarrer von Lind *Josef Adamitsch* Gottestal als Mitprovisor, ehe die Pfarre 1971 *Ignaz David* anvertraut wurde.

VON DER HEIDNISCHEN KULTSTÄTTE ZUR HEUTIGEN PFARRE – DIE GESCHICHTE DER PFARRE STERNBERG

Die wenigsten Besucher der Kirche von Sternberg wissen, daß dieser Ort eine alte Kultstätte ist, an der einstens ein heidnischer, der Göttin Junonia geweihter Tempel stand. Auch heute noch finden wir zahlreiche Zeugen dieses antiken Lebens am Sternberg. Manche der Denkmäler haben in der Kirchenmauer selbst ihren Platz gefunden und beim Bau der Kirche dürften auch Reste des alten Heiligtums verwendet worden sein.

Jakob Unrest, der Kärntner Chronist des ausgehenden 15. Jahrhunderts, dem wir die eindringlichen Schilderungen von der Not unseres Landes in den Wirren der ungarischen Kriege und der Türkengefahr verdanken, und der zumindest zeitweise am nahegelegenen Techelsberg Aufenthalt genommen hat, berichtet, die Kirche am Sternberg sei neben der Kirche zu Maria Wörth und vier weiteren bereits 865 vom Salzburger Bischof Adalbin geweiht worden. Tatsächlich ist jedoch die Geschichte unserer Kirche um einige Jahrhunderte später anzusetzen.

Als Stifter und Erbauer der dem heiligen Georg geweihten Kirche am Sternberg dürfen die Grafen von Sternberg angesehen werden, Herren der gleichnamigen Burg und Verwandte des mächtigen Kärntner Geschlechts der Grafen von Heunburg. Die erste Nennung der Kirche am Sternberg datiert aus 1285 und findet sich im sog. *libellus decimationis*. Am 1. September 1271 war *Theobald Visconti* als Gregor X. zum Papst gewählt worden. Von Beginn seines Pontifikates an betrieb er die Vorbereitungen zu einem Kreuzzug. Zu diesem Zweck schrieb er auch für den 1. Mai 1274 ein Konzil in Lyon aus, auf dem die Einhebung eines sechsjährigen Zehents aller geistlichen Einkünfte für die Durchführung des Kreuzzuges beschlossen wurde. Die Einsammlung des Zehents verzögerte sich in den folgenden Jahren; in unserem Gebiet nicht zuletzt aufgrund der Auseinandersetzungen zwischen dem zum deutschen König gewählten Rudolf von Habsburg und seinem Gegenspieler Ottokar von Böhmen. Papst Martin IV. verfügte schließlich 1282, daß diese Sammlung in den Gebieten der österreichischen, böhmischen und bayrischen Diözesen durchzuführen sei. In einem Teil der Salzburger Diözese wurde diese Sammlung von Abt Friedrich IV. von Moggio durchgeführt, wobei es jedoch zu Unregelmäßigkeiten kam und der Abt gebannt wurde. Die Kirche in *Sterinberch* hat nach dieser Aufstellung *zwei marcas minus 25 denaros Frisacen[ses] numeros* geleistet, was in etwa dem Wert eines halben Bauerngutes entsprach.

Die Herren von Sternberg gerieten, wie wir bereits bei der Darstellung der Geschichte der Burg gehört haben, zu Beginn des 14. Jahrhunderts in wirtschaftliche Schwierigkeiten und verkauften Sternberg 1311 Herzog Heinrich von Kärnten, der ihnen den Besitz zu Lehen gab. 1329 ging die Burg schließlich an die Grafen von Ortenburg, denen in Folge auch das Patronat über die Kirche zustand. Nach deren Aussterben folgten als Patronatsherrn die Grafen von Cilli, der Georgsritterorden in Millstatt und schließlich die Herrschaft Landskron. Neben Sternberg, Terlach, Stallhofen, Sand, Krottendorf, Lichtpold, Weinzierl, Drabosenig und Laschein gehörten ursprünglich auch Teile von Wernberg, Winklern, Velden, Deber und Augsdorf zur Pfarre. Bis 1794 umfaßte die Pfarre Sternberg folgende Orte: Sternberg (16 Häuser), Weinzierl (8 Häuser), Lichtpold (9 Häuser), Krottendorf (8 Häuser), Sand (9 Häuser), Terndorf (17 Häuser), Stauffen (19 Häuser), Drabosenig (4 Häuser), Laschein (4 Häuser). Weiters gehörten zur Pfarre Sternberg: aus Oberwinklern bei Köstenberg die Häuser Nr. 2, 4, 8; aus Göriach in der Pfarre Kranzelhofen Haus Nr.

8 und 10; aus Velden Haus Nr. 16, 18, 19, 20, 26 und 41; in Deber, Pfarre Augsdorf, die Häuser Nr. 33, 34 und 35; in Trabenig die Häuser Nr. 3, 4, 6 und 10; in Damtschach die Häuser Nr. 2, 5, 6 und 7; in Wernberg die Häuser Nr. 4, 5, 10, 13 und 14; in Ragain die Häuser Nr. 1, 5, 6 und 8.

Nach Einrichtung der Kuratie in Damtschach waren seitens der dortigen Herrschaft Bestrebungen im Gange, die *Pfarre St. Georgen am Sternberg, welche Kirche an einem hohen Berg ganz allein lieget* und nach Meinung des Damtschacher Schloßherrn daher *ganz unnüz* war, *aufzugeben*. Die Kapitalien, Gerätschaften, der Zehent und die Pfarrgründe sollten zugunsten des Religionsfonds eingezogen werden und zu einer *anderen nothwendigen Bestimmung* verwendet werden. Vor allem der weite Weg zur Kirche auf *dem hohen Berg, am Ende der Pfarre, bei welcher nichts als eine einzige Meßner Wohnung sich befindet*, wäre, so lesen wir, dazu angetan, die Pfarre aufzulösen, zumal sich alle Orte der Pfarrgemeinde *ebenen Landes* befinden würden. Eine Auflösung von Sternberg und die Übertragung der Einkünfte nach Damtschach würde es erlauben, dort eine *Landschule* zu errichten, die *dem Landvolk sowohl zu ihrem Seelenheil* als auch zur *sonstigen Bildung eines wahren Bürgers und Landmannes soviel Nuzen* bringen würde, daß man *nicht anders als mit wahren Eifer* diesen Plan unterstützen müsse. Dagegen wandte sich das Bischöfliche Konsistorium, das in einer Stellungnahme an das Villacher Kreisamt die Einwände der Herrschaft Damtschach zurückwies und überdies anmerkte, daß *wider die Kurazie Damtschach eine solche Abneigung* bestünde, daß die Dörfer Terlach und Stallhofen dorthin nicht eingepfarrt werden wollen. 1789 teilte schließlich das Gubernium mit, daß die Anträge des Damtschacher Kuraten und der Herrschaft abgelehnt worden seien, da der Weiterbestand der Sternberger Kirche *aus guten Gründen nothwendig* sei. Letztendlich mußte der Kurat in Damtschach froh sein, daß man seitens der politischen Behörden nicht den drängenden Bitten der einstigen Sternberger Pfarrkinder aus Terlach, Sand, Stallhofen und Lichtpold stattgegeben hatte, die schon bald nach Errichtung der Damtschacher Kuratie gegen ihre Einpfarrung dorthin Sturm gelaufen waren und ebenso, wie die Bewohner anderer Orte der heutigen Gemeinde, um den Verbleib bei der *Mutter Pfarre* ersucht hatten.

Angesichts des kümmerlichen Unterhalts, den der Damtschacher Kurat bezog, war es nur allzu verständlich, daß ihm die Einkünfte der Pfarre Sternberg zur Aufbesserung seines Lebensunterhaltes hochwillkommen gewesen wären. Aus dem Jahr 1779 liegt eine Kirchenrechnung der Pfarre Sternberg vor, die einen Einblick in deren Finanzlage gestattet. 3400 Gulden an Stiftungskapitalien waren in Schuldbriefen angelegt. An weiteren Forderungen besaß die Kirche Urbarausstände in Höhe von rund 59 Gulden und an *Baar Geld in der Casse* 616 Gulden. Zu diesem Betrag kamen noch jährliche Einnahmen an *Urbarsgeföllen und Grundzinsen* in Höhe von rund 19 Gulden, *Zins- und Zehentgetreid* im Ausmaß von 162 Gulden, 136 Gulden an Zinsen der angelegten Kapitalien und 26 Gulden

Sternberg um 1923 (Original Eduard Haas)

aus *Geld- und Naturalopfern.* Insgesamt betrug demnach das Vermögen der Kirche 4331 Gulden und 36 Kreuzer. An Ausgaben verzeichnete man in diesem Jahr 196 Gulden und 36 Kreuzer. Darin enthalten waren neben den landesfürstlichen Steuern von rund 25 Gulden, *Besoldungen* in Höhe von 37 Gulden, Aufwendungen für den Gottesdienst in Höhe von 13 Gulden, für Paramente und *Gerätschaften* zehn Gulden, *Baureparaturen* von knapp vier Gulden sowie der stolze Betrag von 28 Gulden für die Beleuchtung.

Aus dem Jahr 1805 liegt eine detaillierte Aufstellung über die Einkünfte des Sternberger Pfarrers vor. Von den Untertanen erhielt er jährlich an *Urbarial Eindienst* 26 Gulden. Diese Abgaben wurden ebenso wie die *Hand-und Zugrobot* seit 1782 in Geld abgelöst. An Robotleistungen nahm er jährlich fünf Gulden ein, an *Kleinrechten* 19 Gulden. Desweiteren erhielt er jährlich 13 Weizenbrote und 29 Roggenbrote, von denen erstere mit zehn Kreuzer pro Stück, letztere mit 8 Kreuzer bewertet wurden. Aus der Kirchenkasse standen dem Pfarrer als *Besoldung in baarem Gelde* 16 Gulden zu, aus dem Ertrag von Messtiftungen 23 Gulden. Der Anteil des Pfarrers an den Stolgebühren betrug rund acht Gulden. Der Sackgetreidezehent, der aus Abgaben an *Waiz, Korn, Gerste, Haber, Hirse und Haiden* bestand, betrug 177 Gulden, der Garbenzehent 62 Gulden. Die Meierei des Pfarrhofes warf einen Jahresertrag von rund 191 Gulden ab, sodaß das gesamte Einkommen von Pfarrer *Sereinig* 1805 536 Gulden und 39 Kreuzer betrug. Von diesem Betrag mußten 265 Gulden an jährlichen Ausgaben abgezogen werden. Bei diesen schlugen sich die Kosten für die in der Meierei Beschäftigten – *Mayerknecht, Futterer, Küchenmagd und Kuh- oder Mayerschaftsdirn* – mit insgesamt 180 Gulden zu Buche. Somit blieben dem Pfarrer als Reinertrag rund 270 Gulden, von denen er seinen Unterhalt zu bestreiten hatte.

1933 betrug der Grundbesitz des Pfarrhofes, also der Pfarrpfründe 24 Hektar und 26 ar. Der Grundbesitz der Kirche hingegen war nicht weiter bedeutend. Zur Kirche gehörten 1933 ein Acker mit 75 ar, Wald im Ausmaß von 125 ar , Wiesengründe mit 67 ar und Weideland mit 134 ar. Die Kirchenpfründe umfaßten Ackerland von 345 ar, Wald im Ausmaß von 1378 ar, Wiesengründe mit 415 ar und Weiden mit 152 ar. Der gesamte Grundbesitz der Kirche Sternberg belief sich demnach auf 3 Hektar und 62 ar.

1857 betrug das Vermögen der Pfarre Sternberg laut Inventar vom 1. August dieses Jahres 4970 Gulden und 49 Kreuzer. Das am 16. März 1888 über das Kirchen- und Pfarrvermögen aufgenommene Inventar weist einen Betrag von 24.868 Gulden und 69 Kreuzer aus. Der gesamte Grundbesitz umfaßte damals rund sieben Joch und wurde mit 318 Gulden veranschlagt. An Kapitalien aus der Grundentlastung waren noch 340 Gulden ausständig. Die eigenen Kapitalien der Kirche, zum überwiegenden Teil in öffentlichen Fonds angelegt, betrugen fast 5000 Gulden, jene aus Stiftungen 3700 Gulden. Die *Pretiosen* wurden mit 216 Gulden, die Gerätschaften inklusive Glocken mit 4100 Gulden, die Paramente mit 191 Gulden, die Kirchenwäsche mit 52 Gulden, die Altäre mit 630 Gulden und die Gebäude mit rund 9500 Gulden bewertet.

DIE PFARRER VON STERNBERG

Stefan Singer führt in seiner Kirchengeschichte des oberen Rosentales als ersten Sternberger Seelsorger *Udalricus de Stermberch* an, der 1195 in einer Urkunde des Salzburger Erzbischofs Albert als Zeuge genannt wird und von dem es darin heißt, er sei einer der Kapläne des Salzburger Erzbischofs. Ob wir in *Udalrich* den ersten Pfarrer von Sternberg sehen dürfen, ist jedoch fraglich.

1285 und 1311 hören wir zwar von der Kirche am Sternberg, nicht jedoch von den dort bestallten Geistlichen. Als erster in der langen Reihe der Sternberger Seelsorger wird 1499 *Georgius Garspacher* als *plebanus montis St. Georgii de Stermberg* genannt. Als nächster namentlich bekannter Nachfolger treffen wir 1519 auf *Martinus Starlick*. Erst hundert Jahre später, im Jahr 1621, erfahren wir anläßlich einer Visitation von einem weiteren Geistlichen, nämlich *Blasius Posniz*, der bis 1637 nachgewiesen ist. Fünfzig Jahre später ist der nächste der Sternberger Pfarrherren überliefert, wenngleich wir von diesem nur seinen Vornamen – *Gregorius* – kennen und wissen, daß er am 29. Juni 1686 gestorben ist.

Von 1695 bis zu seinem Tod im Jahr 1717 stand *Andreas Pressen* der Pfarre vor. Als er 70jährig starb übernahm *Christoph Stainer* für einige wenige Wochen die Pfarre als Provisor, ehe sie am 18. September 1717 *Gregorius Kramer* übertragen wurde, den wir noch als Wohltäter seiner Pfarrkinder kennenlernen werden. Durch 42 Jahre, bis zum 25. Juli 1760, blieb *Kramer* Pfarrer am Sternberg. Erst mit über achtzig Jahren zog er sich ins Privatleben zurück und starb 1766. In den letzten Jahren seiner Tätigkeit stand ihm in *Urban Kolman* ein Hilfspriester zur Seite. Nach Kramers Resignation übernahm auf ein Jahr *Ignaz Cropiunigg* als Provisor die Pfarre, ehe er am 1. Jänner 1762 von *Matthäus Orempegg* abgelöst wurde.

Durch 37 Jahre versah *Orempegg*, zeitweilig mit Unterstützung seines Kaplans *Valentin Orempegg*, die Funktion eines Pfarrers am Sternberg. In seine Amtszeit fallen auch die Versuche der Herrschaft Damtschach und ihres Kuraten, die Pfarre Sternberg zugunsten der josephinischen Pfarre aufzulösen. Dies konnte zwar verhindert werden, doch hatte Sternberg einen Teil seines Pfarrgebietes an die neue Nachbarpfarre abzutreten. Mit zunehmendem Alter fiel *Orempegg* die Besorgung seines Amtes immer schwerer und Ende 1795 ersuchte er das Ordinariat, ihm einen Hilfspriester zur Seite zu stellen. Der dafür in Aussicht genommene Rosenbacher Benefiziant *Philipp Malle* weigerte sich jedoch, seine Pfarre zu verlassen, da er fürchtete, die Pfründe zu verlieren. Überdies war ihm auch der Weg nach Sternberg *zu weit*. Mit 13. Jänner 1796 erhielt *Orempegg* schließlich Aushilfe und Unterstützung durch den Damtschacher Lokalkuraten *Johann Butalo*, der auch nach des Pfarrers Tod im Februar 1799 die Pfarre versorgte. Ebenso wie sein Vorgänger Kramer hatte auch *Matthäus Orempegg* eine Stiftung zugunsten der Pfarrkirche errichtet.

Im Mai 1799 erhielt Sternberg wiederum einen eigenen Pfarrer in der Person von *Andreas Sereinig*. Dieser wurde 1812 als Nachfolger von *Placidus Zußner* auch zum Dechanten des oberen Rosentales bestellt, womit ihm nicht nur die Aufsicht über seine geistlichen Amtsbrüder, sondern auch über das Schulwesen in diesem Gebiet oblag. Die Funktion des Dechanten versah Sereinig bis zu seinem Tod im Jahr 1827. In Sternberg, wo er durch nahezu dreißig Jahre gewirkt hatte, hat er auch seine letzte Ruhestätte gefunden.

Für kurze Zeit übernahm *Peter Sticker* als Provisor die Pfarre. Doch bereits im Juli 1828 konnte der neue Pfarrer von Sternberg *Johann Lesjak* installiert werden. Der damals 40jährige war 1789 in Maria Elend zur Welt gekommen und hatte vor seiner Berufung nach Sternberg als Kaplan in St. Stefan bei Finkenstein gewirkt. Für den Kaplan einer Landpfarre bedeutete die Verleihung der gut dotierten Sternberger Pfarre ohne jeden Zweifel einen bedeutenden Karrieresprung und es verwundert nicht weiter, daß *Lesjak* bis zu seiner Pensionierung am Sternberg blieb. 1854 ersuchte er jedoch erstmals den Bischof, ihn in den Ruhestand zu versetzen oder ihm eine *leichtere Station zukommen* zu lassen, da *sich*, wie er diesem schrieb, *hochfürstliche Gnaden nun selbst überzeugt haben, wie beschwerlich besonders im Winter die Pfarre ist.* Außerdem regte er an, in der Nähe des Pfarrhofes eine kleine Kapelle erbauen zu lassen, in die das *Sanctissimum* [Allerheiligste] eingesetzt werden könnte, was dem jeweiligen Pfarrer bei Versehgängen den Weg zur Pfarrkirche ersparen würde. *Lesjak* war sogar bereit, einen Teil der Baukosten selbst zu tragen. Seit 1864 war der Pfarrherr *infolge eines Nervenschlages* halbseitig gelähmt und resignierte 1865. Vom Religionsfonds erhielt *Lesjak* eine jährliche Pension von 315 Gulden. In seinem letzten Willen verfügte er eine Messtiftung zugunsten der Sternberger Kirche und zog sich in seine Heimatpfarre St. Jakob im Rosental zurück, wo er am 23. Dezember 1871 gestorben ist. Anläßlich der kanonischen Visitation des Jahres 1854 wurde die Pfarrgemeinde um eine Beurteilung ihres Pfarrers ersucht. Namens der Pfarrgemeinde äußerten sich der Kämmerer *Anton Illitsch* sowie *Lukas Taschwer, Martin Fille, Johann Petutschnig, Thomas Gaggl* und *Anton Winkler* folgendermaßen über den Pfarrer: *Wir haben in Bezug auf unsere seelsorglichen Bedürfnisse weder* [im] *Bitt- noch Beschwerdwege etwas vorzubringen und sind mit unserem Herrn Pfarrer Johann Lesjak, welcher schon lange, nämlich 26 Jahre unser Seelsorger ist, zufrieden.*

Nach Lesjaks Resignation übernahm kurzzeitig sein Damtschacher Mitbruder *Josef Skarbina* die Leitung der Pfarre, ehe dem bereits 60jährigen *Isidor Wuzella*, der seit 1852 Pfarrer von St. Georgen im Gailtal gewesen war, die Pfarre Sternberg verliehen wurde. Ihm verdankt die Pfarre nicht nur die Stiftung einer Hauptandacht, für die er 850 Gulden testamentarisch verfügte, sondern auch weitere 400 Gulden zur Dotierung eines Armeninstituts.

Sein Nachfolger wurde der bisherige Pfarrer von Keutschach *Valentin Link*. Der neue Pfarrherr von Sternberg war 1819 in Tainach zur Welt gekommen und hatte 1853 die Pfarre Keutschach übernommen. 1889 wurde er, wie schon vor ihm Pfarrer Sereinig, zum Dechant für das Dekanat Oberes Rosental bestellt. Als fürstbischöflicher Konsistorialrat, Dechant und Pfarrer von Sternberg ist *Link* 1891 gestorben.

Bereits im Herbst 1890 wurde für Sternberg ein neuer Pfarrer bestellt. Die Patronatsherrschaft präsentierte den bisherigen Pfarrer von Viktring *Valentin Matheuschitz* als geeigneten Kandidaten und mit 25. Oktober 1891 wurde dieser in alle Rechte eines Sternberger Pfarrherren eingesetzt. Als die Pfarre Uggowitz im Kanaltal ausgeschrieben wurde, bewarb sich *Matheuschitz* um diese und wurde am 10. Oktober 1900 von seinen Pflichten als Sternberger Pfarrer entbunden.

An seine Stelle trat der gebürtige Böhme *Josef Svaton*, der bis dahin Provisor von Uggowitz gewesen war. Der neue Pfarrer war 1867 in Poharč in Böhmen geboren worden, hatte in Klagenfurt Theologie studiert und war 1892 zum Priester geweiht worden. 1906 wurde er zum Pfarrer von St. Veit im Jauntal ernannt.

Sein Nachfolger wurde der gebürtige Untersteirer *Ferdinand Lavrinc*, der zuvor Kaplan in Prevali gewesen war. Doch auch der neue Geistliche blieb nur ein halbes Jahrzehnt am Sternberg. 1911 verließ er die Pfarre und ging nach Krain.

In den folgenden zwanzig Jahren wirkten in Sternberg nicht weniger als zehn Priester. Den Reigen dieser schnell wechselnden Geistlichen eröffnete nach *Lavrinc* Abgang der bisherige Kaplan der Klagenfurter Stadtpfarre *Johann Ogris*, der mit 1. Februar 1912 zum Präfekten im fürstbischöflichen Knabenseminar bestellt wurde und Sternberg verließ. Der Pfarrer von Lind *Johann Nagl* übernahm als Provisor für ein Jahr die Pfarre. Auf ihn folgte für knapp ein halbes Jahr *Matthäus Trepal*. Mit 1. Oktober 1913 übernahm der bisherige Suetschacher Kaplan *Dr. Valentin Mörtl* den Sternberg. 1917 wurde er zum Pfarrer von Keutschach bestellt, 1920 verließ er Kärnten und wirkte fortan als Seelsorger in der Diözese Laibach.

Sein Nachfolger wurde der bisherige Kaplan von Schwarzenbach im Mießtal *Karl Marašek* der in den folgenden Jahren bis 1927 immer wieder am Sternberg wirkte. In diesen Jahren versorgte er zeitweilig auch Damtschach und Gottestal. *Marašek* war, wie wir bereits gehört haben, ein kämpferischer Zeitgenosse, der mit seinen Schäfchen, aber auch mit der politischen Gemeindevertretung manchen Strauß auszufechten hatte. Auf *Marašek* folgte der Damtschacher Pfarrer *Josef Verhnjak* als Provisor. 1925 wurde *Marašek* wieder bestellt. Von 1926 bis 1929 war *Josef Böhm* als Geistlicher tätig, der zuvor Pfarrer von Ferlach gewesen war und nun *einen ruhigen Posten wollte*, was die Pfarre Sternberg zu sein schien. 1929 verließ er diese Richtung Ebenthal und der bisherige Provisor von Loiblhammer *Lukas Oitzinger* wurde zum Provisor bestellt.

Ihm folgte im Mai 1930 *Ludwig Mairitsch*, bis dahin Kaplan in Eisenkappel, der am 1. November 1934 die Pfarre Grafenstein übernahm. Nach ihm übernahm *Theophil*

Hensel die Pfarre, der 1939 – nachdem *Karl Marašek* noch einmal kurzfristig als Provisor fungiert hatte vom gebürtigen Sternberger *Johann Petritsch* abgelöst wurde. Dieser war 1889 in der Pfarre Sternberg geboren worden, hatte in Klagenfurt studiert, war 1914 zum Priester geweiht worden und war seit 1926 Pfarrer in St. Egyden an der Drau. Doch schon wenige Monate nach seinem Amtsantritt in Sternberg bat der Pfarrer, resignieren zu dürfen, da *eine Gegenströmung gegen ihn bestehe*, der er nicht Herr zu werden glaubte.

Theophil Hensel, kurzzeitig in St. Kanzian tätig, konnte auf den Sternberg zurückkehren, mußte jedoch 1944 die Pfarre Köstenberg übernehmen. Bis zu seiner endgültigen Rückkehr betreute der Damtschacher Provisor *Johannes Lex* die Pfarre. Nach Kriegsende kehrte *Hensel* zurück und blieb bis zu seinem Tod am 3. Februar 1975 am Sternberg. Mit Unterbrechungen war er dort 41 Jahre als Priester tätig gewesen.

Sternberg übernahm vorerst der Gottestaler Pfarrer *Ignaz David*. Auf diesen folgte *Markus Jernej*, mit 1. September 1989 der Provisor von Lind ob Velden *P. Anton Zajc*. Heute wird die alte Wallfahrtskirche von *Mag. Josef Markowitz* betreut.

Schule

GRUNDZÜGE DER SCHULISCHEN ENTWICKLUNG

Bereits im vorangegangenen Kapitel, in dem wir uns mit der kirchlichen Entwicklung im Gebiet der heutigen Gemeinde Wernberg befaßt haben, wurde auf die Bedeutung der Kirche für die Entwicklung des Schulwesens verwiesen. Bis zum Beginn eines geregelten Schulwesens unter Kaiserin Maria Theresia lag die Einführung in die Welt der Buchstaben und Zahlen nahezu ausschließlich in geistlichen Händen, wobei gesagt werden muß, daß sich diese Welt nur einem geringen Teil der damals Lebenden überhaupt erschlossen hat.

Im Gebiet des Dekanates Oberes Rosental, zu dem die Pfarren des Gemeindegebietes gehörten, bestand bis zur Schulreform der großen Kaiserin überhaupt keine Institution, in der der Bevölkerung ein Mindestmaß an Fertigkeit im Lesen, Schreiben oder Rechnen beigebracht werden konnte, es sei denn, daß dem einen oder anderen Landkind der Schulbesuch im benachbarten Villach, wo von den Minoriten eine Schule unterhalten wurde, oder in Klagenfurt ermöglicht wurde. Dazu waren erhebliche finanzielle Opfer notwendig und nur in Ausnahmefällen ließ der zumeist kärgliche Gewinn, den Landwirtschaft und Kleingewerbe in unserem Gebiet abwarfen, diese überhaupt zu. So besuchten 1826 nur zwei der insgesamt sechzig schulpflichtigen Kinder der Pfarre Gottestal die Schule in Villach. Dazu kam, daß auch nach Einrichtung des *Trivialschulwesens* durch die am 6. Dezember 1774 von der Herrscherin erlassene *Allgemeine Schulordnung* die wenigsten bereit waren, für die Erhaltung einer eigenen Schule aufzukommen und dazu wohl auch nicht im Stande waren. So darf es nicht weiter verwundern, wenn von den beiden Kirchenkämmerern der Kuratie Damtschach im Jahr 1816 zwar beide lesen, jedoch nur einer schreiben konnte. Der Schulbesuch blieb, wenn er überhaupt regelmäßig zustandekam, zumeist auf die Buben beschränkt, denn nach Meinung vieler gehörten zu einer guten Ehefrau, Mutter und Bäuerin weniger die Kenntnisse in Lesen, Schreiben und Rechnen, als vielmehr das frühzeitige Vertrautwerden mit der Arbeit in Haus und Hof, und das war – nach landläufiger Meinung – zu Hause allemal besser zu erlernen, als in der Schule, die außerdem noch Geld kostete.

Nach dem Willen der Kaiserin sollten in allen Städten, Märkten und Dörfern, die Sitz einer Pfarre oder zumindest einer Filialkirche waren, Trivialschulen eingerichtet werden, in denen die *Erziehung der Jugend, beiderlei Geschlechts, als die wichtigste Grundlage der wahren Glückseligkeit der Nationen* erfolgen sollte. Hinsichtlich der Schulgebäude wurde verfügt, daß diese ebensoviele Räume zu enthalten hätten, wie Lehrer an der Schule tätig waren und keinem anderen Zweck dienen durften als dem Unterricht. Beim Bau der Schulhäuser war darauf Bedacht zu nehmen, daß diese über *genugsam Licht* verfügten und mit Bänken, Tischen, Schultafeln und anderen notwendigen Geräten ausgerüstet waren. Die für den Unterricht erforderlichen Bücher waren in einem eigenen versperrbaren Schrank zu verwahren. Über die Organisation des Unterrichts heißt es: *Schüler, die dieselben Gegenstände lernen, wenn sie gleich verschiede-*

nen Alters und Geschlechts sind, gehören zusammen in eine Klasse, welche nach Beschaffenheit der Fähigkeit der Schüler weiter kann geteilt werden und zwar so, daß die Besten, Mittelmäßigen und Schlechtesten zusammenkommen, und jede dieser Gattungen ist nach ihrer Bedürfnis vom Lehrer zu behandeln. Schulpflichtig waren Kinder zwischen dem sechsten und zwölften Lebensjahr. An Sonntagen sollten vom Lehrer unter Aufsicht des Ortsgeistlichen für bereits aus der Schulpflicht entlassene Jugendliche Wiederholungsstunden gehalten werden.

Der mit kaiserlichem Patent geforderten Einrichtung von Trivialschulen kam man jedoch seitens der einzelnen Gemeinden nur langsam, mitunter fast zögerlich nach. Vielfach scheute man die Kosten, die die Erhaltung einer Schule – war diese auch noch so einfach untergebracht – und des dazugehörigen Lehrers verursachen würden. Ein halbes Jahrhundert nach der verordneten Einführung der Grundschule waren in der Diözese Gurk noch immer 69 der insgesamt 269 Pfarren ohne Schule.

Bis zur Einführung des Reichsvolksschulgesetzes in der liberalen Ära oblag die Aufsicht über das Schulwesen der Geistlichkeit. Unmittelbarer Schulaufseher war der Ortsseelsorger. Zur Besorgung der ökonomischen Bedürfnisse der jeweiligen Schule stand diesem der Ortsschulrat zur Seite, dem auch die Kontrolle über den regelmäßigen Schulbesuch aller schulpflichtigen Kinder oblag. Die einzelnen Schuldistrikte waren überwiegend deckungsgleich mit den Dekanatsgrenzen. Der vom Bischöflichen Konsistorium ernannte Schuldistriktsaufseher war zumeist der Dechant oder dessen Stellvertreter. So finden wir in dieser Funktion zwischen 1806 und 1829 den Sternberger Pfarrer *Andreas Sereinig*, von 1857 bis 1859 den Gottestaler Pfarrer *Gregor Krautzer*, der in dieser Zeit auch Dekanatsadministrator war. Oberste geistliche Schulbehörde im Land war das Bischöfliche Konsistorium, das mit Genehmigung des Guberniums die Lehrerstellen vergab und vor dem auch die Befähigungsprüfung, die einer definitiven Anstellung vorausging, abgelegt werden mußte.

Das Gesetz vom 25. Mai 1868 regelte das Verhältnis von Schule und Kirche. Nach diesem fiel die oberste Leitung und Aufsicht über das Schulwesen dem Staat zu. Einzig die Besorgung und unmittelbare Aufsicht über den Religionsunterricht blieb der Kirche und den einzelnen Religionsgemeinschaften überlassen. Als Aufsichtsorgane für das Schulwesen wurden auf Landesebene der Landesschulrat, für jeden Schulbezirk der Bezirksschulrat und für jede Schule der Ortsschulrat eingerichtet.

LEHRER UND MESNER – AUS DEM ALLTAG EINES DORFSCHULLEHRERS IM 19. JAHRHUNDERT

Ein Hindernis, das der raschen Durchführung der *Allgemeinen Schulordnung* nach 1774 entgegenstand, war, neben der Weigerung der einzelnen Orte den in ihren Augen beträchtlichen Aufwand zur Erhaltung der Schulen zu übernehmen, das Fehlen von Lehrkräften. Vereinzelt wurden Invaliden, die so ihr Aus- und Unterkommen fanden, für diese Funktion angestellt.

Die Ausbildung der einzelnen Lehrer erfolgte an der *Normalschule* in Klagenfurt, auf der drei- bzw. sechsmonatige Kurse absolviert werden konnten. Dafür waren jedoch Vorkenntnisse vonnöten, die der einzelne Kandidat nachweisen mußte, sei es durch den Besuch einer *Haupt-* oder *Normalschule* oder aber auch durch Privatunterricht, den er als Gehilfe eines Lehrers genossen hatte. Nach Beendigung des Kurses und Ablegung einer Prüfung wurde dem Absolventen ein Zeugnis ausgestellt, daß ihn befähigte, als Schulgehilfe angestellt zu werden. Nach einer Art Probejahr konnte er sich vor dem jeweiligen Schuldistriktsaufseher einer Prüfung unterziehen. Bestand er diese, konnte er sich um eine Lehrerstelle bewerben. Es verwundert nicht weiter, wenn angesichts dieser doch rasch zu durchlaufenden Ausbildung immer wieder Klagen über den geringen Bildungsstand der Landlehrer erhoben wurden. Diesem Umstand trug man nach 1848 insofern Rechnung, als der sechsmonatige Kurs vorerst auf ein Jahr und 1849 bereits auf zwei Jahre verlängert wurde. Das Reichsvolksschulgesetz von 1869 setzte dann die Ausbildungszeit auf vier Jahre fest.

Mit diesem Gesetz wurden auch die Einkünfte der Lehrer neu geordnet. Die schlechte Bezahlung der Landlehrer forderte von ihnen, um überleben zu können, weitere Einnahmen zu erschließen. Zumeist versahen sie den Mesner- und Organistendienst, der jedoch in unseren Pfarren das Gehalt nur unwesentlich aufbessern konnte, da die Einkünfte daraus über viele Jahre selbst zur Anstellung eines Mesners nicht ausreichten. Neben der Bedienung von Glocken und Orgel, der Begleitung des Pfarrers auf Versehgängen, der Mithilfe in der Landwirtschaft hatte der Mesner zeitweise auch das Amt des Totengräbers zu erfüllen.
Zu Beginn der 30er Jahre erhielt *Peter Woschitz*, der als *Mesnerbube* der Kirche Damtschach angestellt war, dafür jährlich 22 Gulden, teils in Geld, teils in Naturalien. Gut zehn Jahre später versah *Johann Haas* die Aufgaben eines Mesners und Organisten, und gemeinsam mit ihm unterhielt der Kurat 1853 auch eine *Nothschule*. 1857 ist *Urban Mörtl* Mesner in Damtschach. Pfarrer und Gemeindevertretung attestieren ihm *sehr brav, eifrig in seinem Dienste, recht gut gesittet und folgsam* zu sein, so daß es gegen ihn *keine Klagen* gebe. Die kümmerlichen Einkünfte erlaubten auch in den folgenden Jahrzehnten nicht, die Anstellung eines Mesners, zumal nicht einmal ein Mesnerhaus bestand. 1933 teilt der Pfarrer auf Anfrage mit, daß der Mesner- und Organistendienst von *Privaten freiwillig geleistet* werde.

Einen eigenen Mesner besaß die Filialkirche in Umberg. 1890 erhielt der Mesner dort zwar keine Besoldung, jedoch jährlich eine kleine *Getreidekollektur* von den Pfarrinsassen sowie Stiftungsgelder in Höhe von knapp zwei Gulden und seinen Anteil an den Stolgebühren, *welche jedoch nicht gar reichlich* flossen. Wäre der Mesner *nicht zugleich Tischlermeister und Hausbesitzer, so könnte er unmöglich leben*, heißt es in einer Stellungnahme. Nachdem der Kirche ein Legat nach Pfarrer Rebernig zugefallen war, konnten dem Mesner, der seinen Dienst damals seit 18 Jahren versah, jährlich fünf Gulden *als Besoldung* gegeben werden.

Ähnlich dürftig wie die Dotierung der Mesnerstelle in Damtschach war auch jene in Gottestal. 1874 erhielt der Mesner ein Deputat im Wert von 16 Gulden und 38 Kreuzer. Dieses bestand aus einer *freiwilligen Getreidekollektur*, 29 Broten und dem Anteil aus Stiftungen in Höhe von 5 Gulden und 4 Kreuzern. Für jede *verkündete*, also bezahlte Messe, erhielt er fünf Kreuzer. Seitens des Pfarramtes wurde eine Vereinigung der beiden Mesnerstellen in Gottestal und Föderlach erwogen, doch scheiterte diese am Widerstand der Föderlacher, die *das Ave- und Wetterläuten bei der Filiale* verlangten, was von Gottestal aus nicht zu besorgen war. Zudem stand in Gottestal kein geeignetes Objekt als Mesnerwohnung zur Verfügung. Die Mesner wohnten zumeist in Privathäusern, beim Kirchenkämmerer *Hermann Schiller* oder im Pfarrhof, dort vor allem dann, wenn sie *zugleich Wirtschaftsgehilfen des Pfarrers* waren. Um 1890 wurde erstmals ernsthaft der Kauf einer *Mesnerkeusche* erwogen, doch erst 1927 konnte ein geeignetes und auch erschwingliches Objekt gefunden werden. Kirchenkämmerer *Schiller* verkaufte der Pfarre die sog. *Brosch-oder Čirak-Keusche*. Angesichts solcher Verhältnisse verwundert es nicht weiter, daß zwischen 1886 und 1926 rund 14 Mesner in Gottestal Dienst taten. Mit Kriegsende verließ der letzte Mesner und Organist, ein aus der Südsteiermark gebürtiger Kriegsinvalide, die Pfarre. 1923 übernahm aber mit *Valentin Mostetschnig* sogar ein Absolvent der diözesanen Organistenschule – die Stelle eines Mesners und Organisten in Gottestal.

Manche Lehrer verschafften sich neben dem Kirchendienst weitere Einkünfte, die jedoch nach Meinung vorgesetzter Stellen kaum dazu angetan waren, das Ansehen des Lehrpersonals zu heben. Schon die *Allgemeine Schulordnung* von 1774 verbot den Schulmeistern bei Strafe der Absetzung ein Schankgewerbe zu betreiben oder bei Kirchtagen, Hochzeiten oder anderen Anlässen in Wirtshäusern zu musizieren. Als Jahresgehalt war seit 1806 der Betrag von 130 Gulden jährlich festgesetzt. Doch diese Summe erhielten nur Lehrer, die an Orten unterrichteten, an denen keine Geld- oder Naturalleistungen seitens der Ortsgemeinde üblich waren. Nur den wenigsten wurde diese Summe auch tatsächlich ausbezahlt; die meisten erhielten erheblich weniger. Geistliche, die mangels geeigneter Lehrpersonen selbst unterrichteten, stand ein Betrag zwischen dreißig und sechzig Gulden jährlich zu.

Gerade im Gebiet der heutigen Gemeinde Wernberg verhinderte diese mangelnde finanzielle Ausstattung und die Weigerung der Bevölkerung, ein Schulhaus zu erbauen und zu erhalten, über viele Jahre die Aufnahme eines geregelten Schulbetriebes. Da ein Lehrer nicht angestellt werden konnte, hielt zumeist der Ortsgeistliche unter *Zuhilfenahme des Mesners* Unterricht, wie wir 1853 aus Damtschach hören. Sternberg besaß 1851 zwar keine Schule, immerhin aber einen Lehrer, *Anton Nagele*, der dort seit 14 Jahren unterrichtete und nebenbei auch den Mesnerdienst besorgte. Sein Gehalt bezog er in Form von Schulgeld. Wie gering sein Einkommen ausgefallen sein mag, wird man daran ermessen können, daß 1851 von 50 schulpflichtigen Kindern nur 14 die Schule auch besuchten.

AUS DER GESCHICHTE DER VOLKSSCHULE DAMTSCHACH

Nach dem Willen Josephs II. sollte in jeder der neugegründeten Pfarren auch eine Schule eingerichtet werden, durch die der Landbevölkerung jenes Mindestmaß an Bildung vermittelt werden sollte, die das Schulpatent seiner Mutter vorsah. Demnach war auch in der Kuratie Damtschach eine Schule vorgesehen und in den Forderungen nach Aufhebung der Pfarre Sternberg wurde seitens der Damtschacher Herrschaft auch die zu errichtende *Landschule* ins Treffen geführt, für die Einkünfte, die bisher die Sternberger Kirche bezogen hatte, verwendet werden sollten. Doch es sollten noch einige Jahrzehnte vergehen, ehe ein geregelter Schulbetrieb in Damtschach aufgenommen werden konnte.

1786 wird von einem Schulgebäude in Damtschach berichtet, in dem jedoch der Kurat mehr schlecht als recht wohnte. 1797 hören wir erstmals vom Plan zur Einrichtung einer Schule in Damtschach. Am 3. Jänner dieses Jahres berichtet der Verwalter der Herrschaft Damtschach *Anton Perchinig*, daß seitens der Patronatsherrschaft 600 Gulden zur Erbauung geeigneter Gebäude für den Kurat und zur Aufnahme des Schulbetriebes bereitgestellt worden seien, während *weder vom Religionsfond noch vom Kirchenvermögen ein Beitrag gegeben* worden sei.

Anläßlich der bischöflichen Visitation des Jahres 1816 erfahren wir, daß damals in der Kuratie Damtschach keine Schule existierte. Als Ursache dafür gibt Kurat *Juch* an, zur Unterhaltung eines Lehrers fehle hier jeglicher *Pfond* (Fonds). Zudem verfüge die Pfarre auch über kein geeignetes Gebäude. Eine Schule, so der Kurat, wäre notwendig und *gut*, jedoch ohne Hilfe seitens des Staates unmöglich zu errichten und zu erhalten. Einige der schulpflichtigen Kinder, lesen wir in der Stellungnahme, würden eine Schule in dem zur Pfarre gehörigen Wernberg besuchen. Doch auch diese private Schule besuchten nur vier der 13 schulpflichtigen Kinder. Die nächste Schule befand sich damals in Villach, doch konnte sich kaum einer der Pfarrinsassen den Schulbesuch seiner Kinder dort leisten.

Gut zwanzig Jahre später war die Lage keine andere. Zwar hatte es 1834 Versuche gegeben, eine Schule für die Pfarren Gottestal und Damtschach einzurichten, doch stellte sich diesem Plan, der vor allem von der Geistlichkeit getragen wurde, *unüberwindliche Hindernisse* entgegen, sodaß er schließlich fallen gelassen wurde. Das Fehlen einer geeigneten *Localität*, die Frage der Finanzierung und vor allem *mangelnder guter Wille* schienen dem Ortspfarrer die Hauptgründe für das Scheitern dieses Planes. Er behalf sich immerhin damit, daß er den Religionsunterricht in der Kirche abhielt und hoffte, die Hindernisse, die der Einrichtung einer Schule derzeit noch entgegenstanden, würden *durch günstige Zeitumstände ... von selbst hinwegfallen.*

Ende der 40er Jahre richtete der Ortspfarrer schließlich eine *Privatschule* ein, für die er ein Zimmer anmietete. Unter *Beyhilfe* von *Johann Schöffmann* unterrichtete der Geistliche selbst. 1847 hören wir, daß diese Schule allerdings nur in den Wintermonaten geöffnet war. Beachtlich war immerhin die Beteiligung am Unterricht. Von 29 schulfähigen Buben besuchten 28, von 30 schulfähigen Mädchen immerhin 25 die Notschule. In den folgenden Jahren ging der Schulbesuch leicht zurück. 1851 waren jedoch 45 der 65 schulfähigen Kinder beim Unterricht. Im Jahr darauf gaben die Gemeindevertreter an, die Schule werde vom *Kuraten mit Beihilfe des Mesners* gehalten, die – wie wir auch 1853 hören – *sehr fleißig besucht* werde.

1855 einigten sich schließlich die Pfarrgemeinden Damtschach und Sternberg über Einrichtung und Erhaltung einer gemeinsamen Schule, wofür in einer Keusche eine Lehrerwohnung auf acht Jahre angemietet wurde. Neben dem Unterricht sollte der Lehrer auch den Mesnerdienst versehen und für beide Tätigkeiten 200 Gulden im Jahr erhalten. Neben den Einkünften aus der Mesnerei – 12 Gulden und 28 Kreuzer – sollte der Betrag durch das Schulgeld und durch Gemeindeumlagen aufgebracht werden. Jedes Kind hatte für den Schulbesuch zwei Gulden zu bezahlen, was bei rund 60 schulpflichtigen Kindern 120 Gulden im Jahr einbrachte. Bereits 1856 konnte der Schulbetrieb aufgenommen werden.

Um die Stelle des Lehrers und Mesners in Damtschach bewarben sich zwei Personen, *Valentin Miklavic* und *Urban Mörtl*. Letzterer erhielt die Stelle und eine erste Beurteilung lautete durchaus positiv. Anno 1857 wird uns der erste Damtschacher Lehrer als *sehr brav, eifrig in seinem Dienste, recht gut gesittet und folgsam* geschildert, sodaß es keine Klagen gegen ihn gebe. Etwas differenzierter war seine Beurteilung durch den Schulaufseher Dechant *Rebernig*, für den er der *am wenigsten untaugliche* unter den Lehrern seines Distriktes war. Immerhin attestierte auch der Dechant dem *mittelmäßigen Lehrer Mörtl gute Sitten, gediegene Frömmigkeit und guten Willen*. Da Mörtl nicht alle notwendigen Prüfungen besaß, übernahm vorerst Pfarrer *Skrabina* die Verantwortung für den Unterricht, bis Mörtl die fehlenden Prüfungen absolviert hatte.

Damtschach besaß nun eine Schule und einen, wenn auch nur provisorisch angestellten Lehrer, jedoch keinen Schulpatron. Sämtliche Herrschaften, die dafür in Frage kamen, lehnten dankend ab, denn keine wollte sich mit den zusätzlichen Ausgaben, die die Erhaltung eines Schulbetriebes bedeuteten, belasten. Einzig Kurat *Skrabina* erklärte sich bereit, das Patronat über die Schule zu übernehmen, jedoch nur unter der Bedingung, daß weder ihm noch der Kuratie dadurch zusätzliche Belastungen entstehen würden. Schließlich übernahm die Ortsgemeinde diese Pflichten. Bis es soweit war, hatte es unter dem Lehrpersonal bereits manche Veränderung gegeben. Lehrer Mörtl verließ die kleine Damtschacher Schule nach einigen Jahren Richtung Techelsberg. An seine Stelle trat *Josef Schöffmann*, der vom rührigen Pfarrer Skrabina unterstützt, bis 1867 in Damtschach unterrichtete. Als er zu Ostern dieses Jahres seine neue Stelle als Lehrer von Uggowitz im Kanaltal antrat, wurde die Schulstelle in

Damtschach ausgeschrieben. Doch für den nur unzureichend dotierten Posten fand sich kein Lehrer. Im April 1867 wurde einstweilen Lehrer *Mörtl*, der seine Stelle am Techelsberg verloren hatte, als Lehrer in Damtschach eingesetzt.

Der Schulunterricht wurde vorerst in Privathäusern erteilt. Schließlich mietete man einen Raum im Verwalterhaus der Herrschaft Damtschach, der jedoch den Anforderungen, die an ein Klassenzimmer gestellt wurden, nur unzureichend erfüllen konnte. Gegen eine jährliche Miete von 25 Gulden wurde dort bis 1884 der Unterricht erteilt. Zu Beginn der 80er Jahre wurde nochmals der Versuch unternommen, die beiden Schulsprengel Damtschach und Sternberg zu vereinigen. In Terlach sollte ein neues Schulgebäude entstehen. Seitens des Bezirksschulrates wurde eine Verhandlung vor Ort anberaumt. Die Vertreter Sternbergs erschienen zwar, erklärten jedoch einmütig, eine Vereinigung ihrer Schule mit der Damtschachs nicht zulassen zu wollen, sodaß die Damtschacher *nun gezwungen waren, für sich allein zu bauen*. Die Kosten für das ebenerdige Gebäude beliefen sich auf 5400 Gulden. Aufgebracht wurde diese Summe durch eine 50prozentige Gemeindeumlage in den Jahren 1883 bis 1891. Dem Baukomitee gehörten neben dem Obmann *Andreas Suppick* aus Umberg die Herren *Johann Thiller, August Langer, Andreas Sturm* und *Siegmund Samitz* an. 1883 wurde mit dem Bau begonnen, bereits am 2. November 1884 konnte das neue Schulgebäude bezogen werden.

Im Jahr der Eröffnung zählte man 70 schulpflichtige Kinder, 1889 bereits 130. Die Folge war, daß aufgrund des Raummangels der Halbtagsunterricht eingeführt werden mußte. Ein weiteres Novum war die Einführung von *slowenischen Stunden* im Schuljahr 1892/93, wozu sich acht Schüler anmeldeten. Als sich im folgenden Schuljahr kein Schüler dafür entschied, wurden dieser Unterricht, der nach Ende der regulären Unterrichtszeit stattfand, wieder abgeschafft.

Die Frage der Unterrichtssprache hatte in der Gemeinde zu Auseinandersetzungen geführt. Im Dezember 1871 wurde die sprachliche Einrichtung der Volksschulen im Bezirk Villach durch den Landesschulrat geregelt. In den Schulen in Sternberg und Damtschach mußte auf deutsch unterrichtet werden, während in Gottestal der *anfängliche Unterricht ... mit Zuhilfenahme der slowenischen Sprache* erteilt werden sollte. Die Bestimmung des Landesschulrates für diese *utraquistische Schule* sah jedoch vor, daß *mit der Erlernung der deutschen Sprache ... schon im ersten Schuljahr zu beginnen und darin eifrig fortzufahren* war. Die *deutsche Unterrichtssprache* habe dann *einzutreten, wenn das hinreichende Verständnis hiefür vorhanden war*.

1888 zeigten sich sowohl die Ortsschulräte der Gemeinde Wernberg wie die Gemeindevertretung mit der sprachlichen Organisation des Unterrichtes in jeder Hinsicht zufrieden. Naturgemäß anders wurde dies von der Geistlichkeit gesehen, doch war deren Position in der Frage der Schulsprache zu schwach, um die – in ihren Augen notwendigen – Änderungen herbeiführen zu können.

Angesichts ständig steigender Schülerzahlen – im Schuljahr 1892/93 waren es bereits 139 – war klar, daß genügend und geeigneter Raum zur Erteilung des Unterrichtes geschaffen werden mußte. Eine Erweiterung bzw. ein Umbau des Schulgebäudes schien wenig zweckmäßig und überdies zu teuer. Man behalf sich vorerst damit und folgte hier dem Beispiel der 50er Jahre, daß man in Privatgebäuden Räume anmietete. Schließlich konnten drei Zimmer in der leerstehenden Villa der *Gräfin Angelika Orsini-Rosenberg* angemietet werden. Für eine Miete von 25 Gulden jährlich erhielt man drei Räume im ersten Stock. Der Mietvertrag wurde am 1. November 1895 für sechs Jahre abgeschlossen. In den folgenden Jahren war man mit der Unterbringung der zweiten Klasse in der Villa nicht immer glücklich, vor allem seit in anderen Teilen des Hauses eine Gastwirtschaft eingerichtet wurde. 1903 entschloß sich die Gräfin zum Verkauf des Hauses, das sie schon seit Jahren nicht mehr benützte. Käufer war der einstige Wernberger Schloßherr *Graf Wagensperg*. Er sicherte dem Ortsschulrat zwar zu, daß zumindest bis zum Ende des Schuljahres die angemieteten Räumlichkeiten weiter benützt werden könnten, doch im Mai 1904 kam die Kündigung und die zweite Klasse übersiedelte in das Gasthaus *Lepuschitz*. Noch in diesem Monat wurde mit dem Bau eines Lehrerhauses begonnen, in dem auch die zweite Klasse untergebracht werden konnte. Im neuen Gebäude waren ein Schulzimmer und Räumlichkeiten für die Lehrkräfte vorgesehen. Bereits 1905 konnte der Bau erfolgreich abgeschlossen werden.

Das Schuljahr 1929/30 brachte es mit sich, daß eine dritte Klasse eröffnet werden mußte. Diese sollte im Lehrerhaus untergebracht werden. Mit dem Ausbau begann man im Frühjahr 1931, im Oktober war er beendet. In dieser Zeit konnte der Unterricht mangels geeignetem Schullokal nur abwechselnd gehalten werden.

Zu Beginn der 30er Jahre wurde die Schule bereits dreiklassig geführt, ein gewaltiger Fortschritt, bedenkt man, daß rund 80 Jahre zuvor Damtschach nur eine vom Pfarrer geleitete Notschule besaß und noch vor sieben Jahrzehnten sich kein Lehrer für die frei gewordene Stelle in Damtschach gefunden hatte. Dies alles hatte sich nun grundlegend geändert.

Auf Lehrer *Andreas Schuppick*, dem Nachfolger Mörtls, war zu Weihnachten 1888 *Anton Rösch* gefolgt, der über nahezu ein Jahrzehnt einer ständig steigenden Zahl an Damtschacher ABC-Schützen ein Mindestmaß an Wissen zu vermitteln versucht hatte, wenngleich zahlreiche Schüler in den Sommermonaten die Schule nur gelegentlich besuchen konnten, da sie, wie der Lehrer mehrfach in seinen Jahresberichten vermerkte, *zum Weiden des Viehs* verwendet wurden.

Erst 1896 erhielt Rösch in *Ferdinand Gutmann* einen zweiten Lehrer zur Unterstützung. *Rösch* verließ die Schule 1897 um in Lind ob Velden die Schulleiterstelle zu übernehmen. An seine Stelle trat der bisherige Lehrer von St. Leonhard bei Siebenbrünn, *Franz Woschitz*, der am 1. Jänner 1903 zum Bezirksschulinspektor in Hermagor bestellt wurde. Der bisherige Lehrer von St. Kanzian *Ernst Sille* wurde zu seinem Nachfolger bestellt und übernahm am 15. April 1903 die

Lehrer Max Will und Schüler der Volksschule Damtschach um 1920 (Original Rosa Lepuschitz)

Leitung der Schule. 1907 wechselte *Sille* an die Gottestaler Schule, während deren provisorischer Leiter *Ludwig Primoschitz* Damtschach übernahm und *Max Will* als zweiter Lehrer angestellt wurde. *Primoschitz* wurde im Jahr darauf zum Lehrer an der Klagenfurter Knabenvolksschule bestellt, während *Thomas Blüml* Damtschacher Oberlehrer wurde. Dieser rückte 1915 ein und fiel im November 1917 an der Piave. Vorerst betreute Oberlehrer *Sille* von Gottestal aus auch Damtschach. Im Frühjahr 1919 war ihm dies nicht mehr möglich und so blieb die erste Klasse ohne Lehrkraft. Die Ereignisse des Kärntner Abwehrkampfes hatten Oberlehrer *Anton Witzany* gezwungen, seinen Dienstort St. Jakob im Rosental zu verlassen. Er bewarb sich um die vakante Stelle in Damtschach und wurde 1920 zum Schulleiter bestellt. 1930 erhielt Damtschach in *Melitta Meditz* eine dritte ständige und im übrigen erste weibliche Lehrkraft. Als *Witzany* 1933 in den Ruhestand trat, folgte ihm 1934 als neuer Leiter der Schule *Ignaz Orasche*.

Die Sorge um die Erhaltung der Schulgebäude und die Aufbringung der für den Schulbetrieb notwendigen Mittel oblag dem Ortsschulrat. 1905 stand diesem als Obmann *Ferdinand Alberer* vor. Weiters gehörten in diesem Jahr dem Ortsschulrat an: *Johann Thiller,*

Andreas Sturm, Johann Hermann und Johann Sturm. 1913 finden wir als Obmann *Johann Sereinig* aus Damtschach, der bereits 1909 diese Funktion innehatte, als seinen Stellvertreter *Johann Mick* aus Kaltschach. Neben Pfarrer *Schaubach* als Vertreter der katholischen Kirche waren noch *Nikolaus Klement* aus Sand, *Josef Reichmann* aus Trabenig und *Valentin Hoja* aus Ragain Mitglieder des Ortsschulrates. 1930 war *Josef Haas* aus Damtschach Obmann des Ortsschulrates.

Im Schuljahr 1933/34 gab es im Schulsprengel Damtschach 207 schulpflichtige Kinder. Jeweils ein Knabe und ein Mädchen waren infolge körperlicher Gebrechen von der Schulpflicht befreit. Drei schulfähige Mädchen erhielten *häuslichen Unterricht*. Zwei Schüler besuchten das Gymnasium, fünf eine Hauptschule. Als Gastschüler besuchten sieben Kinder aus dem Schulsprengel Sternberg die Damtschacher Schule. In der ersten Klasse saßen damals 56, in der zweiten 63 und in der dritten Klasse 70 Schüler.

Wie in den anderen Schulen des Gemeindegebietes ließen die wirtschaftlichen Verhältnisse in den folgenden Jahren nur die dringlichsten Adaptierungen am Schulgebäude zu. Im Unterschied zu jenen in der Volksschule Gottestal waren jedoch die Verhältnisse in Damtschach ungleich besser, obwohl nach Schließung der Schule in Sternberg 22 Sternberger Schüler nach Damtschach umgeschult wurden, was die Eröffnung einer vierten Klasse im Schuljahr 1938/39 notwendig machte. Immerhin waren jedoch die Schülerzahlen seit einigen Jahren rückläufig, wodurch die Raumnot gemildert wurde. Im Schuljahr 1940/41 zählte man im Schulsprengel 182 schulfähige Kinder, von denen 172 in Damtschach die Schule besuchten. Nachdem im April 1941 Schulleiter *Orasche* zur Dienstleistung nach Oberkrain berufen worden war, konnte der Schulbetrieb nur eingeschränkt aufrecht erhalten werden. Erste und dritte Klasse wurden abwechselnd unterrichtet. Kurzzeitig mußte der Unterricht in der ersten Klasse infolge *militärischer Einquartierungen* überhaupt entfallen.

Die folgenden Jahre kennzeichnete ein ständiger Lehrer- und Schulleiterwechsel. Nach Orasche übernahm *Josefine Kölbl* die Schulleitung, im August 1942 wurde sie von *Hermann Raab* abgelöst. Verstärkt wurden die Schulkinder zu Arbeiten in der Landwirtschaft und zu *militärischen Sammlungen* herangezogen. Im März 1945 übersiedelte die Schwesternschule des Villacher Roten Kreuzes in das alte Schulgebäude nach Damtschach. In Wernberg wurde ein provisorisches Spital eingerichtet, wo die Schwestern Dienst taten. In den folgenden Wochen überstürzten sich die Ereignisse. An einen geordneten Lehrbetrieb war angesichts der Fliegerangriffe, lokalen Gefechte und der zahlreichen Flüchtlinge nicht mehr zu denken. *Ganze Bevölkerung aus dem Häusl. Eine Nachricht überholt die andere. Man weiß nicht was und wem man Glauben schenken soll*, notierte der Schulleiter in der Chronik. In den ersten Maitagen entfiel der Unterricht zur Gänze.

Das erste Schuljahr in der zweiten Republik begann am 1. Oktober 1945 mit 189 Schülern in drei Klassen. Ende August war Schulleiter *Raab* aus dem Schuldienst entlassen worden. Die Gottestaler Lehrerin *Elise Wontschina* übernahm für wenige Wochen die Leitung der Volksschule, ehe sie von *Tony Primoschitz* abgelöst wurde. Mit 17. November 1945 wurde die Einführung des zweisprachigen Unterrichtes an der Volksschule Damtschach verfügt. Mit dem zweisprachigen Unterricht konnte allerdings erst im Jänner 1946 nach Zuweisung einer geeigneten Lehrkraft begonnen werden.

In den Wintermonaten des Schuljahres 1946/47 mußte der Unterricht für zwei Wochen infolge der großen Kälte und Fehlen jeglichen Heizmaterials unterbleiben. Die Schule wurde fortan wieder vierklassig geführt. Zum Leiter der Schule war der Oberlehrer *Otto Kainzner* bestellt worden, der jedoch bereits nach wenigen Wochen von dieser Funktion wieder enthoben wurde. Bis zu seiner neuerlichen Bestellung im November 1947 übernahm *Maria Petermaier* die Schulleitung. Mit 1. Jänner 1948 wurde die Volksschule Damtschach als fünfklassige Schule eingerichtet. In diesem Jahr besuchten insgesamt 204 Schüler die Schule. 1950 wurde südlich der Schule ein rund 1000 m² großes Grundstück erworben, das den Schülern als Sportplatz zur Verfügung stehen sollte. Im Mai 1951 trat der Schulleiter in den dauernden Ruhestand. Zu seinem Nachfolger wurde Oberlehrer *Alois Eder* bestellt, der seit 1948 an der Schule unterrichtete.

Ein Rückgang der Schülerzahlen brachte es mit sich, daß ab dem Schuljahr 1953/54 die Schule wieder vierklassig geführt wurde. Doch bereits im Schuljahr 1958/59 wurde die Klassenzahl wiederum auf fünf erhöht. Mit Erlaß der Kärntner Landesregierung vom 23. 9. 1958 wurde die Abmeldung vom zweisprachigen Unterricht möglich. Von 184 schulpflichtigen Kindern dieses Schulsprengels wurden 174 vom zweisprachigen Unterricht abgemeldet. Zu Beginn des Schuljahres 1959/60 erfolgten weitere Abmeldungen, sodaß mit Beginn dieses Schuljahres nur noch zwei Schüler zweisprachig unterrichtet wurden.

Der überdurchschnittliche Zuzug neuer Gemeindebürger ließ Anfang der 60er Jahre Überlegungen hinsichtlich einer Neuorganisation des Schulbetriebes laut werden. Nach Meinung des Schulleiters war die Einführung einer sechsten Schulklasse notwendig. Da aufgrund der Raumnot im Schulgebäude an die Adaptierung einer weiteren Klasse nicht zu denken war, hätte abwechselnd Vor- und Nachmittagsunterricht gehalten werden müssen. Auch der Zustand der Lehrerwohnungen ließ mehr als zu wünschen übrig. Im Frühjahr 1960 *appellierte* der Schulleiter *in dieser notwendigen Zukunftsfrage* an die Gemeindevertretung und ersuchte, *Ordnung zu schaffen.*

An einen Neubau der Schule war vorerst nicht zu denken, immerhin wurde aber mit Beginn des Schuljahres 1961/62 die Führung einer sechsten Klasse bewilligt. Mit Beginn dieses Schuljahres trat auch der bisherige Schulleiter Direktor Alois Eder in den dauernden Ruhestand. Zu seinem Nachfolger wurde *Hermann Clima* bestellt. Da steigende Schülerzahlen eine neuerliche Erhöhung der Klassenzahl erforderlich machen würde, wurde 1962 mit Planungen für eine Erweiterung der Volksschule Damtschach begonnen. Mit Ende des Schuljahres 1962/63 stand fest, daß mit dem Bau eines neuen Schulgebäudes 1965 begonnen werden würde. Wie dringlich dieser Bau geworden war, können wir der Schülerstatistik des Jahres 1964/65 entnehmen, als bereits 241 Schüler in sieben Klassen unterrichtet wurden.

In der Gemeinderatssitzung vom 30. Juli 1965 erfolgte schließlich die Vergabe der Bauarbeiten für den Schulbau in Damtschach. Mit den Bauarbeiten begann man bereits am 9. August 1965. Als Termin für die Fertigstellung des Rohbaues war der 25. Oktober 1965 vorgesehen. Ein launischer Herbst machte diese Vorgaben unmöglich. Am Tag vor dem Heiligen Abend war jedoch der Rohbau fertig. Probleme gab es bei diesem Bau nicht nur aufgrund des Wetters. Der planende Architekt verunglückte wenige Tage nach Baubeginn. Ein Teil der Planungen mußte vom Bauamt Villach übernommen werden. Trotz allem schritt der Bau im Jahr 1966 zügig voran und am 9. Jänner 1967 konnte der Schulbetrieb im Neubau aufgenommen werden.

Im Februar 1968 erkrankte der bisherige Leiter der Schule und im April wurde *Erich Hochenberger* mit der Leitung der Schule beauftragt. Direktor Clima trat mit 31. Dezember 1968 in den dauernden Ruhestand. Sein Nachfolger wurde im übrigen am 31. Jänner 1969 nach dem Rücktritt von *Johann Zerovnik* zum Bürgermeister der Gemeinde Wernberg gewählt. Nach *Max Will*, der nach dem Ende der Monarchie einige Jahre Gemeindeoberhaupt gewesen war, stand nunmehr mit *Erich Hochenberger* wiederum ein Damtschacher Lehrer an der Spitze der Gemeinde.

Der Abbau der *Oberstufe* an den Volksschulen führte zu einem Rückgang der Schülerzahlen. Im Schuljahr 1970/71 waren es noch 180 Schüler, die in sechs Klassen unterrichtet wurden, im Jahr darauf nur noch 157 Schüler. Die Oberstufe besuchten in diesem Jahr nur noch fünf Schüler. Mit Schuljahr 1971/72 wurden nunmehr 147 Schüler in fünf Volksschul- und einer Sonderschulklasse unterrichtet. Nach Einführung des verpflichtenden Hauptschulbesuches hatte sich die Schülerzahl somit binnen weniger Jahre um fast hundert Schüler verringert. In den folgenden Jahren begannen jedoch die Schülerzahlen wieder zu steigen. Mit Stand vom 8. September 1975 besuchten 158 Kinder die Schule, im Jahr darauf bereits 175. Als man 1980 seitens der Gemeinde den Plan zum Bau eines Turnsaales für das Schulgebäude faßte, besuchten 180 Schüler in sieben Volksschul- und einer Sonderklasse den Unterricht. 1983 wurde mit dem Bau eines 200 m^2 großen Turnsaales begonnen. Im Laufe des Schuljahres 1983/84 konnte der Bau beendet werden, der fortan auch der Allgemeinheit zur Verfügung stehen sollte. Am 1. Juli 1984 trat Direktor Hochenberger von seiner Funktion als Wernberger Bürgermeister zurück.

Mit Ende des Schuljahres 1985/86 wurde im Schulgebäude ein Kindergarten eingerichtet, dessen Betrieb im Herbst des Jahres aufgenommen werden konnte. In den Semesterferien des folgenden Schuljahres übernahm *Renate Mirnig*, vorerst provisorisch, die Leitung der Schule. Mit 30. November 1987 trat Direktor Hochenberger in den dauernden Ruhestand. Am 1. September 1989 wurde

Renate Mirnig zur Leiterin der Volksschule ernannt. Bereits im April 1989 war in der Gemeinderatssitzung der Beschluß zum neuerlich notwendigen Umbau des Schulgebäudes gefaßt worden. Mit Beginn des Schuljahres 1989/90 war der Umbau bereits abgeschlossen. Die Eröffnung fand im Rahmen einer Weihnachtsfeier am 22. Dezember 1989 statt. Bei diesem Umbau wurden in der ehemaligen Schulleiterwohnung Klassenräume adaptiert sowie ein Medienraum eingerichtet. Weitere Umbau- und Sanierungsmaßnahmen verzeichnet die Chronik für die Jahre 1996 bis 1999 (Sanierung von Klassenzimmern, Errichtung einer neuen Direktionskanzlei und eines neuen Konferenzzimmers). In das vergangene Jahrzehnt fallen auch die Eröffnung einer Vorschulklasse, der ersten im Gemeindegebiet, im Schuljahr 1990/91, die von Kindern beider Schulsprengel (Damtschach und Goritschach) besucht wurde sowie 1994 die Adaptierung eines Eislaufplatzes am Turnplatz der Schule.

Einen Höhepunkt im jeweiligen Schuljahr bedeutet seit gut einem Jahrzehnt die Präsentation eines Projektes, das von Schülern und Lehrern im Laufe des Schuljahres erarbeitet und bei einer Schulfeier der Öffentlichkeit präsentiert wird. Unter den Projekten der letzten Jahre finden wir Veranstaltungen wie *Lesen ist Abenteuer im Kopf*, bei dem in Zusammenarbeit mit der Wernberger Dichterin *Nanine Fend* das Märchenbuch *Der Bauer Werner* entstand, das zum Inhalt hatte, wie Wernberg zu seinem Namen kam und im Verlag *Heyn* erschienen ist. Unter der Leitung von *Gerlinde Zehetgruber* wurde das Theaterstück von der dritten Klasse aufgeführt und vom ORF aufge-

Erste Volksschule in Damtschach (Original Schulchronik)

zeichnet. Weitere erfolgreiche Projekte waren u. a. das *Umweltfest, Gauklerfest, Märchenfest* oder das *Zirkusfest*, die erste Schulolympiade und ein Sicherheitsaktionstag. Gemeinsam mit dem Verein *Panorama* und *Brigitte Orsini-Rosenberg* wird den Kindern auch immer wieder die Möglichkeit eröffnet, kulturelle Veranstaltungen im Schloß Damtschach zu besuchen.

Werfen wir abschließend noch einen Blick auf das Schuljahr 1999/2000. In diesem Jahr wurde die Volksschule siebenklassig mit 113 Schülern geführt. Eine Vorschulklasse konnte nicht mehr geführt werden, hingegen wurde die integrative Führung einer Vorschulstufe verpflichtend eingeführt. Vier Schülerinnen und Schüler besuchten die integrierte Vorschulstufe und wurden durch eine Klassenlehrerin und eine zusätzliche Betreuungslehrerin unterrichtet. Wesentlich in diesem Schuljahr war die Sprachoffensive. Zum obligaten Englischunterricht in den dritten und vierten Klassen, wurde nunmehr in der ersten Klasse Italienisch und in den zweiten Klassen Englisch integrativ unterrichtet. Insgesamt 48 Schüler nahmen an der unverbindlichen Übung Italienisch teil. Elternverein und Schulleitung Damtschach starteten im Frühjahr 2000 auch die Initiative für eine kindergerechte Gestaltung des Pausenhofes der Volksschule. Durch Spenden seitens Wernberger Firmen konnten für den Pausenhof Geräte und Spiele angeschafft werden. Die dritten und vierten Klassen wurden in diesem Jahr von der Gemeinde Wernberg mit Computern ausgestattet.

Seit dem Schuljahr 1998/1999 nimmt die Volksschule Damtschach am europäischen Bildungsprojekt *COMENIUS* teil. Im vergangenen Schuljahr wurden die Kontakte zu den Partnerschulen (*Primary school in Maryland, Schottland; Grundschule in Deparno, Griechenland; Ecole Pasteur in Embrun, Frankreich; Gerhardinger Schule in Regensburg, Deutschland* und *Vinzenz Gollner Schule in Brixen, Südtirol*) weiter intensiviert und die Projektarbeit fortgesetzt, wobei die Volksschule Damtschach die Koordination für alle teilnehmenden Schulen übernahm. Thema des für drei Jahre anberaumten Projektes war *Der Ort, in dem ich lebe in Europa*, bei dem Themenkreise wie *Seine Nachbarn und Grenzen, Sport, Freizeit und Spiel – einst und jetzt* und *Lebenswerte Umwelt – Umwelt und Naturschutz* erarbeitet wurden. Ziel des Projektes ist das Kennenlernen der Länder der Partnerschulen und von deren Schulsystemen, der Erfahrungsaustausch zwischen den einzelnen Schulen, die Verbesserung der Sprachkompetenz und letztlich die *Öffnung für ein gemeinsames Europa*.

AUS DER GESCHICHTE DER VOLKSSCHULE GORITSCHACH

ES BEGANN IN GOTTESTAL

Nahezu ein Jahrhundert sollte vergehen, ehe in der Pfarre Gottestal der Schulunterricht in jener Form aufgenommen werden konnte, die die Theresianische Schulreform 1774 vorgesehen hatte. Aus dem Jahr 1816 liegt uns ein Bericht des damaligen Ortspfarrers *Kaspar Oman* vor, der die Schwierigkeiten, die einer Schulgründung entgegenstanden, erahnen läßt. *Eine Schule wäre gut hier*, schreibt der Pfarrer, doch gingen zu deren Einrichtung *alle Notwendigkeithen* ab, zumal kein geeignetes Gebäude bestünde und auch kein *Fond* (Fonds), aus dem man einen Lehrer bezahlen könne. Auch von den Bauern, die *selbst arm sind*, könne man keine Zahlungen für diesen Zweck erwarten, ja wohl auch nicht verlangen. Als nächste Schulorte würden sich, so *Oman* weiter, Velden, Villach oder St. Ruprecht anbieten. In der Pfarre existiere aber immerhin eine private Schule, die von einem *Privat-Lehrer bey der Strasse* unterhalten werde, doch selbst diese besuchten nur fünf der insgesamt vierzig schulpflichtigen Kinder der Pfarre.

Auch *Omans* Nachfolger *Aichholzer* war die Einrichtung einer Schule ein großes Anliegen. Auf eine Anfrage der Schulaufsicht mußte er 1824 mitteilen, daß sich die Aussichten für eine Gründung seit Omans Zeiten nicht wesentlich verbessert hatten. Angesichts der bischöflichen Visitation des Jahres 1826 in Gottestal faßte er die Schwierigkeiten nochmals zusammen. Hauptgrund für den fehlenden Lehrbetrieb war auch nach *Aichholzers* Meinung die fehlende Dotierung, doch könnte der Schulbetrieb trotzdem, wenn auch unter erheblichen Schwierigkeiten, aufgenommen werden, denn dies sei *keine absolute Unmöglichkeit*, zumal ein Schulbesuch außerhalb der Pfarre *wegen der weiten Entfernung* niemandem zuzumuten sei. Daher würden von den rund sechzig schulpflichtigen Kindern auch nur sechs die *Winklschule* in Damtschach und zwei die Schule in Villach besuchen. Abschließend unterbreitete der Pfarrer einige Vorschläge, wie dem Wunsch nach Aufnahme eines geregelten Unterrichts, nachgekommen werden könne, da dies auch der *sämtliche Wunsch* der Pfarrgemeinde sei. Ohne öffentliche Unterstützung, so der Pfarrer, werde dies *nicht leicht* sein, immerhin könne man aber damit rechnen, daß seitens der Pfarrgemeinde ein jährliches Gehalt von 50–60 Gulden aufgebracht werden könnte, wozu noch rund 20 Gulden für den Mesnerdienst kämen. Doch *dieß wäre*, so der Pfarrer weiter, *dann schon auch alles, wovon der Lehrer leben müßte*. Der Schulbau hingegen sei angesichts des *gegenwärtigen Geldmangels* ohne öffentliche Unterstützung unmöglich. Zu diesem könnten die Bauern einzig durch *Robot*, jedoch keinesfalls durch Geldbeträge beitragen.

1828 wurde ein erneuter Vorstoß unternommen. Nun galt es zu klären, ob nicht für alle drei Pfarren – Damtschach, Sternberg und Gottestal – eine gemeinsame Schule eingerichtet werden sollte. Doch der Plan zerschlug sich und auch die vorgesetzte Landesbehörde, das Gubernium in Laibach, sah keine Veranlassung, den Schulbau weiter zu betreiben, sondern entschied, daß mit der Errichtung einer Schule auf bessere Zeiten gewartet werden sollte.

1839 besaß die Pfarre gut 70, nach anderen Berichten 99 schulpflichtige Kinder, die schon allein der großen Zahl wegen unmöglich auf benachbarte Schulen hätten aufgeteilt werden können. Der Mesner *Philipp Lustock*, der die Befähigung zum Privatlehrer besaß, unterbreitete nunmehr der Pfarrgemeinde den Vorschlag in der von ihm bewohnten Keusche ein Schullokal einzurichten, sollte die Gemeinde ihm das hiezu nötige Material beistellen. Die Ausführung des Baues würde er auf eigene Kosten übernehmen und zudem wollte er die Nutzung des Gebäudes als Schule auch durch *Intabulierung* [Intabulation; Eintragung im Grundbuch] sicherstellen. Tatsächlich scheint man auf *Lustocks* Vorschlag eingegangen zu sein und dieser unterrichtete in den folgenden Jahren zumindest einen Teil der schulpflichtigen Kinder. 1847 finden wir als *Privatlehrer* in Duel *Oswald Wüster* (nach anderen *Wieser*), der seit zwei Jahren in der Pfarre eine Privatschule unterhielt. *Wüster* war seit 16 Jahren als Privatlehrer tätig und unterrichtete 1853 34 der 70 schulfähigen Kinder der Pfarre. Er bezog dafür auch kein geregeltes Einkommen, sondern lebte, wohl mehr recht als schlecht, von den *eingehenden Schulgeldern*. Das Schullokal selbst, eine *Miethwohnung*, ließ zu wünschen übrig, und, so versicherte man seitens der Pfarr- und Gemeindevorstehung, man werde die *bisher bestandene Privatschule im Zuge der wirklichen Organisierung ... geräumig herstellen*. Dem Lehrer selbst bescheinigte man zwar *viel Fleiß und Eifer*, doch *scienti-*

stisch sehr mäßige Kenntnisse. Trotzdem erhielt *Wüster* 1852 ein Dekret als provisorischer Lehrer, jedoch mit der Auflage sich der *Adjustierungsprüfung* vor dem Schuldistriktsaufseher zu unterziehen, die eigentlich die Voraussetzung für eine Anstellung als Lehrer war.

Neben dem Privatlehrer in Duel begann Pfarrer *Liebergott* selbst Unterricht zu erteilen, wobei ihm ein *ungeprüfter, aber fähiger beurlaubter Militarist* zur Seite stand. Bei diesem handelte es sich um den Mesnersohn *Thomas Kuch(l)er*, der nach *Liebergotts* Erkrankung den Schulbetrieb gemeinsam mit Kaplan *Seebacher* aufrecht erhielt. Daneben begann 1854 auch *Philipp Lustock*, der schon in einigen Orten des Gemeindegebietes Schulen unterhalten hatte, den Betrieb seiner *Privatschule* wiederaufzunehmen. Da er diese Tätigkeit jedoch seit einigen Jahren nicht mehr ausgeübt hatte und zudem als heilloser Trinker galt, forderte das Ordinariat seine genaue Überwachung durch den Ortspfarrer, die Landesbehörde zudem die nötigen Zeugnisse. Damit und mit dem mangelnden Willen, sich zu ändern, scheint auch *Lustocks* Karriere als Lehrer beendet gewesen zu sein.

Drei Jahre später war der Schulbetrieb bereits einigermaßen geregelt, da im März 1857 die Stelle eines Lehrers und Organisten mit einem jährlichen Gehalt von 125 Gulden ausgeschrieben werden konnte. Zudem besaß der jeweilige Lehrer das Benützungsrecht eines Ackers im Ausmaß von vier Vierling Ansaat (rund 64 ar). Die Stelle eines Mesners sollte nach dem Ableben ihres bisherigen Inhabers ebenfalls mit der Lehrer- und Organistenstelle vereinigt werden, wodurch das jährliche Salär weiter aufgebessert werden konnte. Bereits im April trat mit *Johann Lach*, dem bisherigen Tarviser Unterlehrer, ein Kandidat den Posten an, der eine solide Ausbildung mitbrachte. Nach *Lachs* Abgang aus Gottestal übernahm wiederum *Thomas Kuchler* den Schuldienst, für den Mitte der 50er Jahre erstmals ein eigenes Gebäude – vulgo Altmesner – angekauft und adaptiert wurde. *Kuchler* dürfte sein Amt als Lehrer bis zum Jahr 1873 versehen haben, ehe in Vollzug des Reichsvolksschulgesetzes von 1869 die Schulorganisation in Gottestal auf eine neue Grundlage gestellt wurde.

Am 6. September 1873 trat *Josef Vončina* die Stelle als Lehrer an der Schule in Gottestal an, die in diesem Jahr auch ein neues Gebäude erhielt. Bereits im November 1873 konnte das neue Schulgebäude in Anwesenheit des Bezirkshauptmanns und des Bezirksschulinspektors, der Gemeindevertretung und *einer Menge Gemeindeinsassen* eröffnet werden. Die Schule wurde fortan zweiklassig geführt.

Wenige Tage vor der Eröffnung hatte auch der zweite Lehrer, *Matthias Wieser*, sein Amt angetreten. Während *Vončina* bis 1903 in Gottestal blieb, war der Aufenthalt aller *Unterlehrer* in Gottestal eher kurzfristig. Auf *Wieser*, der die Schule bereits 1875 wieder verließ, folgte *Paul Mörtl*. Als dieser Gottestal 1876 Richtung Saifnitz verließ, kam *Johann Lohwasser* als Aushilfslehrer an die Schule, der jedoch nur der deutschen Sprache mächtig war und daher die zweite Klasse übernehmen mußte. Die Schule in Gottestal war ebenso wie andere im gemischtsprachigen Gebiet als *utraquistische Schule* eingerichtet worden.

Lohwasser verließ 1880 die Schule und trat eine Stelle in St. Walburgen an. Auch sein Nachfolger *Peter Lawinger* quittierte schon nach einigen Jahren den Schuldienst und trat in die Dienste von *Felix von Mottony*. Nach *Lawingers* Abgang kehrte *Lohwasser* nach Damtschach zurück. 1901 erhielt die Schule in *Anna Kihm* erstmals eine weibliche Lehrkraft.

In *Josef Vončina* hatte Gottestal einen besonders rührigen Schulleiter gefunden, dessen Verdienste um Gemeinde und Schule die Wernberger Gemeindeväter 1901 mit der Ernennung zum *Ehrenmitglied* der Gemeinde, worin wir wohl eine Art Ehrenbürgerschaft sehen dürfen, würdigte. Auf *Vončina* gingen auch die Schulfeste zurück, die seit 1876 an verschiedenen Orten stattfanden und deren Erlös der Anschaffung von Lehrmaterial dienen sollte. Das erste Fest dieser Art fand in Gottestal statt. 1877 wurde eines in Föderlach gefeiert und 1882 das dritte in Wernberg. Da die Schülerzahl 1892 mit 197 Schülern einen Höhepunkt erreichte, ging man in den Jahren 1895/96 daran ein neues Schulgebäude zu errichten. Der Erlös für den Bau stammte einerseits vom Verkauf des zum Schulgebäude gehörigen Ackers, zum anderen Teil aus Spenden des *Deutschen Schulvereines*. Zwar gingen in den folgenden Jahren die Schülerzahlen leicht zurück, doch bis zum Beginn des zweiten Weltkriegs zählte die nunmehr dreiklassige Schule jährlich im Durchschnitt 180 Schüler.

Auf *Vončina* war als Schulleiter der bisherige Leiter der Volksschule Ledenitzen, Oberlehrer *Ferdinand Stres* gefolgt, dem 1907 der Damtschacher Schulleiter *Ernst Sille* in dieser Funktion folgte. Durch nahezu ein Vierteljahrhundert stand *Sille* der Schule vor, ehe er mit 1. Oktober 1931 in den dauernden Ruhestand trat. Mit 1. Jänner 1932 übernahm *Reginald Flick* die Stelle eines Oberlehrers an der Gottestaler Schule. Den Schulleitern standen im ersten halben Jahrhundert seit Einrichtung der Schule 24 Lehrkräfte, darunter acht Lehrerinnen, zur Seite.

Lehrer und Schüler der Volksschule Gottestal um 1927 (Original Wilma Tschabuschnig)

Beeindruckend war die Bilanz dieser Landschule in den ersten Jahrzehnten ihres Bestehens, betrachtet man die Ausbildungswege jener, die hier ganz oder zum Teil ihre Volksschulausbildung genossen hatten. Neben zahlreichen Gymnasiasten, Beamten der allgemeinen Verwaltung und der Justiz, finden wir immerhin sechs Geistliche und gut ein Dutzend Lehrer.

Für ökonomische Belange des Schulbetriebes war der Ortsschulrat zuständig, der am 1. Jänner 1874 erstmals gewählt wurde und dessen erster Obmann *Matthäus Orasch vulgo*

Ostinjak in Duel war. Mitglieder dieses ersten Ortsschulrates waren die Herren *Floriantschitsch, Urschitz, Marinitsch und Schiller*. Auf *Orasch* folgte als Obmann *Felix von Mottony* und als dieser Wernberg 1886 verließ übernahm *Orasch*, inzwischen auch Bürgermeister der Gemeinde Wernberg, wiederum diese Funktion. Auf ihn folgte 1908 *Hermann Schiller*, der 1912 durch Wiederwahl in dieser Funktion bestätigt wurde. Nach dem Krieg übernahm *Georg Marinitsch* die Obmannstelle, 1928 *Hermann Debriacher*.

Die schwierige Wirtschaftslage erlaubte in den Jahren der ersten Republik keine großzügigen Lösungen. Auch nach dem Anschluß kam man über Pläne zur Neugestaltung des Gottestaler Schulhauses nicht hinaus. Zwar wurden 1939 elektrisches Licht eingeleitet und notwendige Renovierungen durchgeführt, doch der bald darauf beginnende Weltkrieg rückte anderes in den Vordergrund. Die Bombenangriffe auf Gottestal, die Einquartierungen von ungarischen Flüchtlingen im Mai und im Juni 1945 und die Stationierung von englischen Truppen im Schulgebäude hatten zur Folge, daß das erste Schuljahr nach Kriegsende in einem nahezu verwüsteten Gebäude begonnen werden mußte.

Nach dem Tod von Oberlehrer Flick im Jahr 1942 übernahm *Elise Wontschina* die Leitung der Schule, ehe sie im Oktober 1945 von Oberlehrer *Sames* abgelöst wurde. Mit Verordnung der Kärntner Landesregierung vom 9. November 1945 wurde Gottestal wiederum als zweisprachige Schule eingerichtet. Der Unterricht in der ersten, zweiten und dritten Schulstufe erfolgte deutsch und slowenisch. Ab der vierten Schulstufe war die Unterrichtssprache deutsch, doch wurden in dieser Schulstufe wöchentlich vier, in der fünften bis achten Schulstufe wöchentlich drei slowenische Sprachstunden abgehalten.

Das erste Schuljahr nach dem Krieg mußte bereits im Juni 1946 wegen drohender Typhusgefahr beendet werden. Im kommenden Winter war der Schulbetrieb nur dank freiwilliger Holzspenden seitens der Bevölkerung aufrecht zu erhalten. Noch im Schuljahr 1945/46 hatte Oberlehrer Sames aufgrund des Verbotsgesetzes den Schuldienst quittieren müssen. Auch sein Nachfolger mußte aus den gleichen Gründen bereits wenige Wochen nach Beginn des zweiten Jahres den Schuldienst verlassen. Lehrerin Wontschina war nach Sames Abgang wiederum mit der Leitung der Schule betraut worden, ehe diese in Oberlehrer *Paul Zedlacher* am 1. Dezember 1946 einen neuen Leiter erhielt. Da auch Lehrer Zedlacher unter die Bestimmungen des Verbotsgesetzes fiel, wurde er von seiner Leiterfunktion bis 30. 4. 1948 enthoben, konnte jedoch im Schuldienst verbleiben. An seiner Stelle übernahm Lehrerin *Ludmilla Piber* die Leitung der Schule.

Trotz der schwierigen Umstände – Lehrmittel fehlten nahezu völlig, der bauliche Zustand des Gebäudes ließ zu wünschen übrig – konnte man im Jänner 1948 als die Schulleiterin und ihr Vorgänger und Nachfolger Bilanz zogen, zufrieden sein, denn der Unterrichtserfolg, war wie Oberlehrer Zedlacher in der Chronik vermerkte, *zufriedenstellend*.

Im Schuljahr 1947/48 besuchten 148 Kinder die dreiklassige Schule. Allein in diesem Jahr hatte für 35 ABC-Schützen der Ernst des Lebens begonnen. Prekär wurde die personelle Situation an der Schule, als eine Lehrkraft ausfiel und der gesamte Unterricht von Piber und Zedlacher getragen werden mußte. Am 1. Juli 1948 wurde Zedlacher wiederum zum Schulleiter bestellt, die erkrankte Lehrkraft kehrte zurück und zudem war seit Jänner 1948 der Schule ein vierter Lehrer zugeteilt worden, sodaß der Unterricht fortan in vier Klassen erfolgen konnte.

Auf Zedlachers Initiative wurde im Herbst 1948 die Elternvereinigung der Volksschule Gottestal gegründet, der als erster Obmann *Gregor Watzenig* aus Föderlach vorstand. 1949 wurden schließlich die dringend notwendigen Renovierungen durchgeführt. Dank eines Zuschusses des Elternvereines konnte man in diesem Jahr auch erstmals ein gepachtetes Wiesengrundstück als Turnplatz benützen.

Nach 33jähriger Tätigkeit in Gottestal übernahm Elise Wontschina 1950 eine Stelle an einer Villacher Volksschule. An ihre Stelle trat *Hermann Fister*, der bisher in Köstenberg unterrichtet hatte. Im Herbst 1950 wurde auch eine landwirtschaftliche Berufsschule für Mädchen an der Schule Gottestal eingerichtet. Der Unterricht erfolgte in der vierten Volksschulklasse, der praktische Unterricht im Gastzimmer des Gasthauses *Kampitsch* in Gottestal. Mit Beginn des Schuljahres 1952/53 wurde die Volksschule Gottestal erstmals fünfklassig geführt.

Der 8. November 1953 vereinigte anläßlich des 80. Jahrestages der Eröffnung der Volksschule Gottestal zahlreiche ehemalige Schüler und Lehrer dieser einstmals kleinen Landschule. In einer Feierstunde, die aufgrund der großen Beteiligung wiederholt wurde, ließ man die Geschichte der Schule in Wort, Spiel und Gesang Revue passieren. Eine Ausstellung im Schulhaus, bei der auch über 65 alte Klassenphotos – das älteste stammte aus dem Jahr 1901 – zu sehen waren, informierte über die Geschichte der Volksschule Gottestal. Eine Sammlung im Schulsprengel wie Spenden ehemaliger Schüler erbrachten den stolzen Betrag von rund 4.000,– ÖS, der zum Gutteil zur Aufstockung der Schulbibliothek verwendet wurde.

Im Jänner 1955 fand unter den Eltern der eingeschulten Kinder eine Abstimmung über die Beibehaltung der zweisprachigen Schule statt, in der sich 75 von 78 anwesenden Elternteile für die Einführung des allein deutschsprachigen Unterrichtes auch in den ersten drei Schulstufen aussprachen. Die Frage der Unterrichtssprache sollte auch in den folgenden Jahren die Schule begleiten. Am 18. Dezember 1955 überreichte der Obmann des Elternvereines Minister Drimmel eine *Gedenkschrift*, in der die *Aufhebung des slovenischen Pflichtschulunterrichtes ab dem 2. Halbjahr 1955/56* gefordert wurde. Gemeinsam mit Landesrat Karisch und weiteren Kärntner Politikern sprach im März 1956 Schulleiter Zedlacher bei Minister Figl in dieser Angelegenheit vor. Mit Erlaß des Kärntner Landesschulrates vom 22. September 1958 erhielten die Erziehungsberechtigten das Recht, um Befreiung ihrer Kinder vom Unterricht in slowenischer Sprache schriftlich anzusuchen. Von diesem Recht machten die Eltern aller 132 damaligen Gottestaler Schüler Gebrauch.

Mit 30. September 1958 trat Oberschulrat Paul Zedlacher in den dauernden Ruhestand. Zum neuen Leiter der Volksschule wurde Oberlehrer Hermann Fister bestellt.

Der Tod des einstigen Schulleiters *Ernst Sille*, dessen Beisetzung am 21. Jänner 1959 in Gottestal noch einmal zahlreiche ehemalige Schüler nach Gottestal führte, markierte gleichsam das Ende der alten Zeit. Der Zustand des Schulhauses, in dem Sille von 1907 bis 1931 gewirkt hatte, ließ *viel zu wünschen übrig*. Für eine grundlegende Sanierung war es eigentlich schon zu spät.

VON GOTTESTAL NACH GORITSCHACH

Im Oktober 1959 fand, nachdem die Gemeinde eine Sanierung des Schulgebäudes abgelehnt hatte, bereits die Kommissionierung eines geeigneten Grundstückes für einen Schulneubau statt. In vier Jahren, so lautete die Prognose, werde der Bau beendet sein. Im Dezember 1960 wurde der Schulleiter bei der Gemeindevertretung vorstellig und wies abermals auf den *schlechten Zustand des Schulhauses* hin und ersuchte, den beabsichtigten Schulneubau als *dringlichst* einzustufen und rasch voranzutreiben. Nachdem mangels geeigneter finanzieller Möglichkeiten auch in den folgenden Jahren der Bau nicht begonnen werden konnte, andererseits eine grundlegende Sanierung des bestehenden Gebäudes als zu kostspielig nicht mehr in Frage kam, wurde die Situation im Schulhaus immer *beunruhigender*, wie eine Kärntner Zeitung nach einem Lokalaugenschein berichtete. 1963 mußte der Schulleiter enttäuscht feststellen, daß ein Neubau auch für die Jahre bis 1966 nicht vorgesehen war.

Im Schuljahr 1967/68 wurden seitens des Amtes der Kärntner Landesregierung die *Berechtigungsschulsprengel* Damtschach und Gottestal *zu Pflichtschulsprengeln der Hauptschule Landskron* erklärt. Trotz des Protestes der Eltern und der Gemeindevertretung blieb es dabei. Dies bedeutete das Ende der *Oberstufe* in der Volksschule. Für das Schuljahr 1968/69 waren noch in Gottestal 17 Schüler für diese zugelassen worden. Im Jahr darauf sollten bereits für alle Absolventen der vierten Schulstufe der Besuch der Hauptschule verpflichtend sein.

Erfreulich war hingegen der Beginn des Schulbaues. Zehn Jahre nach der Beschlußfassung über den Schulhausneubau wurde dieser tatsächlich begonnen. Am 1. Oktober 1968 begann man mit den Aushubarbeiten am Grundstück. Bis Ende des Jahres 1969 waren sämtliche Maurer-, Installations-, Glaserarbeiten und Verfliesungen durchgeführt. 1970 konnte der neue Schulbau bezogen werden.

Nach einer Erkrankung von Direktor Fister im April 1972, der den Schuldienst nicht mehr aufnehmen konnte, wurde zu Beginn des Schuljahres 1972/73, in dem erstmals auch das Gratisschulbuch eingeführt worden war, *Walter Matschek* mit der Leitung der Schule beauftragt.

Im Schuljahr 1981/82 wurde die Volksschule erstmals seit vielen Jahren wieder fünfklassig geführt, nachdem eine zweite 1. Klasse bewilligt worden war. Mit Ende des folgenden Schuljahres schied Oberschulrat Matschek aus dem Schuldienst aus. Mit 29. Februar 1984 wurde er in den dauernden Ruhestand versetzt. Mit 1. September dieses Jahres wurde *Margit Pirich*, die zuvor in Damtschach unterrichtet hatte, zur Leiterin der Volksschule Goritschach ernannt. Mit Schuljahr 1985/86 wurde die Schule wiederum nur vierklassig geführt. An die Stelle der traditionellen öffentlichen Weihnachtsfeier trat dieses Jahr ein *Frühlingsfest* für Eltern und Schüler. Im Schuljahr 1989/90 wurde erstmals ein *Alternativtag* in der letzten Schulwoche durchgeführt, der von Schulleitung und Elternverein gemeinsam organisiert wurde. Auch in den folgenden Jahren wurde den Eltern die *Möglichkeit geboten, die Schule in einer völlig anderen Form zu erleben* und wiederholt wurde darüber in den Kärntner Medien berichtet. Mit Ende des Jahres 1993 trat Direktorin Pirich in den Ruhestand. Bereits im September hatte *Helga Rogl* die Leitung der Schule übernommen.

Knapp ein Vierteljahrhundert nach Bezug des Gebäudes machte die Entwicklung, die die Gemeinde gemessen an ihrer Bevölkerung genommen hatte, eine Erweiterung des Schulgebäudes notwendig. Das eigentliche Schulgebäude wurde erweitert, Turnsaal und ein Kindergarten neu errichtet. Im Juli 1995 wurde mit dem Umbau begonnen. Die neuen Klassen konnten bereits im September 1996 bezogen, der Turnsaal ab Jänner 1997 benützt werden. Am 25. Jänner 1997 fand die Eröffnung statt. Der seinerzeitige Schulbau hatte 5,4 Millionen gekostet. Umbau und Erweiterung ein Vierteljahrhundert später waren mit 30 Millionen veranschlagt worden, wobei diese Summe um eine Million unterschritten (!) wurde.

Volksschule Gottestal

Werfen wir abschließend noch einen Blick auf das Schuljahr 1999/2000 und die in diesem Jahr in der Volksschule Goritschach gesetzten Aktivitäten. Den Schülern wird die Möglichkeit gegeben, an der Volksschule mit Computern zu arbeiten. Natürlich kamen Sport und Spaß bei den vielfältigen Veranstaltungen, die einen Schitag, einen Fußballcup oder auch die Radfahrprüfung umfaßten, nicht zu kurz. Einen weiteren Schwerpunkt neben Sport, Musik, Computertechnik, Sprachen und Kunst bildete die Botanik. Für das erste wurde die Pflanzenvielfalt in der näheren Umgebung erforscht und eine Pflanzenpresse angefertigt. Jedes Kind legte ein Herbarium an, in das die mit Hilfe von Fachbüchern bestimmten Blumen, Blätter und Gräser eingeklebt wurden. Ziel ist, daß jedes Kind im Laufe seiner Volksschulzeit ein solches Herbarium anlegt und laufend ergänzt und erweitert. Das *große Projekt* des Jahres war Afrika gewidmet. Für die

Zeit von fünf Wochen beschäftigten sich Lehrer und Schüler mit dem schwarzen Kontinent, dessen Musik, Geschichte, Fauna und Flora, dem Leben in Afrika, und Afrika als Reiseziel.

Erstmals beteiligt sich die Volksschule Goritschach auch an einem Comenius-Projekt der Europäischen Union. Unter dem Titel „DREI MAL ZWEI – drei bilinguale Regionen Europas gemeinsam in die Zukunft Europas“ soll es in den kommenden Jahren zu einem *sozio-kulturellen Erfahrungsaustausch* zwischen Schulen aus Süd-Kärnten, der Bretagne (F) und in der Niederlausitz (D) kommen. Als Einführung wurde in den einzelnen Klassen das Projekt „Kärnten – meine Heimat“ erarbeitet, deren Ergebnisse in Anwesenheit von Vertretern der Partnerschulen in Carhaix/Bretagne und Cottbus/Brandenburg präsentiert wurden. Einen Höhepunkt bildeten jene *Reproduktionen*, die Schüler nach Werken von Kärntner Künstlern angefertigt hatten. Der Bogen der kopierten Meister reichte von Switbert Lobisser über die Maler des „Nötscher Kreises“ (Kolig, Wiegele, Isepp, Mahringer) bis zu Werner Berg und Kiki Kogelnig.

AUS DER GESCHICHTE DER VOLKSSCHULE STERNBERG

Während die Aufnahme eines geregelten Schulbetriebes in Gottestal und Damtschach erst in der Mitte des 19. Jahrhunderts möglich wurde, besaß die Pfarre Sternberg bereits im ersten Jahrzehnt dieses Jahrhunderts eine Schule, wenngleich diese nur eine vom Pfarrer unterhaltene und von ihm geleitete Notschule war. Das Verdienst diesen ersten mit bescheidensten Mitteln unterhaltenen Schulbetrieb in Sternberg begonnen zu haben, kommt Pfarrer *Andreas Sereinig* zu, der schon zuvor als Kaplan in Maria Saal Unterricht erteilt hatte. 1806 wurde er auch zum Schuldistriktsaufseher für das Dekanat Oberes Rosental bestellt und verwies dabei auf seine *Schulpraxis*. Bei der bischöflichen Visitation seiner Pfarre im Jahr 1816 mußte er allerdings eingestehen, daß in dieser kein geregelter Schulbetrieb bestehe, zum einen, so *Sereinig*, weil es *zuwenig einzuschulende Ortschaften* gebe und zum anderen, da kein *Fond* (Fonds) zur Erhaltung einer solchen existiere. Die Einrichtung einer Schule wäre nur möglich, wenn man dem *aerario*, also dem Staat, *lästig falle*. Trotz dieser widrigen Umstände scheint der Pfarrer am Betrieb seiner Notschule festgehalten zu haben, die auch für die Zeit nach seinem Tod belegt ist.

Philipp Lustock, der in Gottestal eine Art *Privatschule* betrieb, war auch in Sternberg als Lehrer tätig, doch ohne lang anhaltenden Erfolg, denn er wurde bald von *Anton Nagele* abgelöst. Als dieser geisteskrank wurde, war Sternberg wiederum ohne Lehrer. 1854 mußte Pfarrer *Lesjak* dem Ordinariat berichten, daß es in der Pfarre keine Schule gebe, wohl jedoch *dann und wann im Winter einen Privatunterricht in der Mesnerey*, bei welchem dem Pfarrer der Mesner *Josef Schöffmann* als *Privatlehrer* zur Seite stehe.

Schließlich einigten sich die Pfarrangehörigen mit jenen von Damtschach auf den Unterhalt und Betrieb einer gemeinsamen Schule. Doch diese Gemeinschaft war nicht von langer Dauer. Bereits 1857 ersuchten die Sternberger um die Genehmigung zum Bau eines neuen Schulgebäudes. Der Plan wurde von der vorgesetzten Behörde genehmigt und im Jahr darauf war der Bau erfolgreich beendet. Als jährliches Lehrergehalt wurden 150 Gulden ausgesetzt. Der Lehrer hatte jedoch auch den Mesnerdienst zu versehen. Als erster Lehrer wurde *Oswald Wüster*, dem wir bereits in der Geschichte der Schule Gottestal begegnet sind und der 1847 in Duel eine *Privatschule* unterhalten hatte, angestellt. *Wüster* blieb bis 1869 Lehrer in Sternberg.

Ihm folgten *Ludwig Michl* und *Anton Rösch'*, der 1888 zum Oberlehrer in Damtschach bestellt wurde und danach bis 1909 Leiter der Volksschule in Lind ob Velden war. Rösch Nachfolger wurde der bisherige Damtschacher Lehrer *Andreas Suppick*. Ihn löste *Anton Marinitsch* ab, der bis zum Jahr 1900 am Sternberg unterrichtete und seine Lehrerkarriere als Direktor der Volksschule Feistritz im Rosental beendete.

Von 1900 bis 1918 war *Valentin Kowatsch (Kovac)* Leiter der Sternberger Schule. Im Dezember 1918 verließ er, wie wir der Schulchronik entnehmen können, *sein Hab und Gut zurücklassend* seinen Dienstort und *verschwand nach Jugoslawien*. In den folgenden Monaten wurde das Schulhaus mehrfach verwüstet und *alle Kataloge, Lehrbehelfe, die Bibliothek, das Schularchiv, die Schulchronik, mit einem Worte alles ... vernichtet und verschleppt*. Mit 1. November 1919 trat *Alois Eder* seinen Dienst als neuer Lehrer und provisorischer Leiter der einklassigen Volksschule an. Der Schulsprengel zählte damals 83 schulpflichtige Kinder, von denen 75 die Schule besuchten. Oberlehrer Eder kommt das Verdienst zu, in den schweren Nachkriegsjahren den Schulbetrieb am Sternberg aufrecht erhalten zu haben, wobei ihm im damaligen Ortsschulratsobmann *Lukas Pichler* aus Sand, nach eigenen Worten, der *richtige Mann* zur Seite stand. 1923 verließ er Sternberg, um die Leitung der Volksschule Ludmannsdorf zu übernehmen. Sein Nachfolger wurde *August Tschinkel*, der in Brooklyn geboren worden war, in Bozen die Lehrerbildungsanstalt absolviert und in Krain als Lehrer gewirkt hatte. Da die Schülerzahlen in diesen Jahren konstant über 90 lagen, bemühte sich Tschinkel um eine zweite Lehrkraft für seine Schule. Dies wurde seitens des Landesschulrates wiederholt abgelehnt. Im Gegenzug plante man die Schule in Sternberg überhaupt aufzulassen und die Schüler auf die Schulen in Damtschach und Lind aufzuteilen. Wegen des Widerstandes der Bevölkerung blieb jedoch *vorerst alles beim Alten*. Im Schuljahr 1927/28 wurde seitens des Bezirksschulrates ein neuerlicher Versuch unternommen, die Schule Sternberg aufzulassen, doch scheiterte dieser Plan nicht nur am Widerstand der Sternberger, sondern auch an der Wernberger Gemeindevertretung, die sich außerstande sah, den dadurch nötig gewordenen Um- und Zubau des Damtschacher Schulhauses durchzuführen. Tschinkel wurde zu Ostern 1928 zum Leiter der Volksschule in Maria Elend bestellt. Für die Stelle am Sternberg wollte sich vorerst kein Lehrer finden. Schließlich wurde der Rosenbacher Lehrer *Alois Kollmann* hierher versetzt.

Für *böses Blut* sorgte, wie uns der Lehrer berichtet, die Einführung der Sommerferien im Jahr 1928. Zuvor hatten die Ferien am 1. September begonnen und bis Ende Oktober gedauert. Nahezu alle Ortsschulräte des Gebietes protestierten gegen diese Neuerung. Verärgert über das Verhalten des Ortsschulrates notierte der Lehrer in der Chronik: *In unserer Gegend betrachtet man die Kinder nicht so sehr als bildungs- und erziehungsbedürftige Menschenwesen, sondern vielmehr als Arbeitstiere.*

Immerhin brachte das folgende Schuljahr eine schon lange erhoffte Veränderung für die Schule. Mit *Adolf Gabron* erhielt die Schule einen zweiten Lehrer. Da die Schule jedoch nur über ein Klassenzimmer verfügte, mußte abwechselnd Vor- und Nachmittagsunterricht gehalten werden. Zwar standen für den Unterricht nun zwei Lehrkräfte zur Verfügung, die Verhältnisse hatten sich jedoch nicht sonderlich gebessert. Das einzige Klassenzimmer war zu niedrig, die Beleuchtung unzureichend. So wurden dem Ortsschulrat im März 1931 zwei Lösungsvorschläge unterbreitet. Der erste sah die gänzliche Auflösung der Volksschule und die Aufteilung des Schulsprengels vor. Schüler aus Terlach, Stallhofen, Krottendorf, Sand, Lichpold und aus dem westlichen Teil des Ortes Sternberg sollten fortan in Damtschach die Schule besuchen, der östliche Teil Sternbergs und Weinzierl zum Schulsprengel Lind, und Oberjeserz zum Schulsprengel Köstenberg geschlagen werden. Der zweite Vorschlag lautete auf eine Verkleinerung des Schulsprengels Sternberg auf die Orte Sternberg, Sand und Oberjeserz. Mit drei gegen zwei Stimmen entschied sich der Ortsschulrat für den zweiten Vorschlag. Wenige Tage später verließ Oberlehrer *Kollmann* Sternberg, um die Stelle als Oberlehrer in St. Niklas an der Drau anzutreten. Gabron wurde mit der Leitung der Schule, die im nächsten Jahr wieder einklassig geführt wurde, beauftragt.

Auch in den folgenden Jahren begleitete die Frage der Schule in Sternberg die Wernberger Gemeindepolitik und *bildete den Gesprächsstoff in der ganzen Umgebung*, wie Gabron einmal vermerkte. Verschiedenste Pläne zur Lösung des Problems wurden gewälzt, keiner brachte eine befriedigende Lösung. Der Sternberger Lehrer behalf sich vorerst damit, daß er die rund 30 Schüler der *Unterstufe* zwischen 8.00 und 11.30 unterrichtete, während die knapp vierzig Schüler der *Oberstufe* von 11.30 bis 14.00 unterrichtet wurden. Schließlich entschied der Landesschulrat die leidige Frage. Die Schule war nicht aufzulassen, die geplanten Umschulungen waren durchzuführen und die *sanitätswidrigen Verhältnisse im Schulhaus* zu beseitigen. Dagegen wandte sich der Damtschacher Ortsschulrat und erklärte, die Raumnot an der dreiklassigen Schule lasse die Aufnahme weiterer Schüler nicht mehr zu. Einige Eltern griffen nun zur Selbsthilfe. Schulkinder aus Stallhofen hatten in ihre alte Schule Sternberg einen vier Kilometer weiten Schulweg; in Damtschach waren sie in zehn Minuten. *Die Eltern dieser Schüler machten es sich ganz einfach,* berichtet uns Gabron. *Sie schickten ihre Kinder ganz einfach ohne zu fragen in die Schule Damtschach. Es ging*

Volksschule Sternberg 1930 (Original Eduard Haas)

auch. Heute gingen ein paar, morgen ein paar. Zehn Tage nach Schulbeginn waren alle in Damtschach. Der Ortsschulrat Damtschach resignierte. Am 1. Dezember 1931 langte schließlich ein Schreiben des Ortsschulrates in der Schule Sternberg ein, in dem man sich zur Aufnahme aller Kinder der einzuschulenden Orte als Gastschüler bereit erklärte. Doch was geschah. Die Eltern der betroffenen Kinder weigerten sich nun. *Früher wollte uns der Ortsschulrat Damtschach nicht. Jetzt wollen wir nicht!* lautete ihre Parole. Nur acht der insgesamt 24 Kinder gingen nach Damtschach.

Nach und nach entspannte sich die Lage und der seinerzeit beschlossene Plan konnte verwirklicht werden. Am 14. Juni 1939 wurde die Schule Sternberg endgültig geschlossen. 53 Kinder hatten in diesem Jahr die Schule besucht. Schüler aus Sand und Sternberg-West besuchten im Folgejahr die Schule in Damtschach. Weinzierl und der östliche Teil Sternbergs kamen zum Schulsprengel Lind, Oberjeserz zu Kranzelhofen.

Josef Wagner, Schloß Wernberg, 1844 (Original Verlag Heyn)

Die Gemeinde Wernberg

Auf Kaiser Franz I. war 1835 dessen nur mäßig begabter Sohn Ferdinand I. als Kaiser von Österreich gefolgt. Die Leitung der Staatsgeschäfte lag in den Händen einer Staatskonferenz, in der Clemens Lothar Fürst Metternich und Franz Anton Graf Kolowrat den Ton angaben. Der elegante Aristokrat Metternich hatte seine Laufbahn in habsburgischen Diensten als Diplomat begonnen, die Ehe zwischen Napoleon Bonaparte und der Kaisertochter Marie Louise vermittelt und war nach und nach zur beherrschenden Figur am Wiener Hof geworden. Seinem diplomatischen Geschick war der Ausgleich zwischen den europäischen Mächten am Wiener Kongreß (1814/15) nach dem Sturz Napoleons zu verdanken. Ein Ausgleich allerdings, der ständig gestört zu werden drohte. Die Hoffnungen, die die einzelnen Völker in die Neuordnung Europas gesetzt hatten, blieben unerfüllt. Metternich befürchtete durch das Eindringen nationaler und liberaler Ideen eine Störung des europäischen Gleichgewichts und im Inneren den Zerfall des Staates, sollte den Forderungen nach nationaler Selbstbestimmung nachgegeben werden. Zur Aufrechterhaltung der Ordnung bediente sich der Staat nicht zuletzt der restriktiv gehandhabten Zensurbestimmungen, die große Teile der Bevölkerung als bevormundend empfanden und die Unzufriedenheit mit dem konservativ und absolut geführten Staat noch verschärften.

Die Jahreswende 1847/1848 begleiteten Hungerkrawalle in Folge der Mißernten im Herbst 1847. Das Jahr 1848 eröffnete ein Rauchstreik – *Mailänder Zigarrenrummel* – nationaler Italiener. Als im Februar 1848 in Paris eine Revolution den *Bürgerkönig Louis Philippe* und das Haus Orleans stürzte, sprang der revolutionäre Funke auf Ungarn, Italien und schließlich die Haupt- und Residenzstadt Wien über. Am 13. März 1848 brach in Wien die Revolution aus. Gefordert wurden eine Verfassung und die Aufhebung der Zensur. Metternich, den der Wiener Hof rasch fallen ließ, ging ins Ausland.

In den folgenden Monaten stand die Monarchie mehrfach am Abgrund. Ferdinand I. verzichtete am 2. Dezember 1848 zugunsten seines Neffen Franz Joseph auf den Thron. Nur mit Mühe und mit Hilfe russischer Truppen konnte der junge Kaiser der Situation Herr werden. Das Jahr 1849 brachte schließlich den Sieg der Reaktion. Im März 1849 wurde der Reichstag von Kremsier aufgelöst. Der dort ausgearbeitete Verfassungsentwurf versuchte den Ausgleich zwischen Zentralismus und Föderalismus. Der Gegenentwurf des Hofes wurde als *oktroyierte Verfassung* durch ein kaiserliches Manifest verlautbart. Eine Beschlußfassung der Abgeordneten darüber fand jedoch nicht mehr statt. Man kehrte zum zentral und autoritär geleiteten Staat zurück.

Eine Errungenschaft der Revolution des Jahres 1848 sollte jedoch überdauern. Auf Antrag des Schlesiers Hans Kudlich wurde das bäuerliche Untertänigkeitsverhältnis aufgehoben.
An die Stelle der Grundherrschaft trat nun als unterste Verwaltungseinheit die Ortsgemeinde. Die *freie Gemeinde* sollte die *Grundfeste*

des freien Staates sein (*Provisorisches Gemeindegesetz vom 17. März 1849*). Zum Aufgabenbereich der Ortsgemeinde gehörte *alles, was das Interesse der Gemeinde zunächst berührt*(e) *und innerhalb ihrer Grenzen vollständig durchführbar* war. Die Erhaltung der Volksschulen gehörte ebenso dazu wie die Instandhaltung der Gemeindewege, die Fürsorge und Betreuung in Not geratener, alt oder mittellos gewordener Gemeindebürger und die Verwaltung des Gemeindevermögens. Daneben wurden der Gemeinde zusätzliche Aufgaben übertragen.
Hiezu zählten die Kundmachung der Gesetze und Verordnungen, die Mitwirkung bei Volkszählungen und Assentierungen (Einberufungen). Die Führung der Gemeinde sollte in den Händen von Männern liegen, *die sich durch klare und offene Lebensanschauungen, durch Ordnungsliebe im eigenen Haushalt, durch Rechtschaffenheit und getreue Pflichterfüllung, Festigkeit des Charakters und ... Achtung vor dem Gesetz auszeichneten.* Zur Besorgung der laufenden Geschäfte, so die Kundmachung des k.k. Statthalters, insbesondere der *wenigen Schreibgeschäfte* konnte der Schullehrer oder der Schulgehilfe des Ortes oder einer benachbarten Gemeinde oder *ein sonstiges schreibkundiges Gemeindemitglied gegen billige Remuneration verwendet* werden.

Mit Kaiserlichem Patent vom 31. Dezember 1851 wurde die Verfassung außer Kraft gesetzt, 1854 die Bezirkshauptmannschaften aufgehoben. An ihre Stelle traten die *Gemischten Bezirksämter*, durch die sowohl Rechtspflege wie Verwaltung wahrgenommen wurden. Der Aktionsradius der *freien* Gemeinden wurde stark eingegrenzt.

DIE ERSTEN FÜNFZIG JAHRE 1848-1898

Kehren wir nach diesem Blick auf die allgemeine Geschichte in die kleine Welt unserer Gemeinde zurück. Doch selbst hier *infizierte* die Revolution *alle Herzen und Köpfe* und entfachte, wie wir in der Gottestaler Pfarrchronik lesen, *wilde Leidenschaften.* Das *nahe Villach* und die *Hauptstraße* hatten *größten Einfluß* wußte der Ortsgeistliche als Grund anzugeben, warum selbst in diesen doch eher verschlafenen Dörfern des Gemeindegebietes der revolutionäre Funke übersprang. Besonders in Damtschach gingen die revolutionären Wogen hoch und die Entlassung aus dem Untertänigkeitsverhältnis galt der dortigen Bevölkerung als vorrangiges Ziel, zumal das Verhältnis zwischen Grundherrschaft und Bevölkerung schon zu Zeiten Felix Jöchlingers nicht das beste gewesen war. *Wir werden der Herrschaft Pomerantschen sch...* wird seither als jener Satz kolportiert, mit dem sich die Damtschacher Untertanen von ihrer Grundherrschaft verabschiedeten, ein Satz, dessen Aussage jedoch letztlich unklar geblieben ist.

Die Wahl zur verfassungsgebenden Versammlung des Deutschen Bundes, die in der Frankfurter Paulskirche tagte, erfolgte durch Wahlmänner. Am 2. Mai 1848 gaben für die Wernberger Bevölkerung Christian Ulbing und Martin Orasch ihre Stimme ab.

Die Gemeinden, die aufgrund des Gesetzes vom 17. März 1849 geschaffen wurden, beruhten auf den josephinischen Steuergemeinden der 80er Jahre des 18. Jahrhunderts und waren dementsprechend klein. Auf dem Gebiet der heutigen Gemeinde Wernberg entstanden zwei Ortsgemeinden. Aus den Katastralgemeinden Wernberg und Neudorf wurde die Ortsgemeinde Wernberg gebildet, die Katastralgemeinden Umberg, Sand und Trabenig bildeten die Ortsgemeinde Umberg. 1854 zählte die Gemeinde Wernberg 866 Einwohner, die Gemeinde Umberg 1099 Einwohner. Als Bürgermeister von Wernberg finden wir in diesen Jahren Andreas Marinitsch. Ihm zur Seite stand als *Gemeinderath*, wie damals Mitglieder des Gemeindevorstandes genannt wurden, der Föderlacher Postmeister *Thomas Glaser*.

1864 wurden die beiden Gemeinden Wernberg und Umberg vereinigt. Obwohl Wernberg, an der Zahl der Gemeindebevölkerung gemessen, die kleinere der beiden war, ging Umberg in Wernberg auf. Hier dürfte wohl auch die verkehrsgünstige Lage des namengebenden Ortes eine Rolle gespielt haben.

DER GEMEINDERAT DER VEREINIGTEN GEMEINDE WERNBERG 1865:

Bürgermeister: Thomas Sommeregger vlg. Roßbacher

Gemeinderäte (entspricht dem heutigen Gemeindevorstand):
Martin Orasch vlg. Gaspartsch
Franz Lukas, Gutspächter
Franz Schiller, Handelsmann
Peter Fischer vlg. Schuschnig

Gemeindeausschuß (entspricht den heutigen Gemeinderäten):
Johann Sumper, Pfarrer
Jakob Florjantschitsch vlg. Florjantschitsch
Johann Pichler vlg. Tuder
Gottfried Hermanitz, Verwalter
Christoph Paulitsch vlg. Ulbing
Lukas Lasnik
Caspar Trap
Johann Schöffmann
Josef Lesjak
Josef Urschitz
Anton Marinitsch
Josef Skarbina, Kurat von Damtschach
Josef Katholnig

Ersatzleute:
Andreas Marinitsch
Urban Lasnik

Das Gesetz aus dem Jahr 1864, auf dem die Wahl dieses Gemeinderates beruhte, sah vor, daß in Gemeinden mit 100–300 Wahlberechtigten 12 Mitglieder, bei 301–600 18, bei 601–1000 24 und in Gemeinden mit über 1000 Wahlberechtigten 30 Mitglieder des Gemeinderates zu wählen waren. Wahlberechtigt war jeder männliche Staatsbürger, der aus einem Gewerbe, Realbesitz oder einem sonstigen Einkommen *seit wenigstens einem Jahr direkte Steuern* entrichtete und dies *ohne Rücksicht* auf die Höhe der Steuerleistung. Geistliche, Hof-, Staats-, Landes- und *öffentliche Fondsbeamte*, Advokaten und Notare waren unabhängig von den oben genannten Bestimmungen wahlberechtigt, ebenso *Doktoren aller Fakultäten*, Magistri der Pharmazie und Chirurgie, Wundärzte mit eigener Praxis, Vorsteher und Oberlehrer der Schulen, Ehrenbürger und Ehrenmitglieder der Gemeinde sowie Offiziere und *Militärparteien mit Offizierstitel*, welche bereits im Ruhestand waren oder den Dienst quittiert hatten. Gewählt wurde in drei, bei geringerer Steuerleistung der Gemeinde, in *zwei Wahlkörper*. Jede Wählerklasse bestimmte die gleiche Anzahl an Gemeinderäten. Die Zuteilung zu den einzelnen Wählerklassen erfolgte nach der Steuerleistung des Wahlberechtigten. In einer Gemeinde mit drei Wahlkörpern wählten demnach in der ersten Wählerklasse jene Wahlberechtigten, die zusammen ein Drittel der Steuerleistung aufbrachten, in der zweite Klasse jene die das zweite Drittel und in der dritten jene, die das letzte Drittel aufbrachten. Naturgemäß war die Anzahl der Wahlberechtigten der ersten Wählerklasse um vieles kleiner als jene der zweiten oder dritten Wählerklasse.

Die Zeugnisse, die uns über die ersten Jahrzehnte der Gemeinde Wernberg Auskunft geben können, sind spärlich. Das Gemeindearchiv ist wie jenes vieler anderer Kärntner Kommunen nicht erhalten. Das Bild, das im folgenden gezeichnet werden soll, ist daher flüchtig gezeichnet. Das Gemeindeamt war das Haus des jeweiligen Bürgermeisters und zur Besorgung der Geschäfte zog man, sofern sie nicht der Bürgermeister selbst erledigen konnte, den Lehrer heran. Einen Gutteil des ohnehin eher spärlichen Aktenlaufs wird in den 50er und 60er Jahren des 19. Jahrhunderts mangels einer geeigneten Lehrperson wohl der Föderlacher Postmeister Johann Glaser besorgt haben, der dem Gemeindevorstand angehörte und schließlich auch Wernberger Bürgermeister wurde. Den Amtsbetrieb bestimmten die kärglichen Mittel der Gemeinde. Vor allem galt es die zahlreichen Wege im Gemeindegebiet zu erhalten, wobei Verbesserungen ohnehin kaum möglich waren und man sich zumeist mit der Erhaltung des status quo begnügen mußte. Die Versorgung der Ortsarmen oblag ebenfalls der Gemeinde. Je nach Größe des Betriebes und Steuerleistung hatten die einzelnen Gemeindebürger diese aufzunehmen und zu verköstigen, wobei die so – mehr schlecht als recht – Versorgten zu leichteren Arbeiten und Hilfsdiensten im Haus herangezogen werden konnten. Die Mittel für größere Investitionen konnten nur durch eine Gemeindeumlage aufgebracht werden. Hierbei wurde auf die Steuerleistung ein bestimmter Prozentsatz aufgeschlagen, der von den Gemeindebürgern zu erbringen war. Gerade in den 70er und 80er Jahren, als man daranging, die schulische Infrastruktur herzustellen, stöhnten die Bürger Wernbergs mehr als einmal unter den zusätzlichen Belastungen, die ihnen seitens der Gemeinde auferlegt wurden. 1865 zählte die Gemeinde 2093 Einwohner und die meisten von ihnen waren froh, möglichst wenig mit Ämtern zu tun zu haben, und sei es auch mit dem eigenen Gemeindeamt, denn letztlich kosteten diese – so lautete die landläufige Meinung – nur Geld und dieses war rar und schwer zu verdienen. Das diplomatische, politische und militärische Fiasko, in das der Habsburgerstaat in den 50er und 60er Jahren schlitterte, das letztendlich jedoch den Weg vom neoabsolutistischen zum konstitutionellen Staat ermöglichte, wird den Großteil der Bevölkerung, hier wie anderswo, wenig berührt haben, es sei denn einer der Söhne stand 1859 und 1866 in Italien oder 1866 bei Königgrätz.

Das Leben war schwer genug. Im Revolutionsjahr 1848 war die Drau, wie schon so oft, über die Ufer getreten und während in der Hauptstadt um Pressefreiheit, Volksvertretung und Grundrechte verhandelt wurde, bot sich den Menschen hier ein Bild der Verwüstung. Auch die kommenden Jahre standen im Zeichen wirtschaftlicher Katastrophen. Zu Allerheiligen 1850 trat der Fluß erneut über die Ufer, nachdem dieses Jahr ohnehin bereits eine Mißernte gebracht hatte. Nun war auch noch die Wintersaat für das kommende Jahr vernichtet. *Große Mutlosigkeit* machte sich breit, wie uns der Gottestaler Pfarrer berichtet.

In diesem Jahr hatte übrigens der junge Kaiser erstmals das Gemeindegebiet auf der Rückreise von Triest durchquert. Sechs Jahre später besuchte er erneut das Kronland, an seiner Seite seine bayrische Gemahlin Elisabeth. Schloß Wernberg prangte im Fahnenschmuck und die Bevölkerung versammelte sich vor dem *Zwanzger-Gasthaus* um das Kaiserpaar bei seiner Reise hochleben zu lassen. 18 Jahre zuvor hatte Kaiser Ferdinand I. mit seiner Gemahlin Maria Anna auf dem Weg zur Krönung in Mailand Gottestal passiert.

Ereignisse wie diese bedeuteten eine willkommene Abwechslung im grauen Alltag. Naturereignisse, wie jene des Jahres 1855, waren dagegen eher angetan die Angst zu schüren. Am 18. März 1855 verspürte man morgens um sieben Uhr ein Erdbeben und die Sommerhitze des Juli brachte einen starken Sturm und Unwetter. Besucher aus nah und fern nahmen an zwei Primizen in den Jahren 1855 und 1856 in Gottestal teil. Am 5. August 1855 feierte dort Josef Kuchler das erste Meßopfer, im August des folgenden Jahres der spätere Propst Marinitsch.

Eine gewisse Unruhe brachten *Eisenbahningenieure* in die Gemeinde, die im Sommer 1857 *Vermessungen durch längere Zeit* durchführten, die erst 1859 abgeschlossen wurden. Am 31. Mai 1863 wurde der Klagenfurter Bahnhof *eingesegnet*, wie uns der Gottestaler Pfarrer berichtet. Für seine Pfarrangehörigen war dieser Monat weniger erfreulich, denn eine Raupenplage machte sich breit und *es gab soviele Raupen, wie noch nie gesehen*. Am 12. Jänner 1864 um 12 Uhr *fuhr die erste Maschine der Eisenbahn vorbei*, vermerkt unser Chronist nicht ohne Stolz, zumal sein Pfarrort auch eine Haltestation dieser Bahnlinie werden sollte. Doch knapp drei Wochen später wurde Föderlach an Stelle Gottestals als *Stationsplatz* bestimmt und am 29. Mai 1864 wurde die Bahnstrecke bis Villach eröffnet. Die Bedeutung der neuen Bahnstrecke für das Militär wurde zwei Jahre später deutlich, als am 1. August 1866 Soldaten in 18 *Militärzügen* von Italien auf den böhmischen Kriegsschauplatz verlegt wurden.

Der verlorene Feldzug Österreichs gegen Preußen brachte, wie aus der allgemeinen Geschichte bekannt, eine grundlegende Umstrukturierung der Monarchie und ihre Teilung in zwei Reichshälften. Allen Ortes formierten sich nun Vereine. Nationale Slowenen formulierten in großen Versammlungen (*taborje*) ihre Forderungen. Konservative fanden sich in Vereinen zusammen, um sich gegen die *religionslose und religionsfeindliche Richtung des modernen Parteilebens* zu formieren, wie sich der Wernberger Schloßherr Raimund Wagensperg 1870 bei der Gründung des *Katholischen konstitutionellen Vereins Gottestal* ausdrückte. Und auch an die Spitze der Gemeinde rückten

Bürgermeister und Reichsratsabgeordneter Matthäus Orasch (sitzend Erster von links) im Kreis von Abgeordnetenkollegen. Der Wernberger Bürgermeister trägt die Dekoration des ihm 1898 verliehenen Goldenen Verdienstkreuzes (Original Erich Hochenberger)

neue Männer. Die Teilung in liberal und konservativ, freisinnig und klerikal, slowenisch und deutsch begleitete fortan auch das Leben in der Wernberger Gemeindestube.

Auf den Föderlacher Postmeister Johann Glaser folgte 1878 der junge Bauer Matthäus Orasch, der aus anderem Holz geschnitzt schien als sein Vorgänger. Folgt man unserem geistlichen Chronisten so hatte das Verhältnis Kirche und Staat, umgelegt auf die kleinen Wernberger Verhältnisse hieß dies nichts anderes als Pfarrer-Bürgermeister, trotz der Auseinandersetzungen um die Kündigung des Konkordats und die neuen Schulgesetze nicht gelitten. Im Gegenteil, der Bürgermeister war ein honoriger Herr, für die damalige Zeit weitgereist und interessiert. So besuchte er die Weltausstellung 1873 in Wien, wo er *einen Teppich um 36 Gulden erwarb, den er der Pfarrkirche schenkte*. Und auch sonst erwies sich der kinderlose Kaufmann als großzügig, vor allem wenn es um kirchliche Belange ging.

Der neue Bürgermeister positionierte sich anders und für ihn waren auch die Verhältnisse klar. Er war *liberal* und mußte daher notgedrungen zum Widerpart des Pfarrers werden, der die konservativ-klerikale und zumeist slowenisch gesinnte Wählerschaft hinter sich scharte. Orasch wurde in seinem Amt wiederholt bestätigt. Er zog 1885 in den Landtag ein. Aus dem Landbürgermeister war, wollte man es überspitzt oder modern formulieren, ein Landespolitiker geworden. Soweit es die Mittel der Gemeinde erlaubten, sollte nach dem Willen des Bürgermeisters Orasch aus Wernberg eine *fortschrittliche Gemeinde* werden. Wie schmal die Basis jedoch war, von der aus man agieren mußte, haben wir an der Geschichte der Volksschulen unserer Gemeinde gesehen.

Die Gegner des Bürgermeisters wurden von Wahl zu Wahl weniger, 1900 fand sich dann überhaupt niemand der gegen ihn antrat. Und den einzelnen Geistlichen blieb gelegentlich nur die Pfarrchronik, um ihren Ärger über den Bürgermeister auslassen zu können, zumal Orasch ihnen deutlich zu verstehen gab, welche Partei in Wernberg das Sagen hatte. Nichts illustriert dies besser, als jene Szene, die sich anläßlich der Volksmission im November 1893 in Gottestal abspielte, als nämlich der Bürgermeister *mit seinen Companen aus Villach eine Treibjagd in dem der Kirche zunächst gelegenen Walde* (veranstaltete). *Es wurde gejagt, geschossen, gejauchzt und aller mögliche Lärm gemacht, gerade wo der zweite Vortrag gehalten wurde*, wie der Pfarrer bitter vermerkte.

AM VORABEND DES ERSTEN GROSSEN KRIEGES 1898–1914

Dem ersten Jahresrückblick, den im April 1898 der wenige Monate zuvor zum Leiter der Schule Damtschach bestellte Oberlehrer *Franz Woschitz* verfaßt hatte, verdanken wir einen Blick auf die wirtschaftlichen und sozialen Verhältnisse der Gemeinde an der Wende zum 20. Jahrhundert. Die Bevölkerung ist, schreibt der Lehrer, *größtenteils sehr arm*. Die Ausstattung der Schule mit *Schulrequisiten* ließ zu wünschen übrig. Von den überfüllten Klassen und der Unterbringung der Schüler in Privathäusern aufgrund der Raumnot im Schulhaus haben wir bei unserem Streifzug durch die

Schulgeschichte bereits gehört. Die Ausstattung der Gemeinde mit der notwendigen Infrastruktur ging nur langsam vonstatten. An allen Ecken und Enden fehlten hierfür die Mittel. Selbst die nötigen Lehrbehelfe konnten mitunter nur durch Spenden seitens des *Deutschen Schulvereines* oder wie 1898 durch jene der lokalen Gutsbesitzer aufgebracht werden. An der Spitze der Gemeinde, die anläßlich der Volkszählung zwei Jahre später 2330 Einwohner zählen sollte, stand seit gut zwei Jahrzehnten der Dueler Landwirt Matthäus Orasch, der auch dem Kärntner Landtag als Abgeordneter angehörte. Der größte Ort der Gemeinde war Wernberg mit 221 Einwohnern, der kleinste Zettin, wo nur 19 Personen lebten.

Eine weitere, auch ausführlichere Schilderung der Verhältnisse in unserer Gemeinde verdanken wir dem ersten Kommandanten des am 1. März 1913 in Föderlach errichteten Gendarmeriepostens *Franz Krenn*. Die Bevölkerung ist, schreibt der Beamte, *aus allen Gauen Kärntens, Krains, Küstenland und Böhmens zusammengewürfelt*. Die einzelnen Besitzungen, hören wir weiter, *wechseln so oft wie nirgends in Kärnten ihre Eigentümer*. Zur Bevölkerung wußte der Gendarm zu berichten, daß unter dieser die *windische Sprache beherrschend* sei, jedoch die Bevölkerung *auch der deutschen Sprache mächtig* ist. *Der Schaffensgeist*, so die kritische Beurteilung der damaligen Wernberger weiter, *ist kein besonders reger, daher auch vom Wohlstand wenig zu merken*. Die einzige Einnahmequelle bildeten Ackerbau und Viehzucht, Milchwirtschaft und der Verkauf von Holz. Industrie gab es so gut wie keine, neben einzelnen Gewerbebetrieben drei *minder leistungsfähige Brettersägen*, die mit Wasserkraft betrieben wurden.

Angesichts des geringen Steueraufkommens in der Gemeinde verwundert es nicht, daß sämtliche strukturellen Verbesserungen nur langsam in Angriff genommen werden konnten. In diese Jahre fällt etwa die seit langem dringend notwendig gewordene Erweiterung der Volksschule in Damtschach. Erst ein Jahrzehnt, nachdem 1896 die Um- und Zubauten an der Schule in Gottestal abgeschlossen worden waren, begann man im Frühjahr 1904 mit dem Bau eines neuen Schulgebäudes, der im Sommer 1905 beendet werden konnte. Der Bau eines zweiten Schulgebäudes in Damtschach sollte bis zum Ausbruch des Weltkrieges das – wenn man so will – einzige Großprojekt der Gemeinde bleiben. Ansonsten unterschied sich das Leben hier kaum von dem in anderen Gemeinden Kärntens. Blättern wir in den wenigen erhalten gebliebenen Aufzeichnungen aus diesen Jahren, so hören wir von verschiedenen Epidemien, wie einer Typhuserkrankung, die im September und Oktober 1905 vor allem in Stallhofen und Terlach wütete und sogar den Schulbetrieb lahmzulegen drohte, von der unzureichenden Wasserversorgung der einzelnen Orte, sodaß 1899 etwa – von einem abgesehen – sämtliche Brunnen in Damtschach austrockneten und die Bevölkerung ihren Wasservorrat in der *Fronwiese* decken mußte, von Bränden wie im März 1912 in Ragain, der im Anwesen vulgo *Paule* ausbrach und drei Wohnhäuser samt Wirtschaftsgebäuden sowie die Filialkirche zerstörte, von Feiern, wie der von der Schulleitung Damtschach anläßlich des 50jährigen Regierungsjubiläums des Kaisers am 11. September 1898 veranstalteten, bei dem sich nicht nur die Schuljugend von Damtschach und Sternberg am *Spiel ergötzte*, sondern *viele Gemeindebewohner*, die Lehrer der umliegenden Schulen, Bürgermeister und Gemeindevertretung und die *Schloßherrschaften* beteiligten, ehe sich *die Festfreude durch die schreckliche Thatsache, daß die Kaiserin in Genf ermordet wurde, mit einem Schlag in tiefe Trauer verwandelte*.

Anläßlich des Regierungsjubiläums des Kaisers, dessen 50. Jahrestag der Thronbesteigung am 2. Dezember 1898 dann in aller Stille begangen wurde, wurde auch der Wernberger Bürgermeister Orasch *in Anerkennung seiner großen Verdienste um das allgemeine Wohl* mit dem Goldenen Verdienstkreuz mit der Krone ausgezeichnet. Bei den Gemeinderatswahlen im Jahr darauf wurde Orasch in seiner Funktion als Bürgermeister bestätigt. Verbittert vermerkte der Gottestaler Seelsorger in der Pfarrchronik, daß sich die slowenische Partei an den Wahlen gar nicht beteiligt hatte und *die Gegner so leichte Sache hatten*. Auch bei den Reichsratswahlen ging Orasch, *ein Bauernbündler, als Sieger hervor.*

Die Position des Bürgermeisters schien auch in den folgenden Jahren unerschütterlich. Zwar regte sich hier und dort leise Kritik, doch wurde diese vor dem Dorfgewaltigen nur zurückhaltend geäußert. Lehrer *Primoschitz*, der 1907 nach Damtschach gekommen war, vertraute der Schulchronik damals an, er sei bei Übernahme der Schule über deren mangelnde Ausstattung entsetzt gewesen, galt doch Wernberg als *sog. fortschrittliche Gemeinde*, was zu den *besten Erwartungen berechtigte.*

Bürgermeister Matthias Vospernik (Original Walter Zehetgruber)

Doch schon bald nach Dienstantritt wurde der junge Lehrer *bitter enttäuscht*. Unter der *Maske des Fortschritts erblickte* [er] *gefallsüchtige Ichpolitiker*. Zweifellos ging der Schulleiter mit dem Bürgermeister und der Gemeindevertretung, von der auch der Ortsschulrat bestellt wurde, hart ins Gericht. Doch so wie er dachten bereits viele in der Gemeinde. 1908 stellte sich Orasch erneut der Wahl. Das Ergebnis kam einem politischen Erdbeben gleich. Nach 30 Jahren an der Spitze der Gemeinde mußte der Bürgermeister abtreten. Die Wähler der zweiten und dritten Wählerklasse versagten ihm die Gefolgschaft und gingen nahezu geschlossen zum Kandidaten der slowenisch-klerikalen Partei *Matthias Vospernik* über, der neuer Bürgermeister wurde. Die Werbung nicht zuletzt der Geistlichkeit um die klein- und mittelbäuerlichen Kreise, zu denen Vosperniks Wähler zu zählen waren, hatte sich bezahlt gemacht. Sowohl für den Gottestaler Seelsorger Gabron wie für dessen Damtschacher Amtsbruder, die beide mit Orasch manch harten Strauß ausgefochten hatten, war dies ein später Triumph. *Die Ursache* der Niederlage, berichtet uns ein Zeitzeuge, *ist zweifellos Herr Bürgermeister Orasch selbst, der diese Stelle durch 30 Jahre innehatte. Aus Angst vor Leuten, die sich seinem Willen nicht unbedingt fügen wollten, versagte er einer Anzahl von Leuten den Weg zur Gemeindestube. Diese sich selbst geschaffene Opposition brachte ihn dann zu Sturz.*

Die politische Welt Wernbergs hatte sich nach dieser Wahl zwar grundlegend verändert, die Probleme, mit denen sich die Gemeindeverwaltung beschäftigen mußte, waren jedoch die gleichen geblieben. In jeder Sitzung des Gemeinderates waren zahlreiche Ansuchen um finanzielle Unterstützung bedürftiger Gemeindebürger zu behandeln, die angesichts der angespannten Finanzlage der Gemeinde nicht selten abschlägig beschieden werden mußten. Wann immer angefragt wurde, lautete die fast stereotype Mitteilung der Wernberger Gemeindeväter sowohl an Private wie offizielle und halboffizielle Stellen, *die Gemeinde sei finanziell überlastet*. So belief sich der Beitrag der Gemeinde Wernberg zum Denkmal, das anläßlich der *100-Jahrfeier der Kärntner Landesverteidigung* gegen die Truppen Napoleons in Tarvis errichtet werden sollte, auf ganze fünf Kronen.

Immerhin fällt jedoch in die Amtszeit Vosperniks die Anstellung eines Gemeindesekretärs. Verglichen mit anderen Gemeinden Kärntens immerhin recht früh, denn mancherorts fehlten bis in die Zwischenkriegszeit hinein die nötigen Mittel, um einen solchen anstellen zu können und nicht selten wurde der Schriftverkehr der Gemeinde vom Lehrer besorgt. In der Gemeinderatssitzung vom 15. Mai 1909 beauftragte der Gemeinderat den Bürgermeister, eine solche Stelle auszuschreiben, *einen Kompetenten auszuwählen und* [diesen] *bis auf weiteres provisorisch anzustellen.* Aus den acht Bewerbern, die sich auf die Ausschreibung hin gemeldet hatten, wählte der Bürgermeister *Johann Lesjak*, der *provisorisch* angestellt wurde und über dessen *Fähigkeiten* der Bürgermeister in der nächsten Sitzung des Gemeinderates berichten wollte. Als monatliche Entlohnung erhielt der Sekretär 48 Kronen, die mit 1. März 1912 auf 70 Kronen erhöht wurden. Zudem erhielt er jährlich 20, später 50 Kronen zur Anschaffung von Holz. Der zweite Angestellte der Gemeinde war der *Gemeindediener Paul Fugger*, der im Monat 30 Kronen erhielt und dem im übrigen der Gemeinderat im Jahr 1913, wie wir dem Sitzungsprotokoll entnehmen können, eine *strenge Ermahnung* zukommen ließ, nachdem dem Bürgermeister berichtet worden war, er *komme seinen Pflichten nicht mehr genau nach und vernachlässige seine Geschäfte*.

Die Gemeindebürger waren mit der Amtsführung Vosperniks offenbar zufrieden, den 1912 wurde er in seiner Funktion bestätigt. Vor Kriegsbeginn erhielt die Gemeinde auch einen Gendarmerieposten, der am 1. März

Paul Fugger, Wernberger „Gemeindediener" und Briefträger (Original Margareta Fugger)

1913 in Föderlach eröffnet wurde. Bis dahin hatten Beamte der Villacher Gendarmerie dieses Gebiet versorgt. Bereits 1911 war seitens der Bezirkshauptmannschaft Villach der Plan einer Posteneröffnung erörtert worden. Die damalige Gemeindevertretung hatte diesen Plan eines eigenen Gendarmeriepostens *als notwendig* unterstützt, jedoch ihre Unterstützung von der Zusicherung abhängig gemacht, daß dadurch *der Gemeinde keinerlei Kosten bzw. Auslagen erwachsen würden.*

Am 1. März 1913 begannen der Wachtmeister *Franz Krenn* und zwei weitere Beamte ihren Dienst im Gemeindegebiet, nachdem in Föderlach 14 ein geeignetes Objekt, in dem der Posten untergebracht werden konnte, gefunden worden war.

DIE ZEIT DES 1. WELTKRIEGES 1914–1918

Nach einer Schrecksekunde, mit der man auf die Nachricht von der Ermordung des Thronfolgerpaares am 28. Juni 1914 in Sarajewo reagierte, ging man bald wieder an die drängende sommerliche Arbeit, zumal nach einem *schlimmen Winter mit viel Schnee* auch der Frühsommer dieses Jahres naß und kalt war und das launische Wetter die Heuernte erschwerte. Vorerst deutete auch nichts auf eine militärische Auseinandersetzung der Monarchie mit Serbien hin, da selbst der greise Kaiser in seine Ischler Sommerresidenz zurückgekehrt war. Einen Monat später befand sich Europa im Krieg und die ersten Männer aus der Gemeinde mußten einrücken.

Überall erfaßte die Bevölkerung eine heute kaum vorstellbare Begeisterung. Die Prognosen, die man über Verlauf und Dauer des Krieges stellte, waren günstig. Spätestens zu Weihnachten sei alles vorbei, versicherten einander die Menschen. Den ersten aus der Gemeinde, die gleich zu Kriegsbeginn eingerückt waren, folgten weitere. Im Herbst 1914 wurde der Jahrgang 1894 gemustert, noch vor Jahresende, also zu einem Zeitpunkt, da man bereits siegreich heimkehren wollte, die Jahrgänge 1878–1890. Gleich im Frühjahr 1915 wurde der Jahrgang 1896 gemustert und wenig später rückten die für tauglich befundenen Burschen ein. Bald darauf wurden die Landsturmjahrgänge 1873–1878 einberufen, und danach alle verbliebenen Jahrgänge bis 1865. Und auch in den folgenden Jahren wurde Jahrgang um Jahrgang aufgeboten, zuletzt jener des Jahres 1900.

Wie wir aus der allgemeinen Geschichte wissen, ruhte die Hauptlast der Arbeit in jenen Jahren fortan auf den Schultern der Frauen. Mit Verlauf des Krieges, der sich immer ungünstiger entwickelte, wurde auch die Versorgungslage ständig schlechter. Ein Zeitzeuge beschreibt diese Jahre schlicht mit *furchtbar*, um dann fortzusetzen: *Die Armen können sich nichts mehr leisten.*

Mehr und mehr sollte produziert und abgeliefert werden. Die schwierige Ernährungslage, die niedrigen Preise, die für die Ablieferungen von Futter und Lebensmitteln bezahlt wurden und das mitunter recht forsche Vorgehen bei *Revisionen*, bei denen man von den Bauern zurückgehaltene Lebensmittel zu finden hoffte, waren wenig dazu angetan, die Stimmung der ländlichen Bevölkerung zu heben.

Gold und Silber, heißt es in einem Bericht aus Damtschach im Jahr 1917, *sind aus dem Verkehr verschwunden.* Die Versorgungslage wurde immer katastrophaler, die Preisspirale drehte sich ungehindert weiter. Eine Ziege kostete 1918 bereits 200 Kronen, Pferde waren nicht unter fünf bis sechstausend Kronen zu erhalten. Ein Kilo Fleisch kostete im letzten Kriegsjahr sieben, ein Apfel eine, ein Kilo Erdäpfel 10 Kronen. Für ein Schaff Nüsse wurden 1918 bereits 70 Kronen bezahlt. Nicht ganz zwanzig Jahre zuvor war diese Summe neben Kost, Logis und bescheidener Kleidung und Beschuhung jener Betrag, den ein damals 14jähriger in seinem ersten Dienstjahr für ein Jahr Arbeit am Hof von Bürgermeister Orasch erhielt.

Um den Ertrag der Landwirtschaft zu heben wurde alles aufgeboten. Kriegsgefangene ebenso eingesetzt wie Schulkinder, die der Landesschulrat mit vollendetem zehnten Lebensjahr vom Schulbesuch während der Sommermonate befreite.

Daß der mit Hurra begonnene Krieg nun sein wahres Gesicht zeigte, war spätestens dann klar, als die Nachrichten über die ersten Gefallenen der Gemeinde einlangten. Aber auch im noch friedlichen Hinterland wurde allein durch die Maßnahmen, die seitens der Behörden gesetzt wurden, allen bewußt, daß hier erstmals ein Krieg mit moderner Technik geführt wurde, der nichts gemein hatte mit den Schilderungen von Gefechten und Schlachten, die man aus den Schulbüchern kannte. 1917 wurden *Prozessionen außerhalb der Kirche* wegen *Fliegergefahr* verboten. Aus dem gleichen Grund durften zu Allerheiligen und Allerseelen dieses Jahres die Gräber *nicht beleuchtet* werden. Welche Masse an Menschen und Material in diesem Krieg bewegt wurden, führte auch die Einquartierung jener Soldaten am 9. und 10. Oktober 1917 in Damtschach vor Augen, die wenig später zur Verstärkung der österreichischen Linien an die italienische Front abgingen. Bevor es an diesen blutigen Frontabschnitt, in dem um jeden Schritt Boden in eisiger Höhe mühsam gerungen werden mußte, ging, veranstaltete die Militärkapelle vor der Villa Wagensperg noch ein Konzert.

Der Mangel an kriegstauglichem Material wurde immer offenkundiger. Die Glockenstühle der Kirche leerten sich; eine Glocke nach der anderen fand ihren Weg in die Gießerei, einzig durch Alter oder besonderen historischen Wert ausgezeichnete blieben verschont. Wie die anderen Pfarren erhielten auch jene im Gemeindegebiet den Metallwert in Form von Kriegsanleihen ersetzt.

Am 11. November verzichtete Kaiser Karl I., der noch als Thronfolger 1915 Schloß Wernberg einen Besuch abgestattet hatte und im November 1916 seinem greisen Großonkel Franz Joseph auf den Thron gefolgt war, auf seinen Anteil an den Regierungsgeschäften und zog sich nach Eckartsau zurück. Tags darauf wurde vor dem Parlament die Republik proklamiert.

Die Front hatte sich schon vorher aufzulösen begonnen. *Durch drei Wochen hindurch, bei Tag und Nacht, sah man auf der Straße von Villach nach Klagenfurt Ströme von heimkehrenden Soldaten*, berichtet ein Zeitzeuge über die letzten Tage der Monarchie. *Wer konnte und mochte, nahm sich*, so unser Chronist weiter, *eines von den zahlreichen herrenlosen Pferden*, die die Armee begleiteten. Das Angebot war so gewaltig, daß in Wernberg der Preis für ein Pferd in diesen Tagen auf *fünf bis zehn Kronen* fiel.

Russische Kriegsgefangene in Damtschach während des Ersten Weltkrieges (Original Rosa Lepuschitz)

Im allgemeinen vollzog sich der Übergang von Monarchie zu Republik in Ruhe. Von der Zukunft erhofften sich die Menschen hier wie anderswo einen *echten Frieden*. Doch schon wenige Wochen nach Kriegsende drohte das Gebiet von Wernberg zum Frontgebiet zu werden.

Abwehrkampf und Volksabstimmung 1918-1920

Ehe wir uns den Ereignissen rund um Abwehrkampf und Volksabstimmung zuwenden, gilt es die nationalen Auseinandersetzungen, die die Kärntner Politik in der zweiten Hälfte des 19. Jahrhunderts bis zum Ende des alten Österreich bestimmt haben, kurz zu streifen.

Schon wenige Tage nach Ausbruch der Märzrevolution des Jahres 1848 veröffentlichte der Kärntner Priester *Matthias Mayer (Matija Majar-Ziljski)* sein Programm von einem „Vereinten Slowenien", das auch Teile des Herzogtums Kärnten umfassen hätte sollen. Gegen dieses Programm, das vom späteren Führer der Kärntner Slowenen, dem Priester *Andreas Einspieler*, aufgenommen wurde, wandte sich selbst der nachmalige slowenische Abgeordnete im Kärntner Landtag *Dr. Matthias Rulitz*, für den ein Festhalten an der territorialen Integrität des Landes unabdingbar war. Ja auch der Lavanter Bischof *Anton Martin Slomšek* konnte *Majars* Forderungen wenig abgewinnen. Im *Verfassungsausschuß des Österreichischen Reichsrates* war die Forderung nach einer Angliederung des slowenischsprachigen Teils Kärntens an ein *slowenisches politisches Territorium* kein Thema und wurde sogar von den untersteirischen und Krainer Abgeordneten abgelehnt. Im Gegenteil: Eine Folge der Revolution war das Ende der administrativen Unterordnung Kärntens unter das Laibacher Gubernium.

Der Schulterschluß zwischen dem neoabsolutistischen Staat und der Kirche, der 1855 im Abschluß des Konkordats seinen sichtbaren Höhepunkt fand, verschaffte jedoch der überwiegend von katholischen Priestern getragenen slowenischen Nationalbewegung in Kärnten Gestaltungsmöglichkeiten, wie sie nie mehr erreicht werden sollten. Mit Erlaß des Ministeriums für Kultus und Unterricht vom 25. Oktober 1851 war bereits festgesetzt worden, daß sich die Unterrichtssprache nach der Predigtsprache zu richten hätte. Nach Einführung der Gemeindeselbstverwaltung im Jahr 1864, vor allem aber nach Erlaß der Schulgesetze der liberalen Ära mußte diese Bestimmung zwar zurückgenommen werden, der Streit um die Unterrichtssprache sollte jedoch einzelne Gemeinden, darunter auch Wernberg, fortan begleiten.

Mit der Zulassung politischer Vereine nach 1867 erreichte die deutsch-slowenische Auseinandersetzung einen ersten Höhepunkt. Die Forderungen, die die Slowenen nun erhoben, werden uns bei der Schilderung des Wernberger Vereinswesens mit der Gründung des *Konstitutionellen Vereines* 1870 noch begegnen. Auch in den Gemeinden des gemischtsprachigen Gebietes wuchs der immer stärkere Gegensatz zwischen der zumeist *deutschfreundlich* und liberal orientierten dörflichen Oberschicht und den slowenischen Geistlichen, die als Führer konservativ-klerikaler Kreise auftraten und zumeist das mittlere und Kleinbauerntum für ihre Politik gewinnen konnten. Die Auseinandersetzungen in Wernberg rund um die Bestellung der Kirchenkämmerer in den 70er Jahren des 19. Jahrhunderts zwischen Bürgermeister und

Ortsgeistlichem sind auch vor dem Hintergrund größtmöglicher Einflußnahme in Bereiche des anderen zu sehen.

Trotz eines gut ausgebauten slowenischen Vereinswesens konnte die fortschreitende Assimilierung weiter Kreise des gemischtsprachigen Gebietes nicht aufgehalten werden. Schon *Urban Jarnik*, Altmeister der slowenischen Bewegung in Kärnten, hatte 1826 diese Form *natürlicher Assimilierung*, nämlich die *häufigen Wanderungen* von rund *4000 Slowenischen Individuen, welche jährlich, theils bleibend, theils wandernd und wiederkommend, auf Deutscher Seite sich befinden*, als *große Schule zur Erlernung Deutscher Sprache* erkannt. Die Nähe der Gemeinde zu Villach, der Zuzug Fremder in die Gemeinde, wirtschaftliche und soziale Gründe und wohl auch die lokale wie regionale Politik, die diese Assimilierung nach Kräften förderten, haben dazu geführt, daß es in Wernberg bereits am Vorabend des Weltkrieges gemessen an den Ergebnissen der Volkszählungen zu einem starken Rückgang von Gemeindebürgern mit slowenischer Umgangssprache kam.

Die Vorbereitungen zu den Feiern anläßlich des 500. Jahrestages der letzten Kärntner Herzogseinsetzung im Jahr 1414 führte in den letzten Friedensmonaten des Jahres 1914 zu einem neuerlichen Höhepunkt der nationalen Auseinandersetzung. Zwar mußten die geplanten Feiern am Zollfeld infolge des Kriegsausbruches unterbleiben, seitens der Regierung begann man jedoch in der Folgezeit die Tätigkeit der nationalslowenischen Kreise mit Strenge zu überwachen, wobei es auch zu ungerechtfertigten Maßnahmen gegen politische Funktionäre, insbesondere gegen Geistliche kam, die nicht dazu angetan waren, die bei Kriegsbeginn bekundete Loyalität slowenischer Kreise für Kaiser und Staat aufrechtzuerhalten. Vorerst beschränkte sich die slowenische Nationalbewegung darauf, die Schaffung eines autonomen Territoriums innerhalb der Habsburgermonarchie zu fordern, in dem alle Südslawen vereinigt werden sollten. Dafür wurden auch in Kärnten, zumeist von der lokalen Geistlichkeit getragen, Unterschriften gesammelt. Doch nur ein geringer Teil der Bevölkerung des in Frage kommenden Gebietes war bereit, diese Forderungen zu unterstützen.

Bereits im Mai 1918 wandte sich der Kärntner Landesausschuß entschieden gegen Forderungen südslawischer Kreise, die eine Teilung des Landes forderten. Wenige Wochen vor dem Ende der Monarchie kam es zur Gründung eines *Slowenischen Nationalrates für Kärnten (Narodni svet)*, der in der zweiten Oktoberhälfte seine Forderungen darlegte. Zwar mußten diese – ursprünglich war ganz Kärnten gefordert worden – reduziert werden, doch auch weiterhin wurden bei der in Paris tagenden Friedenskonferenz seitens des Königreiches der Serben, Kroaten und Slowenen Ansprüche auf große Teile des Landes, darunter auch auf Villach und Klagenfurt, erhoben.

Am 26. Oktober 1918 konstituierte sich in Klagenfurt die *Provisorische Landesversammlung für Kärnten*, deren Vollzugsausschuß bereits wenige Tage später die Kärntner Gemeindevertretungen zur Gründung von Bürgerwehren aufforderte. Wie dringend eine konzertierte Aktion gegen die Ansprüche des südlichen Nachbars waren, bewiesen die Ereignisse der nächsten Wochen. Bereits am 2. November war mit Domvikar *Franz Smodej* ein Generalkommissär für das *slowenische Kärnten* bestellt worden. Am selben Tag nötigte ein *südslawischer Nationalrat* die Ferlacher Gemeindevertretung zum Rücktritt. Noch vor Ende der Monarchie besetzten jugoslawische Truppen das Mießtal und rückten über Gutenstein, Prävali und Unterdrauburg, die am 7. November besetzt wurden, ins Jauntal vor. Am 11. November, dem Tag, an dem der Kaiser in Wien auf seinen Anteil an den Regierungsgeschäften verzichtete, waren Eisenkappel und Miklautzhof bereits besetzt. Die an diesem Tag in Klagenfurt eröffnete *Vorläufige Landesversammlung* erklärte den Beitritt des Landes zu Deutsch-Österreich. Tags darauf wurde Oberstleutnant *Ludwig Hülgerth* zum Oberkommandanten für Kärnten bestellt.

Am 23. November wurde nach einem Treffen zwischen Hülgerth und Hauptmann *Lavrič* eine Demarkationslinie festgelegt. Am 5. Dezember fiel schließlich in der *Vorläufigen Landesversammlung* der Entschluß, militärischen Widerstand zu leisten. Völkermarkt, Griffen und St. Paul, Rosenbach und Rosegg waren zu diesem Zeitpunkt bereits von jugoslawischen Truppen besetzt. Am zweiten Tag des neuen Jahres folgte die Kündigung des Vertrages vom 23. November 1918 über die Demarkationslinie durch Hülgerth. Zu diesem Zeitpunkt wurden die Eisenbahnschienen zwischen den beiden Draubrücken bei Wernberg zerstört.

Es würde zu weit führen, die Ereignisse der Jahre 1919 und 1920 hier in allen Details ausführen zu wollen. Erinnert sei nur an die Marksteine in diesem Kampf um die territoriale Integrität unseres Landes, der seitens der verantwortlichen Kärntner Stellen stets unter dem Anspruch des *demokratischen Selbstbestimmungsrechtes* geführt wurde, beginnend mit der Bereisung des umstrittenen Gebietes auf Vorschlag des amerikanischen Oberstleutnants *Miles* Ende Jänner und im Februar 1919 (*Miles-Mission*), die erfolgreiche militärische Abwehr durch Kärntner Truppen, die am 7. Mai 1919 die Landesgrenze erreichten, die Waffenstillstandsverhandlungen wenige Tage später und nach deren Scheitern der erneute Einmarsch jugoslawischer Truppen in Kärnten, der am 6. Juni 1919 zur Besetzung der Landeshauptstadt führte. Ende Juli 1919 wurde im Beisein einer interalliierten Kommission die Demarkationslinie durch Vertreter des SHS-Staates und der Republik Deutsch-Österreich festgesetzt. Zwischenzeitlich waren in Paris bereits die grundsätzlichen Bestimmungen über die Zoneneinteilung und die Abhaltung einer Volksabstimmung in den betroffenen Gebieten gefaßt worden. Die Zone I sollte von jugoslawischen Truppen besetzt werden, während die Zone II, zu der auch Teile des Gemeindegebietes von Wernberg gehörten, unter österreichischer Verwaltung standen. Beide Zonen waren der Aufsicht einer alliierten Kommission unterstellt. Zuerst sollte in der Zone A abgestimmt werden. Ging in dieser die Entscheidung zugunsten einer Angliederung an das Königreich der Serben, Kroaten und Slowenen aus, so wäre danach eine Entscheidung in der Zone B notwendig geworden, in welcher jedoch von Anfang an eine Entscheidung zugunsten eines Verbleibs bei Österreich erwartet wurde.

Besondere Bedeutung kam in den Jahren des Kärntner Abwehrkampfes der Haltung der italienischen Regierung gegenüber der jungen Republik im allgemeinen und Kärnten im besonderen zu. Bereits im November 1918 waren italienische Truppen bis Thörl gekommen. Am 25. Juni 1919 wurden die Gemeinden Maria Gail und Wernberg vom italienischen Militär besetzt. Dem überwiegenden Teil der Bevölkerung war die Präsenz italienischer Soldaten Grund zur Beruhigung und Genugtuung, wenngleich Probleme mit den hier stationierten Truppen nicht ausbleiben sollten. So forderte eine Rauferei zwischen einheimischen Burschen und italienischen Soldaten am 5. April 1920 im Gasthof Schiller zwei Opfer. Ein 20jähriger wurde dabei durch einen Bauchschuß getötet, ein zweiter durch einen Lungenschuß schwer verletzt.

Die durch die militärische Auseinandersetzung um Kärntens Südgrenze augenscheinlich gewordene Teilung des Landes spiegelte sich auch im alltäglichen Leben wider. Schon in den Jahren zuvor hatten die divergierenden politischen und nationalen Präferenzen, die wir in Wernberg als Gemeinde an der Sprachgrenze gefunden haben, für manche Verstimmung innerhalb der Bevölkerung gesorgt. Für den Gottestaler Seelsorger *Anton Gabron*, der durch mehr als ein Vierteljahrhundert – nicht immer unumstritten – hier gewirkt hatte, schien der Zeitpunkt gekommen, sich von seinen Pflichten entbinden zu lassen. Er resignierte Ende des Jahres 1918 und zog sich nach Slowenien zurück, wo er 1927 gestorben ist. Auch *Dr. Valentin Mörtl*, der seit 1917 Sternberg betreute, verließ 1920 Kärnten, um fortan als Seelsorger in der Diözese Laibach tätig zu sein. Schon vor ihm hatte der Sternberger Schulleiter *Valentin Kowatsch* unter Zurücklassung all seiner persönlichen Habe seinen Dienstort verlassen und war in den SHS-Staat emigriert. Die verwaiste Sternberger Schule sollte in den folgenden Monaten, bis mit *Alois Eder* ein neuer Lehrer bestellt wurde, Schauplatz einiger unerfreulicher Szenen sein. Bei Kampfhandlungen wurde das Innere des Schulhauses arg verwüstet, ein Großteil der Einrichtung, Lehrmittel, Chronik und Archiv gingen dabei verloren. Aber auch jenseits der Demarkationslinie schien es für manchen geboten, den nunmehr von jugoslawischen Truppen und Verwaltung kontrollierten Teil Kärntens zu verlassen. Zu diesen gehörte der St. Jakober Oberlehrer *Anton Witzany*, der im Mai 1919 gemeinsam mit seiner Familie aus seinem Rosentaler Dienstort flüchten mußte und als Leiter der Schule Damtschach, deren Oberlehrer 1917 an der Piave gefallen war, eine neue Aufgabe fand.

Die Volksabstimmung in der Zone A am 10. Oktober 1920 brachte mit 59,04 % oder 22.025 Stimmen ein klares Bekenntnis zur jungen Republik und zur territorialen Integrität Kärntens. Eine Abstimmung in der Zone B konnte daher, wie zu erwarten war, unterbleiben.

Zwei Wernberger Gemeindebürger – Jakob Stotz und Gottfried Sille – gehörten zu den Opfern des Abwehrkampfes. Stotz fiel am 11. Februar 1919 bei Rosenbach, Gottfried Sille am 29. April 1919 bei Grafenstein.

Abwehrkämpfer der Gemeinde Wernberg

Jakob Stotz
gefallen am 11. Februar 1919 bei Rosenbach

Gottfried Sille
gefallen am 29. April 1919 bei Grafenstein

Viktor Brocnik
Franz Brodnik
Hans Debriacher
Alois Eder
Matthias Ferndorf
Anton Galler
Elisabeth Galler
Stefan Happe
Franz Janach
Peter Janach
Matthias Jud
Hermann Kokesch
Paul Kunstl
Josef Matschek
Jakob Oitzinger
Johann Piuk
Simon Piuk
Karl Rasom
Bartlmä Rass
Anton Raunegger
Vinzenz Ratschnig
Isidor Regitschnig
Johann Riber
Stefan Schallegger
Jakob Schaller
Franz Spitzer
Gottlieb Spitzer
Jakob Stotz
Franz Sturm
Blasius Trap
Franz Trapp
Dionius Tschernitz
Friedel Weiss
Peter Weiss
Andreas Winkler

Im Staat, „den keiner wollte" 1918–1933

Am 11. November 1918 verzichtete Kaiser Karl I. auf seinen Anteil an den Regierungsgeschäften und verließ in den Abendstunden dieses Tages Schloß Schönbrunn. Vorerst nahm er im kaiserlichen Jagdschloß Eckartsau Aufenthalt. Im Frühjahr 1919 ging er ins Schweizer Exil. Die Herrschaft der Habsburger in Österreich war nach 636 Jahren zu Ende.

Der Übergang von der Monarchie zur Republik, die als Republik Deutschösterreich am 12. November 1918 vor dem Parlament ausgerufen wurde, vollzog sich weitestgehend in Ruhe und Würde. Man war froh, daß der Krieg vorbei war, wenngleich Kärnten durch die Ansprüche des SHS-Staates in seiner Landeseinheit bedroht war und unsere Gemeinde sogar zum Frontgebiet zu werden drohte. Am 10. September 1919 wurden die Bestimmungen des Friedensvertrages von St. Germain von der österreichischen Nationalversammlung angenommen. Die Bedingungen der Sieger waren hart. Das Heer war auf die Stärke von 30.000 Mann reduziert, See- und Luftstreitkräfte verboten. Der neue Staat mußte einen Teil der Vorkriegsschulden der Monarchie übernehmen. Das Vermögen des Staates in den *feindlichen Staaten* wurde zu deren Gunsten liquidiert, die Alliierten erhielten zudem ein Pfandrecht auf alle Staatseinnahmen. Der Anschluß an Deutschland, für den der überwiegende Teil der damaligen österreichischen Politiker eingetreten war, wurde verboten, der Staatsname daher in Republik Österreich geändert. Am 1. Oktober 1920 erhielt die Republik ihre Verfassung, die Hans Kelsen ausgearbeitet hatte und die einen Kompromiß zwischen Föderalismus und Zentralismus darstellte. Wenige Tage danach war auch die Auseinandersetzung um die Kärntner Südgrenze beendet. Das Ergebnis der Kärntner Volksabstimmung war klar und eindeutig.

In der Gemeinde Wernberg, an deren Spitze bis zum Ende der Monarchie Matthias Vospernik gestanden war, schien nun die Zeit für die Sozialdemokraten zu arbeiten. Auf den Großdeutschen Matthäus Orasch war 1908 Vospernik als Kandidat der klerikal-slowenischen Partei gefolgt. Nunmehr erhielt die Gemeinde im Damtschacher Lehrer Max Will den ersten sozialdemokratischen Bürgermeister. Der Zulauf, den die Sozialdemokraten in den ersten Jahren der Republik in Wernberg verzeichneten, war beachtlich. Bei den Nationalratswahlen am 16. Februar 1919 entfielen 618 Stimmen auf die Sozialdemokraten, 136 auf die Christlich-Sozialen, 154 auf den Bauernbund (Landbund) und 12 auf die nationalen Deutschdemokraten. Die Partei der Kärntner Slowenen kandidierte bei diesen Wahlen nicht. Auch bei den Nationalratswahlen des Jahres 1921 konnten die Sozialdemokraten trotz erheblicher Stimmenverluste – sie verloren rund 180 Stimmen – ihre Position als stimmenstärkste Partei behaupten. Der Bauernbund konnte seinen Stimmenanteil geringfügig vermehren, die Christlich-Sozialen verloren rund 100 Stimmen, also fast 2/3 ihrer Wähler, während die Partei der Kärntner Slowenen 147 Stimmen erhielt. Der Anteil der deutschnationalen Partei (Großdeutsche Partei) war von 12 auf 41 Stimmen gestiegen.

Trotz geänderter politischer Rahmenbedingungen blieben die Probleme, vor die sich die Gemeindeväter gestellt sahen, die alten. Die Mittel, die zur Verfügung standen, waren denkbar knapp und die mißlichen wirtschaftlichen Verhältnisse verschärften die ohnehin prekäre finanzielle Situation. Der Gemeinderatssitzung vom 22. April 1922 etwa entnehmen wir, daß Anfragen auf Beitragsleistungen abschlägig beschieden werden mußten, wie etwa der des Komitees zur Errichtung eines Koschatdenkmals in Villach, der *einstimmig abgelehnt* wurde, da die Gemeinde auf Grund ihrer finanziellen Situation *daran nicht interessiert* war. Die Ansuchen bedürftiger Gemeindebürger, die ständig einliefen, waren kaum noch zu bewältigen. Aufnahmen in den Heimatverband der Gemeinde wurden nur zögerlich und ungern vorgenommen, es sei denn der Gesuchsteller verfügte über hinreichende Mittel, sodaß keine Gefahr bestand, er würde der Gemeinde dereinst zur Last fallen. Immerhin wurden derartige Ansuchen mit einer Spende an die Ortsarmen gekoppelt. So wurde Baron Morsey im September 1922 aufgenommen, *wenn er sich verpflichtet als Gegenleistung ein Paar neue Schuhe für einen Gemeindearmen zu schenken.*

Hie und da spiegeln die Quellen dieser Zeit auch ein wenig von jenem Konflikt zwischen Sozialdemokraten und Christlich-Sozialen wider, der das Leben der jungen Republik so nachhaltig bestimmen und ihr letztendlich zum Verhängnis werden sollte. Im April 1922 beschloß etwa der Gemeinderat, daß die *Kosten für Grab und Sarg* bedürftigen Gemeindebürgern *im Betrage von 3000 Kronen zu ersetzen* waren, *nicht jedoch die kirchlichen Gebühren.* Im Februar 1925 debattierte man im Gemeinderat über die *Trennung von Staat und Kirche*, wobei der Anlaßfall unbekannt war. Jedenfalls entspann sich an diesem Thema eine hitzige Debatte, die auch außerhalb des Gemeinderates bekannt wurde. Das *Contrareferat* zum sozialdemokratischen Antrag hielt der Kandidat der slowenischen Partei Johann Vospernik. Der Antrag wurde mit elf zu acht Stimmen abgelehnt, wobei sich ein Sozialdemokrat und ein Großdeutscher der Stimme enthielten. Waren sich in diesem Fall Vertreter der christlich-sozialen Partei, des Landbundes und der Slowenen in der Ablehnung des Antrages einig, so waren die Konstellationen bei anderen Debatten durchaus andere. So wurde in der Sitzung vom 16. November 1923 ein Gesuch des Kärntner Heimatdienstes auf Unterstützung abschlägig beschieden. Neben den Sozialdemokraten hatten auch Gemeinderäte der *Wirtschaftspartei*, die *alle bürgerlichen Parteien* in der Gemeinde *umfaßte*, dagegen gestimmt. In den *Freien Stimmen* wurde nun von einem neuen *Bündnis der Sozialdemokraten und südslawisch-orientierten Serbenfreunde* berichtet, was Bürgermeister Will zu einer geharnischten Erklärung veranlaßte. Die Zeitung hatte berichtet, die ablehnende Haltung der Sozialdemokraten sei die Gegenleistung für das Stimmverhalten der Wernberger Slowenen bei einem weiteren Tagesordnungspunkt dieser Gemeinderatssitzung gewesen, bei dem dem Verein *Freie Schule – Kinderfreunde* eine Unterstützung in Höhe von 200.000 Kronen bewilligt wurde. Tatsächlich war jedoch dieser Punkt der Tagesordnung einstimmig beschlossen worden. Im Lokalteil der Kärntner Zeitungen wurde immer wieder aus den Gemeindestuben berichtet und manche Debatte, die dort zwischen den Parteien begonnen worden war, fand in der Tagespresse ihre publizistische Fortsetzung. Dies galt auch für eine arge Verstimmung im Gemeinderat, die Baron Morsey von den Christlich-Sozialen ausgelöst hatte, nachdem Bürgermeister Will, der zugleich Lehrer in Damtschach war, einen Faschingsumzug organisiert hatte. Es ist dies ein Stimmungsbild jener Jahre zwischen den Kriegen mit ihren mitunter heftigen Auseinandersetzungen weniger zwischen der Kirche als vielmehr zwischen den einzelnen politischen Parteien. Jene Episode aus dem Wernberger Fasching des Jahres 1921 hat weit über die Gemeindegrenzen hinaus ihre Kreise gezogen.

Bürgermeister Max Will (Original Rosa Lepuschitz, Damtschach)

Bei diesem Faschingsumzug trat auch ein Brautpaar auf, das zum Gaudium der Anwesenden *getraut* wurde, wobei in launiger Weise auch Passagen des Ehegelöbnisses paraphrasiert wurden. Dies war Morsey zuviel und er machte, in seinen religiösen Gefühlen verletzt, dem Ordinariat davon in einem geharnischten Schreiben Mitteilung und ersuchte dieses, auch den Ortspfarrer zu einer Stellungnahme aufzufordern, der dem Ganzen weniger Bedeutung beimaß. Morsey wandte sich zudem an den christlich-sozialen Landtagsclub und forderte diesen auf, in dieser Angelegenheit im Landtag zu *interpellieren*, zumal Lehrer Will als *geistiger Arrangeur* disziplinär gemaßregelt werden müsse. Die Angelegenheit wurde von den Medien aufgegriffen und als Reaktion auf Morseys Beschwerden erschien im sozialdemokratischen *Arbeiterwillen* ein Bericht, der ein wenig schmeichelhaftes Porträt des pensionierten Offiziers Morsey enthielt, dem die Zeitung vorwarf, sich, obwohl Offizier, nicht der militärischen Führung des Kärntner Abwehrkampfes zur Verfügung gestellt zu haben. Wie viele dieser Auseinandersetzungen verlief auch diese im Sand. Selbst der Ortspfarrer war in seiner Stellungnahme gegenüber dem Ordinariat zurückhaltend, was jedoch nicht weiter verwundern sollte, da auch er mit dem streitbaren Major bereits manchen Strauß ausgefochten hatte.

Trotz dieser gelegentlichen Irritationen in der Gemeindestube können wir den damaligen Gemeindevätern ein gutes Zeugnis ausstellen, denn die finanzielle Basis, von der aus, sie agieren mußten, war schmal und ließ keinerlei große Investitionen zu. Allein die Ausgaben für mittellose, kranke oder bedürftige Gemeindebürger verschlang einen Gutteil des Bugets. Zahlreiche Gemeindewege waren zu erhalten, die Aufrüstung der einzelnen Wehren notwendig und die Schulen in Gottestal und Damtschach waren ständige Fixposten in den Debatten, wenngleich Baumaßnahmen an den Schulgebäuden, wenn überhaupt, so nur langsam vorgenommen werden konnten. Auf Max Will folgte als Bürgermeister Josef Kuchling,

Glockenweihe in Gottestal 1923 (Original Wilma Tschabuschnig)

der im Februar 1925 erstmals in dieser Funktion eine Sitzung des Gemeinderates leitete. Ihn löste zu Jahresbeginn 1930 Thomas Romauch, der Schwiegersohn des einstigen Bürgermeisters Orasch, ab. Gegen Ende der 20er Jahre wurde der Ton in der Gemeindestube rauher. Die eine oder andere Sitzung mußte unterbrochen werden, da eine Fraktion den Sitzungssaal verließ und der Gemeinderat somit beschlußunfähig wurde.

Die letzten freien Gemeinderatswahlen in der Zwischenkriegszeit fanden am 24. April 1932 statt. Bei dieser Wahl standen sich zwei wahlwerbende Gruppen gegenüber. Auf die Sozialdemokraten entfielen 392 Stimmen, auf die Wirtschaftspartei, die den Landbund, Christlich-Soziale und die Partei der Kärntner Slowenen vereinigte, 573 Stimmen. Thomas Romauch wurde in seiner Funktion bestätigt.

Einen Blick auf die Lage der Gemeinde läßt jene Entschließung des Gemeinderates zu, der in der Sitzung vom 25. Juni 1932 einstimmig gefaßt wurde, und der wir entnehmen können, daß *50% der vorjährigen Gemeindeumlagen ausständig* waren und selbst unter Androhung der Exekution *nicht hereingebracht* werden konnten. Diese Entschließung schloß mit einem dramatischen Appell: *Nichts mehr versäumen! Keine Versprechungen, Versuche, Studien und langwierige Untersuchungen, sondern Taten und nochmals Taten bevor ein wirtschaftliches Chaos über uns hereinbricht und seine verderblichen Wogen über uns zusammenschlägt!*

Bürgermeister Thomas Romauch (Original Erich Hochenberger)

Wenige Monate später hatte sich die politische Situation in Österreich grundlegend verändert und *die verderblichen Wogen* begannen *zusammenzuschlagen*.

VOM STÄNDESTAAT ZUM ANSCHLUSS 1933–1938

Eine Debatte um die Gültigkeit eines Stimmzettels bei einer Abstimmung im Nationalrat führte am 4. März 1933 zum Rücktritt der drei Nationalratspräsidenten und damit zur sogenannten *Selbstausschaltung des Parlamentes*. Die Bundesregierung, der seit den Wahlen im Jahr zuvor *Dr. Engelbert Dollfuß* als Bundeskanzler vorstand, verhinderte in Folge ein neuerliches Zusammentreten des Parlamentes und regierte, gestützt auf das *Kriegswirtschaftliche Ermächtigungsgesetz von 1917*, das in die österreichische Verfassung übernommen worden war, autoritär. Der Parlamentarismus hatte damit in Österreich sein Ende gefunden, zumal Bundespräsident *Wilhelm Miklas* von der Möglichkeit, den Nationalrat durch eine Notverordnung einzuberufen, keinen Gebrauch machte.

Eine solche Maßnahme hätte allerdings der Zustimmung der Bundesregierung bedurft und es war abzusehen, daß *Dollfuß* einem solchen Plan des Bundespräsidenten entgegengetreten wäre. Es wäre ungerecht, würde man *Engelbert Dollfuß*, der im Jahr darauf von der Hand eines Nationalsozialisten fiel, auf einen faschistischen Diktator reduzieren wollen. Selbst politische Gegner räumten später ein, daß er aufrecht für den Bestand Österreichs eingetreten und die Unabhängigkeit vor allem gegenüber dem immer aggressiver auftretenden nationalsozialistischen Deutschland zu bewahren versucht hat. Diese Selbständigkeit Österreichs glaubte er in enger Anlehnung an das faschistische Italien und durch Erlaß einer neuen Verfassung, die auf der päpstlichen Enzyklika *Quadragesimo anno* basierte und eine Organisation des Staatswesens nach Ständen vorsah, erreichen zu können. Diese Verfassung wurde mit 1. Mai 1934 in Kraft gesetzt. Nach ihr sollten den einzelnen Berufsgruppen entscheidende Funktionen zukommen, doch wurden diese außer jene aus dem Bereich der Landwirtschaft und des Öffentlichen Dienstes nie organisiert. Die Wahl des Bundespräsidenten sollte durch die Bürger-

meister erfolgen; über Vorlagen der Regierung hatte ein 59 Mitglieder zählender *Bundestag* abzustimmen. Beratende Funktion kam dem *Staatsrat*, dem *Bundeskulturrat*, dem *Bundeswirtschaftsrat* und dem *Länderrat* zu.
Während der *Republikanische Schutzbund* bereits am 31. März 1933 aufgelöst und die Kommunistische Partei mit 26. Mai 1933 verboten wurde, konnten die Nationalsozialisten, von Deutschland unterstützt, sowohl mit Propaganda wie mit Gewalt gegen den Bestand eines unabhängigen Österreich arbeiten.

Trotz der Gegensätze zwischen den bürgerlichen Parteien und den Sozialdemokraten, die letztlich zum Ende des demokratischen Österreich geführt hatten, gab es auch nach dem März 1933 Kontakte zwischen der Regierung und führenden Sozialdemokraten. Karl Renner etwa, im übrigen der letzte Präsident des Nationalrates, nahm Fühlung zu christlichsozialen Parteiführern und auch der Bundespräsident stand diesen Kontakten in das *andere Lager* zumindest nicht ablehnend gegenüber. Es war letztlich der Einfluß Mussolinis, der ein hartes Durchgreifen gegen die Sozialdemokratie forderte, daß diese Verhandlungen ohne Ergebnis blieben.

Hatten Teile der Sozialdemokraten rund um den *Konsenspolitiker* Karl Renner auf einen Ausgleich gehofft, so war für andere, der einzige gangbare Weg der einer offenen Auseinandersetzung mit der Regierung. Eine Hausdurchsuchung in einem Linzer Parteilokal führte im Februar 1934 zum Bürgerkrieg. Die Sozialdemokraten mobilisierten ihre Anhänger, der Generalstreik wurde ausgerufen und österreichweit, namentlich in Wien, Oberösterreich und den obersteirischen Industriegebieten kam es zu bewaffneten Auseinandersetzungen. Nach drei Tagen war der Widerstand gebrochen. Die offizielle Bilanz lautete auf 300 Todesopfer. Die Sozialdemokratische Partei wurde verboten, neun Schutzbundangehörige hingerichtet, ein Teil der Parteiführung, unter ihnen Otto Bauer, flüchtete ins Ausland, andere wurden verhaftet. Ein Ausgleich war nicht mehr möglich.

In der kleinen Welt Wernbergs blieb 1933 vorerst alles beim alten. Bis zur Ausschaltung des Parlaments hatten beide politischen Gruppierungen, wie in den Jahren zuvor, *öfters Werbe- und Geländemärsche veranstaltet*. Manche Veranstaltung, vor allem Tanzveranstaltungen, hatte jedoch zumeist mit *Streitigkeiten und Schlägereien unter den verschiedenen politischen Gegnern* geendet. Die politischen Parteien setzen ihre Propagandatätigkeit weiter fort, im besonderen die Nationalsozialisten. Erst gegen Ende des Jahres meinte ein Beobachter feststellen zu können, daß die Bevölkerung nun *meist vaterländisch eingestellt* sei.

1934 änderte sich das Bild. Zwar ist von Auseinandersetzungen in den Februartagen nichts zu hören, offenbar fürchtete man jedoch die Reaktion der starken Anhängerschaft der Sozialdemokraten in der Gemeinde, denn vom 12. Februar bis zum 5. März patrouillierten 44 Mann der *Heimatschutzgruppe Wernberg* in der Gemeinde. Turbulenter wurde es beim Putschversuch illegaler Nationalsozialisten am 25. Juli 1934, bei dem Bundeskanzler *Dollfuß* jenen Schußverletzungen erlag, die ihm *Otto Planetta* zugefügt hatte. Auf die Nachricht vom Sturm auf den Ballhausplatz und dem – so

Bahnhof Föderlach um 1925 (Original Maria Falle)

wurde vorerst verlautet – geglückten Putsch, kam es in Teilen Österreichs, so in der Steiermark und in Kärnten, zur *nationalsozialistischen Erhebung*, die jedoch rasch niedergeschlagen werden konnte, vor allem nach dem Scheitern der Putschisten in Wien.

In Wernberg erschienen am Nachmittag des 25. Juli 45 Mann der *Heimatschutzgruppe* am Gendarmerieposten und stellten sich den Wachorganen *zur Verfügung*. Während an diesem Tag noch alles ruhig blieb und die Nachricht vom Tod des Kanzlers bei der Bevölkerung *ohne Unterschied der politischen Einstellung Erschütterung auslöste*, marschierten am 26. Juli *mehrere Nationalsozialisten* von Kantnig Richtung Wernberg. Im Park von Schloß Wernberg wurden sie vom *Heimatschutz* gestellt, entwaffnet und *zerstreut*. Ziel dieser *ungefähr 50 Mann* war die Besetzung des Gendarmeriepostens und des Bahnhofes in Föderlach. Bereits am 5. August hatte sich die Situation insoweit entschärft, daß der *Heimatschutz* bis auf eine Stärke von 18 Mann abgerüstet werden konnte.

Der überwiegende Teil der Bevölkerung verhielt sich in diesen Tagen, wie in anderen Teilen Österreichs auch, den Nationalsozialisten gegenüber ablehnend, ja war sogar, wie es in der Gendarmeriechronik dazu heißt, *bei der Niederwerfung des Aufstandes in jeder Hinsicht entgegenkommend und behilflich. Selbst in den Kreisen des Landbundes, dessen Mitglieder für die Regierung nicht eingestellt waren, wurde der Putsch allgemein verurteilt.*

Trotzdem verhießen die Ereignisse dieses Jahres, nach denen ein Gutteil der Bevölkerung der Regierung zumindest reserviert, viele wohl mit eisiger Ablehnung und Haß gegenüberstanden, für die Zukunft nichts Gutes. *Es bietet sich*, schrieb der Postenkommandant, *kein erfreuliches Bild;* dieses Jahr *hat überreichlich Bruderkampf gebracht*. – Der Kampf war noch nicht zu Ende.

Eine eindringliche Schilderung der Situation in der Gemeinde verdanken wir dem Sternberger Oberlehrer *Gabron*, der in der Schulchronik *ein Bild dieser Zeit* entwarf. *80 Prozent der Schüler*, so Gabron, *können von ihren Eltern das Geld für die allernotwendigsten Lernmittel nicht mehr erhalten. Die Schule kann auch nicht helfend eingreifen, weil ihr ebenfalls die Geldmittel fehlen. ... Familien mit vier und noch mehr Kindern sind wochenlang ohne Geld, ja ohne Lebensmittel. Sie leben von der Wohltat ihrer Mitbürger. Andere wieder leben einzig und allein von dem, was sie auf ihrem kleinen Grundstück erarbeiten können. Geld sehen sie überhaupt keines. Ein schlichter Kleinbauer sagte einmal: „Ich weiß gar nicht mehr wie das Geld aussieht." – Die Geschäfte klagen über riesengroße Außenstände. Die Gemeinde verzeichnet 20.000 ÖS Steuerrückstände. Der Ortsschulrat dieser Schule hat 32 fällige Rechnungen. Geldmittel fehlen; der Bauer ist verschuldet: Viele sind auf der Wanderschaft und suchen als Bettler ihr Fortkommen.*

Bürgermeister Hermann Debriacher (Original Familie Debriacher)

Doch vorerst schien sich, zumindest in Wernberg, alles zum Besseren zu wenden. 1935, so lesen wir, war *ein Jahr des Friedens und der Arbeit*, in dem *zahlreiche Personen, die schon durch Jahre arbeitslos waren, wieder Arbeit und damit Brot gefunden* hatten. *Stimmung und Geist* unter der Bevölkerung wurden als gut bezeichnet, was vor allem auf die *merk-*

liche Besserung der allgemeinen Wirtschaftslage zurückzuführen war.

Der Gemeinderat wurde in Zukunft *Gemeindetag* genannt und sämtliche Mitglieder vom Landeshauptmann ernannt. Der alte Gemeinderat, dem neben zwölf Vertretern der *Wirtschaftspartei* acht Sozialdemokraten angehört hatten, war 1934 nach dem – wie es der Sternberger Oberlehrer in der Schulchronik zurückhaltend formuliert – *Ausscheiden* der Sozialdemokraten *beschlußunfähig* geworden und wurde aufgelöst. An die Stelle des Bürgermeisters trat ein *Gemeindeverwalter*.
Am 28. August 1935 trat der Wernberger Gemeindetag zu seiner ersten Sitzung zusammen, die *Hermann Debriacher*, der Bürgermeister *Romauch* abgelöst hatte, als bisheriger *Gemeindeverwalter* leitete. Dem Gemeindetag gehörten insgesamt 14 Mitglieder an. Bei der Wahl des Bürgermeisters entfielen 13 Stimmen auf *Debriacher*. Zu *Gemeinderäten*, wie die Mitglieder des Gemeindevorstandes genannt wurden, wurden der Bahnbeamte *Karl Brank* aus Goritschach, der Kaltschacher Besitzer *Urban Lassnig* und der Tischler *Josef Anderwald* aus Lichtpold gewählt, die in dieser Reihenfolge auch zur Stellvertretung des Bürgermeisters berechtigt waren. Dem Gemeindetag gehörten des weiteren an: *Peter Weichselbraun, Stefan Ulbing, Johann Piber, Albin Schellander, Franz Knabl, Reginald Flick, Raimund Holzer, Franz Udermann, Urban Jantschnig und Josef Morsey*.

In seiner Sitzung vom 5. Oktober bestellte der Wernberger Gemeindetag auch die einzelnen Ortsvertreter, die nachstehend aufgelistet werden, bzw. deren Stellvertreter:

ORTSVERTRETER 1935

Ort	Ortsvertreter
Damtschach	*Leopold Gatterer*
Dragnitz	*Johann Orasch*
Duel	*Johann Kuchler*
Föderlach	*Thomas Keuschnig*
Goritschach	*Simon Taschwer*
Gottestal	*Franz Knabl*
Kaltschach	*Urban Lassnig*
Kantnig	*Michael Kordasch*
Krottendorf	*Johann Piber jun.*
Kletschach	*Peter Weichselbraun*
Lichtpold	*Ferdinand Oschounig*
Neudorf	*Johann Kattnig*
Ragain	*Albin Schellander*
Rajach	*Jakob Mickl*
Sand	*Lukas Pichler*
Schleben	*Urban Jantschnig*
Stallhofen	*Lukas Sereinig*
Sternberg	*Gregor Feichter*
Terlach	*Simon Rasch*
Trabenig	*Josef Schellander*
Umberg	*Peter Keuschnig*
Weinzierl	*Georg Dragaschnig*
Wernberg	*Alois Gasser*
	Anton Tengg
Zettin	*keiner bestellt*

Unter den besonderen Ereignissen des Jahres 1935 verzeichnet die Chronik neben der *Zunahme des Kraftfahrzeugverkehrs*, der immerhin sieben Verkehrsunfälle im Laufe des Jahres zur Folge haben sollte – 40 Jahre später sollten es allein in einem Jahr 120 sein! –

im Februar den Verkauf von Schloß Wernberg an den Missionsorden vom *Kostbaren Blut*. Vorerst zogen 20 Schwestern und ein Ordensgeistlicher ein, der die Messe las, die auch und das wird eigens vermerkt, *Privaten zugänglich ist*.

Das Jahr 1936 skizziert unser Chronist als *ruhiges Jahr*, wenngleich wir aus der allgemeinen Geschichte wissen, daß sich die Lage Österreichs zunehmend verschlechtert hatte. Als Folge des Abessinienkrieges war es seitens Italiens zu einer Annäherung an Deutschland gekommen, was notgedrungen die Position Österreichs, dessen Schutzmacht Italien bisher gewesen war, schwächen mußte. Zwar schloß *Kurt Schuschnigg*, der *Dollfuß* als Kanzler gefolgt war, im Juli 1936 ein Abkommen mit dem Deutschen Reich, in dem Österreichs Souveränität garantiert und als Zeichen des vermeintlichen guten Willens seitens Hitlers die sog. 1000-Mark Sperre, die Österreichs Fremdenverkehr empfindlich getroffen, um nicht zu sagen ruiniert hatte, aufgehoben wurde, anderseits bedeutete die vereinbarte Amnestie für inhaftierte Nationalsozialisten und die Aufnahme von Vertretern der *nationalen Opposition* in die Regierung ein Zugeständnis, das in den Augen vieler, darunter nicht weniger Funktionäre der *Vaterländischen Front* für die Zukunft nichts Gutes verhieß. Hitler und die Nationalsozialisten setzten ihre aggressive Politik gegenüber Österreich ungehindert fort. Nationalsozialistische Demonstrationen standen auf der Tagesordnung. Die Auflösung der *Wehrverbände*, die *Schuschnigg* in diesem Jahr verfügte, vergrämte viele Parteigänger des Regimes. Aus Wernberg wissen wir, daß *die Stimmung sehr gedrückt* gewesen ist, immerhin betraf es 120 Mann in der Gemeinde, die zum Teil unter Einsatz ihres Lebens für diesen Staat eingetreten waren. Am 25. Oktober 1936 fanden die ersten Wahlen seit der Ausschaltung des Parlaments statt. Die Wahl der Ortsbauernräte ging *ohne Vorfälle* vorüber, die Bevölkerung verfolgte die Wahl *mit großem Interesse*. Zwar herrschte *mehr Harmonie* als früher, doch die Zeichen kommender Unzufriedenheit häuften sich.

Allein 1936 ersuchten rund 400 Bürger Wernbergs die Gemeindeverwaltung um Unterstützung. Im Winter 1936/37 waren 120 Gemeindebürger, vor allem Männer, arbeitslos. Die als *nicht unbedeutend* beschriebenen Zuwendungen aus der *Winterhilfe* und die gewährte *Arbeitslosenunterstützung* waren jedoch nicht angetan, die Stimmung jener, die es traf, und die ihrer Familien zu heben.

Die *wirtschaftliche Aufwärtsentwicklung*, die manche auch hier zu spüren glaubten, trog. Zwar gaben die lokalen Kaufleute an, *der Warenumsatz* habe sich 1937 *erstmals seit vier Jahren nicht unbedeutend erhöht*, die wenigen Zeugnisse, die sich uns erhalten haben, sprechen jedoch eine andere Sprache. Die Gesuche an die Gemeinde um Unterstützung wurden nicht weniger. Und auch in der Damtschacher Pfarrchronik lesen wir, von der *immer größer werdenden* Not. So heißt es 1937: *Die Arbeiter finden keine Arbeit. Die Bauern sind hoch verschuldet; einige Bauernhöfe vor der Versteigerung. Viele haben keine neuen Kleider und Schuhe. Junge wandern aus, Mädchen gehen in den Dienst, z. T. nach England. Selbst Hausfrauen und Mütter gehen in den Dienst:*

Heimatschutz Wernberg (Original Rosa Lepuschitz)

Burschen gehen als landwirtschaftliche Arbeiter nach Deutschland.

Politisch war Österreich am Ende. Die Kontakte, die die Regierung nun zu den oppositionellen Sozialdemokraten zu knüpfen versuchte und die auch bereit waren, *Schuschniggs* Kampf gegen Hitler zu unterstützen, kamen zu spät. Hitler zitierte, anders ist der Gang des Kanzlers nach Berchtesgaden im Februar 1938 nicht zu beschreiben, *Schuschnigg* zu sich. In einem Übereinkommen mußte er sich zur Aufnahme von *Artur Seyss-Inquart* als Sicherheitsminister in die Regierung verpflichten. Die vom Kanzler nach seiner Rückkehr ausgerufene Abstimmung über Österreichs Unabhängigkeit mußte auf Druck Hitlers abgesagt werden. *Schuschnigg* trat zurück, *Seyss-Inquart* folgte als Kanzler. Sein Kabinett beschloß am 13. März den Anschluß Österreichs an das Deutsche Reich. Schon tags zuvor hatte der Einmarsch deutscher Truppen begonnen. Der Staat, *den niemand wollte*, hatte zu bestehen aufgehört.

In einem Zeitzeugnis aus Wernberg lesen wir über diese Tage: *Der Umbruch wurde auch hierorts mit den üblichen Festlichkeiten begangen. – Fahnen, Geläute, Appelle, Märsche und Kundgebungen.*

Der bisherige Bürgermeister *Hermann Debriacher* blieb als *Gemeindeverwalter* weiter im Amt und sollte, im Unterschied zu zahlreichen anderen Gemeinden Kärntens, in dem die Gemeindeführung, wenn schon nicht sofort nach dem Anschluß, so doch in den Monaten danach ausgewechselt wurde, bis Kriegsende im Amt bleiben. *Gemeindebeiräte* waren *Urban Lassnig*, gleichzeitig auch *Ortsbauernführer*, und *Johann Fruhmann*, weiters die Herren *Richard Pico* und *Wochinz*. Seit Mai 1938 gehörte auch der in Föderlach lebende pensionierte Professor *Johann Jörger* der Gemeindeverwaltung als Beirat an.

ANSCHLUSS UND 2. WELTKRIEG 1938–1945

Die Sternberger Schulchronik unterrichtet uns geradezu minutiös über die Ereignisse im März und April 1938. *Der 12. März*, so berichtet uns Oberlehrer *Gabron* darin, *brachte den deutschen Tag für Österreich*, nachdem das *Volk die Diktatoren, die es über vier Jahre lang geknechtet und an der Nase herumgeführt hatten, fortgeschickt und verabschiedet hatte.*

Die Ereignisse des März 1938 sind aus der allgemeinen Geschichte bekannt und brauchen hier nicht weiter ausgeführt werden. Der 12. März 1938 verlief in Wernberg wie in vielen anderen Gemeinden Kärntens. Den Schulkindern wurde *frühmorgens* von ihren Lehrern die *Bedeutung dieser denkwürdigen Tage* mitgeteilt und anschließend bis 21. März freigegeben. Der 21. März 1938 wurde dann als *erster Schultag im dritten Reich* in feierlichster Form begangen, wie wir der Sternberger Schulchronik entnehmen können. Die Schuljugend hatte im Schulhof anzutreten. Hierauf wurden durch einen *alten Kämpfer* die Fahnen gehißt. Schüler wie Lehrer grüßten diese mit dem *Spruch der Jugend* – *„Wir sind die Jugend, die neue Zeit!“* Auf die Ansprache des Lehrers folgte das *Horst Wessel Lied* und ein dreifaches *Sieg Heil auf den Führer und Reichskanzler*.

Bei der Schulfeier in Damtschach war neben der bereits formierten *Ortsgruppenleitung der NSDAP*, die Gemeindevertretung, Vertreter weiterer nationalsozialistischer Gruppierungen sowie als Ehrengast ein Mitglied der *Villacher Kreisleitung* anwesend.

Schon unmittelbar nach der Machtübernahme begannen die Vorbereitungen für die Volksabstimmung über den Anschluß Österreichs an das Deutsche Reich, die vom späteren Wiener Gauleiter *Bürckel* geleitet wurden. Vor der Abstimmung besuchten sowohl Göring wie Hitler Kärnten. Dem *Generalfeldmarschall* wurde, berichtet uns Lehrer Gabron, auf der Hollenburg, von 6000 Rosentalern ein *begeisterter* Empfang bereitet. Am 4. April 1938 kam Hitler nach Klagenfurt.

Auch die lokalen Wernberger Funktionäre betrieben die Vorbereitungen für den Abstimmungstag mit *größter Begeisterung*. Zum Wahlleiter für das Gemeindegebiet wurde Lehrer *Pico* aus Damtschach bestellt. Als Abstimmungslokale waren die Schulgebäude in Gottestal und Damtschach sowie das Anwesen vulgo Kandolf in Kantnig vorgesehen. Wahlzeit war von acht Uhr früh bis 17 Uhr. Bereits um 15 Uhr hatten alle Wahlbeteiligten der Gemeinde Wernberg ihre Stimme abgegeben. *Führergemeinde* wurde Wernberg nicht, denn zumindest im Wahlsprengel Damtschach war von 428 abgegebenen Stimmen eine gegen den Anschluß Österreichs an Deutschland.

In der *neuen Zeit*, die die Schüler wenige Wochen zuvor in ihrem Gelöbnis für *Führer und Reich* beschworen hatten, mußte jegliche Erinnerung an die *Systemregierung* ausgelöscht werden. Mit Erlaß des Bezirksschulrates vom 26. April 1938 waren alle *separatistischen Schriften* des Ständestaates, in denen für ein unabhängiges Österreich geworben wurde, zu verbrennen. Am 30. April versammelten sich die Wernberger Schüler, um diese *aufgezwungenen Schriften und Bücher* dem Feuer zu übergeben. Vorgesehen war die *symbolische Verbrennung* von je einem Exemplar, alle anderen sollten eingestampft werden. In Sternberg war dies nicht notwendig. Dort wurde alles Schriftgut, das an den Ständestaat erinnerte, dem Feuer übergeben und *eine Ablieferung an die Papierstampfe blieb aus*.

Hatte bisher das Bild von Engelbert Dollfuß Amtsräume und Klassenzimmer geziert, war es nun das Bild des Führers. Vor ihm begann der Unterricht mit *deutschem Gruß* und mit diesem wurde er auch beendet.

Nur schwer konnte sich der Einzelne der Propaganda des neuen Regimes entziehen. Dem Anschluß Österreichs, den die Staatenwelt zugelassen hatte, folgte der des Sudetenlandes. Am 10. Oktober 1938 feierte man in der Gemeinde nicht nur die Abwehr der seinerzeitigen jugoslawischen Ansprüche auf Kärnten, sondern auch die *Befreiung* des Sudetenlandes. Die Feier auf der *Festwiese in Kaltschach* vereinigte, so unser Zeitzeuge, an diesem Tag nicht nur die Schuljugend, Vertreter von Partei und Gemeinde und *unzählige Volksgenossen* sondern auch sudetendeutsche Flüchtlinge, die kurz zuvor im ehemaligen Kinderheim in Damtschach Aufnahme gefunden hatten.

An der Spitze der Gemeinde stand nach wie vor *Hermann Debriacher*. Am 7. Mai 1939 trat der neue Wernberger Gemeinderat erstmals zusammen. *Beigeordnete*, wie die Mitglieder des Gemeindevorstandes genannt wurden, waren *Urban Lassnig* und Professor *Hans Jörger*. Zu Gemeinderäten wurden *Johann Fruhmann, Franz Feichter, Josef Matschek, Felix Piber, Reginald Flick* und *Raimund Felsner* bestellt. In dieser ersten Sitzung wurden auch die Tagesdiäten der Mandatare festgelegt. Für *halbtägige Außendienste* erhielt man fünf Reichsmark, für den ganzen Tag zehn. Die Vergütung für Amtswege nach Villach betrug zwei Reichsmark. Nach dem Ausscheiden von Professor Jörger aus dem Gemeinderat im Jahr 1940 folgte diesem als Beigeordneter *Josef Matschek*, während *Jakob Mikl* aus Rajach als neues Mitglied in den Gemeinderat einzog.

Die lokalen Quellen aus dieser Zeit sind äußerst dürftig. Den Protokollen des Gemeinderates ist nur wenig zu entnehmen. Die Finanzlage der Gemeinde blieb angespannt, die leidige Schulfrage, die schon in der Zwischenkriegszeit für manche Verstimmung unter den Gemeindebürgern gesorgt hatte, begleitete die Mandatare auch in den Kriegsjahren, ohne daß ein endgültiges Ergebnis in der Frage der Organisation des Schulbetriebes zustande kam. Die Pläne, die zur Adaptierung des Damtschacher Schulgebäudes gewälzt wurden, scheiterten letztendlich an der Frage der Finanzierung, obwohl nach der Auflösung der Volksschule Sternberg eine Erweiterung des Schulgebäudes unabdingbar notwendig war. Einzig das Gemeindeamt wurde im ersten Kriegsjahr mit der notwendigen Infrastruktur ausgestattet. Wie Bürgermeister Debriacher dem Gemeinderat im November 1940 mitteilen konnte, war zwischenzeitlich ein Telefon installiert worden.

Sitzungen des Gemeinderates wurden nur sporadisch abgehalten. Anläßlich der Gemeinderatssitzung am 18. Mai 1943 versprach Debriacher, daß die Sitzungen fortan in einem zumindest vierteljährlichen Turnus stattfinden sollten. Die Anwesenheit des Ortsgruppenleiters, der nicht dem Gemeinderat angehörte, bei den einzelnen Sitzungen machte deutlich, daß die Entscheidungen, so sie überhaupt noch vor Ort getroffen werden konnten, von anderen gefällt wurden.

Die Propaganda, mit der das Land überzogen wurde und die ersten Maßnahmen, die die neuen Machthaber getätigt hatten, um eine Entlastung der hochverschuldeten Bauernhöfe (Umschuldungen) oder einen Rückgang der hohen Arbeitslosenzahlen zu bewirken, hatten vorerst viele, mögen sie in ihrem Inneren auch gezweifelt haben, doch an den Anbruch einer *neuen Zeit* glauben lassen. Allein der Rückgang der enormen Arbeitslosenzahlen hatte jedoch seinen Grund einzig darin, daß auch die nunmehrige *Ostmark* in das Kriegswirtschaftskonzept des Regimes miteinbezogen wurde. Doch Maßnahmen wie die Erweiterung und Verlängerung des Schienennetzes der Bahn im Bereich Föderlach, wo ab Ostern 1940 rund 100 Arbeiter beschäftigt waren, dienten weniger der Arbeitsbeschaffung als vielmehr der Vorbereitung für den totalen Krieg.

Noch vor Jahresende 1938 hatten sich alle Wehrpflichtigen der Geburtsjahrgänge 1913–1919 beim zuständigen Gemeindeamt unter Vorlage ihrer Personalpapiere zu melden. Knapp neun Monate später begann mit dem Überfall auf Polen der Zweite Weltkrieg.

Die Euphorie, die viele noch im Jahr zuvor erfaßt hatte, verflog schnell. Weder Ehrungen wie das Mutterkreuz, in dem doch manche, vor allem auch Frauen am Land ein Zeichen der Anerkennung für ihre nicht immer bedankte Arbeit und Sorge um ihre Familie gesehen hatten, noch die alles übertönende Propaganda konnten verdecken, daß die mit Begeisterung begrüßte *neue Zeit* keine Besserung, sondern im Gegenteil Angst, Krieg und Tod gebracht hatte.

Kriegsbedingt traten zur Kontingentierung von Rohstoffen, die Einführung von Bezugscheinen für Lebensmittel, die strengen und ständig wiederholten Kontrollen im Bereich der Landwirtschaft und die zahlreichen Metall- und Altpapierablieferungen, – ersterer fielen nahezu alle Kirchenglocken des Gemeindegebietes zum Opfer, letzterer das Gemeindearchiv.

Fast schien es so, als hätte binnen kurzer Zeit der Nationalsozialismus das Land und seine Menschen völlig verändert. Jahrgang um Jahrgang wurde für den Krieg aufgeboten. In Narvik fiel Mitte Mai 1940 als erster aus der Pfarre Gottestal *Johann Pichler* aus Duel. Diesen ersten Kriegstoten seiner Pfarre hatte Pfarrer *Ulbing* in der Pfarrchronik noch ausdrücklich vermerkt. Ihm sollten noch viele folgen. Das Vereinswesen war bald nach dem Anschluß völlig zerschlagen worden. Den Kirchen galt der nächste Kampf. Priester, wie der Damtschacher Pfarrer *Marašek* mußten Kärnten verlassen. Andere wiederum wie *Theophil Hensel* oder *Thomas Ulbing* durften zwar im Land bleiben, mußten jedoch auf ihre Pfarren resignieren oder wurden versetzt. Der Religionsunterricht durfte nur noch in der letzten Unterrichtsstunde gehalten werden. Zur *Festigung deutschen Volkstums* wurden im Frühjahr 1942 im gemischtsprachigen Gebiet eine Reihe von Familien *ausgesiedelt*. Binnen einer halben Stunde hatten die Familien das Notwendigste zu packen und den Hof zu verlassen. *Es ging damals ein Schrecken durch die Ortschaften*, heißt es dazu in der Sternberger Pfarrchronik.

Hatten im Ersten Weltkrieg die Bestimmungen über den Luftschutz eher theoretischen Charakter gehabt, wurde nun der Krieg aus der Luft grausame Wirklichkeit. Die Überforderung angesichts dieser Bedrohung können wir dem Protokoll jener Sitzung vom 29. Dezember 1943 entnehmen, in der Bürgermeister Debriacher über *Luftschutzmaßnahmen* referierte. Das gesamte Gemeindegebiet wurde in sieben Teilgebiete mit je einem *Verantwortlichen* unterteilt. Den Gemeinderäten wurden die einzelnen *Signale*, die einem Alarm vorausgingen, Art und Grad der Bedrohung bzw. Entwarnung anzeigten, erklärt. Abschließend wurde ihnen jedoch eingeschärft, daß in der Gemeinde selbst *kein Alarm* gegeben werden dürfe, außer er sei *von der Stadt*, gemeint ist hier wohl Villach, übernommen worden.

Fast ein Jahr später fand die letzte Sitzung des Wernberger Gemeinderates, von der wir Kenntnis haben, statt. Wiederum standen Luftschutzmaßnahmen auf der Tagesordnung. Der Bürgermeister behandelte die *derzeit sehr wichtige Frage, Luftschutz in Schulen*, lesen wir. Ein effektiver Schutz, der allein der Nähe zu Villach wegen notwendig schien, stieß auf Schwierigkeiten. Leise und zurückhaltend, jedoch unüberhörbar, kritisierte der Gemeinderat in diesem Zusammenhang *Parteidienststellen*. Man sei, hören wir, *sehr enttäuscht darüber, daß nicht immer eine Ansicht bestehe*. Der Bürgermeister ersuchte die verbliebenen Gemeinderäte, zwei waren inzwischen eingerückt, *bei Fliegertätigkeit mit bestem Beispiel voranzugehen und auf die Bevölkerung beruhigend einzuwirken*. Schwierigkeiten bereitete wenige Monate vor Kriegsende die Versorgung der Bevölkerung. Der Gemeindesekretär als *Leiter der Ernährungsabteilung tue sein möglichstes um die Volksgenossen zu befriedigen*, teilte Debriacher seinen Kollegen mit, *doch durch die Knappheit fast aller landwirtschaftlichen Artikel sei es nun unmöglich geworden, den Anforderungen auch nur teilweise zu entsprechen*. Die Sitzung selbst muß dann ein eher abruptes Ende gefunden haben, den von anderer Hand finden wir am Ende des Protokolles den Vermerk *Unterschriften wurden wegen vorzeitiger Entfernung nicht geleistet*.

Andere äußerten ihre Kritik unverhohlen. Zu diesen gehörte auch *Dr. Lotte Lampl*, eine Wernberger Ordensschwester, die als Ärztin im Villacher Gaukrankenhaus Dienst tat. Als Ordensangehörige erhielt sie dafür kein Gehalt, sondern nur eine geringe Aufwandsentschädigung. Als ihre Forderungen nach entsprechender Entlohnung wiederholt seitens des Gauhauptmannes abgelehnt wurden, ersuchte sie um ihre Entlassung. Welches Risiko sie als Ordensangehörige damit einging, braucht nicht weiter ausgeführt zu werden, das Stichwort Arbeitsverweigerung, als die man Lampls Haltung durchaus hätte auslegen können, möge genügen. 1943 konnte sie aus dem Dienst ausscheiden und trat auf Vermittlung von Kapitelvikar *Dr. Rohracher* eine Stelle im Bad Ischler Krankenhaus an.

Von einem anderen unbeugsamen Gegner des Nationalsozialismus, dem aus Rajach gebürtigen sozialdemokratischen Funktionär *Anton Falle* wird an anderer Stelle die Rede sein.

Am 17. Februar 1945 erfolgte ein Tieffliegerangriff auf Gottestal. Allein das kleine Schulhaus zeigte 19 Einschläge. Am 31. März, dem Karsamstag, wurde Gottestal erneut bombardiert. 13 Bombentrichter hinterließ der Angriff im Dorf; im Gelände zwischen Gottestal und der Drau wurden 33, im nördlich gelegen Waldstück bis zu den Ossiacher Tauern 20 Einschläge gezählt. Verletzte oder Tote gab es glücklicherweise keine.

Wenige Wochen danach war der nationalsozialistische Spuk zu Ende. Der Bau eines großen Panzergrabens in Wernberg, der Teil der Grenzbefestigungen hätte werden sollen, unterblieb. Noch im April 1945 hatte man daran gedacht, jeden Gemeindebürger im Alter zwischen 14 und 60 Jahren durch acht Wochenstunden zum Bau der Panzersperre zu verpflichten.

Auf der alten Verkehrs- und Handelsstraße durch die Gemeinde marschierten in den ersten Maitagen britische Truppen Richtung Landeshauptstadt. Der Krieg war zu Ende. Nun galt es, in allen Lebensbereichen neu zu beginnen.

GEFALLENE UND VERMISSTE DES ZWEITEN WELTKRIEGES

Aichholzer Franz
Anderwald anton
Ambrosch Ferdinand
Belohuby Leopold
Brodnig Anton
Debriacher Hermann
Dragaschnig Vinzenz
Egger Josef
Fallast Franz
Finding Gerhard
Fink Adolf
Fischer Anton
Gabriel Johann
Gaischek Johann
Galler Rudolf
Glantschnig Anton
Glantschnig Franz
Grilz Eduard
Grilz Peter
Gräfitsch Johann
Gräfitsch Peter
Groß Matthäus
Happe Jakob
Happe Johann
Happe Stefan
Hebenstreit Ferdinand
Hrovath Rudolf
Jakobitsch Peter
Jannach Franz
Jauernegger Michael
Jessenitschnig Otto
Kampitsch Johann
Kaschak Alois
Kleber Paul
Knam Alfred
Knobl Franz
Knolz Johann
Kogler Eduard
Kogler Franz
Kogler Matthias
Kogler Willi
Kohlhofer Josef
Kolb Franz
Kopeinig Valentin
Kosche Friedrich
Kowald Josef
Krebel Heinrich
Kury Franz
Kozumplik Leopold
König Franz
Kraus Ernst
Lamprecht Hans
Lassnig Jakob
Lassnig Johann
Lassnig Robert
Lassnig Valentin
Lepuschitz Michael
Michelitsch Franz
Mick Wilhelm
Mossier Franz
Oberthaler Friedrich
Opriesnik Franz
Orasch Johann
Pichler Johann
Piuk Adolf
Prägartbauer Ferdinand
Rainer Matthäus
Rasch Alois
Rasch Johann
Reichmann Franz
Reichmann Karl
Reichmann Valentin
Resei Josef
Ritscher Georg
Rumpold August
sager Alois
Samitz Valentin
Schaller Wilhelm
Scharr Johann
Schacht Lorenz
Schedina Franz
Schellander Anton
Schefmann Leopold
Schiller Johann
Schiller Leopold
Schlitzer Johann
Schuster Othmar
Schuster Rudolf
Sereinig Josef
Spitzer Franz
Stanek Ernst
Sticker Josef
Stockenbojer Hubert
Stockenbojer Josef
Struckl Johann
Struckl Thomas
Sturm Anon
Sturm Gottfried
Tiller Gottlieb
Tischler Philipp
Trapp Josef
Ulbing Ignaz
Weichselbraun Matthias
Weiss Lorenz
Weissensteiner Matthias
Wucherer Thomas
Wuckerlich Franz
Zitterer Franz

Vermisste:

Ivancic Johann
Kuchler Thomas
Matschek Adolf
Tschernitz Rudolf
Urschitz Franz
Wiesmayer Matthias

Neubeginn im neuen Österreich – Wernberg 1945

Ehe wir uns der Entwicklung unserer Gemeinde nach 1945 zuwenden, ist es notwendig einen Blick auf die politische und wirtschaftliche Situation Kärntens in den ersten Jahren nach dem Zweiten Weltkrieg zu werfen.

Während in Wien bereits am 27. April 1945 eine unter dem ehemaligen Staatskanzler der Ersten Republik und späteren ersten Bundespräsidenten der Zweiten Republik Dr. Karl Renner aus Vertretern der SPÖ und der ÖVP gebildete Regierung ein freies und unabhängiges Österreich proklamierte, deutete vorerst nichts auf ein freiwilliges Abtreten der bisherigen Machthaber in Kärnten hin. Im Gegenteil: Gauleiter Rainer rief Anfang Mai die Kärntner Bevölkerung mit Hinweis auf die Verteidigung des Landes in den Jahren 1918–1920 sogar zum „Abwehrkampf" gegen die auf Kärnten zu marschierenden jugoslawischen Truppen auf. Die Moskauer Deklaration vom 1. November 1943, in der die Wiedererrichtung eines freien und unabhängigen Österreich versprochen wurde, hatte dies jedoch von einem eigenständigen Beitrag der Österreicher zur Befreiung ihres Landes abhängig gemacht. Im Frühjahr 1945 fanden sich schließlich die einzelnen bis dahin im Land tätig gewesenen Widerstandsgruppen zu einem gemeinsamen Vorgehen zusammen. Das Ziel ihrer Tätigkeit sollte in den folgenden Monaten ein Dreifaches sein. Zum Ersten und schwierigsten, die Beseitigung des nationalsozialistischen Regimes in Kärnten und die Wiederherstellung demokratischer Strukturen. Zum Zweiten, die Kontaktnahme mit den alliierten Truppen, insbesondere den Briten, um diese aufzufordern, unverzüglich in Kärnten einzumarschieren und zum Dritten, die Hintanhaltung des Einmarsches jugoslawischer Truppen, deren erklärtes Ziel es war, den „slowenischen" Teil Kärntens *von den Nazis zu säubern*, um die Vereinigung dieses Landesteiles mit dem kommunistischen Tito-Jugoslawien vorzubereiten. Am 5. Mai 1945 wurde aus Vertretern der Parteien und den Widerstandskämpfern ein *vorläufiger Vollzugsausschuß* gebildet, dessen Mitglieder in langwierigen, schwierigen und für sie auch persönlich gefährlichen Verhandlungen letztendlich Gauleiter Rainer zum Rücktritt bewegen konnten. Am 6. Mai fielen in Verhandlungen zwischen den Parteien die Entscheidungen über die Zusammensetzung der künftigen, provisorischen Landesregierung. Diese freie und demokratische Regierung ging nun daran, den Marsch der Briten auf Kärnten mit allen Mitteln zu fördern und zu beschleunigen, um ein Eintreffen vor der jugoslawischen Armee in Klagenfurt zu ermöglichen. Gleichzeitig zögerte der spätere Sicherheitsdirektor von Kärnten, Oberst *Josef Stossier*, den Marsch der Tito-Truppen auf die Landeshauptstadt taktisch geschickt hinaus, sodaß bei deren Einmarsch in Klagenfurt bereits britische Truppen in der Stadt waren und Landeshauptmann *Hans Piesch* die Begrüßung der jugoslawischen Armee als Befreier unter dem Hinweis auf bereits eingetroffene englische Truppen ablehnen konnte.

Am 24. Juli 1945 erhielt Piesch aus den Händen des neuen Kommandanten der Militärregierung Ost, Oberst *Simons*, sein Ernennungsdekret zum Landeshauptmann. Ab 25. Juli amtierte wiederum eine Landesregierung, die nach den Wahlen vom 25. November 1945 im Verhältnis 4 SPÖ, 3 ÖVP, je ein Kommunist und ein Vertreter der Kärntner Slowenen beschickt wurde und an deren Spitze weiterhin Piesch stand.

Waren die politischen Rahmenbedingungen klar und einigermaßen stabil, so mußte nun die wirtschaftliche Misere bereinigt werden. Nicht nur die Kärntner Bevölkerung war zu versorgen, sondern auch hunderttausende Flüchtlinge und dies in einem Land, das durch den totalen Krieg in seinen wirtschaftlichen Strukturen gestört und dessen Infrastruktur nicht mehr vorhanden war. Schritt für Schritt gelang es der Probleme Herr zu werden, wenngleich es noch Jahre dauern sollte, bis sich das alltägliche Leben der Menschen einigermaßen normalisieren sollte. Zu den ökonomischen und sozialen Problemen, dem Umstand mit einer Besatzungsmacht leben und verhandeln zu müssen, kamen die als schwere Belastung empfundenen politischen und diplomatischen Auseinandersetzungen mit Jugoslawien, das sich vom Ende des Dritten Reiches eine Revision der Grenzziehung des Jahres 1920 erwartet hatte und mit diesem erklärten Ziel in den Partisanenkrieg gegen Deutschland eingetreten war.

Auf ihrem Weg nach Klagenfurt passierten britische Truppen das Gemeindegebiet von Wernberg. Damit war deutlich, daß die nationalsozialistische Gewaltherrschaft endgültig zu Ende gegangen und *das österreichische Volk von der volksfremden Nazi- und Preußenherrschaft* befreit worden war, wie die Gendarmeriechronik vermerkte. Der Durchmarsch der Engländer löste bei der Bevölkerung *allgemeinen Jubel* aus. Zugleich besetzten jugoslawische Truppen das Gebiet südlich der Drau bis nach Mallestig in der Gemeinde Finkenstein. Doch bereits am 21. Mai mußten sich die Titotruppen nach Jugoslawien zurückziehen.

Probleme bereitete in dieser Zeit neben der Versorgung mit dem Lebensnotwendigen die Zunahme der Kriminalität im Gemeindegebiet. Auch den Fremdarbeitern, die sich noch in der Gemeinde aufhielten, begegneten manche mit Angst, zumal man Vergeltungsaktionen fürchtete. Überwiegend war es jedoch die Not des alltäglichen Lebens, die diese Menschen zu Handlungen zwang, die für den Gesetzgeber den Tatbestand von Diebstahl und *Bandenwesen* erfüllten. Vor diesem Hintergrund wird man auch die Diebstähle in Ragain in den letzten Augusttagen des Jahres 1945 sehen müssen, in denen sich ehemalige Fremdarbeiter *Bargeld, Kleider, Wäsche und Lebensmittel* „organisierten". Als gefährlich sollte sich in der Folge die in großen Mengen zurückgelassene Munition deutscher Truppen erweisen. Ein ungarischer Feldwebel, der im Juni eine Handgranate zum Raubfischen in Wudmat verwendet hatte, wurde durch die Explosion getötet, drei weitere Personen verletzt. Insgesamt waren diese Monate nach Kriegsende trotz sich stabilisierender politischer Verhältnisse und der langsamen Rückkehr zur Normalität mehr als aufregend. Im Monat Juni verübte ein ehemaliger polnischer

Fremdarbeiter in Ragain Selbstmord, im Juli wurde in einem Wald südlich von Wernberg die Leiche eines Mannes gefunden, der einem Raubmord zum Opfer gefallen war und Anfang August brannte das Wirtschaftsgebäude von *Friedrich Struckl* aus Lichpold aus ungeklärter Ursache nieder.

Im Mai hatte die damals noch provisorische Landesregierung Verordnungen hinsichtlich der politischen Neugestaltung in den Gemeinden erlassen. Der jeweilige NS-Bürgermeister sollte abgesetzt werden, an seine Stelle der letzte demokratisch gewählte Bürgermeister treten, sofern er nicht der NSDAP angehört hatte.

Hermann Debriacher blieb vorerst *provisorischer Bürgermeister*. Am 19. Juli 1945 wurde er vom Bahnbeamten *Hermann Pekoll* in dieser Funktion abgelöst. Im August 1945 übernahm dann der Beamte der Bezirkshauptmannschaft Villach *Leber* kommissarisch die Verwaltung der Gemeinde, nachdem, sich die Parteien auf keinen Kandidaten für das Bürgermeisteramt einigen konnten. Kurz darauf kam doch eine Einigung zustande und der Bahnbeamte *Oskar Humele* wurde am 26. August 1945 zum Bürgermeister der Gemeinde Wernberg gewählt.

Am 30. Oktober 1945 trat der Wernberger Gemeinderat zu seiner ersten Sitzung zusammen. An der Spitze der Gemeinde stand der Sozialdemokrat *Humele*. Stellvertreter des Bürgermeisters war *Valentin Schellander*. Desweiteren gehörten dem Gemeinderat *Johann Zerovnik, Gregor Janschitz* und *Ferdinand Oschounig* an. Auf der Tagesordnung standen die Organisation einer *Brennholznotstandsaktion*, die Wahl der Ortsschulräte und die Bildung eines *Wohnungsausschusses*.

Bürgermeister Johann Zerovnik (Original Walter Zehetgruber)

Oskar Humele blieb auch nach den ersten Gemeinderatswahlen 1946 an der Spitze der Gemeindevertretung. Sein Stellvertreter wurde *Ignaz Jellitsch*. Als Bürgermeister folgte Humele *Johann Zerovnik*. Dieser gehörte im übrigen seit 1945 dem Gemeinderat und seit 1946, gemeinsam mit *Valentin Schellander* dem Gemeindevorstand an. Als Mitglieder des *Gemeindeausschusses*, wie der Gemeinderat genannt wurde, verzeichnet das Protokollbuch die Herren *Johann Kuchler, Andreas Winkler, Josef Egger, Valentin Widmann, Dr. Felix Orsini-Rosenberg, Josef Pucher, Martin Cäsar und Andreas Kropfitsch*.

„Die Lage hat sich deutlich gebessert...“ Wernberg 1946–1955

Langsam begann sich das Leben der Menschen zu normalisieren. Die Ernährungslage blieb zwar weiterhin kritisch, Schleichhandel und *Schieberunwesen* waren kennzeichnend für die Versorgungslage, trotzdem mag es den Menschen in unserer Gemeinde mit ihrer agrarischen Struktur besser ergangen sein, als jenen in Österreichs Städten, für die das Kriegsende nicht sofort eine Verbesserung der Ernährungslage mit sich gebracht hatte. Die *Hamsterfahrten* der Städter aufs Land sind wohl vielen aus der älteren Generation noch in Erinnerung.

Einzelne Vereine in der Gemeinde begannen ihre Tätigkeit wiederaufzunehmen. 1946 wurde überdies bereits ein neuer Verein, die Theatergruppe Wernberg, gegründet. Die Feuerwehren im Gemeindegebiet organisierten sich neu und nahmen ihre Tätigkeit, vorerst unter denkbar bescheidenen Bedingungen wieder auf; auch hier war es ein Neubeginn im wahrsten Sinn des Wortes, wenngleich auf erfahrene und verdiente Funktionäre zurückgegriffen werden konnte.

Am 19. September 1946 leitete übrigens *Johann Zerovnik* erstmals eine Sitzung des Wernberger Gemeinderates in seiner Funktion als Bürgermeister. Bis 1969 sollte er an der Spitze der Gemeinde bleiben.

Daß die Sicherheit der Bevölkerung noch nicht im gewünschten Ausmaß gewährleistet war, kennzeichneten die zahlreichen Verstöße gegen Ordnung und Sicherheit, mit denen sich die Beamten des Gendarmeriepostens in diesem Jahr zu befassen hatten, wobei der Schußwechsel mit zwei flüchtigen Raubmördern am 24. Oktober 1946 zweifellos einen „Höhepunkt“ darstellte.

Für Irritationen, ja wohl auch berechtigte Ängste unter der Bevölkerung, sorgten im Jahr darauf die neuerlich erhobenen Ansprüche des nunmehr kommunistischen Jugoslawien auf Teile Kärntens, darunter auch auf das Gebiet der Gemeinde Wernberg. Der Durchsetzung dieser Ansprüche diente auch jene beispiellose Kampagne gegen den damaligen Kärntner Landeshauptmann Hans Piesch, der als Nationalsozialist denunziert wurde, und am 13. März 1947 zurücktrat. *Mit wenigen Ausnahmen*, lesen wir dazu in einem Stimmungsbericht aus diesem Jahr, *lehnt das Volk die Forderungen* (der jugoslawischen Regierung) *kategorisch ab.*

Zwischen Spätherbst 1947 und Februar 1948 konnten zahlreiche Kriegsgefangene, die in der Sowjetunion interniert gewesen waren, heimkehren. Unter diesen befanden sich auch die Wernberger Gemeindebürger *Franz Ulbing, Karl Lotteritsch* und *Ludwig Riawetz.*

Aus dem Jahr 1948 erfahren wir, daß sich die *Sicherheitsverhältnisse etwas gebessert* hätten. Die *politischen Vorgänge im Bundesgebiet* wurden, so hören wir, seitens der Bevölkerung mit wenig Interesse verfolgt. Deren Interesse galt neben der Regelung ihres alltäglichen Lebens vor allem der Frage der Kärntner Südgrenze, deren *Beibehaltung ... die deutsche als auch ein Großteil der slowenisch sprechenden* Wernberger Bevölkerung forderte.

Der Sommer dieses Jahres brachte hohe Gäste nach Wernberg. Am 15. und 18. August passierte Bundeskanzler *Leopold Figl* das Gemeindegebiet, ohne jedoch in Wernberg Halt zu machen. Als knapp ein Monat später Bundespräsident *Renner* auf dem Weg nach Velden Wernberg durchquerte, forderte die begeisterte Bevölkerung, die sich in Unterwernberg zur Begrüßung des Präsidenten eingefunden hatte, eine kurze Unterbrechung der Fahrt. *Der Herr Bundespräsident war*, wie der Postenkommandant vermerkte, *über dieses Verhalten der Bevölkerung keineswegs ungehalten.*

Am 10. Oktober nahm die Gemeindevertretung mit rund hundert Gemeindebürgern an den Feiern zum Tag der Kärntner Volksabstimmung in Klagenfurt teil, die als eindrucksvolles Zeugnis und Bekenntnis zu einem ungeteilten Kärnten gedacht waren.

Ein Hagelschlag, der am 24. August über Wernberg, Schleben, Gottestal, Dragnitz, Duel und Goritschach niederging, vernichtete 60 Prozent der Ernte. Aufsehen erregte in diesem Jahr weit über die Gemeindegrenzen hinaus ein Raufhandel in Wudmat, bei dem ein jugoslawischer Staatsangehöriger einen Landsmann aus Eifersucht mit einem Holzprügel erschlug.

Die Ernährungslage hatte sich im vierten Jahr nach Ende des Krieges bereits *wesentlich* gebessert. Die politische und soziale Lage war stabil. Ziel österreichischer Politik war in diesen Jahren der Abschluß eines Staatsvertrages, mit dem die Republik zu einem gleichrangigen Partner im internationalen Staatenverband werden sollte.

Wie schon im Vorjahr passierte auch im Sommer 1949 der Bundeskanzler das Gemeindegebiet, doch war diese Fahrt nur der Gemeindevertretung und den lokalen Sicherheitsorganen bekannt. Von einer breiteren Öffentlichkeit unbemerkt hielten sich Mitte Oktober zwei weitere hochrangige Politiker im Gemeindegebiet auf. Am 14. Oktober durchfuhr der pakistanische Ministerpräsident in Begleitung des Staatssekretärs im britischen Kriegsministerium das Gemeindegebiet.

Am 9. Oktober 1949 fanden die Landtags- und Nationalratswahlen statt. In der Gemeinde Wernberg erhielt die SPÖ 696, die ÖVP 391, der VDU, der erstmals kandidierte, 219, die KPÖ 49, die slowenische OF 28 und die *christliche Volkspartei* 40 Stimmen. Auch kärntenweit blieb die SPÖ stimmenstärkste Partei und stellte weiterhin in der Person von *Ferdinand Wedenig*, der 1947 Hans Piesch in dieser Funktion gefolgt war, den Landeshauptmann.

Waren im Herbst des vergangenen Jahres Landtag und Nationalrat neu zu beschicken gewesen, so stand am 12. März 1950 die Wahl der Gemeindevertretung an. Rund 80 Prozent der Gemeindebürger nahmen an der Wahl teil. 658 Stimmen konnte die SPÖ auf sich vereinigen, die mit dem bisherigen Bürgermeister, dem Gastwirt *Johann Zerovnik*, ins Rennen um die Macht in der Gemeindestube gegangen war. Die ÖVP erhielt bei dieser Wahl nur 200 Stimmen, gemessen am Landtags- und Nationalratswahlergebnis des Vorjahres bedeutete dies den Verlust von fast 50 Prozent der Stimmen. Zweitstärkste Partei nach der SPÖ wurde der VDU mit beachtlichen 316 Stimmen. Die KPÖ kam bei dieser Wahl auf 51, die slowenische Partei auf 38 Stimmen.

MITGLIEDER DES GEMEINDERATES NACH DER WAHL VOM 12. 3. 1950

Bürgermeister:
Johann Zerovnik

Vorstandsmitglieder:
Ignaz Jellitsch
Urban Lassnig
Matthias Cäsar

Ausschußmitglieder:
Franz Spitzer
Valentin Widmann
Valentin Tschofenig
Josef Egger
Johann Kuchler
Peter Weichselbraun
Hermann Debriacher
Lukas Pichler
Gottfried Krainer
Josef Pucher

Wie schon in den Jahren zuvor durchfuhren auch 1950 wieder *mehrere Regierungsmitglieder sowie prominente Persönlichkeiten*, ohne jedoch in Wernberg Halt zu machen, das Gemeindegebiet.

Ein Feuer vernichtete Ende Juni 1950 das Wohnhaus von *Valentin Fischer* in Terlach. Bereits eine Woche später schlug der Feuerteufel wieder zu, dem das Wohngebäude der Keuschlerin *Theresia Rieber* zum Opfer fiel.

In diesem Jahr durchlebte die Zweite Republik auch eine ihrer ersten schweren Krisen. Doch die Destabilisierung des Landes durch einen von der KPÖ organisierten Streik verhinderte das mutige und couragierte Eintreten von Franz Olah, dem damaligen Chef der Bau- und Holzarbeitergewerkschaft und späterem Innenminister.

In Föderlach begann die Firma *Kunz & Co* 1950 mit dem Betrieb einer Kiesgewinnungsanlage sowie mit der Erzeugung von Zement.

Obwohl die Versorgung der Bevölkerung mit Lebensmitteln als gut zu bezeichnen war, konnte, *infolge neuerlicher Verteuerung der Gebrauchsgüter eine wesentliche Hebung des Lebensstandards der Bevölkerung nicht erzielt werden.* Kurzfristig kam es 1951 sogar zu einer Verknappung von Frischfleisch, sämtliche Lebensmittel waren jedoch ausreichend vorhanden. Von den zahlreichen Persönlichkeiten, die Wernberg in diesem Jahr, zumindest durch Passieren des Gemeindegebietes die Ehre gaben, zählten Österreichs neuer Bundespräsident *Theodor Körner*, der dem zu Jahresende 1950 verstorbenen *Karl Renner* gefolgt war, und die Schwester des englischen Königs. Beide Fahrten erfolgten jedoch inkognito und blieben daher von der Öffentlichkeit unbemerkt.

Das Protokoll dieses Jahres verzeichnet auch wiederum einen Brand; am 3. Dezember vernichtete ein Feuer das Wohngebäude von *Philipp Gabriel* in Kaltschach.

Den wirtschaftlichen Aufschwung dieser Jahre kennzeichnete auch im Gemeindegebiet die zunehmende Bautätigkeit. Fortan sollte Jahr um Jahr eine beachtliche Anzahl an Eigenheimen entstehen, die das Bild der einzelnen Ortschaften grundlegend verändern soll-

Das 1954 eröffnete Amtsgebäude der Gemeinde Wernberg (Original Walter Zehetgruber)

te. Wernberg wurde endgültig zur Zuzugsgemeinde im Nahebereich von Kärntens zweitgrößter Stadt. Auch für kleinere Industriebetriebe wurde der Standort Wernberg mit seinen noch günstigen Grundstückspreisen immer interessanter. Bereits 1950 hatte die Firma *Kunz & Co* den Anfang gemacht, in den folgenden Jahren sollten weitere Firmen folgen.

Negativ war allerdings der Rückgang der Nächtigungen. Der Fremdenverkehr, der eine willkommene Einnahme darstellte entwickelte sich im Gemeindegebiet nicht wie gewünscht.

Aufsehenerregend war am 15. Februar 1952 der Unfall im Bahnhof von Föderlach, als infolge Schlechtwetters zwei Züge zusammenstießen. Glücklicherweise wurde dabei niemand verletzt.

Die zahlreichen Arbeitslosen im Winter 1952/53 verhießen für das neue Jahr nichts Gutes. Der wirtschaftliche Aufschwung schien gebremst. Während des Jahres stabilisierte sich jedoch die Lage und auch im Gemeindegebiet war der Aufschwung, den Land und Wirtschaft nun nahmen, an den überall emporschießenden Einfamilienhäusern zu ermessen.

Eröffnung des Amtsgebäudes 1954 (Original Walter Zehetgruber)

In Zeiten dieses Baubooms konnte auch die Gemeinde als solche nicht zurückstehen, zumal ein neues Amtsgebäude dringend notwendig war. Im Frühjahr 1953 fiel der Entschluß zum Bau, bereits im November war der Rohbau fertiggestellt.

Und auch der Fremdenverkehr, dessen Entwicklung noch im Jahr zuvor, zu wenig Hoffnung Anlaß geben hatte, entwickelte sich prächtig und bescherte nach *Rekordziffern* Gemeinde wie Gemeindebürgern beachtliche Einnahmen.

Am 8. November 1954 konnte das neue Amtshaus seiner Bestimmung übergeben werden. Die Eröffnung nahm Landeshauptmannstellvertreter *Krassnig* vor. Als weitere Ehrengäste konnte Bürgermeister *Zerovnik* Nationalrat *Populorum*, Bundesrat *Sima* und Bezirkshauptmann *Dr. Pacher* begrüßen.

Zerovnik war im übrigen in diesem Jahr von der Wernberger Bevölkerung eindrucksvoll in seinem Amt bestätigt worden. Bei den Gemeinderatswahlen fielen neun der 14 Sitze im Gemeinderat der SPÖ, fünf der aus ÖVP und VDU gebildeten *Heimatliste* zu.

Mitglieder des Gemeinderates nach den Wahlen vom 12. 3. 1954:

Bürgermeister:
Johann Zerovnik

Vorstandsmitglieder:
Johann Kuchler
Leopold Schiller
Peter Weichselbraun

Ausschußmitglieder:
Georg Pucher
Anton Kuchler
Franz Aufegger
Peter Keuschnig
Franz Spitzer
Josef Pucher
Walter Zehetgruber
Valentin Widmann
Hermann Debriacher
Valentin Tschofenig

Den wirtschaftlichen Aufschwung, den das Land nahm, konnten die Föderlacher in diesem Jahr tagtäglich erleben. Der für das Reißkofelkraftwerk benötigte Kies wurde von den Draukraftwerken in Föderlach gewonnen. In den Spitzenzeiten verließen pro Tag rund 40 Waggon Kies den Föderlacher Bahnhof.

Am 15. Mai 1955 wurde im Wiener Belvedere der Staatsvertrag unterzeichnet. Zehn Jahre nach Kriegsende wurde die Republik nun für alle Welt sichtbar zum gleichberechtigten Partner im Konzert der Mächte. Aus einem wirtschaftlich devastierten, in seinem Selbstverständnis umstrittenen und in seinen Grenzen bedrohten Land war binnen eines Jahrzehntes ein blühendes Land geworden.

Für unsere Gemeinde verzeichnet die Chronik in diesem bedeutenden Jahr neben der unvermindert anhaltenden Bautätigkeit, den Beginn des Ausbaus der bisher eingleisigen Bahnstrecke durch das Gemeindegebiet und – als Kuriosum am Rande – die Verhaftung eines Hochstaplers, der in Spanien, Frankreich, Italien und Teilen Österreichs als Geistlicher aufgetreten war und beträchtlichen Schaden angerichtet hatte. Am 20. März konnten Beamte des Gendarmeriepostens Wernberg diesen „geistlichen Herren" dingfest machen.

„Ganz Wernberg gleicht einer grossen Baustelle" 1956–1970

Die folgenden eineinhalb Jahrzehnte sind vor allem durch die große Bautätigkeit im Gemeindegebiet gekennzeichnet. Der Ausbau der Eisenbahnstrecke Föderlach–Villach wurde 1956 fortgesetzt und konnte noch vor dem Wintereinbruch abgeschlossen werden. Planmäßig beendet wurde auch der Umbau der Eisenbahnbrücke bei Gottestal, die ebenfalls mit *Winterfahrplan 1956* in Betrieb genommen wurde.

Mit Schaffung des österreichischen Bundesheeres rückten damals die ersten Wernberger Gemeindebürger der Zweiten Republik zu Ableistung ihres Präsenzdienstes ein.

Besuch von Bundespräsident Dr. Adolf Schärf in Wernberg 1957 (Original Leopold Schmoliner)

1948 hatte die Begeisterung der Wernberger Bevölkerung Bundespräsident *Renner* zu einem kurzen Aufenthalt in der Gemeinde veranlaßt. Sein Nachfolger *Theodor Körner* hatte das Gemeindegebiet ebenfalls des öfteren passiert, ohne jedoch hier Halt zu machen. Am 22. September 1957 konnte Bürgermeister *Zerovnik* den neuen Präsidenten der Republik *Dr. Adolf Schärf* in Wernberg willkommen heißen. Der Bundespräsident stattete bei seinem Kärntenbesuch auch der Gemeinde Wernberg einen offiziellen Besuch ab.

Die rege Bautätigkeit in der Gemeinde hielt unvermindert an. Seitens der Gemeinde wurde daher der Ausbau der notwendigen Infrastruktur immer dringender. 1957 begann man mit dem Bau einer Wasserleitung in Umberg, der bereits im Jahr darauf abgeschlossen werden konnte.

Während Umberg eine neue Wasserleitung erhielt, wurde Föderlach 1958 mit einer neuen, modernen Ortsbeleuchtung ausgestattet, wie überhaupt der Ausbau des Stromnetzes im Gemeindegebiet Jahr für Jahr weiter vorangetrieben wurde. Allein 1958 wurden 24 Baubewilligungen erteilt. Die Nächtigungszahlen im Fremdenverkehr brachten 1958 einen Zuwachs von mehr als 1000 Nächtigungen.

Die Gemeinderatswahlen dieses Jahres brachten der SPÖ unter Bürgermeister *Zerovnik*, einen durchschlagenden Erfolg. Von 1555 gültigen Stimmen entfielen 1021 auf die Sozialdemokraten. Die FPÖ konnte mit 279 Stimmen Platz zwei knapp vor der ÖVP mit 255 Stimmen halten. Die SPÖ war fortan mit 10, FPÖ und ÖVP mit je zwei Mandaten im Gemeinderat vertreten. Der Bürgermeister, nunmehr 12 Jahre im Amt, wurde mit dem *Silbernen Verdienstzeichen* der Republik Österreich ausgezeichnet.
An Negativem verzeichnet die Chronik neben zwei Waldbränden, und zwei Leichenfunden am Draufer die Zunahme des Verkehrs, wobei Unfälle nicht ausbleiben konnten. So bestand bei einem Tankwagenunfall im August höchste Explosionsgefahr.

Auch 1959 konnten das Strom- und Telefonnetz im Gemeindegebiet bedeutend erweitert werden. Mit diesem Jahr war nun auch Terlach mittels Bus erreichbar, nachdem die über Wernberg, Kaltschach und Damtschach führende Buslinie weiter ausgebaut worden war. Und Unterwernberg erreichte man in diesem Jahr von Gottestal aus auf der neu ausgebauten Gemeindestraße.

Die Nationalratswahlen 1959 hatten, wie der Postenkommandant in der Gendarmeriechronik vermerkte, *keine wesentliche Änderung der politischen Struktur der Gemeinde* zur Folge. Die SPÖ lag mit 1026 von 1670 gültigen Stimmen unangefochten an der Spitze. Die ÖVP kam mit 376 Stimmen, immerhin rund 120 mehr als bei der Gemeinderatswahl im Vorjahr, nunmehr auf den zweiten Platz. Die FPÖ erreichte 240, die KPÖ 21 Stimmen.

Der Fremdenverkehr brachte der Gemeinde in diesem Jahr einen Zuwachs von 5000 Nächtigungen. Der blühende Tourismus, von dem Wernberg wie der Rest Kärntens nun profitierte, brachte jedoch auch ein erhöhtes Verkehrsaufkommen mit sich. Allein im Gebiet des Gendarmeriepostens Wernberg gab es 1960 120 Verkehrsunfälle.

Neben 40 Privatpersonen, denen in diesem Jahr Baubewilligungen erteilt worden waren, trat auch die Gemeinde wiederum als Bauherr auf. In Goritschach wurde ein Grundstück erworben, auf dem die neue Volksschule errichtet werden sollte. Nicht ohne Stolz vermerkt die Gendarmeriechronik, daß einer der mächtigsten Männer der Welt, der Chef der KPDSU *Nikita Chruschtschow*, der in Wien mit dem amerikanischen Präsidenten *John F. Kennedy* zusammentraf, am 6. Juli das Gemeindegebiet passierte. Den 40. Jahrestag der Kärntner Volksabstimmung beging man am 10. Oktober in einer *Abstimmungsfeier* am Radenigkogel in Kaltschach.

Der Ausbau der Föderlacher Straße, mit dem man im Vorjahr begonnen hatte, wurde 1961 weiter geführt und mit der Asphaltierung abgeschlossen. Auch der Bauboom, der für die Gemeinde kennzeichnend war, hielt unvermindert an. 1961 begannen 30 Wernberger Familien mit dem Bau eines Eigenheimes. Auch die Nächtigungsziffern im Fremdenverkehr konnten sich sehen lassen. Hatte man 1960 rund 17.000 Nächtigungen im Gemeindegebiet gezählt, waren es in diesem Jahr bereits 29.977.

War der Ausbau der Föderlacher Landstraße im Vorjahr bereits abgeschlossen worden, so folgte nunmehr der Ausbau der Gemeindestraße von Föderlach nach Wernberg, wie überhaupt der Ausbau des Straßen- und Wegenetzes im Gemeindegebiet gerade in diesen Jahren forciert und vorangetrieben wurde, nicht zuletzt, da auch die zahlreichen Neubauten in der Gemeinde – 1962 gab es rund 50 Baubewilligungen für Um- und Neubauten – den Ausbau der notwendigen Infrastruktur erforderlich machten.

Die Nationalratswahl am 18. November 1962 brachte der Wernberger ÖVP Gewinne, während SPÖ und FPÖ an Stimmen verloren. Letztere büßte damals fast ein Sechstel ihrer Wähler ein. Die Gendarmeriechronik verzeichnet für dieses Jahr neben zwei Toten in den Gestaden der Drau, 102 Verkehrsunfälle und fünf Brände, darunter drei Großbrände.

Obwohl für 1963 ein leichter Konjunkturrückgang zu verzeichnen war, tat dies der Bautätigkeit in der Gemeinde keinen Abbruch. 35 Neubauten entstanden allein in diesem Jahr, des weiteren wurden sechs Konzessionen vergeben. Der Ausbau des Straßennetzes ging weiter, so wurde die Gemeindestraße von Kaltschach über Damtschach nach Terlach erweitert und asphaltiert. Und auch die durch das Gemeindegebiet führende Bundesstraße erhielt eine neue Asphaltdecke.

Auch 1963 waren die Gemeindebürger wiederum zur Wahl aufgerufen. Bei der Bundespräsidentenwahl konnte der bisherige Amtsinhaber *Dr. Adolf Schärf* 1232 Wernberger Stimmen für sich gewinnen, während 472 Gemeindebürger für seinen Mitbewerber um das höchste Amt im Staat, den früheren Bundeskanzler *Ing. Julius Raab*, votierten.

Die rege Bautätigkeit der Wernberger Bürger, die uns schon bisher bei unserem Gang durch die Gemeindegeschichte seit 1945 begleitet hat, erreichte 1964 einen weiteren Höhepunkt. 31 Gemeindebürger stellten den Antrag, einen Neubau zu bewilligen, 33 einen auf einen Um- bzw. Ausbau von schon bestehenden Objekten. Zudem wurden elf neue Konzessionen vergeben. Dies allein schon machte den weiteren Ausbau des Strom- und Wegenetzes notwendig, sodaß drei neue Trafostationen errichtet und die Gemeindestraßen in Trabenig, Goritschach, Rajach und Umberg ausgebaut und asphaltiert wurden, während zudem mit dem Ausbau der Krottendorfer Gemeindestraße begonnen wurde. Der stete Ausbau des gemeindeeigenen Straßennetzes machte auch die Anschaffung neuer Geräte für den Maschinenpark der Gemeinde notwendig, so wurden 1964 allein für Schneeräumungsgeräte 60.000 Schilling aufgewendet.

Das Bild der Gemeinde, in den vergangenen zwei Jahrzehnten ohnehin schon stark verändert, sollte eine weitere einschneidende Änderung erfahren. Die Trassierung der Autobahn, die mitten durch das Gemeindegebiet führen sollte, wurde endgültig abgeschlossen. 15 Objekte mußten der Straße Platz machen. Aber auch auf der B 17 kam es zum Abbruch von drei Objekten, sodaß die *Kriechspur* am *Zwanzgerhügel* ausgebaut werden konnte. Eine Veränderung gab es auch in unmittelbarer Nachbarschaft der Gemeinde Wernberg. Durch die Gemeindezusammenlegung verlor man die Nachbargemeinde Lind ob Velden, die auf Velden und Rosegg aufgeteilt wurde.

Am 1. März 1964 stand die Neuwahl des Gemeinderates an. Wiederum ging die SPÖ mit 975 Stimmen und elf Mandaten als stimmenstärkste Partei aus ihr hervor. Die ÖVP erreichte mit 340 Stimmen vier Gemeinderatssitze, die FPÖ mit 273 drei Mandate. Die 55 Stimmen, die die lokale KPÖ errang, waren zu wenig, um im Gemeinderat mit einem Mandat vertreten zu sein. Während also diese Wahl *keine wesentliche Änderung* brachte, verursachte das Ausscheiden von *Franz Olah* aus der Bundesregierung unter der örtlichen Bevölkerung *einige Unruhe und löste Diskussionen aus*.

Für dieses Jahr sind zwei besondere Feiern zu verzeichnen. Am 30. Mai 1964 gedachte man in einer *würdigen Feier* des hundertjährigen Bestehens der Bahnstrecke Klagenfurt–Villach, wobei Bundespräsident *Schärf*, der aus diesem Anlaß in Kärnten weilte, in Föderlach *aus dem Salonzug ausstieg, von den örtlichen Behörden und der Bevölkerung mit folkloristischen Darbietungen begrüßt wurde und anschließend die Reise mit einer Sonder-Garnitur, bestehend aus einer Zugabteilung, die diese Strecke vor hundert Jahren befahren hatte ... nach Villach fortsetzte*. Am 20. November nahm schließlich Diözesanbischof

100-Jahr-Feier der Bahnstrecke Klagenfurt–Villach 1964 (Original Rudolf Petritsch)

DDr. Josef Köstner unter prominenter geistlicher Assistenz die Konsekration der renovierten Kirche des Missionsklosters Wernberg vor. Die einstige Schloßkapelle hatte im Laufe der Jahrhunderte u.a. auch als Stall, Lagerraum und Keller gedient. Mit beträchtlichem finanziellen Aufwand seitens des Klosters und verschiedener Gönner konnte die profanierte Kapelle wiederhergestellt werden.

Während bundesweit eine Stagnation der *wirtschaftlichen Verhältnisse* konstatiert wurde, verzeichnete die Gemeinde Wernberg ein weiteres Jahr *wirtschaftlichen Aufstiegs*, wovon vier gewährte Konzessionen für neue Fremdenverkehrsbetriebe, 35 Neubauten, 26 Umbauten, zwei neue Trafostationen und der weitere Ausbau des Wegenetzes, diesmal in Krottendorf, Sand und auf der Strecke Schloß Wernberg–Gottestal sowie rund 52.200 Nächtigungen beredtes Zeugnis gaben.

Die Verhandlungen über die Grundablösen im Zuge des Autobahnbaues waren 1965 zu 98 Prozent abgeschlossen. Sieben Familien, deren Häuser dem Straßenbau zum Opfer gefallen waren, begannen bereits mit dem Neubau ihrer Häuser.

Am 7. März 1965 fand in Saag bei Velden die Spatenstichfeier für die Autobahn Klagenfurt–Wernberg in Anwesenheit von Bundeskanzler *Dr. Josef Klaus* statt.

Von der Unwetterkatastrophe, die Kärnten in diesem Jahr heimsuchte, blieb die Gemeinde weitestgehend verschont, von vier durch den Wasserstau der Drau überfluteten Kellern und der Flutung größerer Wiesenflächen und des Kieswerkes der Firma *Kunz* abgesehen. Weit größeren Schaden hatten Stürme und Schneebrüche in diesem Jahr in einzelnen Waldungen des Gemeindegebietes verursacht.

Sowohl an der Spitze des Landes wie an der Staatsspitze kam es zu Veränderungen. Landeshauptmann Wedenig, der seit 1947 amtiert hatte, zog sich mit Ende der Legislaturperiode ins Privatleben zurück. Ihm folgte als neuer Kärntner Landeshauptmann *Hans Sima*. Die Landtagswahlen am 13. März brachten der SPÖ in Wernberg 955 Stimmen, der ÖVP 363, der FPÖ 213. Nach dem Tod von Bundespräsident *Schärf* bewarben sich u.a. der Wiener Bürgermeister *Franz Jonas* und Altbundeskanzler *Alfons Gorbach* um das höchste Amt im Staat. Bei einer Wahlbeteiligung von 90 Prozent votierten am 23. Mai

1965 1182 Wernberger für *Jonas*, 567 für *Gorbach*.

Der Herbst dieses Jahres brachte der Gemeinde schließlich die offizielle Eröffnung eines weiteren Industriebetriebes. Am 18. Oktober wurde das zentrale Warenlager der Handelskette *SPAR*, mit dem die Einzelgeschäfte in Kärnten und Osttirol versorgt werden sollten, seiner Bestimmung übergeben werden.

Nach den Landtags- und Präsidentenwahlen im Vorjahr waren die Bürger 1966 zur Wahl eines neuen Nationalrates aufgerufen. Während die ÖVP unter dem gebürtigen Kärntner *Dr. Josef Klaus* die absolute Mehrheit errang und die Große Koalition, die bis dahin das politische Leben im Land bestimmt hatte, endgültig der Vergangenheit angehörte, sah die politische Welt in Wernberg anders aus. Wie bei allen Wahlen zuvor stimmte auch bei dieser Wahl die Mehrheit der Gemeindebürger für die SPÖ (1006 Stimmen), während die ÖVP 460 Stimmen errang und sich die FPÖ mit 202 Stimmen bescheiden mußte.

Die Bautätigkeit in der Gemeinde hielt unvermindert an. Der Bau der 5-klassigen Volksschule Damtschach stand knapp vor seiner Vollendung, der Ausbau der B 17 wurde weiter vorangetrieben und auch der Autobahnausbau machte, wie uns unser Chronist berichtet, *gute Fortschritte*.

Der Vollständigkeit halber sei für 1966 noch die Durchfahrt des sowjetischen Staatspräsidenten *Podgorny* am 18. November durch Wernberg vermerkt.

Im Laufe des Jahres 1967 konnte der Betrieb in der neuerrichteten 5-klassigen Volksschule Damtschach aufgenommen werden. Seitens der Gemeinde wurde der Ausbau einer Gemeindewasserleitung projektiert.

Neue Dimensionen im Straßenbau führte den Wernberger Gemeindebürgern der Bau der Autobahn vor Augen. In Kantnig entstand ein Lager für rund 200 Arbeitskräfte, in Kaltschach sollten für den Bau eine Million Kubikmeter Fels abgesprengt werden.

Die Volksschule Damtschach, die ihren Betrieb bereits aufgenommen hatte, wurde nunmehr auch offiziell übergeben. Insgesamt hatte der Neubau 5,3 Millionen Schilling gekostet. Gleichzeitig wurde in Goritschach mit dem auf fünf Millionen projektierten Bau der dortigen Volksschule begonnen. Wie gewaltig die Investitionen in diesem Jahr waren, mag man auch daran ermessen, daß allein 1968 rund 18 Kilometer Gemeindestraßen ausgebaut bzw. neu asphaltiert wurden.

Besorgniserregend war hingegen der Einbruch im örtlichen Fremdenverkehr. Die Nächtigungen gingen um 25 Prozent zurück. Manche der entgangenen Einnahmen machten jedoch die rund 250 Arbeiter wett, die damals beim Autobahnbau eingesetzt waren. Im Mai besuchte Bundesminister *Kozina* die Gemeinde und besichtigte die Baustelle in Wernberg–Sand. Wernberg gleiche, so der abschließende Jahresrückblick des damaligen Postenkommandanten, dank des Autobahnbaues einer *einzigen großen Baustelle*.

Doch nicht nur der Bund trat im Gemeindegebiet als großer Bauherr auf. Die Chronik des Jahres 1969 verzeichnet an von der Gemeinde getragenen Projekten neben dem

Bau der Wasserleitung in Umberg (Original Franz Zwölbar)

Bau der Volksschule in Goritschach, den Ausbau der Gemeindewasserleitung, der bestens voranschritt, die Übergabe des neuerrichteten Feuerwehrrüsthauses in Wernberg und die Sanierung des Gemeindeweges von Neudorf nach Goritschach.

Am 31. Jänner 1969 war übrigens die Ära Zerovnik zu Ende gegangen. Nach 23 Jahren an der Spitze der Gemeinde, die während dieser Zeit einen enormen Aufschwung genommen hatte, zog sich Bürgermeister Zerovnik ins Privatleben zurück. Die Gemeinde würdigte seine Verdienste mit der Ernennung zum Ehrenbürger. Zu seinem Nachfolger wurde der Leiter der Volksschule Damtschach *Erich Hochenberger* gewählt.

Zu Beginn des Schuljahres 1970/71 konnte der Bau der Volksschule Goritschach abgeschlossen werden. Auch der Ausbau der Gemeindewasserleitung für das Gebiet nördlich der Triestiner Bundesstraße wurde erfolgreich beendet, ebenso die Asphaltierung der Straße von Trabenig nach Damtschach. Noch immer verzeichnete die Gemeinde einen regen Zuzug an neuen Gemeindebürgern, was sich nicht zuletzt in den zahlreichen Neu- und Umbauten von Privathäusern niederschlug.

Am 31. Juli 1970 konnte der neue Bautenminister *Josef Moser* den Autobahnabschnitt Wernberg–Töschling eröffnen.

NEUE BÜRGER – NEUE HERAUSFORDERUNGEN 1971–1990

Den gewaltigen Aufschwung, den die Gemeinde seit 1945 genommen hatte, spiegeln auch die Zahlen der Volkszählung des Jahres 1971 wieder, die 3348 Gemeindebürger ergab. Knapp 90 Jahre zuvor hatte die Einwohnerzahl der Gemeinde 2276 Personen betragen, am Vorabend des ersten Weltkrieges 2553, 1930 2102 und 1963 3026 Einwohner.

Der von den Wernberger Gemeindevätern in Angriff genommene Ausbau der notwendigen Infrastruktur wurde auch im neuen Jahrzehnt mit Vehemenz vorangetrieben. Bereits 1971 konnte der zweite Bauabschnitt der Gemeindewasserleitung übergeben und die Ortschaften Goritschach, Schleben, Zettin, Neudorf und Kletschach wie Teile Föderlachs an das neue Wassernetz angeschlossen werden. Ebenso wurde ein weiteres Teilstück des umfänglichen Wegenetzes in der Gemeinde, diesmal die Gemeindestraße nach Lichtpold, fertiggestellt. In diesem Jahr wurde, lange bevor dies kärntenweit Standard und selbstverständlich wurde, die öffentliche Müllabfuhr seitens der Gemeinde eingeführt und zur Lagerung des Mülls ein Grundstück in Umberg angekauft.

Die neue Volksschule in Goritschach sollte zukünftig einen eigenen Sportplatz erhalten, wozu der Ankauf eines Grundstückes durch die Gemeinde notwendig geworden war. Und schließlich eröffnete im Schloß Wernberg 1971 ein Kindergarten, der *bei der Bevölkerung großen Anklang fand*.

Auch 1972 blieb die rege Bautätigkeit im Gemeindegebiet unverändert. Der Ausbau der gemeindeeigenen Wasserleitung wurde weiter vorangetrieben und Gottestal, Duel und Föderlach an das Netz angeschlossen, die von Goritschach nach Duel führende Gemeindestraße asphaltiert, der Ort Wernberg mit einer neuen Straßenbeleuchtung ausgestattet, der Fuhrpark der Gemeinde erhielt im Wernberger Feuerwehrhaus eine neue Bleibe. Der Bau der Draubrücke bei Föderlach, mit der man im Vorjahr begonnen hatte, konnte wie geplant abgeschlossen werden.

Veränderungen der Gemeindegrenzen brachte das Gemeindezusammenlegungsgesetz, mit der eine Reihe von Kärntner Gemeinden zu Großgemeinden vereinigt wurden. Für Wernberg bedeutete dieses Gesetz eine Bereinigung seiner Gemeindegrenzen mit den Nachbargemeinden Velden und Rosegg. An erstere wurden die Orte Weinzierl, der westliche Teil von Bach, Rajach und der östliche Teil Sternbergs abgetreten. Von Rosegg wurden Wudmath und der restliche Teil Föderlachs Wernberg zugeschlagen. Insgesamt hatte diese „Grenzbereinigung" für Wernberg den Verlust von 70 Gemeindebürgern zur Folge.

Das Gebäude der einstigen Volksschule Gottestal, das seit zwei Jahren leerstand, wechselte in private Hände. Anstelle der ABC-Schützen, die dort in die Welt der Buchstaben und Zahlen eingeführt worden waren, entstand in dem Gebäude ein Preßwerk für Plastikwaren.

Kärnten- und österreichweit stand man in diesem Jahr im Bann der Ereignisse rund um den sogenannten Ortstafelsturm. Der Erlaß, nach dem in rund 205 Südkärntner Orten zweisprachige Ortstafeln aufzustellen waren, stürzte das Land beinahe ins Chaos und führte in Folge zum Rücktritt des Kärntner Landeshauptmanns *Hans Sima*.

Grundlegende Veränderungen für Wernberg brachten die Gemeinderatswahlen vom 25. März 1973. Die SPÖ blieb mit elf Mandaten zwar stimmenstärkste Partei, mußte jedoch den Verlust der absoluten Mehrheit hinnehmen. Die ÖVP kam auf fünf, die FPÖ auf drei und die *Wählergemeinschaft Wernberg*, die bei dieser Wahl erstmals antrat, erreichte vier Mandate. Zum Bürgermeister wurde *Dir. Erich Hochenberger* gewählt.

Im Juli 1973 fand in Föderlach schließlich die offizielle Übergabe der Draubrücke nach St. Niklas durch Landesrat Knafl statt, die im Jahr zuvor fertiggestellt worden war.

Trotz rückläufiger Zahlen im Fremdenverkehr wird die wirtschaftliche Lage in der Gemeinde 1974 von unserem Chronisten allgemein mit *gut* beschrieben. Die Bautätigkeit im Gemeindegebiet erreichte in diesem Jahr mit

98 Bauansuchen, *größtenteils von auswärtigen Bauwerbern*, einen einsamen Höhepunkt. Aber auch die Gemeindeverwaltung trat, wie schon in den vergangenen Jahren, als Bauherr auf. Gottestal erhielt eine Aufbahrungshalle, in Duel wurde mit dem Bau der Kanalisation begonnen und der Ausbau der Gemeindewasserleitung konnte abgeschlossen werden. Zudem machte die rege Bau- und Siedlungstätigkeit im Gemeindegebiet den Ausbau der Straßenbeleuchtung in mehreren Orten notwendig. Im Juli dieses Jahres verstarb Altbürgermeister und Ehrenbürger Johann Zerovnik.

Einen bedeutenden wirtschaftlichen Impuls für Wernberg bedeutete die Ansiedlung der Firma *TANN Fleisch- und Wurstfabrik* in Duel, die am 8. Juli ihren Betrieb mit 150 Beschäftigten aufnahm und offiziell am 20. Oktober durch Landeshauptmannstellvertreter *Herbert Bacher* eröffnet wurde.

Im Zeichen der Feuerwehr stand am 30. Juli dieses Jahres Föderlach, dessen Wehr einen neuen Rüstwagen erhielt.

Mit 51.843 Nächtigungen erreichte der Fremdenverkehr 1975 einen neuen Höhepunkt. Auch die Bautätigkeit hielt unvermindert an. Besondere Osterfeiertage bedingte in diesem Jahr der verspätete Wintereinbruch zwischen 28. und 31. März, in dem im Gemeindegebiet zwischen ein und zwei Meter Schnee fielen.

Am 29. Juni fand die Fahnenweihe der Ortsgruppe Wernberg des Kärntner Abwehrkämpferbundes statt. Die Feier zog eine Reihe von *unerfreulichen Auseinandersetzungen* zwischen Vertretern der Kärntner Slowenen und dem Kärntner Heimatdienst nach sich.

Austausch der Partnerschaftsurkunden zwischen den Gemeinden Wernberg-Köblitz (D) und Wernberg in Kärnten am 4. September 1977, rechts der damalige Wernberger Bürgermeister Erich Hochenberger (Original Georg Schulnig)

Erstmals seit Jahren stagnierte 1976 die Bautätigkeit in der Gemeinde. Auch der Fremdenverkehr verzeichnete rückläufige Zahlen. Hatte es im Vorjahr noch 51.843 Nächtigungen gegeben, waren es nun bereits 3500 weniger. In Damtschach wurde mit dem Bau der Aufbahrungshalle begonnen.

Die schwächere Konjunktur war im nächsten Jahr auch in Wernberg deutlich zu spüren. Sowohl die Bautätigkeit wie der Fremdenverkehr wiesen einen Rückgang um 5 Prozent auf. Im Zeichen von Schloß Wernberg stand die Gemeinde in den letzten Julitagen des Jahres, in denen in einer dreitägigen Feier der wechselvollen Geschichte des für Ort und Gemeinde namengebenden Adelssitzes gedacht wurde. Zum Abschluß der Festlichkeiten konnten als Ehrengäste die beiden Landeshauptmannstellvertreter *Erwin Frühbauer* und *Herbert Bacher* begrüßt werden.

Einen Höhepunkt des Jahres bildete der Abschluß einer Gemeindepartnerschaft mit der Gemeinde von Wernberg-Köblitz in Bayern und der Gemeinde Wernberg in Kärnten. Die beiden Kommunen hatten dies in ihren Sitzungen am 23. Juni und 20. Mai 1977 beschlossen. Die Partnerschaftsurkunde wurde am 4. September 1977 in Wernberg (K) unterzeichnet. Ziel dieser Partnerschaft ist eine *Vertiefung der bestehenden Verbindung, vorgezeichnet durch das Geschlecht der Khevenhüller, und eine Anpassung an die heutigen Verhältnisse.* Dies soll auf *Basis von Vereinen und Organisationen* erfolgen und zu *freundschaftlichen Kontakten und gegenseitiger Achtung und Unterstützung zwischen den Bürgern der Partnerschaftsgemeinden führen.*

Für 1979 verzeichnet die Chronik eine leichte Besserung der wirtschaftlichen Lage, namentlich beim Fremdenverkehr gab es ein leichtes Plus. Als ein möglicher Impuls dafür mochte die kostenlose Benützung des Gemeindefreibades in Duel für Einheimische wie Gäste gelten.

Mit 31. Dezember 1979 trat der erste Wernberger Arzt Medizinalrat *Dr. Karl Resch* in den dauernden Ruhestand, nachdem er durch 41 Jahre in der Gemeinde praktiziert hatte. 1980 wurde er zum Ehrenbürger der Gemeinde Wernberg ernannt.

Für Aufregung sorgte im Dezember 1979 der Fund einer 200 kg schweren Fliegerbombe auf dem Gelände der Firma *Kunz*. Zwei Tage nachdem die erste Bombe gefunden und entschärft worden war, fand sich eine zweite.

Die Gemeinderatswahlen am 25. März 1979 brachten der SPÖ unter Bürgermeister *Hochenberger* den Gewinn von vier Mandaten und damit die 1973 verlorene absolute Mehrheit. Die drei anderen bisher im Gemeinderat vertretenen Parteien mußten zum Teil erhebliche Verluste hinnehmen. ÖVP und WGW verloren je ein Mandat, die FPÖ sogar zwei und war in der kommenden Periode nur noch mit einem Mandatar im Gemeinderat vertreten.

Die Konjunktur schien, zumindest gemessen am Wernberger Ergebnis dieses Jahres, wieder in Schwung zu kommen. Ein Anstieg der Bautätigkeit Privater ist für dieses Jahr ebenso zu verzeichnen, wie die Zunahme des Fremdenverkehrs um gleich 20 Prozent. Ein in unserer Zeit schon seltenes Fest konnte am 13. Juli 1980 die Pfarre Sternberg mit der Primiz des aus Krottendorf stammenden Neupriesters *Josef Ulbing* feiern.

Die Volkszählung des Jahres 1981 wies für die Gemeinde rund 16 Prozent mehr Gemeindebürger aus als jene zehn Jahre zuvor. Der starke Zuzug in die Gemeinde bedingte natürlich einen weiteren Ausbau der lokalen Infrastruktur. So wurde in diesem Jahr etwa die Gemeindestraße von Wudmath nach Föderlach mit einem Aufwand von 1,3 Millionen Schilling saniert.

Die Sanierung der Gemeindestraßen wurde auch in den kommenden Jahren weiter vorgetrieben. Für rund fünf Millionen wurde 1982 die Verbindung von Damtschach nach Stallhofen und jene von Föderlach nach Gottestal saniert. Wenig erfreulich war der zehnprozentige Einbruch im Fremdenverkehr in diesem Jahr.

Der Ort Wernberg stand 1982 im Zeichen der 100-Jahr Feier der FF Wernberg, die aus diesem Anlaß ein neues Tanklöschfahrzeug erhielt. Die Wernberger wurden im Oktober dieses Jahres auch Zeugen eines Überfalls auf die örtliche Raiffeisenbank, bei dem knapp 40.000 Schilling erbeutet wurden.

Ein Jahr nach den Wernberger Florianijüngern beging am 2. und 3. Juli 1983 die FF Damtschach ihr 100-Jahr Jubiläum, zu dem mit dem Neubau eines neuen Rüsthauses begonnen wurde, dessen Rohbau noch im Laufe des Jahres hochgezogen werden konnte. Mit dem Bau eines Turnsaales für die Volksschule Damtschach trat die Gemeindeverwaltung in diesem Ort binnen Jahresfrist gleich zweimal als Bauherr auf. Neben der Sanierung der Gemeindestraße von Wernberg nach Gottestal und der Asphaltierung der Straße bis Wudmath verzeichnet die Chronik für dieses Jahr noch die Fertigstellung des Gemeindebades.

Der Bau des Turnsaales für die Damtschacher Volksschule und die Renovierung der Außenfassade konnten 1984 ebenso wie der Bau des dortigen Rüsthauses abgeschlossen werden. Von der *Firma Kunz & Co.* erwarb die Gemeinde das Gelände des Schwimmbades in Duel, das 1977 errichtet worden war. Gemeindewege im Ausmaß von 3,7 km wurden in diesem Jahr saniert bzw. neu errichtet.

Knapp vor Schulbeginn sorgte eine Schmieraktion an der Fassade der Volksschule Goritschach für Aufsehen und Unruhe. In der Nacht auf 2. 9. war an der nördlichen Außenwand in roter und schwarzer Farbe die Aufschrift „*Zweisprachige Schule–Dvojezična šola*“ angebracht worden.

Im Juli 1984 trat Bürgermeister *Direktor Erich Hochenberger* aus Gesundheitsgründen von seiner Funktion zurück. Ihm folgte als neuer Wernberger Bürgermeister *Ing. Johann Arneitz*.

Die Gemeinderatswahlen vom 17. März 1985 brachten keine Veränderung der Mehrheitsverhältnisse im Gemeinderat. Die SPÖ erreichte 15 Mandate. Ebenso wie sie konnten auch ÖVP (4), FPÖ (1) und WGW (3) ihren Mandatsstand halten. Am 1. April wurde Bürgermeister *Arneitz* erneut angelobt, mit ihm auch die beiden Vizebürgermeister *Ing. Josef Bürger* und *Franz Zwölbar*.

Ende Juni wurden schließlich sowohl das Rüsthaus der FF Damtschach wie der neuerbaute Turnsaal der Volksschule offiziell durch Landeshauptmannstellvertreter *Erwin Frühbauer* übergeben. Die Eröffnung des neuen Wernberger Postamtes im November nahm Landeshauptmann *Leopold Wagner* zum Anlaß eines Gemeindebesuches. Neben den höchsten politischen Repräsentanten des Landes konnte in diesem Jahr auch der Diözesanbischof *Dr. Egon Kapellari* in der Gemeinde begrüßt werden. Die 700-Jahr Feier der ersten Nennung der Pfarre Sternberg wurde am 7. Juli mit einem vom Bischof gehaltenen Hochamt begangen. Wenige Monate zuvor war bereits ein anderes geistliches Jubiläum begangen worden. Am 19. Februar gedachten die Schwestern des Missionsklosters Wernberg des 50jährigen Bestandes ihres Hauses.

Erfreulich gestaltete sich in den Jahren ab 1986 die Ertragslage der Gemeinde. Wernberg war schuldenfrei und das Buget wies zudem noch einen Überschuß aus. Auch die Zahlen im Fremdenverkehr mit einem Plus von fast neun Prozent im Vergleich zum Vorjahr berechtigten zu den schönsten Hoffnungen für die Zukunft. Die Erneuerung der Wasserversorgungsanlage in Umberg war notwendig geworden und noch im Laufe des Jahres 1986 konnte damit begonnen werden. Im Herbst eröffnete zeitgleich mit Schulbeginn in Damtschach ein Halbtagskindergarten.

Für zum Teil heftige Diskussionen sorgte der geplante Bau des Gemeindezentrums und dieser Bau sollte auch im kommenden Jahr Thema der Wernberger Politik bleiben. Die Diskussionen um das geplante Gemeindezentrum rissen nicht ab und am 17. Mai 1987 waren die Gemeindebürger aufgerufen, in einer *Gemeindebefragung* über den Bau des Amtshauses zu befinden. Rund 42 Prozent der Wahlberechtigten nahmen an der Befragung teil, 724 stimmten mit NEIN, 554 mit JA. Während dieser Bau für Kontroversen sorgte, konnte ein anderes Großprojekt wie geplant in Angriff genommen werden. Noch im Herbst begann man in Föderlach mit dem Bau einer Reihenhaussiedlung.

Die hervorragende Bilanz, die die Gemeindevertretung bereits in den letzten Jahren gelegt hatte, konnte auch 1988 erreicht werden. Ohne Schulden und mit einem Bugetüberschuß ging man in das neue Jahr. Einzig die rückläufige Tendenz im Fremdenverkehr konnte nicht aufgehalten werden.

Gleich mehrere größere Bauprojekte wurden 1989 seitens der Gemeindevertretung in diesem Jahr in Angriff genommen. Die FF Föderlach sollte ein neues Rüsthaus erhalten, Volksschule und Kindergarten in Damtschach erweitert werden und ein neuer *Bauhof* errichtet werden. Der durch die B 83 verursachten Verkehrsprobleme hatte sich bereits im Vorjahr eine Bürgerinitiative angenommen, die nun die Forderung nach einem Straßenrückbau erhob. Im Bereich von Neudorf (B 83 und L 59) entstand um 200.000 Schilling Österreichs erster Krötentunnel. Im Zeichen zweier Festveranstaltungen stand in diesem Jahr der Ort Wernberg. Mitte Juli konnte der FF der neue Rüstwagen übergeben werden. Auf Einladung der Wernberger Florianijünger wohnten dem Festakt 15 Feuerwehren bei. Gleich 50 in- und ausländische Vereinigungen sowie rund 3000 Teilnehmer wohnten am 6. August der Fahnenweihe der Ortsgruppe Wernberg des österreichischen Kameradschaftsbundes bei.

Bei einem Budget von 34 Millionen konnten die Wernberger Gemeindeväter 1990 einen Überschuß von rund einer Million erwirtschaften und dies trotz zahlreicher Großprojekte. Allein die Sanierung des gemeindeeigenen Wegenetzes schlug sich in diesem Jahr mit rund fünf Millionen zu Buche, darunter die Einbindung der Trabenigerstraße in die B 83. Die Straßenbeleuchtung in Kaltschach, Krottendorf, Kantnig und Neudorf wurde erneuert. Höhepunkt des Jahres war zweifellos die Weihe des neuen Rüsthauses der FF Föderlach am 16. Juni. Für Irritationen und Turbulenzen sorgte allerdings in diesem Jahr die Verpachtung der Gemeindejagd.

Im letzten Jahrzehnt dieses Jahrtausends 1991–2000

Bei der Gemeinderatswahl am 10. März 1991 konnte der Bürgermeister erstmals direkt gewählt werden. Im ersten Wahlgang erreichte keiner der Spitzenkandidaten die absolute Mehrheit. Aus der Stichwahl am 24. März ging der bisherige Bürgermeister *Arneitz* als Sieger hervor. Die SPÖ stellte weiterhin den Bürgermeister und erhielt 12 Mandate. Die ÖVP, konnte ihren Mandatsstand (4) halten. Die FPÖ kam auf 4 Mandate. Als stabil erwies sich die WGW, die ihre drei Mandate auch bei dieser Wahl halten konnte.

Im Juni 1991 konnte der von der Bürgerinitiative seit Jahren geforderte Rückbau der B 83 abgeschlossen werden. Von der Wohnbaugenossenschaft *HEIMAT* wurden in Föderlach 20 Wohnungen errichtet, die am 1. Oktober übergeben werden konnten.

Einen bedeutenden Impuls für die wirtschaftliche Entwicklung der Gemeinde bedeutete die Ansiedlung der *Firma LEGRAND* auf einem 12.000 m^2 großen Areal. Der Spatenstich fand am 5. Mai 1992 statt. Das Investitionsvolumen für den Bau betrug 180 Millionen. 200 neue Arbeitsplätze sollten durch die Betriebsgründung geschaffen werden.

Die Gemeinde selbst trat auch weiterhin als Bauherr auf. 3,7 Millionen Schilling betrugen allein in diesem Jahr die Investitionen der Gemeindeverwaltung in das Straßen- und Wegenetz. Krottendorf erhielt einen neuen Kinderspielplatz, Föderlach zwei weitere Tennisplätze. Für Unruhe unter der Bevölkerung sorgte die Diskussion in den Medien, in der Wernberg als Deponiestandort gehandelt wurde.

Im Oktober 1992 gedachten Gemeindevertretung und Bevölkerung der in den beiden Weltkriegen gefallenen Mitbürger. Zu Ehren der 62 Gefallenen wurde am Friedhof in Damtschach ein Denkmal enthüllt.

Auch 1993 hielt bei günstiger Finanzlage der Gemeinde die rege Bautätigkeit an. Straßenbau, Umbauten im Gemeindebad und die beginnende Planung des Kanalbaues für das Gemeindegebiet waren Schwerpunkte dieses Jahres. Die rückläufige Tendenz im Fremdenverkehr, die den gesamten Kärntner Tourismus in immer schwerere Krisen stürzte, machte auch vor Wernberg nicht halt. Wie schon in den Jahren zuvor, gab es auch diesmal wieder einen Rückgang an Nächtigungen.

Im März 1994 wurde mit den Bauarbeiten zum Neubau der Überführung der A 2 über die B 83 im Ortsgebiet von Wernberg begonnen. Am 22. Oktober konnte das umgebaute Rüsthaus der FF Wernberg offiziell übergeben werden. Neben einer modernen Heimstatt für die Florianijünger wurde das Gebäude auch als Bauhof und Verwaltungsgebäude der Gemeinde adaptiert.

Drei Jahre nach dem Spatenstich konnte das Betriebsgebäude der *Firma LEGRAND* am 5. Mai 1995 offiziell eröffnet werden. Waren bei Ansiedlung des Betriebes 200 Arbeitsplätze geplant gewesen, so beschäftigte der Betrieb bei seiner offiziellen Eröffnung bereits rund 240 Arbeitnehmer. Angeschlossen ist dem Betrieb heute auch ein CE-Prüfungszentrum (*Firma C & P DI SCHUSCHNIG GmbH*)

Überreichung der Wappenurkunde mit dem Wappen der Gemeinde Wernberg an Bürgermeister Ing. Johann Arneitz (rechts) durch den damaligen Gemeindereferenten LR Dr. Dietfried Haller (Original Georg Schulnig)

für die Zertifizierung sämtlicher Produkte, von denen magnetische Strahlen ausgehen.

Die fertiggestellte Autobahnbrücke in Wernberg wurde im Juni 1995 vom Straßenbaureferenten Landeshauptmannstellvertreter *Karl Heinz Grasser* ihrer Bestimmung übergeben. Mitte August fanden dann die Feierlichkeiten anläßlich der Verleihung eines Gemeindewappens durch die Kärntner Landesregierung statt.

Eine weitere Feierstunde in diesem Jahr galt der Wernberger Raiffeisenbank, die am 25. Juni ihr 100-Jahr Jubiläum beging.

Einen Wechsel an der Spitze der Gemeinde gab es 1996. Bürgermeister *Arneitz* schied aus seiner Funktion als Wernberger Gemeindeoberhaupt. In den dadurch notwendig gewordenen Neuwahlen konnte sich der bisherige Vizebürgermeister *Franz Zwölbar* durchsetzen und wurde – bereits im ersten Wahlgang – mit 51,34 Prozent zum Bürgermeister gewählt.

Im Oktober 1996 erfolgte die Verlagerung der Betriebsstätte der Firma *TANN* (Fa. SPAR, Österr. Warenhandels AG) nach Föderlach. *TANN* hatte 1965 seinen Betrieb in Duel aufgenommen.

Knapp 30 Millionen Schilling hatte der Umbau der Volksschule Goritschach gekostet. Der Beitrag der Gemeinde hiezu hatte 7,3 Millionen betragen. Neben zwei weiteren Klassen und einem Lehrmittelraum erhielt die Schule einen Turnsaal. Außerdem beherbergt das Gebäude den Kindergarten, der in zwei Gruppen und ganztägig geführt wird. Die Investitionen für den Kindergarten schlugen sich mit zehn Millionen zu Buche.

Im Dezember 1996 konnte Innenminister *Kaspar Einem* die Außenstelle des Entschärfungsdienstes des Bundesministeriums für Inneres in Wernberg ihrer Bestimmung übergeben.

Die Gemeinderatswahlen am 9. März 1997 brachten keine Änderung an der Spitze der Gemeinde. Der bisherige Amtsinhaber *Franz Zwölbar* wurde bereits im ersten Wahlgang mit 55,9 Prozent in seiner Funktion bestätigt. WGW und FPÖ waren bei dieser Wahl gemeinsam angetreten. Ihr Spitzenkandidat *Leopold Schmoliner* wurde 2. Vizebürgermeister.

Der Aufschwung, den die Gemeinde seit 1945 genommen hat, setzte sich auch in diesem Jahr fort. Im April konnte das neue Betriebsgebäude der *Firma TANN* (Handelskette *SPAR*) mit 217 Beschäftigten in Föderlach eröffnet werden.

Bereits 1972 wurde das gesamte Gemeindegebiet durch eine öffentliche Wasserversorgung erschlossen. Zur Sicherung einer ausreichenden Wasserversorgung war es notwendig gewesen, einen *Wasser-Liefervertrag* mit der Stadt Villach abzuschließen. In den trockenen Sommermonaten, die die 90er Jahre kennzeichneten, war es im Gemeindegebiet mitunter zu Engpässen bei der Wasserversorgung gekommen. Da eine Änderung des seinerzeit mit der Stadt Villach abgeschlossenen Vertrages hinsichtlich einer Ausweitung der Liefermenge zu einer merklichen Belastung der Gemeindebürger geführt hätte, versuchte die Gemeinde auf eigene Wasserreserven zurückzugreifen und begann im Dezember 1996 mit Probebohrungen im Gottestaler Feld. Schließlich wurde man 1997 am Dueler Feld fündig. Mittels des Dueler Brunnens ist es der Gemeinde nun möglich, den Großteil des Gemeindegebietes mit eigenem Wasser zu versorgen. Der seinerzeit mit der Stadt Villach abgeschlossene Vertrag bleibt weiterhin aufrecht.

Das größte Bauvorhaben der Gemeinde der letzten Jahre bedeutet zweifellos der Ausbau der Kanalisation. Gemeinsam mit den Gemeinden Rosegg, Velden und St. Jakob im Rosental ist Wernberg Mitglied des Abwasserverbandes Wörther See West. Zwei Bauabschnitte konnten bereits fertiggestellt werden.

Schon 1996 bemüht sich die Gemeinde Wernberg um den Raststättenstandort an der A 2, ohne das bisher eine endgültige Entscheidung getroffen wurde. Eine von der ASFINAG in Auftrag gegebene Studie gibt Wernberg gegenüber dem zweiten möglichen Standort, Techelsberg, den Vorzug. Die erforderlichen Investitionen würden in Wernberg 116 Millionen ATS, in Techelsberg 159 Millionen erfordern.

Wenig erfreulich war das Aus für den Eislauf- und Eishockeyplatz in Umberg, der zwischen 1986 und 1992 schrittweise errichtet und ausgestaltet wurde. Nach einem Urteil des BG Villach in erster Instanz mußte der Eislaufplatz mit 7. Oktober 1999 gesperrt werden. Der Gemeinderat entschied mehrheitlich, gegen das Urteil nicht zu berufen.

Im Jahr 2000 konnte für den südlich der B 83, in der Nähe der Autobahnauf- und -abfahrt gelegenen Gewerbepark der Gemeinde Wernberg der Startschuß gegeben werden. Die Firma *Klade* aus Wolfsberg errichtete im Gewerbepark ein Paketverteilungszentrum und bietet zusätzlich Büro- und Lagerflächen in ihrem Areal an.

Der erste Schritt zum Bau eines neuen Amtshauses mit Veranstaltungssaal wurde bereits vor mehr als eineinhalb Jahrzehnten getätigt, als im Zentrum von Wernberg ein 10.000 m^2 großes Areal erworben wurde. Eine Volksbefragung im Mai 1987 ergab damals ein NEIN gegen das Bauvorhaben. Nunmehr wurde der Neubau eines Amtshauses unumgänglich und daher seitens des Gemeinderates der einstimmige Beschluß gefaßt, ein neues Verwaltungsgebäude zu errichten, dem in späterer Folge ein Veranstaltungssaal angeschlossen werden kann. Der Spatenstich erfolgte im

Herbst 2000. Die Baussumme wird sich voraussichtlich auf 20 Millionen ATS belaufen.

Das Gesamtbudget für das Haushaltsjahr 2000 belief sich auf ATS 79,561.000.–, wovon ATS 65,095.000.– im ordentlichen und ATS 14,466.000.– im außerordentlichen Haushalt veranschlagt wurden. Im Rahmen dieses Budgets konnten u. a. folgende Vorhaben realisiert bzw. in Angriff genommen werden: Neubau des Amtshauses, Erweiterung und Optimierung der Gemeindewasserversorgungsanlage durch den Tiefbrunnenbau in Duel, Mitfinanzierung des Reinigungsbeckens der Autobahnverwaltung, durch das die Einleitung des Oberflächenwassers ermöglicht wurde, Maßnahmen zur Straßensanierung und des Straßenbaus, darunter der Bau eines Gehweges entlang der Föderlacher Landesstraße.

Mit Stand vom 3. Oktober 2000 hatte die Gemeinde Wernberg 4.848 Einwohner, 1.750 Haushalte in 1.574 Häusern.

UNSERE GEMEINDE HEUTE

Der Gemeinderat der Gemeinde Wernberg im Jahr 2000 (Original Gemeinde Wernberg)

Der Gemeinderat der Gemeinde Wernberg

Mandatsverteilung:
SPÖ 11 Mandate
WU (Wahlunion) 8 Mandate
ÖVP 4 Mandate

Bürgermeister:
Franz Zwölbar (SPÖ)

1. Vizebürgermeister:
Ing. Arnulf Schellander (SPÖ)
2. Vizebürgermeister:
Leopold Schmoliner (WU)

Gemeindevorstand:
Josef Pucher (SPÖ)
Gerhard Marinitsch (WU)
Adam Müller (ÖVP)

Gemeinderäte:
Ing. Josef Bürger (SPÖ)
Ing. Walter Ulbing (SPÖ)
Wilfried Waldhauser (SPÖ)
Roland Peters (SPÖ)
Robert Schallegger (SPÖ)
Helmuth Kanduth (SPÖ)
Walter Krainbucher (SPÖ)
Egon Josef Zojer (SPÖ)
Gertrud Pock (WU)
Urban Lassnig (WU)
Erwin Haas (WU)
Oswald Karnel (WU)
Melitta Tschare (WU)
Bettina Hechl (WU)
Regina Kordasch (ÖVP)
Christian Borchardt (ÖVP)
Veronika Partoloth (ÖVP)

Referatsaufteilung und Ausschüsse

1. Referate

Referat I (Bürgermeister Franz Zwölbar):
Finanzen, Personal, Abwasserentsorgung, Kunst und Kultur, Kultus, Soziales, Familie, Gesundheit, Erziehung, Unterricht, Kindergarten

Referat II (1. Vzbgm. Arnulf Schellander):
Bauangelegenheiten, Raumordnung, Flächenwidmung, Gefahrenzonenplan

Referat III (2. Vzbgm. Leopold Schmoliner):
Gewerbe, Industrie, Vereinswesen, Wasserversorgung

Referat IV (GV Gerhard Marinitsch):
Feuerwehren, Rettungswesen, Zivilschutz, Fremdenverkehr, Land- und Forstwirtschaft

Referat V (GV Adam Müller):
Umweltschutz, Müllentsorgung, Gemeindebad, Spiel- und Sportstätten, Sport

Referat VI (GV Josef Pucher):
Straßen- und Wegebau, Straßenbeleuchtungen, Ortsbildpflege, Aufbahrungshallen, Bestattungswesen

Der Gemeindevorstand der Gemeinde Wernberg im Jahr 2000 (Original Gemeinde Wernberg)

2. AUSSCHÜSSE

- Kontrollausschuß
- Ausschuß für Land- und Forstwirtschaft
- Ausschuß für Angelegenheiten der Familie
- Ausschuß für Angelegenheiten des Tourismus
- Ausschuß für Angelegenheiten der Planung
- Ausschuß für Umweltschutz

DIE MITARBEITER DER GEMEINDE

1. INNENDIENST

Peter Gruber
Brigitte Hernler
Sylvia Kogler
Gertrud Kreulitsch
Doris Liposchek
Kurt Josef Mirnig
Walter Oberlerchner
Maria Pucher
Bernd Ehrenfried Wohlschlager

Mitarbeiter der Gemeinde Wernberg (Innendienst) im Jahr 2000 (Original Gemeinde Wernberg)

2. KINDERGÄRTEN

Michaela Jußner
Isabella Kuchling
Margarethe Karoline Mendel
Grete Mirnig
Ingrid Oprisnik
Isolde Roßmann
Renate Sabernig
Birgit Schramm
Irmgard Sulzbacher
Carolin Irene Ulbing

Mitarbeiter der Gemeinde Wernberg (Kindergärten) im Jahr 2000 (Original Gemeinde Wernberg)

DIE MITARBEITER DER GEMEINDE

3. REINIGUNG

Doris Debriacher
Maria Elisabeth Fischer
Annemarie Jakobitsch
Sonja Pettauer
Sigrid Edeltraud Themel-Zitterer
Adelheid Wallner
Marianne Wucherer
Rosemarie Zwan

Mitarbeiter der Gemeinde Wernberg (Reinigung) im Jahr 2000 (Original Gemeinde Wernberg)

4. BAUHOF

Anton Bürger
Franz Kopeinig
Siegfried Novak
Franz Sauregger
Horst Themel
Laszlo Ujvari
Anton Weiss

Mitarbeiter der Gemeinde Wernberg (Bauhof) im Jahr 2000 (Original Gemeinde Wernberg)

Die einzelnen Ortschaften im Gemeindegebiet

In seinem Essay über die beiden am Friedhof von Maria Wörth wachsenden Bäume, der Eiche und der Linde, hat Josef Friedrich Perkonig in berührender Weise jenen Dualismus von Deutsch und Slowenisch, der Kärnten seit mehr als einem Jahrtausend geprägt hat und immer noch prägt, literarisch umgesetzt. Auch andere vor ihm, wie Christalnick, der davon sprach, daß sich die in diesem Land lebenden Völker, *gewaltiglich zu einem volck vereinigt* hätten, oder Jakob Unrest, der Kärntner Chronist des 15. Jahrhunderts, haben auf die Ausnahmestellung dieses ältesten Herzogtums auf dem Boden des heutigen Österreichs, in dem Menschen verschiedener Zungen lebten und leben, wiederholt hingewiesen. Auch im Namengut unserer Heimat spiegelt sich das Mit- und Nebeneinander dieser Völkerschaften wieder. Doch das Namensgut unserer Heimat auf diese deutsch-slowenische Nachbarschaft zu reduzieren, wäre eine unzulässige Verkürzung, ist es doch jener Spiegel, mit dem sich *die Siedlungsgeschichte Kärntens von der Urzeit bis zur Gegenwart* nachvollziehen läßt, und dank dem wir den mitunter schon verblaßten Spuren jener Völkerschaften folgen können, die lange vor uns hier gelebt haben, und deren Erbe wir – oft unbewußt – in uns tragen.

ORTS- UND SIEDLUNGSNAMEN

Von den 28 Siedlungsnamen, die sich in unserem Gemeindegebiet finden, bezeichnet Kranzmayer sechs als deutscher Herkunft, 15 als slowenischer Herkunft, einen aus vorslawischer Zeit stammend. Sechs Siedlungsnamen bezeichnet er als deutsch-slowenisch, wovon drei übersetzt und drei nicht übersetzt wurden. Siedlungsnamen romanischen Ursprung finden sich nach Kranzmayer im Gebiet der Gemeinde Wernberg keine.

Der Ortsnamen DAMTSCHACH ist nach Kranzmayer vom Personennamen *Domač* herzuleiten und bedeutet *Gegend des Domač*. Der Ortsname DRAGNITZ wiederum ist die deutsche Namensform für *Drag(ov)nica*, was soviel wie Rinnental bedeutet. Der Ortsname DUEL leitet sich aus dem slowenischen Wort *dol* (Tal) her, was verständlich wird, wenn man sich die Lage des Ortes vor Augen hält. Der Name des benachbarten Ortes FÖDERLACH bedeutet nichts anderes als *Draubewohner*. Der Name eines weiteren Ortes der Gemeinde, GORITSCHACH, zählt zu den häufigen Ortnamen in Kärnten und kommt gut ein dutzendmal vor. Er leitet sich aus dem slowenischen *Goričah* her und bedeutet *bei den Bichlern*, also bei jenen, die auf einem Bichl leben. Eine ältere Ableitung des slowenischen *Goričah* ist der Ortsname Görtschach, der in unserer Heimat ebenfalls häufig vorkommt. Der Ortsname GOTTESTAL bedeutet in seiner Übersetzung des slowenischen *Skočidol* soviel wie *spring hinab* und erklärt sich – nach Kranzmayer – aus dem steil zur Drau abfallenden Gelände. Aus einem Kosenamen – *Hvalka* – leitet sich der Name des nächsten Ortes der Gemeinde, KALTSCHACH, her. Dieser bedeutet soviel wie *Siedlung des Hvalka*. Die Ableitung aus einem slowenischen Kosenamen gilt auch als Erklärung für den nächsten Ortsnamen. Der Name des Ortes KANTNIG läßt sich auf den Namen *Kane(ta)* zurückführen. Der Ortsname

Kletschach besitzt die gleiche Wurzel wie die Ortsnamen Glätschach und Gletschach. Die Wurzel des Ortsnamens ist das altslawische *Kle(n)čah*, das nicht anderes bedeutet als *bei denen auf der Sandbank*. Das *Dorf, wo sich viele Kröten befinden*, bedeutet der Name des Ortes Krottendorf. *Der lichte Wald* wird als eine Erklärung für den Ortsnamen Lichtpold angegeben. Eine zweite Erklärung wäre die Ableitung aus *sihpolje*, wobei *-polje* hier für Feld und nicht Wald stehen würde. Diese Auflösung des Ortsnamen müßte dann mit *feuchter Bichl* übersetzt werden. Eindeutig ist die Erklärung für den nächsten Ortsnamen Neudorf. Er bedeutet nichts anderes als *das neue Dorf*. Vom slawischen Personennamen *Dragan* leitet sich der Ortsname Ragain ab und bedeutet demnach *Dorf des Dragan*. Der Ortsname Kletschach wurde mit *denen auf der Sandbank* erklärt. Gleiches gilt für den Ortsnamen Sand. Er bedeutet schlicht, daß wir es hier mit einer Siedlung zu tun haben, die *auf dem Sand* errichtet wurde. Der Name des Ortes Schleben hingegen erklärt sich, wie der von Dragnitz, mit der *rinnenartigen* Geländeform. Auf einen Hof, kein Bauerngut sondern möglicherweise einen Ansitz mit Wirtschaftsgebäuden (Meierei) geht der Ortsname Stallhofen zurück und erklärt sich als *Hof mit Stall*. Die slowenische Bezeichnung für den Berg, auf dem der Ort Sternberg liegt, – *strmec* – bedeutet der Steile. Der slowenische Ortsname lautet hingegen *Sveti Jurij* bzw. in der slowenischen Mundart *Šent Jurij* und nimmt auf die dem Hl. Georg geweihte Kirche Bezug. Der Ortsname Terlach beinhaltet das slowenische Wort *trn* (= Dorn), wie auch aus der slowenischen Ortsbezeichnung *Trnovlje* ersichtlich ist. Übersetzt bedeutet er *Dornicht*, also einen Ort mit zahlreichen Dornensträuchern. Der Name des Ortes Trabenig leitet sich wiederum von einem Personennamen her. *Trebena* bedeutet soviel wie der *Geputzte*. Umberg hingegen leitet sich nach Kranzmayer möglicherweise aus dem mittelhochdeutschen *Hugenberg* her und bedeutet *Berge des Huge*. Diese Namensform scheint slowenisiert und aus dem Slowenischen wieder ins Deutsche entlehnt worden zu sein. Ein *höfischer Wunschname* ist der Pate für den namengebenden Ort der Gemeinde, Wernberg. Er bedeutet *einen Berg oder eine Burg, die jedem lieb und wert sein muß*. Eine ältere Form des Namens Wudmath wäre *Admund*, wie wir sie im Namen des bei Tainach liegenden Ortes finden. Dieser Ortsname ist aus dem frühslawischen *Adamunti* abgeleitet und bedeutet *Wassertrüber*. Aus dem vorslawischen *Kaitonia* in der Bedeutung von *Waldgegend* ist der Ortsname Zettin entlehnt.

DAMTSCHACH

Im *Catastralschätzungselaborat* des Franziszeischen Katasters finden wir eine Beschreibung der Ortschaft Damtschach, wie sie sich einem Besucher im ersten Drittel des 19. Jahrhunderts dargeboten hat. Der Ort, Teil der Steuergemeinde Umberg, wird darin als *zusammenhängendes Dorf* beschrieben, in dem sich das herrschaftliche Schloß befindet. Des weiteren war der Ort Sitz eines Geistlichen, nämlich des Kuraten von Damtschach. Die Entfernung der einzelnen Gehöfte von ihren –

Damtschach um 1950 (Original Rosa Lepuschitz)

wie wir ebenfalls hören – wenig ertragreichen Äckern und Wiesen betrug in keinem Fall mehr als 1/4 Meile [1 österreichische Meile = 7,556 km]. Der Wald der einzelnen Besitzer war zumeist deutlich weiter entfernt. Hier war die Strecke von einer Meile zurückzulegen. Die Gebäude waren zumeist in Stein und Holz ausgeführt. Gemauerte Obergeschosse kamen so gut wie nicht vor, von den Meiereigebäuden des Schlosses und diesem selbst abgesehen. Den Schloßpark beschreibt unser Berichterstatter als Anlage mit *recht artigen Monumenten und Denkschriften* [!], die einige Jahre zuvor von Baron Jöchlinger errichtet worden waren und *ohne historische Beziehung als merkwürdig anzusehen sind*. Die überwiegende Zahl der Einwohner lebten von der Landwirtschaft. Laut Volkszählung des Jahres 1880 zählte der Ort damals 110 Einwohner. Im Jahr 1900 waren es 99, 1910 96.

In Damtschach finden wir 1905 zwei Gemischtwarenhandlungen, eine davon in Verbindung mit einem Gasthaus, zwei Holzhändler, je einen Hufschmied, Müller, Schuhmacher und Tischler sowie eine Säge. Am Vorabend des Ersten Weltkriegs gab es hier zudem eine *Obstmosterzeugung*.

Eine Nennung des Ortes als *Tomtsach* datiert aus 1343. In einer Urkunde verpfändet *Mainczel von Chellerberch* einen Zehent, der

gelegen ist *under Sternberch in dem dorfe ze Terlach, ze Tomtsach und ze Gortsach* an Reinher von Liebenberg.
Schloss Damtschach bietet sich seinem Betrachter als zweigeschossige Anlage aus drei Flügeln, die hufeisenförmig um einen rechteckigen Hof angeordnet sind. Der Hof ist nach Osten offen, im Westen und im Süden fällt das Gelände steil zum Bachbett ab und ist durch hohe Stützmauern gesichert. Der Nordtrakt des Schlosses und ein östlich davon errichtetes Wirtschaftsgebäude schließen einen Vorplatz ein.

Die achtachsige Front des Nordtraktes enthält in der dritten Achse von rechts ein rundbogiges Steinquaderportal mit skulptiertem Keilstein. Die Gesimsverdachung darüber stammt aus der Zeit um 1700. Die Erdgeschoßfenster haben Steingewände. Die tonnengewölbten Räume im Erdgeschoß des Nord- und Westtraktes gehen auf die Bauzeit im 16. Jahrhundert zurück. In der Nordwestecke des Hofes befindet sich ein Einfahrtsportal mit abgefaster Korbbogenumrahmung aus dem 16. Jahrhundert, daneben als Hauseingang ein Portal mit Ohrenumrahmung und gerader Verdachung aus dem ausgehenden 17. Jahrhundert. Aus der Zeit um 1600 stammt ein Wandbrunnen aus Marmor mit Engelsköpfen in den Zwickeln an der Südwand des Hofes.

Das Schloß in seinem heutigen Erscheinungsbild ist eine Schöpfung des letzten Drittels des 17. Jahrhunderts. An der Ostseite des Hofes schließt ein klassizistisches Gartenportal aus zwei genuteten Pfeilern mit reich profilierten, ausladenden Gebälkaufsätzen und

Blick in den Park von Schloß Damtschach (Original Gemeinde Wernberg)

bekrönenden Vasen den Hof gegen die von Felix Jöchlinger errichtete Gartenanlage ab.

Ein Inventar aus den Jahren 1817–1834 verzeichnet für den **Park von Schloss Damtschach** 600 Arten von Pflanzen, die angekauft wurden. Zudem gab es damals ein Warm- und Kalthaus für die exotischen Pflanzen, die der Schloßherr Felix Jöchlinger für den Park angeschafft hatte. Dieser romantische Landschaftspark wurde, in Abänderung seines ursprünglich barocken Erscheinungsbildes, im *englischen Stil* angelegt. Mit seiner biedermeierlichen Ausstattung und gärtnerischen Gestaltung besitzt er in Kärnten immer noch Modellcharakter. Im Gegensatz zur Strenge von Barockgärten versuchte man gegen Ende des 18. Jahrhunderts eine Gestaltungsform, welche die Natur eher nachbildete, als sie zähmte. Der frei wachsende Baum war gestalterischer Mittelpunkt und sollte den sich frei entfaltenden Menschen versinnbildlichen. Der englische Gartenarchitekt *Humphry Repton* änderte diesen Stil. Seiner Meinung nach konnte ein Haus am besten durch streng angelegte Blumenbeete hervorgehoben werden, die ganz allmählich mit einem naturalistischen Hintergrund verschmelzen sollten. In englischen Gärten finden sich auch Nachahmungen von mittelalterlichen Ruinen und römischen Tempelchen. Diese Gestaltungsform, die wir auch im Damtschacher Schloßpark finden, hatte die Landschaftsmalerei des 17. Jahrhunderts zum Vorbild, auf denen römische Landschaften dargestellt wurden. Weder der Name des ausführenden Architekten des Damtschacher Parks noch ein Plan zur Anlage existieren. Anhand des *Franziszeischen Katasters* läßt sich das ursprüngliche Aussehen des Gartens rekonstruieren. Dieser zeigt auf der sich gegen Osten hin öffnenden Fläche des Schloßhofes ein Biedermeierrondeau und nördlich davon einen noch erhaltenen Teil der einstigen barocken Anlage. Im Süden und Osten wurde der Park durch Wege gangbar gemacht, die zu verschiedenen Gartenbauwerken (Monument, Badhaus, Ruine etc.) führten und auch Blumenparterre, Rosenallee, Wasserfall, Quelle und Parapluiesitz erschlossen. Sogar ein Bach wurde umgeleitet, um die Harmonie der Landschaftsgestaltung zwischen Kunst und Natur noch zu steigern. Einer Nachricht aus dem Jahr 1825 können wir entnehmen, daß im Park 35 Rosenarten und 65 verschiedene Pelargoniensorten zu finden waren. Als nach dem Tod Felix Jöchlingers (1846) das Schloß nur im Sommer benützt wurde, begann der Verfall, wenngleich, wie anhand von Rechnungen zu sehen ist, Jöchlingers Erben den Park noch bis 1862 regelmäßig pflegen ließen, wobei auch die verstärkte Ausübung der Forstwirtschaft eine Rolle gespielt haben mag. Wegen der Bedeutung des Parks für Kärnten wurde 1992 vom Bundesdenkmalamt die Erarbeitung eines gartenpflegerischen Leitkonzeptes in Auftrag gegeben. Durch den fortschreitenden Verwaldungsprozeß kann die Parkanlage wohl nicht mehr in ihren ehemaligen Zustand rückversetzt werden, durch von den engagierten Eigentümern initiierte strukturelle Maßnahmen war es jedoch möglich, die ursprüngliche Konzeption wieder ablesbar zu machen.

Vereinzelt sind wir bei unserem Gang durch die Pfarrgeschichte bereits Hinweisen zu Ausstattung und Baugeschichte von Pfarrkirche und Pfarrhof begegnet. Bei Errichtung der Kuratie Damtschach wurde die bisherige Schloßkapelle als Pfarrkirche adaptiert. Nach Meinung der Pfarrangehörigen bot sie von Anfang an zuwenig Platz, und dies war mit ein Grund, daß immer wieder der Versuch unternommen wurde, die Pfarre Damtschach mangels geeigneter kirchlicher Gebäude aufzulösen bzw. den Pfarrsitz anderswohin zu übertragen. Die heutige Pfarrkirche, die als ehemalige Kapelle in den Komplex von Schloß Damtschach integriert ist, besitzt eine ältere Vorläuferin, die 1431 in einer Urkunde von *Hanns Kevenhuller*, in der dieser dem österreichischen Herzog über die Belehnung mit der Feste *Aychlberg* reversiert, genannt wird. Diese Kirche dürfte sich in der Nähe eines Wirtschaftshofes der alten Burg Eichelberg befunden haben. Als die Feste im Ungarnkrieg zerstört wurde, entstand an Stelle dieses Hofes der Ansitz Damtschach, der auch mit einer Kapelle ausgestattet wurde. Bei diesem Bau soll die alte ostwärts gewendete Kirche südwärts gewendet und so in das neu erbaute Schloß integriert worden sein. Die Pfarrkirche verdankt ihre heutige Form im wesentlichen *Isabella Gräfin Galler, geb. Freiin von Staudach*, die 1695 eine neue Kapelle im Südflügel des Schlosses errichten ließ. Die Kirche selbst ist eine kleine Saalkirche mit Stichkappentonnengewölbe und reichen Deckenstukkaturen, durch Pilaster und Gesimse gegliedert, mit einer rechteckigen Altarnische und einer Holzempore. Über der rechten kreuzgratgewölbten Seitenkapelle befindet sich ein Oratorium mit neugotischen ornamentalen Wandmalereien. Den Hochaltar ziert ein Ölbild in Akanthusrahmen mit der Taufe Christi, das 1684 von Isabella Galler gestiftet wurde. In der Kirche finden sich zudem einige durchaus bemerkenswerte barocke Schnitzfiguren. Ebenfalls barock ist das Taufbecken mit einer hölzernen Taufgruppe. Im Oratorium befindet sich ein zweites Bild, das an Isabella Galler erinnert. Es ist dies die Kopie eines byzantinischen Muttergottesbildes mit Goldkrone, das 1680 von der Gräfin gestiftet wurde.

Die Doppelstellung als Pfarrkirche und Schloßkapelle bot immer wieder Anlaß zu Zwistigkeiten und Verstimmungen zwischen Herrschaft und Pfarrgemeinde. Zwar oblag der Herrschaft, die das Patronat über die Pfarre innehatte, der Erhalt der kirchlichen Gebäude, aber auch die Pfarrgemeinde wurde immer wieder in die Pflicht genommen, ihren Beitrag zur Erhaltung des Gotteshauses zu leisten. 1849 wurde der Altar, wie es heißt, *neu gestaltet*. Doch bereits zwei Jahrzehnte später bot sich dieser wie auch das Innere der Kirche dem Betrachter *in einem verwahrlosten Zustande*. 1868 wurden der Altar und Kanzel vom Treffner Restaurator *Johann Zernatto* neu vergoldet und neu gefaßt, das Kircheninnere ausgemalt. Zwei Jahre später ließ die Pfarrgemeinde, die schon für die Innenrestaurierung aufgekommen war, die Ost-, Süd- und Westseite des Kirchendaches neu eindecken. Der Kirche war schon zuvor eine kleine Sakristei angebaut worden, in der der Beichtstuhl Aufnahme fand. In der Sakristei brach in den 40er Jahren des 19. Jahrhunderts ein Brand aus, den ein Ministrant, der mit glühenden Kohlen hantierte, verursacht hatte. Dabei fing der Kasten, in dem die Kirchenwäsche verwahrt wurde, Feuer. Dieses konnte jedoch rasch und ohne größeren Schaden für das Innere der Kirche gelöscht werden.

Zu Beginn der 80er Jahre des 19. Jahrhunderts erreichten die Differenzen einen neuen Höhepunkt. *An wenigen Orten waren schon so viele Streitigkeiten mit der Herrschaft wie hier*, resümierte Pfarrer Schaubach Jahre später. Das Eigentum der Herrschaft an der Kirche wurde von der Gemeinde zwar nicht bestritten, man beharrte aber auf einem weitgehenden Benützungsrecht. Der Streit eskalierte als die Herrschaft die Kirche *als ihr Eigenthum absperren wollte*. Langwierige Verhandlungen mit dem Ordinariat waren die Folge, ehe man einen Kompromiß fand, der die Wünsche beider Streitparteien berücksichtigte. Das Eigentum der Herrschaft Damtschach an der Kirche blieb unangetastet, im Gegenzug räumte diese jedoch der Pfarrgemeinde das Benützungsrecht der Kirche in seiner bisherigen Form ein. Die Außenreparaturen waren von der Herrschaft zu tragen, während die Pfarrgemeinde für die Erhaltung des Kircheninneren aufkommen sollte. Bei diesen Differenzen mag auch die Sprachenfrage eine Rolle gespielt haben, denn wiederholt ersuchte die Herrschaft das Ordinariat, den Damtschacher Pfarrer anzuweisen, *wenigstens ein paar mal deutsche Predigten zu halten*.

Im Jahr 2000 fiel die Entscheidung, eine neue Pfarrkirche zu errichten.

Auch die Frage der Unterbringung des Ortspfarrers war über viele Jahre Grund für Verstimmungen zwischen Patron und Pfarrgemeinde. Nach Errichtung der Kuratie Damtschach hatte der jeweilige Ortsgeistliche vorerst im Pflegerhaus Wohnung genommen, ehe das hölzerne Kuratenhaus erbaut wurde, das jedoch jeden Mindeststandard, den die ohnehin nicht verwöhnten Landgeistlichen von ihrer Bleibe erwarteten, vermissen ließ. Die tristen Wohnverhältnisse waren mit ein Grund, daß Kurat *Bramer* 1811 Damtschach verließ, um fortan in Wernberg zu leben. Seine Weigerung zurückzukehren führte, wie wir bereits gehört haben, zu seiner Versetzung. Das Kuratenhaus bot sich 1838 in einem *baufälligen Zustande*. Der damalige Patron Felix Jöchlinger verkaufte dieses Gebäude, das von der Herrschaft errichtet worden war, und versprach, einen neuen Pfarrhof zu errichten. Vorerst jedoch bezog der Ortsgeistliche wieder im Verwalterhaus Quartier. Doch dieses Provisorium war unhaltbar. Die Differenzen zwischen Herrschaft und Pfarrgemeinde führten mehr als einmal dazu, daß dem Geistlichen die Wohnung gekündigt wurde. So ersuchte die Gemeindeverwaltung 1852 den Dechant, daß der Pfarrer *in Schutz genommen und dafür gesorgt werde, daß er eine gebührende Wohnung erhalte und bezüglich des herzustellenden Kuratenhauses das Nöthige nach Recht und Billigkeit entschieden werde*, nachdem diesem *die Wohnung ..., welche er bisher im herrschaftlichen Pflegehause hat ... bis Michaeli aufgekündigt* worden war. Schließlich übergab die Herrschaft der Pfarrgemeinde jenen Betrag, den Felix Jöchlinger seinerzeit für den Verkauf des Kuratenhauses erhalten hatte, und die Pfarrgemeinde errichtete mit eigenen Mitteln einen neuen Pfarrhof. Pfarrer Schaubach gibt als Baujahr das Jahr 1855 an. Tatsächlich dürfte mit dem Neubau des Pfarrhofes jedoch erst einige Jahre später begonnen worden sein, da 1862 der Kurat noch im Verwalterhaus wohnte. Den Grund für den Neubau stellte die Herrschaft zur Verfügung, alle anderen Kosten trug die Pfarrgemeinde. Mit der Zeit beruhigten sich die Gemüter und 1887 teilte *Lothar Orsini-Rosenberg*, der Damtschach damals verwaltete, dem Ordinariat mit, die Patronatsherrschaft werde den *arg vernachlässigten Pfarrhof auf eigene Kosten gründlich herrichten lassen*.

Verschiedentlich wohnten auch andere Parteien im Pfarrhof gerade in jenen Jahren, in denen die Pfarre unbesetzt blieb und die Wohnungsnot groß war. 1922 etwa fragte die Gemeindevorstehung an, ob man seitens des Ordinariates bereit sei, bis zum *Eintreffen eines neuen Pfarrers* dem Gemeindesekretär eine Wohnung im leerstehenden Pfarrhof zu überlassen. Pfarrer Marašek von Sternberg, der Damtschach damals betreute, warnte das Ordinariat allerdings davor, denn, so schrieb er, *wenn einmal eine Partei im Pfarrhof ist, ist sie sehr schwer hinauszubringen.*

1933 gehörte zum Pfarrhof ein kleiner Stadel mit Holzdach. Der Pfarrhof selbst war mit einem Eternitdach gedeckt und dem Geistlichen standen drei Wohnräume, eine Kanzlei und eine Küche mit Nebenräumen zur Verfügung.

Bescheiden war über lange Jahre auch das Geläute der Kirche in Damtschach. Die erste, uns bekannte Glocke verdankt die Kirche *Isabella Galler*. Die kleine Glocke fand ihren Platz jedoch nicht im *Kapellenturm*, sondern, da dieser *zu schwach* war, im Uhrturm des Schlosses. 1788 soll diese Glocke umgegossen worden sein.

1805 hören wir, daß eine Glocke angeschafft worden ist. Diese, von *Martin Pucher* in Klagenfurt gegossen, hat alle Stürme der Zeit überstanden. Ihr Durchmesser beträgt 52 cm, ihr Gewicht 84 Kilo. Als einzige der drei Glocken, die die Pfarrkirche vor 1914 besaß, entging sie auch den Ablieferungen des Ersten und Zweiten Weltkrieges. 1825 wurde das Geläute durch eine zweite, 224 kg schwere Glocke verstärkt, die das Bild der Muttergottes und des heiligen Sebastian zeigte und von *Vinzenz Gollner* in Klagenfurt gegossen worden war. 1847 wurde schließlich um den Betrag von 745 Gulden die *große Glocke* angeschafft. Auch diese war bei Gollner in Klagenfurt gegossen worden und zeigte Johannes den Täufer, Christus am Kreuz, den heiligen Jakob und den heiligen Augustinus. Für Kriegszwecke wurde diese Glocke 1917 *eingezogen* und der Pfarre mit 2124 Kronen vergütet. Dieser Betrag wurde ebenso wie jener, den man für die Ragainer und Umberger Glocken erhalten hatte, in Kriegsanleihen angelegt, die nach dem Krieg wertlos waren.

Da die Pfarre unmöglich ohne entsprechendes Geläute sein konnte, begann man bald nach Kriegsende mit den Vorbereitungen zur Neuanschaffung der Glocken. 1922 wurde ein Glockenkomitee gebildet, dem *Josef Haas* als Obmann vorstand. Die erforderliche Summe, die sich inklusive Fracht auf 6500 Kronen belief, wurde von der Pfarre durch Geldspenden, von einzelnen Besitzern durch die Spende von Holz aufgebracht. Insgesamt wurden bei der Firma *Böhler* in Kapfenberg vier neue Stahlglocken angeschafft, zwei für die Pfarrkirche, je eine für die beiden Filialkirchen. Die Glockenweihe selbst fand am 11. Februar 1923 statt und wurde vom damaligen Dechant des Dekanates Oberes Rosental und Pfarrers in Kranzelhofen *Josef Fritz* unter Assistenz des Ortspfarrers und der Pfarrer von Lind, Gottestal und Köstenberg vorgenommen. Im Zweiten Weltkrieg blieben diese Glocken, verstärkt um jene aus 1805, der Kirche erhalten.

Wie bescheiden die Ausstattung der Pfarrkirche war, mag man auch daran ermessen, daß diese keine Orgel besaß. 1933 diente zur musikalischen Umrahmung des Gottesdienstes nur ein neu angeschafftes Harmonium mit 13 Registern.

Auch der Friedhof in Damtschach war in den Jahren nach Errichtung der Kuratie über mehrere Jahrzehnte Anlaß für ständig wiederkehrende Auseinandersetzungen. Nach Errichtung der Kuratie war von der Herrschaft Damtschach ein Grundstück zur Anlegung eines Friedhofes zur Verfügung gestellt worden, das in das Eigentum der Pfarrgemeinde überging, die den neuen Friedhof mit einer auch heute noch bestehenden Mauer einfaßte. Bereits 1787 wurde verfügt, daß *alle in besagter Curatie Versterbende in den neuen Friedhof nachher Damtschach begraben* werden sollten. Für die Bewohner von Umberg wurde diese Verfügung 1792 wieder aufgehoben. Dies nahmen 1795 vier Ragainer Besitzer zum Anlaß, um die Beisetzung von Verstorbenen ihres Ortes auf dem Umberger Friedhof zu fordern, wie dies vor 1787 der Fall gewesen war. Sie führten an, der neue Friedhof in Damtschach sei unbenützbar, da sich neu ausgehobene Gräber sofort mit Wasser füllen würden und auch der Aushub beschwerlich sei. Zudem sei der Weg nach Umberg kürzer. Gegen dieses Gesuch wandte sich die Pfarrvorstehung in Damtschach, wies die Vorwürfe unter dem Hinweis zurück, daß die Verhältnisse in Umberg nicht besser seien und sich da wie dort bei *Regen und im Frühjahr* neu ausgehobene Gräber mit Wasser füllen würden. Der Damtschacher Kurat wies das Ordinariat zudem daraufhin, daß der *Freythof in Umberg ... vorschriftswidrig* sei, da er sich *inmitten Dorfe* befinde. Würde der Forderung der Ragainer nachgegeben werden, so entstünde daraus *eine sehr große Unordnung*. Das Ordinariat folgte der Empfehlung des Damtschacher Kuraten und verbot den Bewohnern von Ragain, ihre Toten in Umberg beizusetzen. Diese Weisung scheint jedoch mit der Zeit in Vergessenheit geraten zu sein, denn 1903 berichtete der Pfarrer von Damtschach, die Orte Ragain und Umberg hätten ihren eigenen Friedhof in Umberg. Wenige Jahre zuvor hatte die Gemeinde Wernberg versucht, den Damtschacher Friedhof in ihre Verwaltung zu übernehmen. Dagegen wandte sich Pfarrer Schaubach in scharfen Worten, zumal er befürchtete, einen Teil der ohnehin geringen Einnahmen zu verlieren, wenn fortan die Gemeinde die *Begräbnistaxen* einheben würde.

Eisstockpartie am Damtschacher Teich um 1935 (Original Rosa Lepuschitz)

Die ständige Zunahme an Gemeindebürgern machte mit der Zeit eine Erweiterung des Friedhofes notwendig, zu dessen Ausstattung heute auch eine Aufbahrungshalle gehört. Bemerkenswert ist die kleine Nischenkapelle am Friedhof mit den nahezu lebensgroßen Schnitzfiguren der Muttergottes und des heiligen Johannes. Diese barocken Figuren aus der ersten Hälfte des 18. Jahrhunderts stammen von einer Kreuzigungsgruppe. Am Friedhof befindet sich neben der nach 1905 errichteten Gruft der Familie Orsini-Rosenberg, für deren Errichtung die einstige Friedhofsmauer durchbrochen und versetzt wurde, auch der Marmorgrabstein von *Felix Jöchlinger* sowie ein von Felix Orsini-Rosenberg entworfenes Denkmal der Gefallenen beider Kriege aus der Pfarre Damtschach.

DRAGNITZ

Von diesem Ort hören wir anläßlich der Anlage des Katasters nur, daß es sich hierbei um einen *unbedeutenden Ort* handelt, der *unfern der südlichen Gemeindegrenze an dem Drauufer* liege und zur Steuergemeinde Neudorf gehöre. Er bestand in den 20er Jahren des 19. Jahrhunderts nur aus *wenigen ziemlich zusammenhängenden Bauernhäusern.*

1308 wird der Ort als *Dregen* in einer Urkunde genannt. In dieser bestätigen die Brüder Konrad der Doner und Gundacher von Wernberg, daß ihnen die Kärntner Herzöge Güter im Gebiet um Wernberg, darunter im Ort Dregen, verpfändet haben. Aus 1331 liegt uns eine Nachricht vor, wonach der Bischof von Bamberg einen Zehent zu *Dragenlich* dem Villacher Bürger *Pilgram Roester* verliehen habe. 1430 finden wir den Ort unter der Bezeichnung *Draegenick* genannt.

1788 lebten in Dragnitz 7 Familien, 1864 34 Menschen. Laut Volkszählung des Jahres 1880 zählte der Ort damals 35 Einwohner. 1900 waren es 26, 1910 40. Als einzigen Gewerbebetrieb finden wir hier 1905 und 1913 die Tischlerei Anton Orasch.

Gehöft in Duel 1933 (Original Siegfried Novak)

Duel 1931 (Original Maria Orasch)

DUEL

Dieser Ort wird uns im Franziszeischen Kataster als *ziemlich zusammengebautes Dorf* geschildert, zu dem auch einige *zerstreute Wirtschaften* gehörten. Die Lage des Ortes wird als *im Drauthale auf einem sonnigen sanften Bergabhange* liegend beschrieben. Wie anderswo bildete auch hier die Landwirtschaft die Haupteinnahmequelle der Bevölkerung. Duel gehörte zur Steuergemeinde Neudorf und seit Errichtung der Ortsgemeinde zur Gemeinde Wernberg.

Der Ort wird 1406 als *Tolach* genannt. 1632 lautete die Bezeichnung *Dellach*. Nach einer Mitteilung aus dem Jahr 1787 wissen wir, daß in diesem Jahr 25 Familien in Duel lebten. 1864 und 1880 lebten in Duel 115 Personen, 1900 waren es 102, 1910 nur 91.

Neben zwei Gasthäusern gab es in Duel im Jahr 1905 noch einen Schneider und einen Schuster, 1913 gab es an Gewerbebetrieben neben den beiden Gasthäusern einen Krämer, einen Schneider und einen Tischler.

Duel (Original Gemeinde Wernberg)

FÖDERLACH

Die Fluren des Dorfes Föderlach bildeten die südliche Grenze der Steuergemeinde Neudorf, die gemeinsam mit der Steuergemeinde Wernberg bis 1864 die Ortsgemeinde Wernberg bildete, ehe diese um die Orte der Gemeinde Umberg vergrößert wurde. Die Siedlung selbst bildet eine relativ kompakte Einheit, wie wir auch anläßlich der Anlage des Franziszeischen Katasters erfahren. Dort heißt es über Föderlach: *Das ziemlich geschlossene Dorf ... liegt an einem sanften Bergabhange unweit von dem Drauflusse.*

Die erste Nennung – *Podreulach* – des Ortes datiert aus 1238–1261 und findet sich im Verzeichnis der Einkünfte des friulanischen Klosters Mosach (Moggio). 1351 erscheint der Ort unter der Bezeichnung *Pöderlach*, 1672 lautet der Ortsname *Phederlach*. 1318 verkauft *Rueprecht von Lesperch* verschiedene Güter aus dem Erbe nach seinem Schwiegervater Rudolf von Ras, darunter auch eine Hube *in dem Voerolach*, auf der damals ein *Vlrich* saß.

Eine erste Angabe zur Bevölkerungszahl des Ortes liegt uns aus dem Jahr 1787 vor. Damals lebten in diesem Ort 34 Familien. Der Pfarrchronik Gottestal ist zu entnehmen, daß 1864 in diesem Ort 157 Personen lebten, jedoch gehörte nicht der ganze Ort zur Gemeinde Wernberg, wodurch sich der Rückgang an Einwohnern zur Volkszählung des Jahres 1880 erklären läßt. Diese vermerkt für Föderlach 109 Einwohner. Zwanzig Jahre später lebten hier um gut ein Drittel mehr Menschen, nämlich 151. 1910 zählte der Ort 135 Einwohner. An Gewerbebetrieben finden wir im Bahnort Föderlach im Jahr 1905 eine Bäckerei, eine Brückenmaut, zwei Gemischtwarenhandlungen, eine davon in Verbindung mit einem Gasthaus, je einen Holzhändler, Kleidermacher, Lohnfuhrwerker, Schuhmacher und Tischler, sowie zwei Gasthäuser. 1913 zählte man hier 13 Gewerbebetriebe. Neu hinzugekommen war ein Huf- und Wagenschmied. Föderlach war auch Sitz einer slowenischen Darlehenskasse sowie in den Jahren nach dem Zweiten Weltkrieg einer slowenischen Landwirtschaftsschule.

Den Mittelpunkt des Ortes bildet die dem Heiligen Stephan geweihte **Filialkirche** der Pfarrkirche Gottestal, zu der seit altersher ein Friedhof gehört. Die erste Nennung der Kirche datiert aus 1360. Es ist jene Urkunde, in der auch die Kirche von Gottestal erstmals

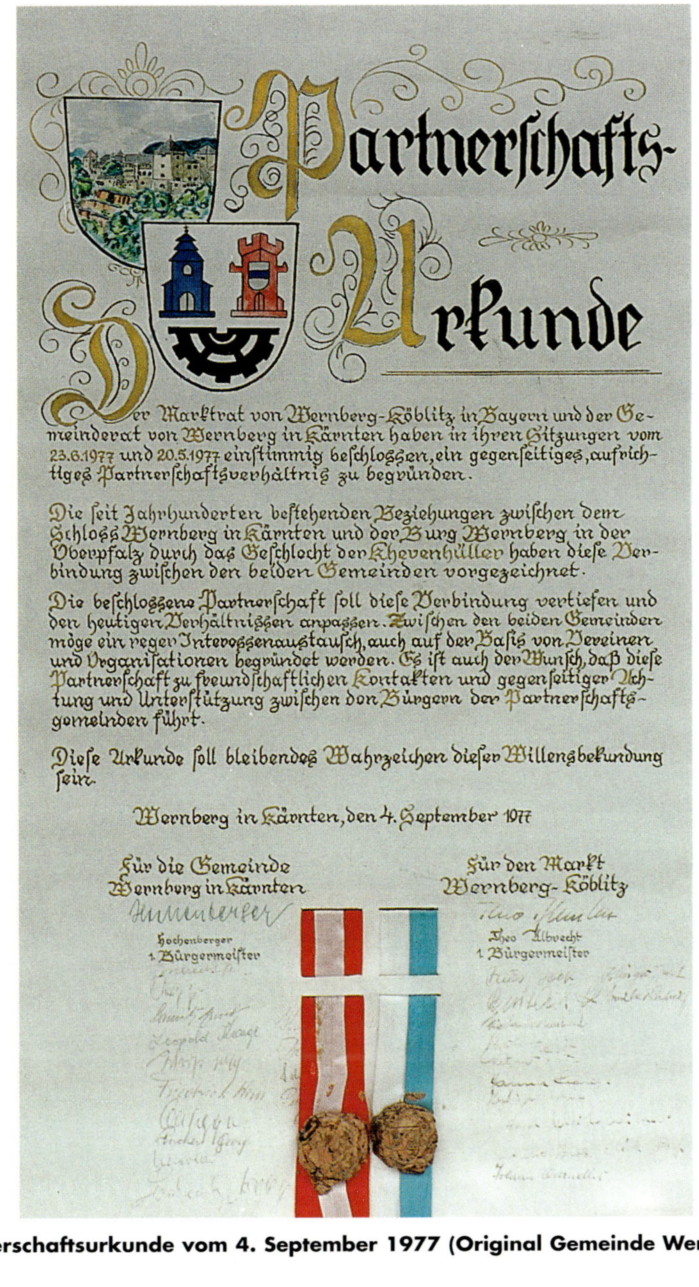

Partnerschafts-Urkunde

Der Marktrat von Wernberg-Köblitz in Bayern und der Gemeinderat von Wernberg in Kärnten haben in ihren Sitzungen vom 23.6.1977 und 20.5.1977 einstimmig beschlossen, ein gegenseitiges, aufrichtiges Partnerschaftsverhältnis zu begründen.

Die seit Jahrhunderten bestehenden Beziehungen zwischen dem Schloss Wernberg in Kärnten und der Burg Wernberg in der Oberpfalz durch das Geschlecht der Khevenhüller haben diese Verbindung zwischen den beiden Gemeinden vorgezeichnet.

Die beschlossene Partnerschaft soll diese Verbindung vertiefen und den heutigen Verhältnissen anpassen. Zwischen den beiden Gemeinden möge ein reger Interessenaustausch, auch auf der Basis von Vereinen und Organisationen begründet werden. Es ist auch der Wunsch, daß diese Partnerschaft zu freundschaftlichen Kontakten und gegenseitiger Achtung und Unterstützung zwischen den Bürgern der Partnerschaftsgemeinden führt.

Diese Urkunde soll bleibendes Wahrzeichen dieser Willensbekundung sein.

Wernberg in Kärnten, den 4. September 1977

Für die Gemeinde Wernberg in Kärnten
Hochenberger
1. Bürgermeister

Für den Markt Wernberg-Köblitz
Theo Albrecht
1. Bürgermeister

Partnerschaftsurkunde vom 4. September 1977 (Original Gemeinde Wernberg)

Dragnitz (Original Gemeinde Wernberg)

Föderlach (Original Georg Schulnig)

Gottestal (Original Gemeinde Wernberg)

Kantnig (Original Gemeinde Wernberg)

Kaltschach (Original Gemeinde Wernberg)

Kletschach (Original Gemeinde Wernberg)

Krottendorf (Original Gemeinde Wernberg)

Lichtpold (Original Gemeinde Wernberg)

Neudorf (Original Gemeinde Wernberg)

Ragain (Original Gemeinde Wernberg)

Sand (Original Gemeinde Wernberg)

Stallhofen (Original Gemeinde Wernberg)

Terlach (Original Gemeinde Wernberg)

Trabenig (Original Gemeinde Wernberg)

Statue hl. Georg in der Kirche von Sternberg
(Original aus dem 15. Jahrhundert im Diözesanmuseum, Klagenfurt)

Föderlach mit Bahnstation um 1920 (Original Eduard Haas)

genannt wird. Das Patronat über die Föderlacher Filiale stand spätestens seit 1815 der Herrschaft Wernberg zu. Von der Föderlacher Kirche war im Zusammenhang mit den Zwistigkeiten um die Damtschacher und Gottestaler Pfarrgrenzen unmittelbar nach Errichtung der Damtschacher Kuratie bereits die Rede, als Föderlach mit seiner *wohlgebauten* Kirche nach Wunsch eines Teils der Bevölkerung Sitz einer Kuratie hätte werden sollen.

Die Kirche selbst präsentiert sich dem heutigen Betrachter von außen als neugotischer Bau mit eingezogenem niedrigen Chor mit 5/8 Schluß und getreppten Strebepfeilern. Das Langhaus ist vierjochig mit Flachtonne und Stichkappen. Die dreiachsige Westempore besitzt ein Kreuzgratgewölbe. Sein heutiges Aussehen verdankt das Gotteshaus, das 1969 renoviert wurde, dem Neubau nach jenem verheerenden Brand, dem es ebenso wie ein Großteil des Ortes 1877 zum Opfer gefallen ist. Erst zweieinhalb Jahrzehnte zuvor war die Kirche einem Umbau unterzogen worden, bei dem nur die *Altäre und Reliquien* unberührt blieben. Damals war die Kirche durch einen Zubau erheblich vergrößert worden, da die

Gehöft in Föderlach um 1929 (Original Max Messner)

offene Vorhalle mit dem Kirchenraum verbunden wurde. Am Kirchsonntag 1852 (5. September) konnte das umgebaute Gotteshaus bereits eingeweiht werden.

Diese mit beträchtlichem Aufwand durchgeführte grundlegende Umgestaltung machte der Brand von 1877 zunichte. Einzig das Mauerwerk blieb damals bestehen. Der Grundstein zum Neubau wurde am 12. April 1882 gelegt. Die Bauarbeiten konnten bereits am 28. Oktober jenes Jahres abgeschlossen werden. Im Frühjahr 1883 wurde mit dem Turmbau begonnen. Im Juli war auch dieser erfolgreich beendet. Dem Baukomitee stand *Johann Glaser*, *Postmeister* und Gastwirt aus Föderlach vor. Diesem gehörten neben Pfarrer *Johann Sumper* noch die Herren *Johann Schöffmann, Andreas Taschwer und Johann und Kaspar Trapp* an. Die Weihe der neuen Kirche nahm am 2. September 1882, dem

Föderlacher Kirchtag, der gebürtige Föderlacher *Johann Marinitsch*, damals Pfarrer von Lind ob Velden unter Assistenz des Ortspfarrers vor. Zur Feier waren, so berichtet ein Gedenkblatt, rund tausend Menschen erschienen. Die Feier selbst verlief *bei günstigstem Wetter und ohne allen Unfall*. Um den Wiederaufbau der Kirche hatten sich neben den Mitgliedern des Baukomitees und Pfarrer *Marinitsch*, der seiner Heimatkirche eine Orgel mit vier Registern, Manual und Pedal, die davor in der Kirche von Schiefling gestanden war, spendete, u.a. *Johann* und *Maria Annunziata Glaser, Valentin Gagl, Primus Lasnik, Matthias Sturm, Franz Glaser, Katharina Winkler, Leopold Hirschler, Franz Schiller* und die damalige Besitzerin von Schloß Wernberg *Baronin Fröhlich* verdient gemacht.

Die beiden Glocken der Kirche, die eine Görzer Gießerei angefertigt hatte, spendete der aus Föderlach gebürtige Triestiner Kaufmann *Franz Glaser*. Patin war Baronin Fröhlich, *Kranzeljungfrau Josepha Schöffmann*. Die größere der beiden Glocken wurde der Unbefleckten Empfängnis, dem hl. Antonius von Padua und dem hl. Josef geweiht, die kleinere der Rosenkranzkönigin und dem hl. Josef.

Die Innenausstattung der Kirche war durch den Brand völlig zerstört worden. Die beiden neugotischen Altäre, die damals angeschafft wurden, fertigte der Treffner Restaurator *Johann Zernatto*. Der Hochaltar ist dem Kirchenpatron geweiht, der Seitenaltar, wurde von der Familie *Glaser* aus Föderlach gestiftet. Zur ursprünglichen Ausstattung der Kirche gehörte wohl die barocke Statue des heiligen Antonius.

Glockenweihe in Föderlach 1923; Aufzug der Glocken (Original Rosalie Bruderhaus)

Eine dritte Glocke erhielt das Gotteshaus im Jahr 1913. Der im Jahr 1912 verstorbene Realitätenbesitzer in Föderlach *Johann Scherwitzl*, hatte der Kirche den Erlös aus dem Verkauf seiner Bienenstöcke vermacht. 300 Kronen betrug ein Legat der Inwohnerin *Margarethe Hafner* aus Kletschach. Für diese beiden Summen, rund 1200 Kronen, wurde in der Laibacher Gießerei *Samassa*, woher auch die vierte Gottestaler Glocke und das Ragainer Geläute stammten, eine dritte Glocke angeschafft. Wie die anderer Kirchen fielen auch die Föderlacher Glocken dem Ersten Weltkrieg zum Opfer. 1917 wurden sie vom Turm geholt und eingeschmolzen. Als die Pfarre Gottestal 1923 neue Glocken erhielt, wurden auch zwei Glocken für die Föderlacher Filiale angeschafft und am 28. Oktober 1923 geweiht.

Am 5. März 1942 wurde die größere der beiden Glocken, ebenso wie jene von Gottestal, *eingezogen*. 1957 wurden, zeitgleich mit Gottestal, zwei neue, bei *Grassmayer* gegossene Glocken angeschafft. Die größere der beiden, 238 kg schwer ist auf den Ton C gestimmt. Die kleinere – Ton G – wiegt 89 kg. Die Weihe der Glocken nahm Domkapitular *Alexius Zechner* vor.

Mitten im Ersten Weltkrieg erhielt die Kirche dank einer Spende des Wudmather Besitzers *Franz Schüttelkopf vlg. Oren* auch einen Kreuzweg. Zur Aufbesserung des Einkommens des Föderlacher Kirchenvermögens, das getrennt von dem der Gottestalter Mutterpfarre verwaltet wurde, dienten auch mehrere Stiftungen, deren älteste 1839 *Ursula Lassnig* errichtet hatte. Für ein Kapital von hundert Gulden sollten jährlich fünf Messen gelesen werden. 1858 spendete *Michael Opriesnig* fünfzig Gulden zur Erhaltung des Antoniusaltars. Aus dem Nachlaß des im Juni 1880 verstorbenen Bahnarbeiters und Grundbesitzers *Valentin Gaggl* erhielt die Föderlacher Kirche ein Meßlegat in Höhe von 1000 Gulden. Weitere 1200 Gulden sollten für den Wiederaufbau der Kirche verwendet werden. 1896 richtete *Josefa Schaffmann (Schöffmann)* ein Meßstipendium in Höhe von 200 Gulden ein, für das jährlich am Tag der heiligen Katharina eine Messe für sie und ihre verstorbene Tochter gelesen werden sollte. 1913 schließlich bedachte *Matthäus Glaser* die Kirche mit 300 Kronen. Für ein Drittel dieses Geldes sollten an seinem Todestag Messen gelesen werden, 200 Kronen dienten als Kapital einer Meßstiftung zum Gedenken an seine verstorbene Ehefrau, wobei die Messe am Quatembermontag im Advent zu halten war.

Die Verwaltung des Föderlacher Kirchenvermögens besorgten zwei Kirchenkämmerer. Als solche fungierten 1888 *Johann Fugger* und *Hermann Schiller*, 1940 *Urban Heber, Anton Belohuby* und *Lorenz Truppe*.

Keusche in Goritschach (Original Susanne Dabernig)

Goritschach (Original Gemeinde Wernberg)

GORITSCHACH

Eine *1/8 Stunde Weges* entfernt von Neudorf liegt, lesen wir in der Beschreibung der Steuergemeinde Neudorf, der *unbedeutende Ort* Goritschach, auf einem *ähnlichen* Hügel gelegen wie Neudorf. Der Ort selbst bestand nur aus *einigen zerstreuten Bauernhäusern*.

1787 hören wir, daß in diesem Ort 17 Familien lebten. 1864 zählte der Ort 88 Einwohner. 1880 lebten hier 83 Personen, 1900 waren es 89 und 1910 zählte man in diesem Ort, der heute Sitz einer der beiden Volksschulen des Gemeindegebietes ist, 90 Personen.

GOTTESTAL

Im tiefen ebenen Drauthale liegt, so lesen wir 1832, Gottestal. Der Ort gehörte zur Steuergemeinde Wernberg und bildete deren östliche Gemeindegrenze.

Die Siedlung erschien damals recht kompakt und bestand aus *ziemlich zusammengebauten Bauernhäusern*, die im Erdgeschoß zumeist in Stein und im Oberstock in Holz ausgeführt waren. Als Pfarr- und späterer Schulort besaß Gottestal eine gewisse Bedeutung, die letztlich auch daran ersichtlich ist, daß die Bahnstation ursprünglich hier errichtet werden sollte, ehe man Föderlach als Stationsort bestimmte.

Gottestal um 1900 (Original Wilma Tschabuschnig)

1360 wird das heutige Gottestal unter dem Namen *Schotidol* genannt. 1363 lautet der Name des Ortes *Scozidol*, 1370 *Gottzidol*, 1403 *Chozedol* und 1430 *Götschidal*.

1787 lebten hier 22 Familien, 1864 schon 125 Personen. Der Pfarrort Gottestal besaß 1880 147 Einwohner. Zwanzig Jahre später waren es 135, 1910 nur noch 113. 1905 finden wir hier acht Gewerbebetriebe, 1913 neben zwei Gasthäusern und zwei Gemischtwarenhandlungen, je eine Säge, eine Mühle, einen Schuster und einen Spirituosenhändler.

Den Mittelpunkt des Ortes bildet die 1973 einer grundlegenden Renovierung unterzogene Pfarrkirche, welche ihre heutige äußere Form nach dem tiefgreifenden Umbau des Jahres 1862 erhielt. Von der einstigen gotischen Kirche hat sich nur das Langhaus erhalten, doch selbst dieses wurde durch einen Zubau verlängert. Sowohl der Chor wie der vorgesetzte Westturm mit Giebelspitzhelm sind Schöpfungen des 19. Jahrhunderts. Auch die an der Nordwand der Kirche angebaute Sakristei stammt aus dieser Zeit. Einen Hinweis auf die lange Geschichte dieser Landkirche vermag jene bemerkenswerte Steinfigur aus dem 14. Jahrhundert zu geben, die sich an der Südwand des Langhauses befindet. Dort wurde auch ein aus einem römerzeitlichen Rundmedaillon stammender weiblicher Kopf eingemauert. Weitere Zeugnisse der langen, bis in die Römerzeit zurückreichenden Siedlungskontinuität des Gebietes, die der Kirchenumbau des 19. Jahrhunderts zu Tage gefördert hat, befinden sich heute im Landesmuseum in Klagenfurt. Der große Umbau zu Beginn der 60er Jahre des 19. Jahrhunderts wurde am Rosenkranzsonntag des Jahres 1864 (2. Oktober) durch die Weihe der Kirche, die der damalige Gurker Bischof *Valentin Wiery* vornahm, abgeschlossen. Insgesamt hatte der Bau damals rund 6500 Gulden gekostet.

Das fünfjochige Langhaus mit seinem Sternrippengewölbe ist eine Schöpfung des 15. Jahrhunderts. Davor dürfte die Kirche eine einfache Holzdecke besessen haben. Wechselvoll wie die Geschichte des Kirchengebäudes, das 1775 wie der gesamte Ort einem Brand zum Opfer fiel, war auch die der Innenausstattung. Heute findet sich als Hochaltar der Pfarrkirche ein Barockaltar, der aus Grades stammt, und um 1700 angefertigt worden sein dürfte. Er zeigt in seiner Mittelnische eine Statue der Kirchenpatronin, im Aufsatz darüber eine Madonna. Beide Figuren stammen von jenem Hochaltar, den Pfarrer Gabron 1895 errichten ließ. Dieser hatte jenen Altar ersetzt, den man 1798 für die Pfarrkirche angeschafft hatte und dessen Reste sich noch in den 30er Jahren unseres Jahrhunderts auf dem Dachboden der Pfarrkirche befunden haben. Unter Gabron wurden auch die beiden, Johannes dem Täufer und der Muttergottes geweihten Seitenaltäre, die 1656 unter Pfarrer Lukas Fortunat errichtet worden waren, verkauft und an ihre Stelle traten ein Josefs- und ein Muttergottesaltar.

Mehrere Figuren des neugotischen Hochaltares von 1895 haben ihren Platz an den Chorwänden gefunden. Drei barocke Figuren aus der zweiten Hälfte des 18. Jahrhunderts birgt die Sakristei, in der sich auch eine spätgotische Sakramentsnische mit Kielbogen aus dem frühen 16. Jahrhundert befindet. Von Interesse ist auch der achteckige gotische Taufstein mit Meisterzeichen. Ein ebenfalls achteckiger gotischer Kanzelfuß findet sich heute in der Mauer des Pfarrhofes.

Unter Pfarrer Gabron wurde 1898 auch ein Kreuzweg für die Kirche angeschafft. Eine grundlegende Renovierung fand 1930 während der Amtszeit von Pfarrer Ulbing statt. Unter ihm erhielten Kirche und Pfarrhof elektrisches Licht.

In unmittelbarer Nähe zur Pfarrkirche befinden sich der Pfarrhof und das diesem zugehörige Wirtschaftsgebäude. Der Pfarrhof stellte sich 1931 als *unpraktisch gebauter Steinbau* dar, der im ersten Oberstock wie im Parterre je fünf Räume umfaßte. Das Wirtschaftsgebäude war im Jahr 1900 neu errichtet worden. Als man 1877 den Stadel des Wirtschaftsgebäudes erneuerte, mußte dafür ein Teil der Pfarrwaldungen verkauft werden, was zu Auseinandersetzungen zwischen Pfarrer und Gemeindevertretung führte.

Dem großen Brand von 1775 fielen auch die drei Glocken der Gottestaler Kirche zum Opfer. Vom Villacher Glockengießer *Andreas Simon Roeder* wurden zwei, nach anderen Berichten drei neue Glocken angefertigt. Die größte zeigte das Bild der Kirchenpatronin Margaretha mit Schwert und dem Lindwurm am Boden sowie ein Bild Christi mit der Gottesmutter und dem Evangelisten Johannes und trug die Umschrift *Sancta Margaretha ora pro nobis anno 1775*. Die zweite der 1775 angeschafften Glocken wurde 1864 umgegossen, als im Zuge des Kirchenumbaues das Gotteshaus eine neue von der Laibacher Gießerei *Samassa* angefertigte Glocke erhielt. 1904 kaufte schließlich *Maria Truppe* der Pfarrkirche eine vierte Glocke. Von den beiden bei Samassa gegossenen Glocken zeigte eine das Bild des hl. Ulrich, die andere den heiligen Josef mit der Lilie. Im Ersten Weltkrieg wurden auch hier wie anderswo die Glocken bis auf die kleinste vom Turm geholt. 1923 wurden neue Glocken angeschafft, nachdem die einzig verbliebene Glocke bald nach Abnahme der anderen einen Sprung bekommen und Gottestal so einige Jahre über kein Geläut verfügte. Die beiden größeren der vier neuen Bronzeglocken der Pfarrkirche verdankte man einstigen Pfarrangehörigen, die nach Amerika ausgewandert waren. So konnte mit der Spende des in Milwaukee lebenden *Konrad Petschar* die große Glocke und dank der Zuwendung von *Ursula* und *Josef Woschitz*, ebenfalls aus Milwaukee, die zweite Glocke angeschafft werden. Der restliche Betrag wurde durch Sammlung unter den Pfarrangehörigen und aus dem Erlös von Holzverkäufen aufgebracht. Die vier Glocken wurden ebenso wie die der Föderlacher Filiale am 28. Oktober 1923 geweiht und aufgezogen.

Am 5. März 1942 wurden alle Glocken der Pfarrkirche sowie die größere der beiden Föderlacher Glocken *eingezogen*. Als einziges Geläute blieben in der Pfarre die kleinere der Föderlacher Glocken sowie jene in Schloß Wernberg. Erst 1957 konnten neue Glocken angeschafft werden. Das Geläute von Gottestal besteht seither aus vier, bei der bekannten Tiroler Gießerei *Grassmayer* gegossenen Glocken, die Domkapitular *Alexius Zechner* am 10. November 1957 weihte. Die größte der vier, 1002 kg schwer, ist auf den Ton f gestimmt. Die drei anderen, mit einem Gewicht von 530, 248 und 140 kg, sind auf as, c und es gestimmt.

Unter Pfarrer Gabron erfuhr nicht nur die Innenausstattung der Pfarrkirche eine grundlegende Umgestaltung, unter seiner Ägide wurde 1912 auch eine neue Orgel angeschafft und löste damit jene aus dem Jahr 1838 ab. Diese kam in die Filiale Föderlach, für die Propst *Marinitsch* 1883 die alte Schieflinger Orgel erworben hatte. Die neue Orgel hatte der Laibacher Orgelbauer *Milavec* zum Preis von 3800 Gulden hergestellt.

Gottestal verfügt über zwei Friedhöfe. Einer befindet sich rings um die Kirche. Westlich des Ortes wurde ein neuer angelegt. Schon in der Zwischenkriegszeit sollte in Gottestal auch ein *Leichenhaus* errichtet werden, das möglicherweise auch als Aufbahrungshalle hätte dienen sollen, doch mußte dieses Vorhaben zurückgestellt werden, da es die Gemeinde *aus Mangel an Mitteln nicht errichten* konnte. Der Friedhof stand damals nicht in kirchlichem Besitz, sondern galt als *öffentliches Gut*. 1930 verzichtete die Gemeinde darauf und ließ ihn dem Besitzstand der Pfarrkirche zuschreiben. Einen eigenen

Friedhof besitzt seit jeher auch die Filialkirche in Föderlach.

KALTSCHACH

Den südlichsten Teil der Steuergemeinde Trabenig nahm der Ort Kaltschach ein. Entlang der Gemeindegrenze führte die *Post- und Kommerzialstraße* von Klagenfurt nach Villach. Passierte man das Gebiet dieser Steuergemeinde betrug die Entfernung von Villach noch 1 ¼ Meilen. Kaltschach selbst bestand aus einigen *unter dem Walde* zerstreuten Häusern, deren Bewohner von Einkünften aus der Landwirtschaft oder dem lokalen Gewerbe lebten.

1311 versetzt Graf Ulrich von Sternberg mit Zustimmung seiner Mutter Katharina einen Zehent *ze Qualtschach* einem Pfarrer namens *Niclav*. Auch 1431 tritt uns der Ort in den Quellen unter dem Namen *Qualtschach* entgegen. 1880 lebten 133 Menschen in Kaltschach, 1900 134, 1910 knapp 30 mehr, nämlich 162. 1905 finden wir hier neun Gewerbebetriebe. 1913 sind es sieben.

KANTNIG

Mittelpunkt dieses Ortes bildete die dem Apostelfürsten Petrus geweihte Kirche, eine Filialkirche der Pfarre Lind ob Velden. Die Ortschaft selbst bot sich dem Besucher in den 30er Jahren des 19. Jahrhunderts, als ihre Fluren und Grundstücke vermessen wurden, als *ziemlich zusammenhängende* Siedlung. Kantnig war einer der sieben zur Steuergemeinde Sand gehörigen Orte, von denen zwei, Rajach und Weinzirl, heute nicht mehr zur Gemeinde Wernberg gehören.

1370 lautet der Name dieses Ortes *Chentickh*, 1403 *Gentink*. Die Volkszählung des Jahres 1880 weist für diesen Ort 91 Einwohner aus, jene des Jahres 1900 79. 1910 war die Bevölkerung weiter gesunken, wenngleich nur geringfügig. In diesem Jahr lebten 73 Personen hier. 1905 gab es in Kantnig nur zwei Gewerbebetriebe. Wilhelm Kussian betrieb ein Gasthaus und eine Gemischtwarenhandlung, Ferdinand Wigisser eine Zimmermeisterei. 1913 sind für diesen Ort immerhin fünf Gewerbetreibende verzeichnet.

Die Quellen zur Geschichte der kleinen Kirche im Ort sind spärlich. Auf das Alter des Gotteshauses weist der gotische Bau hin. Die gotischen Altarflügel befinden sich heute im Landesmuseum für Kärnten, nachdem sie zuvor schon in der Pfarrkirche Lind verwahrt worden waren.

Die Kirche selbst ist ein kleiner gotischer Bau, dessen Langhaus später verlängert wurde und dem sich westlich eine Vorlaube anschließt. Im Chor finden wir ein Fenster mit leichtem Spitzbogen, ansonsten Rundbogenfenster. Im Süden und Westen des Baus Rundbogenportale, im Norden eine Sakristei. Das Langhaus ist dreijochig, besitzt ein Stichkappentonnengewölbe. Die Orgelempore ist aus Holz, der Chor hat einen 4/6-Schluß.

Der Hochaltar mit gedrehten Säulen stammte aus der Zeit um 1700 und ist reich verziert. Das Altarblatt zeigt die Schlüsselübergabe an Petrus. Der linke Seitenaltar wurde 1729 errichtet und enthält in der Mittelnische eine Figur des hl. Josef und der hl. Luzia. Der rechte Seitenaltar, dem hl. Valentin geweiht, wurde 1691 errichtet, die einfache Holzkanzel, die sich in der Kirche befindet, wohl zeitgleich mit dem Hochaltar um 1700. Das Weihwasserbecken trägt die Jahreszahl 1420.

Am 14. Februar 1782 kam es zu einem Vergleich zwischen den Herrschaften Landskron und Gradisch über die Vogtei dieser Kirche. Die Vogtei sollte in Zukunft der Herrschaft Landskron zustehen. Das Patronat über diese Filialkirche stand den Herrschaften Landskron und Velden zu. Wann die Kirche in Kantnig eine Filialkirche von Lind wurde, darüber schweigen die Quellen. 1753 jedenfalls scheint sie noch nicht unter den Filialkirchen dieser Pfarre auf. Die Kirche wurde 1858 und 1945 restauriert. Aus unserem Jahrhundert stammt das Wandbild des hl. Christophorus an der Südwand der Kirche.

KLETSCHACH

Im *Catastralschätzungsoperat* des Franziszeischen Katasters wird uns Kletschach als *sehr kleiner Ort* beschrieben, der aus *einigen wenigen gestreuten Häusern* bestand, die auf einem *hohen* eine ¼ Stunde von Föderlach entfernten Hügel lagen.

Der Ort wird 1430 als *Glentschach* genannt. 1787 hören wir von sechs Familien, die hier leben, 1864 von 29 Einwohnern. 1880 zählte man hier 38 Personen, im Jahr 1900 nur 24 und 1910 wieder 26. Sowohl 1905 wie 1913 finden wir in Kletschach nur einen Gewerbebetrieb, nämlich das von Susanne Schöffmann betriebene Gasthaus.

KROTTENDORF

Ein einziger Satz genügte dem Schreiber des Schätzungsoperates zum Franziszeischen Kataster, um diesen Ort zur Steuergemeinde Sand zu beschreiben: *Der Ort Krottendorf liegt vom letzten* [Lichtpold] *nördlich 1/8 Stunde entfernt und enthält nur zerstreute Häuser.*

Bereits 1439 erscheint dieser Ort unter seinem heutigen Ortsnamen *Krottendorf*. 1847 gab es in diesem Ort acht Häuser. Die Einwohnerzahl betrug 46 Personen. Anläßlich der Volkszählung 1880 erhob man in Krottendorf 35 Einwohner, 1900 32 und 1910 26. Der Amts- und Adreßkalender verzeichnet für das Jahr 1905 in diesem Ort nur den Hafner Johann Piber als Inhaber eines Gewerbes. 1913 finden wir diesen als Betreiber einer Gemischtwarenhandlung.

LICHTPOLD

Ebenso wie Krottendorf bedurfte es auch bei der Beschreibung des ebenfalls zur Steuergemeinde Sand und in deren Verband später zur Ortsgemeinde Umberg gehörigen Ortes Lichtpold eines einzigen Satzes, um eine Vorstellung von seiner Bedeutung zu geben: *Südwestlich* [von Kantnig] *liegt der kleine Ort Lichtwald* [!] *mit seinen wenigen zerstreuten Häusern.*

Die Quellen nennen diesen Ort 1335 unter der Bezeichnung *Symbichl*. 1847 berichtet der Pfarrer von Sternberg von 9 Häusern und 66 Einwohnern. 1880 finden wir in jenem Teil des Ortes, der zur Gemeinde Wernberg gehörte, nur 40 Einwohner, 1900 immerhin

Krottendorf um 1930 (Original Eduard Haas)

52, 1910 schon 61. Der Ort war einer der wenigen in der Gemeinde dessen Bevölkerungsanteil zunahm. Je einen Gewerbebetrieb finden wir 1905 und 1913 in Lichtpold. 1905 war es der Kleidermacher Simon Dulnig, acht Jahre später der Tischler Josef Anderwald.

NEUDORF

Dieser Ort auf einem Hügel, zu dem einst *mehrere zusammenhängende, aber auch ... mehrere zerstreute Bauernwirtschaften* gehörten, bildete gemeinsam mit Föderlach, Kletschach, Duel, Dragnitz und Goritschach die 1003 Joch große Steuergemeinde Neudorf und gemeinsam mit den Orten der Steuergemeinde Wernberg zwischen 1849 und 1864 die politische Gemeinde Wernberg. Über *Merkwürdigkeiten*, sprich Sehenswürdigkeiten, gab es nach Meinung des aufnehmenden Beamten, nichts zu berichten. Die meisten seiner Einwohner waren in der Landwirtschaft tätig, nur zwei Haushalte in der Gemeinde lebten ausschließlich von einem Gewerbe. Diese Siedlungen lagen auf mehreren Hügeln zwischen dem Waldstreifen, der sich bis zur *von Klagen-*

Gehöft in Neudorf um 1910 (Original Eduard Haas)

furt nach Villach führenden Post- und Komerzialstraße ausdehnt[e] und dem Drauufer. Was die Beschaffenheit der Kulturflächen anlangt, so hören wir, daß die *ebenen und südlichen Flächen* die *Einwirkung der Sonne genießen*. Das Klima wird als *vorherrschend sehr trocken, die Nächte aber der Drau wegen sehr kalt* beschrieben. Der Fluß bildete zudem eine ständige Bedrohung für die im Tal liegenden Grundstücke, da diese *manchmal sehr stark überschwemmt* wurden.

Zu den Gütern, die die Kärntner Herzöge 1308 den Brüdern von Wernberg verpfändeten, gehörten auch solche im Ort *Niwendorff*. 1429 lautet die Bezeichnung für den Ort *Newndorf*.

Einer Mitteilung aus dem Jahr 1787 zählte der Ort damals 18 Familien. 1864 hören wir von 109 Personen, die in diesem Ort lebten. Die Volkszählung des Jahres 1880 ermittelte für Neudorf 89 Einwohner. 1900 waren nur noch 78, 1910 77. Während 1905 in diesem Ort kein einziger Gewerbebetrieb existierte, gab es 1913 hier einen Hafner und einen Schuhmacher.

RAGAIN

Ragain wird in den 30er Jahren des 19. Jahrhunderts als Ort beschrieben, der eine *Viertelstunde weit* von Umberg entfernt lag und aus einer Reihe *meistens zerstreuter, aber auch etwas zusammenhängender Häuser* bestand, die zumeist im Erdgeschoß in Stein, im Obergeschoß jedoch durchwegs in Holz ausgeführt waren. Den Mittelpunkt des Ortes bildete die dem heiligen Bartholomäus geweihte Kirche, eine Filiale der Kirche Damtschach.

1431 lautet die Bezeichnung des Ortes *in der Tragen*, 1461 *an der Tragen* und 1462 *Royen*. Sowohl 1880, 1900 und 1910 zählte Ragain 114 Einwohner. Der Amts- und Adreßkalender für das Jahr 1905 verzeichnet keinen Gewerbebetrieb, 1913 gab es deren drei, darunter den *Musiker* Matthias Sager.

Die erste Nennung der dem heiligen Bartholomäus geweihten Filialkirche in Ragain findet sich in jener Urkunde *Hanns Kevenhullers* vom 30. September 1431, in der auch die Damtschacher Kirche erstmals genannt wird. Bis zur Errichtung der Kuratie Damtschach blieb die Kirche in Ragain eine Filiale der Villacher Pfarre St. Nikolai. Von den heftigen, letztlich jedoch erfolglosen Protesten der Ragainer und Umberger Bevölkerung gegen die Einpfarrung nach Damtschach haben wir bereits gehört.

In ihrem Kern dürfte die Kirche romanisch sein. Das Bild, das die kleine Kirche,

Nach dem Brand von Ragain 1912 (Original Rosalia Soran)

die 1970 renoviert wurde, heute ihrem Beschauer bietet, ist das einer kleinen Anlage mit eingezogenem niedrigen Chor, einem Dachreiter mit Spitzhelm, einem spitzbogigen Westportal und einem hochliegenden romanischen Schlitzfenster an der Südwand. Das Langhaus der Kirche ist saalartig, mit einer Flachdecke versehen. Der quadratische Chor besitzt ein Stichkappentonnengewölbe. Die westliche Vorhalle und die Sakristei an der Nordwand der Kirche wurden später hinzugebaut.

Die Kirche fiel 1912 einem Brand zum Opfer, der im Anwesen *vulgo Paule* ausgebrochen war und außer der Kirche drei Häuser samt Wirtschaftsgebäude vernichtete. Der Brand brach zur Mittagszeit aus, als sich die meisten Dorfbewohner bei der Feldarbeit befanden. Während die beiden Altäre gerettet werden konnten, brannte der hölzerne Turm zur Gänze ab, selbst von den Glocken fand sich *keine Spur*. Der Gesamtschaden im Ort belief sich auf 69.000 Kronen, von denen nur 15.000 durch Versicherungen gedeckt waren.

Der Schaden der Kirche belief sich auf 14.000 Kronen; 5400 davon deckte die Versicherung bei der *Landes-Assekuranz*. Angesichts der *Not* und des *Elends* gestattete das Ordinariat eine Sammlung in den Dekanaten Rosegg, Ferlach, Klagenfurt-Land, Villach, Tarvis, Hermagor und Tainach am 15. Mai 1912. Die Beträge, die dabei gesammelt wurden, waren jedoch denkbar gering. So betrug das Ergebnis im Dekanat Klagenfurt-Land nur 90 Kronen. Trotzdem konnte schon im Oktober folgenden Jahres die wieder errichtete Kirche von Pfarrer Schaubach geweiht werden.

Am 6. Oktober 1913 fand die Glockenweihe statt, bei der Pfarrer *Gabron* von Gottestal *eine zu Herzen gehende Festpredigt über die Bestimmung der Glocken* hielt. Vor dem Brand hatte die Kirche zwei Glocken besessen. Eine davon war 1859 von der Firma *Gollner* in Klagenfurt gegossen und am 17. November desselben Jahres in der bischöflichen Residenz geweiht worden. Über die zweite, durch den Brand vernichtete Glocke fand sich in den Quellen kein Hinweis. Die neuen Glocken fertigte die bekannte Laibacher Gießerei Samassa. Die größere der beiden, dem Kirchenpatron Bartholomäus geweiht, wog 87 kg und trug neben einem Bild des Heiligen die Aufschrift *Sanctus Bartholomäus ora pro nobis*. Die zweite Glocke wog nur 34 Kilo und war der Muttergottes geweiht, wie auch aus der Umschrift *Cum prole pia benedicat nos virgo Maria* hervorging. Beide Glocken teilten das Schicksal zahlreicher anderer des Landes, sie wurden 1917 vom Turm geholt und eingeschmolzen. Die Vergütung von 486 Kronen wurde in Kriegsanleihen angelegt und war nach 1918 wertlos.

Ebenso wie Damtschach und Umberg erhielt auch die Ragainer Kirche 1923 ein neues Geläut. Doch bestand dieses nur mehr aus einer 120 kg schweren Stahlglocke, die wie die anderen Glocken der Pfarre bei der Firma *Böhler* gegossen wurde. 1914 wurde für die Kirche auch ein Kreuzweg, der sich zuvor in St. Egyden befunden hatte, angekauft. *Derselbe ist*, schrieb Pfarrer Schaubach, *sehr alt, mit lateinischer und spanischer [!] Aufschrift*.

Doch unabhängig davon bot diese einfache Landkirche ihrem Besucher auch zuvor schon die eine oder andere Kostbarkeit. Der mit Säulen und Akanthusschmuck versehene Hochaltar ist eine Arbeit des ersten Viertels des 18. Jahrhunderts. Das Altarbild zeigt den Kirchenpatron. Auch der Seitenaltar ist dem heiligen Bartholomäus geweiht. Das Altarbild zeigt das Martyrium des Heiligen. Der Altar mit kannelierten Pilastern stammt aus 1677 und soll von *Vitus Blascher* aus Laibach gestiftet worden sein. Besondere Aufmerksamkeit darf jedoch eine spätgotische Figur des heiligen Bartholomäus beanspruchen, die aus dem letzten Viertel des 15. Jahrhunderts stammt und eine besondere Kostbarkeit in dieser idyllisch gelegenen Kirche darstellt.

Die besondere Lage des Dorfes mag 1643 für einen Priester den Ausschlag gegeben haben, an diesem Ort ein Haus zu erbauen und hierher zu ziehen. Im übrigen der einzige Geistliche, der in Ragain für länger Aufenthalt genommen hat. Möglicherweise hat er von hier aus auch die einzelnen damals noch zur Pfarre St. Nikolai gehörenden Orte als Priester versorgt.

SAND

Dieser Ort war Sitz der gleichnamigen, 774 Joch großen Steuergemeinde, die bei Anlage des Franziszeischen Katasters aus sieben *kleinen* Ortschaften bestand. Gemeinsam mit den Steuergemeinden Trabenig und Umberg bildete diese Gemeinde nach Inkrafttreten des Gemeindegesetzes die Ortsgemeinde Umberg. Zur Steuergemeinde Sand gehörten die Orte Rajach, Weinzirl, Kantnig, Lichtpold, Krottendorf, Sternberg und Sand. Die Gemeindegrenze verlief im Südwesten entlang der *Post- und Kommerzialstraße* von Klagenfurt nach Villach. An Besonderheiten konnte der Schreiber in dieser Gemeinde nichts finden, *außer der schönen Aussicht von der Sternberger Kirche St. Georgen*. Orte und Kulturflächen lagen *ziemlich hoch*, inmitten von *mehreren gegen Mittag geneigten Hügeln, welche im Norden vom sogenannten Sternberg mit der auf der höchsten Spitze stehenden und von weiten sichtbaren St. Georgenkirche beherrscht werden*. Das Klima wird als windig, trocken und *gemäßigt warm* beschrieben. Als *klimatische Nachteile* nennt man *starke Austrocknung der Gründe und Erdabschwemmungen*. Wiesen und Äcker lagen *höchstens* eine *3/8* Stunde entfernt, Wälder *des hohen Berges wegen* bis zu 1 1/4 Stunden. Die Bevölkerung war auch hier, wie in den anderen Orten, überwiegend in der Landwirtschaft beschäftigt. Sand selbst wird als kleiner Ort beschrieben, der aus *wenigen beisammen liegenden, meistens aber zerstreuten Bauernhäusern* bestand.

Neun Häuser und 51 Einwohner verzeichnet die Pfarrchronik Sternberg 1847 für diesen Ort. Ganze 60 Einwohner zählte der Ort im Jahr 1880. 1900 waren es immerhin 78, 1910 nur 58. Sowohl 1905 wie 1913 gab es hier zwei Gewerbebetriebe, beide waren Schuhmacherbetriebe.

SCHLEBEN

Von Schleben wußte der mit der Beschreibung der einzelnen Orte befaßte Beamte nur zu berichten, daß es *nicht weit vom Schloß* [Wernberg] *auf einem Berg* liege, gänzlich *unbedeutend* sei und nur aus einigen *ziemlich zusammenhängenden Bauernwirtschaften* bestehe. 1787 lebten hier zehn Familien, 1864 36, 1880 41 Menschen, 1900 waren es 40, 1910 schon 43.

1308 nennen uns die Quellen diesen Ort als *Sleven*. 1430 *in der Sleben*. Die Nennung von 1308 bezieht sich auf eine Urkunde der beiden Brüder *Chuonrat der Donr* und *Gundachar* von Wernberg, in der diese den Kärnt-

Schleben (Original Gemeinde Wernberg)

ner Herzögen Otto und Heinrich bestätigen, von diesem für eine Schuld von 56 Mark Agleier Pfennige Einkünfte in der Umgebung Wernbergs, darunter im Ort *Sleven* erhalten zu haben. Einem Verzeichnis über von Herzog Otto verpfändete Güter aus 1309 entnehmen wir, daß zwei zur *curia* (Meierhof) *in Slefen* gehörige Huben an Nikolaus von Ossiach verpfändet worden waren. Vom 24. April 1309 liegt eine Urkunde des Pfandinhabers *Nykklov von Ozziach* vor, in der er Herzog Otto die verpfändeten Huben zurückzustellen verspricht, sobald der Herzog ihm die Pfandsumme von 17 1/4 Mark Agleier eingelöst habe.

STALLHOFEN

Das Dorf Stallhofen, zur Steuergemeinde Trabenig gehörig, wird in den 30er Jahren des 19. Jahrhunderts als Siedlung mit *mehreren ziemlich nahe beisammen liegenden, aber auch mit zerstreuten Häusern* beschrieben. Nach Terlach brauchte man damals nach der Mitteilung des Schreibers gut eine halbe Stunde. Die Entfernung zu den Grundstücken, die die Bauern zu bewältigen hatten, betrug in dieser Steuergemeinde zu Äckern und Wiesen zumeist über 1/4 Meile, zu den Wäldern eine 1/2 Meile. Wie in den anderen Orten bildete auch hier die Landwirtschaft die nahezu einzige Erwerbsmöglichkeit, vom lokalen Kleingewerbe abgesehen.

1362 tauschen Gerloch von Treffen und Mainhart von Kellerberg Güter, darunter einen Hof *ze Stallhoven* und ein zugehöriges halbes Pfund Geld, ein Lehen der Herrschaft Sternberg. Unter den Zeugen dieses Rechtsgeschäftes finden wir einen Peter von Terlach. Wiessner ordnet jedoch diese Nennung von Stallhofen jenem bei Obervellach liegenden Ort zu. 1847 zählte man 19 Häuser und 95 Personen. 1880 finden wir hier 98 Einwohner, 1900 93 und 1910 nur mehr 86.

STERNBERG

Sternberg, Teil der Steuergemeinde Sand, besaß, wie wir bereits gehört haben, die einzige Sehenswürdigkeit in dieser Gemeinde, wie die markante Wallfahrtskirche überhaupt das Bild in der Landschaft beherrscht und prägt. Der Ort selbst begegnet uns im Kataster als *wenig zusammenhängende* Siedlung mit Pfarrhof und Kirche am Berg. Die Burg wird 1237 erstmals als *Sternberch* genannt. 1847 finden wir in Sternberg 16 Häuser und 89 Einwohner. Im Ort Sternberg lebten 1880 87 Personen, 1900 93 und 1910 79. Der Amts- und Adreßkalender verzeichnet für 1905 einzig ein Gasthaus, 1913 zudem eine Tischlerei.

Das wir es hier mit einem Ort mit langer Siedlungskontinuität zu tun haben, beweisen uns die zahlreichen Funde im Umkreis der heutigen Wallfahrtskirche. Von der alten Kultstätte, an deren Stelle die heutige Pfarrkirche von Sternberg steht und deren steinerne Zeugen wir im Gemäuer der Kirche finden, haben wir bereits gehört. Die Lage der Kirche bietet dem Betrachter einen weiten Blick über Kärnten. Ebenso stimmungsvoll wie dieser Blick auf die Seen und Berge unseres Landes ist jenes Bild, das Pfarrkirche und Pfarrhof dem Besucher dieses alten Wallfahrtsortes bieten.

Die Kirche ist in ihrem Kern romanisch. Im 14. Jahrhundert erhielt sie östlich des Turmes einen gotischen Chor mit dreifach getreppten Strebepfeilern, im 15. Jahrhundert das spätgotische Netzrippengewölbe im Langhaus sowie die zum Teil doppelbahnigen Maßwerkfenster. Auch heute noch vermittelt die Kirche – trotz Um- und Zubauten im Barock – den Eindruck einer überwiegend gotischen Wehrkirchenanlage. 1586 wurde die westliche Vorhalle errichtet, woran die Jahreszahl an der Südwand erinnert, und mit ornamentalen Deckenmalereien in quadratischen Fenstern ausgestattet. Dem Barock verdankt die Kirche den Zubau je einer Kapelle im Norden und Süden. Der zweigeschossige Turm der Kirche erhielt 1820 ein Zwiebeldach und erhebt sich zwischen Kirchenschiff und gotischem Presbyterium.

Das dreijochige Langhaus besaß ursprünglich eine flache Holzdecke, die im 15. Jahrhundert durch ein spätgotisches Netzrippengewölbe auf Wandvorlagen mit Diensten ersetzt wurde. Die Westempore besitzt eine geschwungene Balustrade und eine flache Unterdecke, der Chor einen 5/8 Schluß und ein Kreuzrippengewölbe auf Konsolen. Zum Teil sind dies Kopfkonsolen des 14. Jahrhunderts. Die beiden Kapellen besitzen Kreuzgratgewölbe.

Der Hochaltar, der den Chor in Höhe und Breite nahezu ausfüllt, ist eine Arbeit des letzten Viertels des 18. Jahrhunderts und wurde im 19. Jahrhundert zum Teil verändert. 1888 wird sein Wert mit 200 Gulden angegeben. Der Altar besitzt vorspringende Säulen, Pilaster und Opfergangsportale, mit Statuen der Heiligen Sebastian und Florian. Im Schrein des Hochaltares findet sich die Figur des heiligen Georg zu Pferd, seitlich des Tabernakels stehen zwei Heiligenfiguren, Josef und Barbara. Die Figur des heiligen Georg wurde 1874 bei einer Grödener Firma erworben, nachdem sie im Jahr zuvor bei der Weltausstellung in Wien zu sehen gewesen war. Die Anschaffungskosten betrugen 230 Gulden.

Der linke Seitenaltar wird als *Kreuzaltar* bezeichnet, repräsentierte 1888 einen Wert von 200 Gulden und ist eine Arbeit des Rokoko. Der Altar besitzt einen Baldachin, im Schrein eine Kreuzigungsgruppe, darunter eine Schnitzgruppe mit *Unerlösten Seelen*. Im Altaraufsatz finden wir eine Darstellung von Gott Vater auf der Weltkugel. Flankiert wird der Mittelteil des Altares von Statuen der heiligen Lucia und Barbara.

Der rechte Seitenaltar oder *Marienaltar* ist eine Arbeit des ersten Drittels des 18. Jahrhunderts mit Arkanthusschmuck. 1888 wurde er mit 150 Gulden bewertet. Ein weiterer Marienaltar befindet sich in der Südkapelle der Kirche. 1888 wird er als *kleiner Altar unserer lieben Frau vom heiligsten Herzen Jesu* bezeichnet und mit nur 60 Gulden bewertet. In der Mittelnische dieses Altares mit Säulen und Arkanthusschmuck aus der Zeit um 1725–30 befindet sich eine Madonna.

Die einfach gestaltete Kanzel der Kirche stammt aus dem 17. Jahrhundert. In der Südkapelle befindet sich ein spätgotischer achtseitiger Taufstein, dessen pyramidenförmiger hölzerner Aufsatz bemerkenswerte Malereien aus dem letzten Viertel des 15. Jahrhunderts besitzt. Sie zeigen die Taufe Christi, Maria mit dem Kind, eine dreifigurige Taufszene und den heiligen Georg.

Ein besonderes Juwel besitzt die Kirche in der Statue des heiligen Georg, die vermutlich aus dem alten Flügelaltar um 1500 stammen dürfte. In der Zwischenkriegszeit wurde für diese Figur, so überliefert zumindest Singer, der Pfarre Sternberg die damals horrende Summe von 25.000 Schilling geboten.

Ein weiteres bedeutendes Zeugnis Kärntner sakraler Kunst ist das Fastentuch der Kirche. *Anno 1629 ist dieses Werk durch den Herrn geistl. H[errn] Blasi Poßnitsch, Pfarrer bei St. Georgen am Sternberg, auch den Hoch-und Wohlgebornen Herrn Hansen Khevenhüller, Freiherrn zu Aichelburg und Landskron und des würdigen Gotteshauses Vogt und Lehensherren und Beeden Zechleut als Nikl Premischlnig und Primis am Lichtbol, wohl auch der ganzen Nachbarschaft und Pfarrmeng, Hülf und Freygebigkeit, Gott und dem hl. Ritter St. Jörgen zu einer ewigen Gedächtnus aufgerichtet und gemacht worden.* Geschaffen wurde es von *Viktor Kazner*.

Durch ihre exponierte Lage auf dem 733 Meter hohen Felsen war die Kirche Unwettern und Blitzschlägen besonders ausgesetzt. 1713 schlug der Blitz gleich viermal in den Turm ein, das Turmdach wie das des Presbyteriums gerieten dadurch in Brand, dem auch ein Teil der Glocken zum Opfer fiel. Folge dieser Verwüstung war die Umgestaltung der Kirche, die damals durch die beiden Seitenkapellen erweitert wurde. 1806 fiel der Turm wiederum einem Blitzschlag zum Opfer, bei dem die Kirche alle Glocken verlor, die erst nach und nach wieder angeschafft werden konnten. 1875 schlug der Blitz gleich dreimal in den Turm ein, ohne jedoch größeren Schaden anrichten zu können. 1876 wurde erstmals ein Blitzableiter angebracht.

Nicht minder beeindruckend als die wehrhafte Kirchenanlage ist der Pfarrhof von Sternberg am Fuß des Kirchenhügels. Der massive zweigeschossige, ansitzartig anmutende Bau stammt aus dem 16. Jahrhundert und besitzt einen südwestlichen Eckturm. Heute befindet sich das Gebäude im Besitz von Dr. Fritz Sammer.

Die Meierei des Pfarrhofes stellte über lange Zeit eine große Wirtschaft dar, in der stets mehrere Dienstboten beschäftigt waren. Die Wirtschaftsgebäude waren in Stein- und Holzbauweise ausgeführt

Die Kirche von Sternberg besaß 1713 vier Glocken. Die größte, zwanzig Zentner schwer, war 1711 angeschafft worden. Bei dem durch einen Blitzschlag verursachten Brand schmolz die kleinste Glocke, die beiden mittleren bekamen Sprünge. Das Metall wurde eingeschmolzen und daraus drei neue Glocken angeschafft, die am 12. Dezember 1713 aufgezogen wurden. Dem Unwetter vom 27. Jänner 1806 fielen erneut alle vier Glocken der Kirche zum Opfer. An eine Neuanschaffung war vorerst nicht zu denken und so behalf sich die Pfarrgemeinde, indem sie eine Glocke aus der Kapelle von Schloß Landskron auslieh, dessen Besitzer Graf Dietrichstein das Patronat über Sternberg zustand. Diese Glocke war 1549 in Villach von *Jeronymus Egker* gegossen worden. Erst 1854, also nahezu ein halbes Jahrhundert nachdem die Glocke nach Sternberg gebracht worden war, ging sie um 360 Gulden ins Eigentum der Pfarre über.

Ende 1806 hatten die Sternberger jedoch die Mittel aufgebracht, um eine zweite Glocke anschaffen zu können. Sie wurde von *Martin Puker (Pucher)* in Klagenfurt gegossen, besaß einen Durchmesser von 130 cm und trug die Aufschrift *„Gottes Lob gehöre ich"*. 1816 war es dann, wie Pfarrer Sereinig dem Ordinariat berichtete, der Pfarrgemeinde *mit großer Anstrengung und so mancher Aufopferung* möglich, *wiederum zwey Glocken gießen zu lassen, die bis Allerheiligen fertig sein werden.* Nur mit Mühe waren allerdings, so der Pfarrer, *bey diesen theuren Zeithen ... drey Wohltäter ausfindig gemacht* worden, die *als Pathen bei der Glockenweihe auftretten wollen, dabey aber die Reisekosten nach Klagenfurt zur Glocken Weihe scheuen*, weshalb der Pfarrer das Ordinariat bat, diese *in loco Sternberg vornehmen zu lassen.* Die beiden Glocken wurden von *Vinzenz Gollner* in Klagenfurt gegossen. Aus dieser Werkstatt stammte auch die 1848 als fünfte angeschaffte Glocke, die dem heiligen Georg geweiht und *reich verziert* war.

Dem Ersten Weltkrieg fielen drei Glocken zum Opfer. An ihre Stelle traten 1922 zwei neue Stahlglocken. Die beiden Glocken, 1027 kg und 644 kg schwer wurden bei *Böhler* in Kapfenberg gegossen. Sie langten per Bahn in St. Ruprecht bei Villach ein, wo sie abgeholt und auf den Sternberg gebracht wurden, wobei die *Begeisterung der Bevölkerung so groß war, daß die Leute vor dem Friedhof die Pferde ausspannten und selbst die Glocken bis zum Turm zogen.* Die Weihe nahm der damalige Dechant des Dekanates Rosegg und Pfarrer von Kranzelhofen *Josef Fritz* am 9. Juli 1922 vor. Die große Glocke erhielt die Namen *Georg und Lukas*, Paten waren *Lukas Pichler* aus Sand, *Josef Stickar* aus Terlach, *Felix Piber* aus Krottendorf und *Maria Pichler.* Die kleinere Glocke erhielt die Namen *Florian und Josef.* Ihre Paten waren *Gabriel Kopajnik, Mathias Vospernik, Maria Vospernik und Magdalena Sochor.* Diese Glockenweihe war im übrigen die erste nach dem Krieg im Rosegger Dekanat. *Nach der Weihe wurden die Glocken*, so der

Blick vom Sternberg (Original Gemeinde Wernberg)

Ortspfarrer in seinem *Promemoria* weiter, *sofort in den Turm aufgezogen und montiert, sodaß um zwei Uhr nachmittag die neuen Glocken die tiefbewegte Bevölkerung begrüssen konnten.* 1934 erhielt die Pfarre zwei weitere Glocken, diesmal bei *Grassmayer* in Innsbruck gegossen. Die Glockenweihe fand am 22. Juli 1934 statt. Die größere der beiden Bronzeglocken zeigte Darstellungen der Heiligen Georg, Josef und Katharina, die kleinere solche des Heiligsten Herzen Jesu, der Muttergottes und der seligen Hemma von Gurk. Die beiden Glocken mit einem Gewicht von 295 und 163 kg wurden im Zuge der totalen Kriegsführung am 23. Februar 1942 vom Turm geholt und tagsdarauf *in aller Stille* nach Villach transportiert. Der Kirche verblieben jedoch die 1922 angeschafften Stahlglocken.

Im März 1980 schritt man daran, jenen Verlust, den das Geläute der Pfarrkirche durch den Zweiten Weltkrieg erlitten hatte, wiedergutzumachen. Bereits am 5. Juli konnten die beiden Glocken – die größere, 420 kg schwer, Ton B, dem heiligen Josef, die kleinere, 250 kg schwer, Ton DES, der Muttergottes geweiht – aufgezogen werden.

Unter Pfarrer *Lesjak* wurde 1830 eine neue Orgel angeschafft, die damals 300 Gulden kostete. Die Orgel besaß einen barocken Spieltischvorbau, acht Register, ein Manuale und ein Pedale. 1899 wurde diese um 220 Gulden generalüberholt.

Die Kirche von Sternberg besitzt seit altersher einen Friedhof, der die Kirche umgibt. Aber auch in den einzelnen Orten, die von Sternberg aus versorgt wurden, so etwa in Umberg, gab es kleine Friedhöfe, sodaß nicht alle Pfarrkinder auf dem Gottesacker hoch oben am Berg ihre letzte Ruhe fanden. Der Friedhofsgrund ist Eigentum der Kirche von Sternberg. In der Nordostecke des Friedhofes befindet sich ein Karner, ein kleiner quadratischer Bau mit Pyramidendach und Schießscharten.

TERLACH

Der Ort, im Kataster als *Terlan* verzeichnet, bot sich den mit der Landvermessung befaßten Beamten als ein *auf einem Berghang liegendes, mit ziemlich zusammenhängenden Häusern* bestehendes Dorf dar, das die südöstliche Grenze der Steuergemeinde Trabenig bildete. Nahezu alle in diesem Ort lebenden Personen verdienten ihren Unterhalt in der Landwirtschaft.

1279 finden wir diesen Ort – nach Kranzmayer – unter der Bezeichnung *Ternevlach*, 1351 als *Turlach*, 1383 als *Tyrnälach*, 1435 als *Terlach* und 1445 als *Dornelach*. Zur Nennung von 1279 ist anzumerken, daß die von Kranzmayer getätigte Zuordnung unrichtig sein dürfte. Die Urkunde Reimberts von Glanegg vom 16. Mai 1279, mit der er über zwei Huben zugunsten der Mahrenberger Nonnen verfügt, dürfte eher den bei Cilli gelegenen Ort *Terhovle* betreffen.

1301 nennt uns eine Schuldurkunde des Grafen Walther von Sternberg für eine Villacher Jüdin unter den vier Bürgen *Vlreichen von Terlach*. 1311 und 1313 wird unter den Zeugen zweier auf Sternberg ausgefertigten Urkunden ein *Chunentzel von Terlach* genannt. Aus 1312 ist eine weitere Nennung des Ortes überliefert. Ulrich von Sternberg verleiht einen Acker *ze Terlach*, den er seinerzeit von seines Bruders Sohn *Haintzel* erworben hatte. 1343 besitzen *Mainczel von Chellerperch* und dessen Frau einen Zehent *under Sternberch in dem dorfe ze Terlach*. Ein Peter von Terlach tritt 1362 und 1364 als Zeuge in Urkunden auf.

1847 zählte der Ort 17 Häuser und 90 Einwohner. Mit 102 Einwohnern gehörte Terlach 1880 zu den großen Orten der Gemeinde. Bis zum Jahr 1900 war die Bevölkerung allerdings um ein Fünftel auf 81 Personen gesunken. Bis 1910 setzte sich der Trend weiter fort; in diesem Jahr lebten nur noch 71 Personen in Terlach. 1905 finden wir hier fünf Gewerbebetriebe, 1913 sieben, darunter eine Gemischtwarenhandlung, ein Gasthaus, eine Obstmosterzeugung und einen Holzhändler.

TRABENIG

Dieser Ort war Sitz der gleichnamigen Steuergemeinde, zu der auch Terlach und Kaltschach gehörten und die 1073 Joch groß war. Gemeinsam mit den Orten der Steuergemeinden Umberg und Sand bildete sie zwischen 1849 und 1864 die Ortsgemeinde Umberg. 1827 legte man den Weg von Kaltschach nach Trabenig in einer halben Stunde zurück. Das Dorf bot sich seinem Besucher auf einem *besonderen Hügel liegend* dar. Die Siedlung bestand aus *mehreren zusammenhängenden, aber auch zerstreuten Häusern*. Was die Grundstücke in dieser Steuergemeinde angeht, so hören wir, daß zu den Häusern zumeist Gärten gehörten, Wiesen und Äcker *untereinander gemischt* lagen. Im Norden und im Nordosten der Steuergemeinde gab es Hutweiden und Hochwälder. Alle drei Orte dieser Steuergemeinde lagen *ziemlich hoch* und zwar auf *mehr oder minder hohen Hügeln, gegen Süden geneigt und im Norden durch Waldgebirge geschützt*. Die Wiesen waren zumeist sumpfig, das Klima überwiegend *windig und trocken, mit gemäßigt warmen Tagen und sehr kalten Nächten*. Besonders wird auf die *durch Sumpfwiesen sich entwickelnde Nebel* hingewiesen.

1880 zählte der Ort 132 Einwohner, 1900 125, 1910 wieder 144. Ist für 1905 noch kein Gewerbebetrieb verzeichnet, so gibt es 1913 in diesem Ort immerhin Schuster, Schneider und ein Gasthaus.

UMBERG

Der Ort Umberg war Sitz der gleichnamigen Steuergemeinde, zu der auch Damtschach und Ragain gehörten, und zwischen 1849 und 1864 zudem Sitz der Ortsgemeinde Umberg, ehe diese, obgleich größer als die Gemeinde Wernberg, in jener aufging. Der Ort selbst wird im Franziszeischen Kataster als auf einem südlichen Bergabhang gelegen bezeichnet und bestand damals aus *ziemlich zusammenhängenden Bauernwirtschaften*. Wie anderswo im Gemeindegebiet auch waren die Häuser im Erdgeschoß zumeist in Stein, im Obergeschoß in Holz ausgeführt. Mittelpunkt des Ortes bildete die dem hl. Matthäus geweihte Filialkirche, die mehrfach als Sitz einer Kuratie ins Auge gefaßt wurde. Letztlich blieb jedoch Damtschach Pfarrort. *Als ein Denkmal der grauen Vorzeit* war nach dem Schreiber des Protokolls die *sehr zerfallene Ruine des alten Bergschlosses Eichelberg* zu betrachten, die im Waldgebiet ober dem Ort liegt. Nahezu alle Bewohner nicht nur des Ortes, sondern auch der Steuergemeinde waren in der Landwirtschaft tätig. Diese selbst wird als *Mittelgebirgsgemeinde* beschrieben, *ziemlich hoch* liegend, 1 2/4 Meilen nördlich von Schloß Wernberg entfernt. Über die Kulturflächen der Gemeinde hören wir: *Ziemlich hohe, vorherrschend, gegen Süden mehr oder minder abhängige, auch ebene und vertiefte, durch Kleinwälder von Süden und Westen jedoch geschlossene Lage; nördlich ziemlich ansteigende Waldungen.* Das Klima galt *durch die vielen Sumpfwiesen als neblich, gemäßigt, auch naßkalt, die Erdabschwemmungen bedeutend.*

1880 finden wir in Umberg 132 Einwohner, ebenso im Jahr 1900. 1910 war die Bevölkerung dieses Dorfes um knapp zehn Prozent auf 121 Personen gesunken. 1905 finden wir in Umberg ein Gasthaus und einen Schneider, 1913 existiert als einziger Gewerbebetrieb nur noch das Gasthaus.

Umberg um 1940 (Original Eduard Haas)

Zwanzig Jahre nach den Kirchen in Damtschach und Ragain wird auch das dem heiligen Matthäus in Umberg geweihte Gotteshaus erstmals erwähnt (1452). Das *gotshaws sand Matheus zu Aichelwergh* gehörte ebenso wie Damtschach und Ragain zum Verband der Pfarre St. Nikolai in Villach und wurde anläßlich der Errichtung der Damtschacher Kuratie von St. Nikolai abgetrennt und Damtschach unter Protest seiner Pfarrkinder, zugeschlagen. Das Patronat über St. Matthäus stand ebenso wie die Vogtei der Herrschaft Damtschach zu.

Die Kirche selbst ist ein kleiner gotischer Bau und dürfte zwischen 1432 und 1452 errichtet worden sein. Im Westen befindet sich ein kleiner Vorhallenturm mit Spitzgiebelhelm. Im Boden dieser Vorhalle ist eine romanische Grabplatte eingelassen. Das rundbogige Westportal, dessen Tür ein gotisches Schloß ziert, führt in das Kircheninnere. Das Langhaus der Kirche ist zweijochig mit Platzlgewölbe und Gurtbögen, die gemauerte Westempore dreiachsig. Der stichkappentonnengewölbte Chor besitzt einen 5/8 Schluß. Nach Singer soll das Kirchenschiff früher niedriger und mit einer Holzdecke versehen gewesen sein, ehe es eingewölbt wurde. Im Norden der Kirche befindet sich, an das Presbyterium angebaut, die Sakristei.

Einfach ist auch die Innenausstattung der Kirche, wenngleich auch sie manches Juwel enthält. Der barocke Hochaltar mit Säulen, Akanthusschmuck und Tabernakel wurde um das Jahr 1700 angefertigt. In ihm befindet sich eine Madonnenstatue mit Kind aus der Zeit um 1500, im Altaraufsatz ein Bild des Kirchenpatrons. Der einfache Seitenaltar, der heute ein Bild des heiligen Valentin zeigt, wurde 1657 errichtet und könnte zuvor als Hochaltar mit einem Bild des Evangelisten Matthäus gedient haben. Ebenfalls aus dem 17. Jahrhundert stammt die schlichte Kanzel. Besonderes Interesse verdient neben der Muttergottesstatue eine spätgotische Figur des heiligen Johannes Evangelist, die zwischen 1470 und 1480 entstanden sein dürfte und ihren Platz in der Sakristei hat.

Das Gebäude war 1838 einem Brand zum Opfer gefallen, der es stark mitgenommen hatte. Einzig Teile der Innenausstattung scheinen damals gerettet worden zu sein. Zu Beginn des Ersten Weltkriegs fiel die Kirche erneut einem Brand zum Opfer, den die Trunksucht eines Umbergers verursacht hatte. Neben dem Turm der Kirche und dem Holzdach der Friedhofsmauer wurden vier weitere Häuser zerstört. Der Brand brach um vier Uhr am Nachmittag aus, während die Ortsbewohner noch am Feld waren und daher *nur das nackte Leben retten konnten.* Die Folgen des Brandes konnten jedoch alsbald beseitigt werden.

1917 forderte der Krieg auch von der kleinen Umberger Filialkirche seinen Tribut. Die größere der beiden Glocken, die 1849 bei *Gollner* in Klagenfurt gegossen worden war, mußte gegen eine Entschädigung von 760 Kronen für Heereszwecke abgeliefert werden. Auch in Umberg wurden dafür Kriegsanleihen gezeichnet, welche, als man an die Neuanschaffung der Glocke ging, längst wertlos geworden waren. Im Turm verblieb jedoch die ältere der beiden Glocken, die dem Kirchenpatron geweiht war und die *Ignaz Röder* 1782 in Villach gegossen hatte. Sie bildete bis 1923 das Geläute der Filiale, ehe sie durch eine 194 kg schwere, auf den Ton f gestimmte und bei *Böhler* in Kapfenberg angefertigte Stahlglocke Verstärkung erhielt.

Im Unterschied zur Ragainer Filialkirche verfügte die Kirche von Umberg nicht nur über einen Friedhof, der seit 1658 nachgewiesen ist, sondern auch über einen kleinen, wenngleich äußerst bescheidenen Grundbesitz, der 1856 den *Kirchenacker* mit 540, eine *Kirchenwiese* mit 655 und einen *Grund außer Kultur* mit 140 Quadratklafter umfaßte. Insgesamt belief sich der Wert dieser Grundstücke damals auf rund 100 Gulden. Eine weitere bescheidene jährliche Einnahme verdankte die Kirche der Meßstiftung, die *Alex Hermann vulgo Deutschbauer* in Umberg 1860 errichtet hatte. Für die Zinsen eines Kapitals von 105 Gulden sollten jährlich zwei heilige Messen gelesen werden, eine davon am 5. August. Eine Verbesserung erfuhr die finanzielle Situation der Filiale auch durch ein Legat von Pfarrer *Rebernig*, das es zukünftig erlaubte für geleistete Mesnerdienste jährlich fünf Gulden auszusetzen.

Ober dem Ort liegt die **Ruine Eichelberg**. Ein Blatt der *Khevenhüller-Chronik* zeigt ein ritterliches Paar des 15. Jahrhunderts. Der Ritter faßt in dieser Szene den rechten Arm seiner Gefährtin, die *leicht und etwas zögernd auf die Burg Aichelberg* hindeutet. Dieses Bild ist die älteste und zugleich wohl auch einzig richtige Abbildung der Burg. Es zeigt das Gebäude mit einer Zinnenmauer, dem großen unteren Hof, dem Hauptbau, einem östlichen Anbau und den großen nach Osten vorspringenden Rundturm. Das Eingangstor zum Hauptgebäude ist heute noch sichtbar. Am unteren Ende des Hofes liegen die Stallungen. Zu Füßen der Burg befindet sich eine Keusche.

Wie wir bereits gehört haben, wurde die Burg im Ungarnkrieg zwischen 1480 und 1490 zerstört, später jedoch wieder aufgebaut, obwohl Augustin Khevenhüller den Sitz nach Damtschach verlegen wollte, nachdem er 1511 die Erlaubnis des Landesfürsten zum Bau eines Ansitzes erhalten hatte. Sein Sohn Sigmund nahm auf der Burg seinen Wohnsitz, wie aus dem Erbteilungsvertrag von 1542 zu erfahren ist. Auf Eichelberg befand sich über viele Jahre auch das Archiv der Familie. Nach der Emigration der Khevenhüller im Zuge der Gegenreformation ging die Burg mit Wernberg und Damtschach in fremde Hände über. Während den Khevenhüllern die Erhaltung der Burg, deren Name die Familie als Adelsprädikat führte und die im übrigen die erste Burg war, die das Geschlecht hatte erwerben können, Anliegen und Verpflichtung war, lag der Erhalt der Anlage nach 1629 nicht unbedingt im Interesse ihrer neuen Besitzer, sodaß sie zusehend verfiel und sich gegen Ende des 17. Jahrhunderts bereits als Ruine präsentierte.

Die ausgedehnte Anlage, die sich von Nordwesten nach Südosten erstreckt, ist ein Bau des 15. Jahrhunderts, das in Bruchsteinmauerwerk errichtet wurde. Das Hauptgebäude mit vier Geschossen war durch eine befestigte Vorburg im Süden wie durch eine mit Ringtürmen bewehrte Mauer geschützt. Reste der ausgedehnten Wirtschaftsgebäude und des viereckigen Bergfrieds haben sich ebenfalls erhalten.

WERNBERG

Obgleich von seiner Ausdehnung her nicht sonderlich bedeutend war Wernberg Hauptort der gleichnamigen Steuergemeinde, was wohl mit seiner Lage an der alten Verkehrs- und Handelsstraße zusammenhing. Die 1232 Joch große und aus fünf Orten – Wernberg, Schleben, Gottestal, Zettin und St. Ulrich – bestehende Steuergemeinde Wernberg bildete gemeinsam mit der Steuergemeinde Neudorf die politische Gemeinde Wernberg, blieb auch nach der Vereinigung mit der Gemeinde Umberg namengebende Gemeinde, und dies obwohl Umberg an Ausdehnung und Einwohnerzahl Wernberg übertraf. Der Ort

Markus Pernhart, Schloß Wernberg (nach Markus Pernhart, Burgen und Schlösser in Kärnten (Klagenfurt 1988) Nr. 50

selbst präsentierte sich den Reisenden im ersten Drittel des 19. Jahrhunderts als eine Siedlung *aus mehreren neben der Chausee* [Landstraße] *auf einem Bergabhang liegenden, nicht zusammenhängenden Häusern.* Zum Ort gehörten noch das *südlich auf einem besunderen Föhrenberge liegende Schlosse, Amtsgebäude und Mayerhof.* Im *hübschen* Schloßpark fanden sich damals *mehrere Monumente neuerer Zeit mit interessanten Denkschriften jedoch ohne hystorische Veranlassung.* Um die Häuser dieser Steuergemeinde lagen kleine Gärten mit *einigen Wiesen, dann folgten herum die Äcker. Die Waldungen*, heißt es, *liegen denn meistens gegen Norden.* Als Hutweiden fanden sich zumeist *Waldsäume und steile Berghänge.*

Die erste Nennung dieses Ortes ist jener der herzoglichen Burg *Werdenberch.* In einer Nennung von 1403 lautet der Name des Ortes in der uns heute geläufigen Form *Wernberg.* Nach Mitteilung aus dem Jahr 1787 lebten damals in diesem Ort 24 Familien, 1864 132 Personen. 1880 überragte Wernberg die anderen Orte des Gemeindegebietes gemessen an seiner Einwohnerzahl, wenngleich sich die Zahl selbst mit 181 Personen eher bescheiden ausnimmt. 1900 lebten bereits 221 Personen hier, 1910 waren es 253. 1905 konnte der Ort bereits auf 15 Gewerbebetriebe verweisen, 1913 waren es 16, darunter ein Photograph.

Schloss Wernberg bietet sich heute seinem Besucher als schöner dreigeschossiger Renaissancebau, dessen drei Flügel einen Hof mit zweistöckigen Laubengängen umschließen. Den Abschluß gegen Süden bildet eine Brustmauer mit außen auf Kragsteinen ruhenden zwölf Bogen, die sich in weiteren stufenweise angeordneten Stützmauern fortsetzt. Den Bau flankieren an seinen vier Ecken mächtige Türme, die die Hauptfront überragen. An den Nordwestturm schließt sich die Schloßkirche an. Die Umfassungsmauer im Osten ziert ein Rundbogenportal mit flachem Dreieckgiebel.

Das Nordportal präsentiert sich mit einer doppelten Einfassung von Diamantquadern. Den Schlußstein bildet das Wappen des Erbauers Georg Khevenhüller. Das Supraporte zeigt die Brustreliefs Georgs und seiner beiden Gemahlinnen Sybilla Weitenmoser und Anna Thurzo. In den Torzwickeln finden sich die Wappen der beiden Frauen. Über dem Tor befindet sich ein gekuppeltes Renaissancefenster, im Arkadenhof ein Brunnentrog aus dem letzten Drittel des 16. Jahrhunderts und in einem Bogenzwickel ein mit 1572 bezeichnetes Relief Georg Khevenhüllers. An der Südmauer befanden sich bis 1929 die Büsten

Detail aus dem sog. „Engelsaal" im Kloster Wernberg (Original Gemeinde Wernberg)

Wernberg 1939 (Original Eduard Haas)

Christi und der zwölf Apostel. Im Osttrakt findet sich ein barockes Portal aus 1755, an der Vorderwand der doppelläufigen Stiege eine Inschriftentafel aus 1576.

Der „Engelssaal" mit schönen Stukkaturen und Engelköpfen mit Flügeln an den Spitzen jeder Stichkappe stammt aus der Zeit um 1675 und dient heute als Gästespeisesaal. Im ersten Stock liegt der Prälatensaal mit Stukkaturen und Deckenmalereien. Die illusionistische Kuppel mit der Scheinbalustrade, hinter der Prälaten, Mönche und Gelehrte zu sehen sind, stammt aus dem letzten Drittel des 17. Jahrhunderts.

Die Schloßkirche war unter Abt Virgilius Gleissenberger als Katharinenkapelle errichtet worden, wurde später profaniert und diente zeitweise sogar als Pferdestall. Zwischen 1962 und 1964 wurde die Kirche wiederhergestellt. Auf der Außenfassade mit Pilastergliederung und reichem Stuck findet sich das Relief eines segnenden Christus aus der Zeit um 1575.

Die einschiffige barocke Saalkirche ist durch Pilaster gegliedert. Die schönen Stukka-

Detail aus dem Bildstock in Wernberg (Original Gemeinde Wernberg)

turen in der Kirche entsprechem dem Stil der Wessobrunner Schule. Die Fresken stammen vom Kärntner Barockmaler Josef Ferdinand Fromiller. Das Deckenfresko zeigt in der Mitte eine illusionistische Kuppel, westlich Mariä Himmelfahrt und östlich die hl. Margaretha, Katharina und Barbara. Im ebenfalls illusionistisch gemalten Hochaltar befindet sich ein Kruzifixus, das 1964 dort angebracht wurde. Zu Seiten des Hochaltares finden sich Wandmalereien, die den hl. Benedikt und die hl. Scholastika darstellen und im Zuge der Wiederherstellung der Kirche erneuert wurden. Neu sind auch die Wandmalereien der beiden Seitenaltäre, links die Muttergottes mit dem Jesukind auf der Erdkugel thronend, rechts der hl. Josef.

Abschließend sei noch auf den Bildstock nahe der Bundesstraße verwiesen, auf dem wir die Jahreszahlen 1578 und 1767 finden. Der Rundpfeiler trägt zwei Wappenschilde, eines davon mit dem Wappen des Stiftes Ossiach. Das vierseitige Oberteil zeigt vier Reliefs (Geburt Christi, Kreuzigung, Auferstehung und Triumph Christi).

WUDMATH

Im Jahr 1787 lebten sieben Familien in diesem Ort, 1864 35. 1880 zählte der damals zur Gemeinde Velden gehörende Ort 45 Einwohner. 1900 waren es 46. 1910 waren es 36 Personen In diesem Jahr war Wudmath Teil der Gemeinde Lind ob Velden.

ZETTIN

Diese Siedlung begegnet uns in den Anlagebögen zum Kataster, wie manch anderer der Gemeinde auch, als *unbedeutender Ort*, der *auf einem Berg* liegend aus *wenigen zerstreuten Bauernhäusern* bestand.

1632 lautete die Bezeichnung für diesen Ort *an der Zettin*. 1787 zählte man in diesem Ort neun Familien. 1864 hatte Zettin 29 Einwohner, 1880 waren es nur mehr 19, ebenso im Jahr 1900. 1910 lebten 21 Menschen im kleinsten Ort der Gemeinde.

Blick in eine Bauernküche an der Wende vom 19. ins 20. Jahrhundert (Original Familie Orsini-Rosenberg)

Vom alltäglichen Leben der Menschen

SOZIALE STRUKTUREN – UNGESCHRIEBENE GESETZE

Den sozialen Status des einzelnen, der ihm während seines Lebens zukam, bestimmte sein Geburtsstand. Dies hieß zwar nicht, daß sozialer und gesellschaftlicher Aufstieg unmöglich war, doch vollzog sich dieser zumeist nur langsam und über mehrere Generationen. Die Welt, über die wir berichten, bestimmten uralte, fein abgestimmte Regeln, eingebettet und getragen von einem System sozialer und regionaler Beziehungen.

Beim diesem Gang durch die Geschichte unserer Gemeinde begegnen einem alle Spielarten menschlichen Schicksals. Von den vielen, die in den Jahrhunderten vor uns hier gelebt haben, wissen wir nur wenig. Von den Mitgliedern der führenden Familien unseres Gebietes naturgemäß mehr als von deren bäuerlichen Untertanen. Über diese sind wir immerhin noch besser unterrichtet, als über jene, die auf der untersten Sprosse der sozialen Leiter der damaligen Zeit standen, etwa den Dienstboten und Inwohnern. Von vielen hat sich nicht mehr erhalten als der Name in einem Kirchenbuch, der von Geburt und Tod, eventuell von Heirat, Vater- oder Mutterschaft berichtet. Trotzdem gestatten diese so dürftig scheinenden Quellen einen eindringlichen, ja lebendigen Blick zurück auf das alltägliche Leben der Menschen.

Betrachtet man nun eines der Dörfer unseres Gemeindegebietes, so stand an der Spitze der sozialen Pyramide die „*Herrschaft*". Felix Jöchlinger und nach ihm seine Töchter haben sich überwiegend auf ihren Besitzungen aufgehalten. Die Anwesenheit des *tollen Barons* war, wie wir bereits gehört haben, manchem seiner Untertanen ein ständiges Ärgernis. Seine Tochter Johanna Orsini-Rosenberg hat immer wieder persönlich in die Verwaltung des Besitzes eingegriffen, vor allem als es um die Lösung von Fragen ging, die mit dem Patronatsrecht in Zusammenhang standen. Mit zunehmendem Alter überließ sie die Verwaltung zeitweise ihrem Sohn Lothar, der vor allem in den 80er Jahren wiederholt namens des Jöchlingerschen Fideikommisses auftrat.
Um präsent zu sein, bedurfte es jedoch nicht unbedingt der ständigen Anwesenheit des Grund- oder Gutsherrn auf seinem Besitz. Wernberg diente in der Zeit, da es zum Stift Ossiach gehörte, dem Abt als Sommersitz. Der Jöchlinger-Enkel und Besitzer der Herrschaft Damtschach, Felix Orsini-Rosenberg, durchlief eine steile militärische Karriere, die ihn bis zum kommandierenden General im Rang eines Feldzeugmeisters und Kommandanten des 13. Armeekorps in Agram führte. Sein gleichnamiger Sohn trat noch im alten Österreich in den diplomatischen Dienst und beendete diesen erst in den Jahren der Zweiten Republik als Gesandter der Republik Österreich in Belgien.

Zur Besorgung der Verwaltung ihres Besitzes bediente sich die Herrschaft verschiedener Angestellter. An der Spitze der herrschaftlichen Beamten stand der jeweilige Pfleger oder Verwalter. Ihm oblag, modern gesprochen, die Führung des Betriebes. Er vertrat den Eigentümer nach außen, etwa gegenüber den Untertanen, er hatte für den termingerechten Eingang der schuldigen

Abgaben zu sorgen, die laufenden Kosten für Verwaltung und Erhaltung des Gutsbesitzes aus den Einnahmen zu begleichen und dem Schloßherrn am Ende des Verwaltungsjahres Rechnung über getätigte Einnahmen und Ausgaben zu legen. Bei größeren Herrschaften bot der Dienst als Pfleger oder Verwalter auch Möglichkeiten zum sozialen Aufstieg einzelner Familien bis in den Adel, wie das Beispiel der in den Diensten der Fürsten von Porcia stehenden Familie Novak zeigt. Dem Pfleger standen je nach Größe der Herrschaft weitere Beamte zur Seite, die mitunter eigenständig einen Teil der Geschäfte besorgten, wie Schreiber oder Jäger. Auf der unteren Sprosse herrschaftlicher Bediensteter standen die Herrschaftsdiener, die etwa im Auftrag des Pflegers den einzelnen Bauern Tag und Art der Robot mitzuteilen hatten. Neben jenen Bediensteten, die für die Verwaltung des Gutsbetriebes und der Herrschaft notwendig waren, gab es schließlich die herrschaftlichen Dienstboten, die für die Besorgung von Haushalt oder Landwirtschaft nötig waren, wie Kammerdiener, Zofe, Köchin, Knechte und Mägde. Vereinzelt wurden Aufgaben auch von Personen aus dem Dorf übernommen. So war etwa Oskar Mossier aus Damtschach der *letzte Lohnfiaker für die Herrschaft*.

Neben der Herrschaft repräsentierte die Kirche die zweite Autorität in Dorf und Gemeinde. Auf die Bedeutung der katholischen Geistlichen für die Entwicklung des Volksschulwesens, aber auch das Vereinsleben und die lokale und regionale Politik wurde bereits eingehend hingewiesen.

Als weitere Autorität begegnet uns neben Herrschaft, herrschaftlichen Beamten und Pfarrer zumindest im letzten Drittel des 19. Jahrhunderts noch der Lehrer, dessen Stellung durch das Reichsvolksschulgesetz bedeutend gestärkt worden war, und der dadurch gerade im gemischtsprachigen Gebiet zunehmend zum Gegenspieler des Pfarrers wurde. Zahlenmäßig weniger bedeutend für das Gebiet der Gemeinde waren hingegen weitere staatliche Beamte, die bei der Gendarmerie, Bahn oder Post Dienst taten. So zählte der Gendarmerieposten bei seiner Eröffnung im Jahr 1913 nur drei Beamte.

Die genaue Betrachtung der Dorfgemeinschaft, also aller in einem Dorf Lebenden, sofern sie nicht zu den oben beschriebenen Gruppen gehörten, zeigt uns eine weitere, sehr feine soziale Differenzierung, basierend auf ungeschriebenen Gesetzen, die jede Gemeinschaft kennt und deren Einhaltung sie verlangt. Auch in dieser Welt gründete sich Ansehen und Autorität auf Besitz, doch nicht auf diesen allein. Hier besaß nicht zuletzt derjenige Autorität, der tüchtig und mutig war. Der Mutige bestimmte dann die Richtung, wenn es galt uralte Rechte der Dorfgemeinschaft gegen Dritte zu verteidigen, sei es gegen den Staat, die Herrschaft oder die kirchliche Obrigkeit. Und gleich verhielt es sich mit der Autorität des Tüchtigen. Ein Bauer, dessen Wirtschaft verluderte, wird kaum Ansehen genossen haben. Derjenige aber, der nicht nur den Hof umsichtig führte, sondern wachen Auges Möglichkeiten erwog, prüfte und für gut befand, die ein leichteres und erfolgreicheres Wirtschaften zuließen, dem folgten die Nachbarn bereitwillig.

An der Spitze dieser Pyramide standen die alteingesessenen Familien. Aber auch diese Gruppe zeigt sich ebenfalls ungemein differenziert. Den Bauern standen die Keuschler gegenüber, die Inhaber kleinerer Bauerngüter, die aus Abspaltung oder Teilung eines größeren hervorgegangen waren, und deren Besitzer ihren Lebensunterhalt nicht selten durch eine Handwerksgerechtsame, die auf dem Haus lag, aufbesserten. Eine besondere Stellung kam in der Gruppe der dörflichen Oberschicht jenen zu, die nicht vom Ertrag der Landwirtschaft allein leben mußten, sondern andere Einnahmequellen, wie das Gastgewerbe oder Fuhrwerk, zu erschließen wußten. Sie stellten auch die einzige einigermaßen kapitalkräftige Gruppe im Dorf dar, die über freie Barmittel verfügte und diese zu Investitionen, Besitzerweiterung oder Darlehen nutzen konnte.

Der Gruppe der alteingesessenen, grundbesitzenden Familien standen die der Neuhinzugekommenen gegenüber, deren Integration sich mitunter nur langsam und gegen den Willen erster vollzog, wobei gerade in der Gemeinde Wernberg manches schneller ging, als in anderen Gemeinden Kärntens. So heißt es etwa über Wernberg am Vorabend des Ersten Weltkrieges: *Die Bevölkerung ist aus allen Gauen Kärntens, Krains, Küstenland und Böhmens /:Cechen:/ zusammengewürfelt.*

Als weitere Gruppe der Dorfgemeinschaft, deren Mitglieder sich sowohl aus der einen wie anderen Gruppe rekrutierten, war die große Zahl an Dienstboten, Inwohner und Taglöhner, die damals in jedem Dorf zu finden war. Und auch diese Gruppe war in ihrem Selbstverständnis keineswegs einheitlich. Weichende Erben von Bauerngütern besaßen selbst dann, wenn sie als Knecht oder Magd ihren Unterhalt verdienten, einen anderen Status und genossen wohl auch eine andere Behandlung als Söhne und Töchter von Keuschlern. Diese wiederum standen in der sozialen Hierarchie, die die damalige Welt kannte, noch über den Nachkommen von Dienstboten. Auch bei unehelich Geborenen im Dienstbotenstand bestimmte nicht nur die Herkunft der Mutter, sondern auch die des Vaters, ob Bauer, Keuschler, Knecht oder Taglöhner, die soziale Stellung des einzelnen Dienstboten. Die Arbeitsteilung gerade bei größeren Wirtschaften, die jedoch im Gemeindegebiet eher die Ausnahme bildeten, bot weitere Möglichkeiten zur Differenzierung. Der *Moar*, der erste Knecht, der im Falle des Falles in Vertretung des Bauern die Wirtschaft führte, Arbeiten bestimmte und andere Dienstboten zu diesen einteilte, besaß ein anderes Selbstverständnis und wohl auch weitergehende Rechte. Und letztlich spielte auch das Ansehen und die Größe des Hofes, auf dem man arbeitete, in der Wertigkeit und im Ansehen der einzelnen Dienstboten untereinander eine Rolle.

Die Vereinbarung über den – modern gesprochen – Dienstvertrag wurde zumeist mündlich getroffen. Rechtskräftig wurde er durch Übergabe bzw. Entgegennahme des sog. *Leihkaufes*, einer Geldsumme, die einen Teil des Dienstbotenlohnes darstellte. Dieses Rechtsgeschäft verpflichtete beide Teile; den Dienstboten zum zuverlässigen Antritt des Dienstes, den Dienstherrn zur Aufnahme des Dienstboten zum vereinbarten Zeitpunkt. Der

Tag des Dienstantrittes wie der Kündigung bzw. Weiterverlängerung des „Dienstvertrages“ war keineswegs einheitlich. Die Dienstbotenordnung Maria Theresias von 1756 bestimmte den 1. Jänner als Tag des Dienstantrittes, daneben gab es jedoch, wie *Therese Mayer* in ihrer fundierten Studie über das Dienstbotenwesen in Oberkärnten schreibt, weitere *im Volk fest verwurzelte Wechseltermine, die lange beibehalten wurden*, obwohl im Gesetz nicht mehr vorgesehen, wie Weihnachten, Unschuldiger Kinder Tag (28. Dezember), Drei König (6. Jänner), oder Maria Lichtmeß (2. Februar). Auch der Zeitpunkt der Kündigung war zumeist auf einige wenige Tage im Jahr beschränkt, so zu Michaeli (29. September) oder Ägidi (1. September). An solchen Tagen wurden bestehende Verträge gekündigt oder verlängert bzw. neue geschlossen.

Wie schon seine Mutter Maria Theresia erließ auch Joseph II. sehr detaillierte Bestimmungen für das *Land-Gesind*. Die am 29. September 1787 erlassene Dienstbotenordnung für Innerösterreich regelte in 66 Paragraphen Rechte und Pflichten der Dienstboten. Zuoberst stand die Verpflichtung, den Dienst zu erbringen. *Jeder Dienstbote ist schuldig*, hieß es darin, *seinem Dienstherrn alle Dienste, zu denen er sich verdungen hat, wie nicht minder alle, die unter den verdungenen billig und vernünftiger Weise verstanden werden können, pünktlich und unverdrossen zu leisten*. Sollte sich ein Dienstbote weigern, dies zu tun, so konnte er *nöthigenfalls durch gerichtlichen Zwang dazu verhalten* werden. Bei Dienstplatzwechsel waren dem Dienstboten drei freie Tage zu gewähren. Wurde aus *gerechter Ursache* vom Vertrag zurückgetreten, so mußte der Leihkauf dem Dienstgeber zurückerstattet werden. Trat dieser ohne triftigen Grund vom Vertrag zurück, verfiel der Leihkauf. Die Annahme mehrerer Leihkäufe war verboten und zog Strafen nach sich. Ein Verbot gab es auch für die Abwerbung, wobei für den Abwerber bzw. dessen Mittelsmann Geld- oder Arreststrafen vorgesehen waren. Dienstboten, die sich *solchergestalten zur Aufkündigung oder Verlassen* ihres Dienstes unter der Zeit überreden ließen, sollten gezüchtigt werden.

Die Höhe des vereinbarten Lohnes, der zumeist aus Kost, Logis, Kleidung, weiteren Naturalgaben und Geld bestand, blieb in diesem kaiserlichen Patent *dem freywilligen Einverständnis zwischen Dienstherrn und Dienstboten* überlassen. Die Dienstboten waren zahlreichen weiteren Bestimmungen unterworfen, beginnend mit dem Verbot des sonn- und feiertäglichen Ausganges ohne Erlaubnis des Dienstgebers, dem Verbot von Glücksspielen um Geld, dem Gebot des vorsichtigen Umganges mit Feuer und Licht, bis hin zu Verfehlungen wie Veruntreuung und Diebstahl. Besonders streng wurde auch das *Entlaufen aus dem Dienst* geahndet. Entlief ein Dienstbote ohne *ordentliche und in gehöriger Zeit* geschehene Aufkündigung, so war er *allenthalben aufzusuchen ... und an den Ort, von welchem er entwichen ist, zurückzuschicken*. Der zurückgebrachte Dienstbote hatte nicht nur die *noch übrige Dienstzeit abzudienen*, sondern auch jenen Schaden, den er durch sein Entfernen vom Dienst seinem Dienstherrn verursacht hatte, zu ersetzen. Der flüchtige Dienstbote war nach der *Zurückbringung* über die Ursache seiner

Entfernung aus dem Dienst zu befragen, mildernde oder erschwerende Umstände waren zu erheben, und nach der Befragung *mit Arrest, Strafarbeit in Eisen etc. zu bestrafen*, wobei jedoch auf den Dienstgeber Rücksicht zu nehmen war, dem vor allem an der Rückkehr des Dienstboten an seinen Arbeitsplatz gelegen war.

Die Aufsicht über einen entsprechenden Lebenswandel seiner Dienstboten oblag dem Dienstherrn, der auch seinerseits durch Bestimmungen der Dienstbotenordnung gebunden war. So war bei ungerechtfertigter Entlassung aus dem Dienst oder bei Mißhandlung der doppelte Schadenersatz zu leisten. Der Dienstherr hatte den Lohn pünktlich zu bezahlen, alle vereinbarten Bedingungen des Dienstvertrages einzuhalten und zudem seine Dienstboten *durch rechtschaffenen Lebenswandel vorzuleuchten*, diese *menschenfreundlich und christlich zu behandeln und ... sich bei solchen in gehörige Achtung* [zu] *setzen und deren Liebe und Zutrauen* [zu] *erwerben*. Bei gewaltsamer oder unmenschlicher Behandlung durch den Dienstherrn konnte der Dienstbote den Dienst aufkündigen und war verpflichtet, die Vergehen des Dienstherrn anzuzeigen. Eine Entfernung vom Dienstort vor *erfolgter Erkenntnis* durch die zuständige Stelle war jedoch nur gestattet, *wo die Gefahr des Lebens oder eine Beschädigung augenscheinlich* war.

Einer Beschreibung der einzelnen Steuergemeinden in unserem Gebiet aus der Zeit um 1830 können wir entnehmen, daß auf größeren Besitzungen zumeist ein Knecht und zwei Mägde *gehalten* wurden. Diese werden jedoch als zu *kostspielig in ihrer Unterhaltung* sowie als *etwas träge und unbehilflich* geschildert, worin eines der Haupthindernisse *zur Verbesserung der Landwirtschaft* gesehen wurde.

GEBURT UND KINDHEIT

Wie Hochzeit und Tod war auch der *Eintritt ins Leben* von zahlreichen Bräuchen begleitet, die vor allem böse Mächte, die jedes neue Leben bedrohten, bannen sollten. Schutz der werdenden Mutter, wie sie unsere Zeit kennt, der eine Entlastung von der alltäglichen Arbeit, vor allem der im Berufsleben Stehenden bieten soll, kannte die frühere Zeit nicht. Dies ist eine soziale Errungenschaft unserer Zeit. Die drängende bäuerliche Arbeit, der die meisten Gemeindebewohner bis in unser Jahrhundert nachgingen, hätte dazu kaum Zeit gelassen. Ein Ruhen oder Innehalten vor der Geburt gab es wohl nur in vereinzelten Fällen, und auch nach der Geburt war der Wöchnerin nur eine kurze Zeit der Ruhe vergönnt. Heute ist die Ein- oder Zweikindfamilie die Regel, Mehrkindfamilien sind bereits bestaunte Ausnahmen. Für den Kinderreichtum vergangener Zeiten mögen viele Gründe ins Treffen geführt werden; vom Wunsch, bewahrten und erworbenen Besitz an einen Erben weitergeben zu können, über die Notwendigkeit jugendlicher Arbeitskräfte zur Besorgung der Arbeit in Haus und Hof, wozu auch Kinder im Vorschulalter herangezogen wurden, bis hin zur hohen Kindersterblichkeit, die mitunter nur einige wenige einer Geschwisterschar ein höheres Alter erreichen ließ.

Geburten waren, sofern die Mutter nicht bei der Arbeit von den Wehen überrascht wurde und *plötzlich niederkam*, Hausgeburten. Der Schwangeren stand hierbei nicht immer eine Hebamme zur Seite. Die Entwicklung eines flächendeckenden Hebammenwesens, nach dem zumindest einigermaßen geschulte Kräfte zum Einsatz kamen, ist eine Errungenschaft des aufgeklärten Staates. Doch nur zögernd war die Landbevölkerung bereit, eine fremde Frau bei diesem sensiblen und privaten Ereignis zuzulassen. Mehrfach wurden Klagen der Grundherrschaft laut, die in Aussicht genommenen Kandidatinnen würden von der Landbevölkerung nicht zur Geburt gerufen, da deren Beistand unnötiges Geld koste und *die Weiber in ihrer Not einander selbst beistünden*, also weit eher eine erfahrene Verwandte oder Nachbarin als Geburtshelferin zuließen, denn eine fremde Person. Erst nach und nach konnte diese Ablehnung der Hebammen durch die Bevölkerung überwunden werden. Leichter ging es vor allem dann, wenn die Betreffende selbst aus diesem Gebiet stammte und somit keine Fremde war. Letzte Hebamme in der Gemeinde Wernberg war *Ursula Widmann*, die von 1927 bis 1960 in Wernberg tätig und in diesem Zeitraum Geburtshelferin von fast tausend Kindern gewesen war. Erstmalig war sie, wie sie sich anläßlich ihres 90. Geburtstages erinnerte, als 17jährige als Geburtshelferin tätig gewesen. Das damalige Erlebnis, einer Wöchnerin ohne Arzt und Hebamme beistehen zu müssen, ließ sie nicht mehr los und führte schließlich zum Beruf der Hebamme. Ihre schwierigste Geburt hatte sie im Kriegsjahr 1945. Während Villach bombardiert wurde, wurde sie zu einer Geburt nach Trabenig gerufen. Die komplizierte Entbindung hätte eigentlich das Eingreifen eines Arztes erforderlich gemacht. Da ein solcher nicht erreichbar war, mußte die Hebamme die gefährliche Situation allein meistern. Während das nahe Villach in Schutt und Asche versank, überstanden wenige Kilometer entfernt, Mutter und Kind eine lebensbedrohende Situation dank der Erfahrung und des Geschicks einer Landhebamme. Ein besonderes Dokument ist das Tagebuch der Hebamme *Maria Rapečnig* aus Wernberg, das Aufzeichnungen über 562 Geburten zwischen 1914 und 1938 enthält. Dieses Tagebuch mit insgesamt 22 Rubriken hält geradezu minutiös jede Geburt fest, beginnend mit dem Ort der Geburt, über Angaben zur Wöchnerin bis hin zur Meldung der Geburt an das Pfarramt als Standesamt.

Die Anwesenheit eines Arztes bei der Geburt blieb die Ausnahme. Ein solcher hätte zumeist aus Villach oder Velden herbeigeholt werden müssen. Der weite Weg und die damit verbundenen Kosten ließen dies meist nicht zu. So war man auf die Hilfe erfahrener Personen, später auf das Geschick der Hebamme angewiesen, ehe sich in Wernberg ein Arzt niederließ, der, wenn es notwendig war, gerufen werden konnte.

Besondere Bedeutung kam in früherer Zeit dem Brauchtum zu, der die Geburt des neuen Erdenbürgers begleitete, so zum Beispiel dem ersten Bad nach der Geburt. In manchen Teilen Kärntens wurde das Badewasser unter einen Obstbaum oder Blüten tragenden Strauch gegossen, auf daß mit dem Blühen und

Gedeihen des Strauches auch das Kind, einer Pflanze gleich, wachse und gedeihe. War das Neugeborene schwächlich, wurde es notgetauft. So lesen wir in den Taufmatriken der Pfarre Sternberg, daß am 2. Jänner 1738 eine Tochter des Inwohners *Valentin Werkl* aus Stallhofen *in nechesitate*, also in aller Eile notgetauft worden sei, wobei das Kind keinen Namen erhalten hatte. Dem Eintrag entnehmen wir weiter, daß das Kind bald darauf gestorben sei (*mox mortua*). Aber auch bei robusteren und gesunden Kindern wartete man mit der Taufe nicht lange. Zumeist wurde das Neugeborene am Tag der Geburt oder am folgenden Tag getauft, unabhängig ob der Weg zur Taufkirche weit und im Winter für Neugeborene besonders gefährlich war. Die Angst, das Kind ohne Taufe sterben zu sehen, eine Möglichkeit mit der man angesichts der hohen Mortalität bei Neugeborenen stets rechnen mußte, war größer als die Bedenken gegen naßkaltes Wetter oder schlechte Wege. Die Täuflinge erhielten gewöhnlich den Namen des Heiligen ihres Geburts- oder Tauftages oder den eines Heiligen, dessen Fest bald nach der Geburt begangen wurde. *Zurückgetauft*, also die Namengebung nach einem Heiligen dessen Fest kurz vor der Taufe stattgefunden hatte, sollte nicht werden, denn sonst müßte das Kind, so der Volksglaube, in seiner Entwicklung zurückbleiben. Werfen wir zur Überprüfung des eben Gesagten noch einen Blick in die Sternberger Taufmatriken des Jahres 1738. In diesem Jahr wurden in dieser Pfarre insgesamt 18 Kinder getauft. Zwei von ihnen erhielten die Nottaufe und sind, ohne daß ein Name gegeben wurde, verstorben. Von den verbleibenden 16 kamen zwei im Februar, je eines im März und April, drei im Mai, eines im Juli, zwei im September, eines im November und vier im Dezember zur Welt. Zwei Täuflinge erhielten den Namen Maria. Im folgenden werden die verbleibenden 14 Kinder mit ihrem Taufnamen und dem Tag ihrer Taufe aufgelistet, in Klammern der Festtag des Namenspatrons: Valentin 11. 2. (14. 2.), Katharina 19. 2. (30. 4. bzw. 25. 11.), Gertrud 25. 2. (17. 3.), Florian 1. 5. (4. 5.) Margaretha 28. 5. (12. 7.), Primus 30. 5. (9. 6.), Anna 23. 7. (26. 7.), Caspar 29. 6. (6. 1.), Michael 25. 9. (29. 9.), Clemens 28. 11. (23. 11. !), Joseph 12. 12. (19. 3.), Magdalena 21. 12. (22. 7.), Johannes 26. 12. (27. 12.), Joseph 31. 12. (19. 3.). Wie man sieht folgt von der Namengebung nach dem Nährvater und Kärntner Landespatron Josef, der Heiligen Katharina, Magdalena, Margarethe und Caspar abgesehen, die Namengebung den oben skizzierten Gebräuchen. Nur ein Täufling, der im November 1738 geborene Clemens, wurde scheinbar *zurückgetauft*. Da das Taufbuch jedoch nicht immer den Tag der Geburt, sondern nur den der Taufe festhält, ist es möglich, daß Clemens bereits vor bzw. am 23. November geboren worden war. Die Namengebung nach dem Vater, Großvater, der Mutter, anderen Verwandten oder Taufpaten war im 18. Jahrhundert eher die Ausnahme. Dies kam unter der Landbevölkerung erst im 19. Jahrhundert auf und hielt sich, gerade bei Söhnen, die den Vornamen des Vaters oder Großvaters erhielten, bis in unsere Tage.

Auch die Paten wurden, anders als in unserer Zeit, nicht unter nahen Verwandten gewählt. Zumeist werden in den Matriken zwei Paten verzeichnet. Zudem war es so, daß Kinder einer Familie die gleichen Paten hatten. Die Paten, die den Täufling in Begleitung der Hebamme zur Taufe brachten, stellten sich mit einem Geldgeschenk ein, dem im Laufe der Jahre zu verschiedenen Festtagen, vornehmlich Ostern, Weihnachten oder Kirchtagen, weitere Geschenke, teils in Geld, teils in Sachwerten folgten. Von der Patin oder der Frau des Paten erhielt auch die Wöchnerin ein Geschenk. Bei der sogenannten *Vorweisat* – vom mittelhochdeutschen *wisot/wisat* (Geschenk, Abgabe in Lebensmitteln) abgeleitet – wurde der Mutter des Neugeborenen ein Korb mit einem Huhn für eine kräftigende Suppe, einer Flasche Wein, Eiern, Semmeln oder einem *Reindling* überbracht. Nach der Taufe erschien in manchen Gegenden Kärntens die Patin nochmals im Haus ihres Patenkindes, um dessen Mutter bei der *Nachweisat* Zucker, Kaffee und *Reindling* zu bringen. Ebenso wie das Kind, ist dem Volksglauben zufolge, auch dessen Mutter von bösen Mächten bedroht. Sie durfte das Haus eine bestimmte Zeit nach der Geburt nicht verlassen, da sie sonst von bösen Mächten in die Lüfte gezerrt werden könnte. War ein Ausgang unumgänglich, so hatte sie dies in einem Männerrock und mit einem Männerhut zu tun, um die Dämonen zu täuschen. Spätestens drei Wochen nach der Geburt mußte sie sich jedoch in der Kirche zum *Aussegnen* einfinden.

Mangelnde Hygiene, schlechte Ernährung, unzureichende medizinische Hilfe sind als Hauptursachen der hohen Kindersterblichkeit vergangener Tage anzusehen. Es waren zumeist die von Geburt an robustesten in der Schar, die ein höheres Alter erreichten. Der Tod eines Kindes galt als etwas gleichsam Alltägliches. In den Damtschacher Totenbüchern finden wir wiederholt als Todesursache bei Säuglingen und Kleinkindern das lapidare Wort *natürlich*. Es wäre verfehlt darin Herzlosigkeit oder Gleichgültigkeit zu sehen, doch der Tod gehörte weit mehr als heute, zum Alltag. So waren von den 14 Verstorbenen, die 1788 im Damtschacher Gottesacker zur letzten Ruhe gebettet wurden, sechs unter fünf Jahre alt, das jüngste gerade 22 Tage. 1794 forderten die *Blattern* in dieser kleinen Pfarre 15 Todesopfer, allein acht von ihnen waren Kinder im Alter zwischen sechs Monaten und vier Jahren. Wir erfahren auch von Todesursachen, die nachdenklich stimmen und wohl schon damals zu Gerede Anlaß gaben. So starb am 7. Juli 1791 in Ragain das Kind *Anna P.*, dessen Vater unbekannt war und das *von der Mutter bei der Nacht im Bette unterdruckt worden* war. Ob und inwieweit der Tod des Kindes ein Versehen war, an dem die ledige Mutter schuldlos war, bleibt uns heute verschlossen.

Hatte das Kind die Fährnisse der ersten Jahre heil überstanden, wurde es, sobald es sein Alter zuließ, zur Arbeit in Haus und Hof herangezogen. Die zahlreichen Geschäfte, die es da zu besorgen galt, vom Holztragen über Viehhüten bis zur Mitarbeit in Stall und Feld, ließen auch die Gelegenheiten zum Schulbesuch gering erscheinen. Die Wernberger Bauern scheuten, wie wir bereits gehört haben, über viele Jahre die Errichtung einer Schule. Finanzielle Erwägungen, die Furcht vor einer zusätzlichen Belastung, waren sicherlich nur

Kochkurs im Schloß Wernberg 1925 (Original Erich Hochenberger)

die eine Seite; die andere war, daß in den kleinen Wirtschaften, die die Anstellung mehrerer Dienstboten nicht erlaubten, die Mithilfe von Kindern schlichtweg notwendig war, um den Betrieb aufrechtzuerhalten. Die mangelnde Durchsetzung der Schulpflicht im Gemeindegebiet wird man auch vor diesem Hintergrund sehen müssen. Erst das Reichsvolksschulgesetz von 1869 hat diesem Übel, das vor allem Mädchen vom Schulbesuch ausschloß, ein Ende gemacht.

Doch nicht nur zur Mithilfe im Elternhaus wurden Kinder und Jugendliche schon frühzeitig herangezogen. Die Dienstbotenordnung Josephs II. von 1787 normierte, daß die *Obrigkeiten jene Aeltern, die mehrere zum dienen taugliche Kinder bey Hause haben und diesselben zu eigenen Diensten nicht bedürfen, zu melden hatten,* sodaß diese Kinder ebenso wie *taugliche Waisen* anderswo als Hilfskräfte untergebracht werden konnten. Erst aus unserem Jahrhundert haben sich Zeugnisse über das Leben von Landkindern erhalten. Aus ihnen mag man ersehen, wie hart und entbehrungsreich Kindheit und Jugend in vergangener Zeit gewesen sind.

HEIRAT UND EHE

Der Altmeister der Kärntner Volkskunde Georg Graber bezeichnet in seiner großen Zusammenschau von Kärntner Volksbräuchen die Eheschließung und die von zahlreichen Bräuchen begleiteten Hochzeitsfeierlichkeiten als *den Glanzpunkt aller festlichen Beziehungen, zu denen das Menschenleben Anlaß gibt.* Sowohl die deutsch- wie die slowenischsprachigen Kärntner verwenden das Wort Hochzeit/hocet (auch oiscit), in dem wir das Wort *Hohe Zeit* wiederfinden.

Es muß jedoch gleich vorweg angemerkt werden, daß Heiraten in vergangenen Tagen nicht immer eine freie Willensentscheidung war, wie überhaupt ein Gutteil der Bevölkerung von der Möglichkeit, eine Ehe einzugehen und eine Familie zu gründen, ausgeschlossen war. Voraussetzung für die Erlaubnis zur Eheschließung, die über lange Zeit von der Grundherrschaft erteilt wurde, war das Vorhandensein eines finanziellen Mindeststandards, der zur Erhaltung eines Ehepartners und der aus dieser Verbindung zu erwartenden Kinder notwendig war. Doch selbst jene, die über die finanziellen Ressourcen verfügten, waren in ihrer Wahl nicht immer frei. Wir haben eingangs von den sozialen Differenzierungen gehört, die das Leben der Menschen bestimmten und einzelne Teile der Bevölkerung in Gruppen zusammenfaßten. Auch bei der Wahl des passenden Ehepartners war darauf Rücksicht zu nehmen, und nicht selten führten die Eltern bei der Wahl mehr oder weniger diskret Regie.

Unabdingbar notwendig war eine Heirat für den künftigen Erben des Hofes. Hierbei ging es nicht ausschließlich um die für den Weiterbestand der Familie notwendige Nachkommenschaft, sondern auch, um nicht zu sagen, weit eher, um eine tüchtige Mithilfe und Kraft im Haus, mit der die vielfältigen Arbeiten bewältigt werden konnten. Gerade dabei wurde darauf Wert gelegt, daß die zukünftige Hausfrau und Bäuerin einen ähnlichen sozialen und ökonomischen Hintergrund besaß wie ihr Ehemann, denn somit war vieles von Anfang an grundgelegt und selbstverständlich, und die junge Frau, die ins Haus kam, wußte wo ihr Platz war und was von ihr erwartet wurde, ohne daß es langer Einweisungen bedurfte. Von keineswegs geringer Bedeutung war bei der Wahl der passenden Gefährtin des künftigen Hausherrn auch ihre finanzielle Ausstattung, zumal die Forderungen, die weichende Geschwister, Übergeber und auch die Grundherrschaft an den neuen Besitzer des Hofes stellten, oftmals nur mit Hilfe der Mitgift der neuen Hausfrau zu bewältigen waren.

Hatte also der Hoferbe in absehbarer Zeit mit der Übergabe des Besitzes zu rechnen, so ging er daran, eine passende Partnerin zu finden, wobei man sich mitunter – mehr oder weniger gewiefter – Mittelsmänner bediente. Natürlich trafen viele der jungen Menschen, die sich für ein Leben verbanden, ihre Entscheidung unter vier Augen. Ebenso mögen Liebe oder zumindest Sympathie eine große

Rolle gespielt haben und gar manches Paar wird auch in unserer Gemeinde einen langen und harten Kampf gegen Eltern und Schwiegereltern geführt haben müssen, ehe ihr Wunsch, fortan gemeinsam durchs Leben gehen zu wollen, akzeptiert wurde. Gelegenheiten zu Bekanntschaften gab es genug. Die Reihe der kirchlichen und weltlichen Feste bot Möglichkeiten, zarte Bande zu knüpfen. *Anna S.*, deren tragisches Schicksal wir im nächsten Abschnitt unseres Ganges durch die Geschichte der Gemeinde noch kurz streifen wollen, gab an, den Vater ihres Kindes bei einer Hochzeit kennengelernt und ihm – sagen wir – bei dieser Gelegenheit auch näher gekommen zu sein.

Um bestehende Bekanntschaften zu vertiefen oder intensivere Kontakte zu knüpfen, bedurfte es jedoch nicht ausschließlich besonderer Anlässe. Eine in Kärnten weit verbreitete Übung, die sowohl der Staat wie die Kirche nur ungern sahen und gegen die sie mit Verordnungen und Strafen einschritten, war das sog. *Brentln* oder *Gassenlaufen*, bei der einer, aber auch mehrere Burschen, mitunter sogar ganze Rotten, jungen Mädchen ihre Reverenz erwiesen, an deren Ende der nicht immer vergeblich unternommene Versuch stand, bis in deren Kammer zu gelangen. Die Dienstbotenordnung der bekannt sittenstrengen Kaiserin Maria Theresia widmete dem *Brentln* einen eigenen Abschnitt, in dem dieses unter strenge Strafen – Rekrutierung zum Militär bzw. im Fall der Untauglichkeit vierwöchiger Arrest in Eisen – gestellt wurde. Trotzdem konnte dem *nächtlichen Gassel-Gehen, das ungeachtet des offt-wiederholten Verboots, bey dem zaumlosen Dienstgesindel sehr Uberhand nihmet, und darauß so viele Aergerniß und Unheyl erwachsen,* nicht beigekommen werden. Der Hausherr hatte dafür zu sorgen, daß dererlei nächtlichen Zusammenkünften unter seinem Dach – im wahrsten Sinne des Wortes – ein Riegel vorgeschoben wurde, wie es auch an ihm lag, daß *das Dienst-Volck männ- und weiblichen Geschlechts wohl abgesondert werde und alle ungeziehmende Vertreulichkeit vermieden bleibe.* Die Einhaltung dieser Bestimmungen war von den örtlichen Obrigkeiten streng zu überwachen.

Natürlich blieben derartige Begegnungen nicht immer ohne Folgen, wenngleich über lange Zeit der jeweilige Ortsgeistliche hinsichtlich der Verfehlungen seiner Schäfchen gegen das sechste Gebot nicht sonderlich irritiert sein mußte. So wurden zwischen Jänner 1733 und Mai 1734 in der Pfarre Sternberg 22 Kinder geboren; nur zwei davon waren unehelich zur Welt gekommen. Das Verhältnis von ehelich und unehelich Geborenen in dieser Pfarre blieb über lange Jahre annähernd gleich. 1779 war etwa nur eines der 39 in diesem Jahr zur Welt gekommenen Kinder unehelich, 1803 von 17 neuen Pfarrangehörigen zwei. Eine radikale Änderung trat Mitte der 30er Jahre des 19. Jahrhunderts ein. Waren 1831 nur zwei der zwölf Neugeborenen unehelich, so standen 1836 bereits zehn ehelich geborenen Kindern neun uneheliche gegenüber. Zwar stellte dieses Jahr neben den Jahren 1864 (11:9), 1853 und 1868 (10:8) einen Höhepunkt hinsichtlich der unehelich Geborenen dar, doch auch in den anderen Jahren kam im Durchschnitt auf zwei eheliche Geburten eine uneheliche. Der Sternberger Pfarrer mag sich damit getröstet haben, daß die Verhältnisse in seinen Nachbarpfarren nicht wesentlich besser waren. 1852 waren in Gottestal von 26 Neugeborenen zehn unehelich, 1863 18 von 37, 1875 neun von 26.

Fast scheint es, als hätten die Ortsgeistlichen angesichts der moralischen Verfehlungen ihrer Pfarrkinder resigniert, berichtet doch Pfarrer Gabron 1912, als zehn ehelichen Geburten 13 uneheliche gegenüberstanden, dem Ordinariat über Konkubinate in seiner Gemeinde folgendes: *Diese sind stark und fest. Ja ganz natürlich!* Er merkte jedoch an, daß auch hierbei – und zwar nicht von ihm, sondern von der Gemeindevertretung – mit zweierlei Maß gemessen werde, denn, so der Pfarrer weiter, es gebe noch immer *unglückliche Mütter*, die nach der Geburt eines Kindes aus Gründen der Sittlichkeit *ausgewiesen* werden, während bei anderen seitens der politischen Vertreter kein Grund zum Einschreiten gesehen werde. Doch auch der Pfarrer wurde gelegentlich bei der Gemeindevertretung vorstellig, um gegen Konkubinate, die *bei allen Bewohnern schon längst grobes öffentliches Ärgernis geben* würden, zu protestieren und eine Maßregelung der betreffenden Person zu verlangen. So wurde in der Gemeinderatssitzung vom 20. Mai 1910 die Ausweisung eines *Franz S.* aus dem Gemeindegebiet wegen *Konkubinatleben mit einer unbekannten* (!) *Frauensperson* beschlossen. Nicht immer gingen derartige Ausweisungen völlig friktionsfrei vor sich. Im März 1912 wurde die eines Arbeiters aus Wernberg beantragt, der dort mit einer verheirateten Frau zusammenlebte und *bereits drei bis vier Kinder* gezeugt hatte. Als man dem Betreffenden die Ausweisung aus dem Gemeindegebiet mitteilte, *bediente er sich gegen die Gemeindevertretung solcher beleidigender Schimpfworte*, daß diese im Protokoll *nicht wiederholt werden konnten* und berief gegen die Entscheidung. Das k. k. Innenministerium hob den Beschluß der Gemeindevertretung auf, der Gemeinderat nahm dies zwar zur Kenntnis, beschloß jedoch noch in derselben Sitzung die neuerliche Ausweisung.

Der Grund für den hohen Anteil an illegitimen Kindern war natürlich weniger in der lockeren Sexualmoral des Volkes als in der wirtschaftlichen Not begründet, die einen Gutteil der Bevölkerung von der Möglichkeit, eine Ehe einzugehen, überhaupt ausschloß. Aber auch jene, die dereinst über eine ausreichende finanzielle Basis zur Familiengründung verfügen würden, hatten mitunter Jahre zu warten, ehe sie heiraten konnten, vor allem dann, wenn Eltern oder Geschwister noch unversorgt im Haushalt lebten. Waren diese versorgt, konnte geheiratet werden. Dies vor Augen darf es nicht weiter verwundern, wenn Hochzeitspaare mitunter bereits Eltern mehrerer Kinder waren.

Eine Verlobung kannte man nicht. Waren sich Mann und Frau über ihren künftig gemeinsamen Weg einig geworden, ging man daran, alle dazu notwendigen Formalitäten und Besorgungen zu erfüllen. Vor der Grundherrschaft, nach 1848 vor dem Notar im betreffenden Bezirksgerichtssprengel, wurde der Ehevertrag, der jeder Heirat vorausging, errichtet. Er diente vorrangig der Versorgung der künftigen Ehefrau für den Fall der Witwenschaft. Waren Kinder vorhanden, stand ihr

Hochzeit in Gottestal 1934 (Original Wilma Tschabuschnig)

das Recht der Vorhausung zu, wobei mitunter die Bestimmung aufgenommen wurde, daß sie das Recht hätte, zur leichteren Bewältigung ihrer Aufgaben einen *Vorhauser einzuheiraten*. Blieb die Ehe kinderlos, erhielt die Witwe zumeist einen Auszug beim Haus und eine Geldsumme, die aus ihrer in die Ehe mitgebrachten Barschaft und jenem Betrag bestand, mit dem ihre Mitgift seitens ihres Mannes widerlegt, d. h. zumeist verdoppelt und sichergestellt worden war. Stammte der Besitz, was der Regelfall war, von der Familie des Mannes, fiel dieser in den überwiegenden Fällen an seine Verwandten. Fälle, wo die kinderlose Witwe ihrem Mann im Besitz folgte und seine Verwandten entschädigte, waren eher die Ausnahme. Starb die Ehefrau vor ihrem Mann und hinterließ sie gemeinsame Kinder, fiel diesen die Mitgift, die Widerlage hingegen dem Witwer zu. War die Ehe kinderlos geblieben, erhielt der Witwer nicht nur die seinerzeit *widerlegte* Summe, sondern auch einen Teil der Mitgift, wobei die Ausstattung der einstigen Braut – Truhe, Kasten, Kleider – an ihre nächsten Verwandten ging.

Zur Ausstattung der Braut gehörten neben einer Summe Geldes, die gleichzeitig auch ihren Anteil an der väter- und mütterli-

Hochzeit in Damtschach (Original Rosa Lepuschitz)

chen Erbschaft darstellte, eine Truhe oder ein Kasten zur Verwahrung von Kleidern und Wäsche, der Bettstatt und weiterer, zumeist in Umfang und Qualität bescheidener Hausrat. Wie bescheiden der persönliche Besitz des Einzelnen vor zwei oder drei Jahrhunderten war, können wir den Inventaren, die nach jedem Todesfall angefertigt wurden, entnehmen. Dort finden wir zumeist nur einige wenige Kleidungsstücke.

Zu den Formalitäten, die jeder Heirat vorausgingen, gehörte auch die *Verkündigung* der beabsichtigten Eheschließung seitens des Ortspfarrers, mit der das Brautpaar der Öffentlichkeit gleichsam als solches vorgestellt wurde. So hören wir anläßlich der Trauung des Keuschlers *Peter Fischer* aus Sand mit der aus der Pfarre Kranzelhofen stammenden *Magdalena Juriouz* am 4. September 1809, daß diese *Ehe in der Kurazialkirche Tamtschach und Pfarr Kranzelhofen dreimal gesetzmäßig verlautbahret* worden war. Waren die Brautleute noch minderjährig, wie dies bei *Maria Suppik*, die am 12. Februar 1816 mit *Joseph Schöffmann* aus Sand getraut wurde, der Fall war, so mußte der gesetzliche Vormund dazu seine Einwilligung geben. So finden wir in diesem Fall in den Damtschacher Matriken neben der Eintragung des Vater *Thomas Suppik* als Zeichen seines Einverständnisses unter seinem Namen ein Kreuz, da weder Brautvater noch Trauzeugen schreiben konnten.

Die bevorzugten Monate für Hochzeiten waren der Februar und der November. Neben der bäuerlichen Arbeit, die im Frühjahr, Sommer und Frühherbst mit Saat und Ernte alle Kräfte banden, standen in anderen Monaten – März, beginnender April oder Dezember – kirchliche Bestimmungen entgegen, wonach in der Fasten- und Adventszeit nicht geheiratet werden durfte. Zwischen 1787 und 1822 wurden in der Pfarre Damtschach 112 Ehen geschlossen, davon entfallen 27 auf den Monat November, 25 auf den Februar und immerhin zehn auf den Jänner, wo nach Dreikönig der eigentliche Fasching begann. Im gesamten Zeitraum wurden im Dezember nur eine, in März und April je drei, in den Monaten August und Oktober je sechs, im September sieben, in den Monaten Mai, Juni und Juli jeweils acht Ehen geschlossen. Im Unterschied zu heute, wo der Samstag als bevorzugter Trauungstag gilt, fanden die Trauungen meist unter der Woche statt.

AUSGEDINGE UND ALTER

Ausheiratende Kinder gemahnten den jeweiligen Hausherrn und Familienvater zumeist daran, daß nunmehr der Zeitpunkt gekommen sei, den Hof in jüngere Hände zu legen. An dieser Stelle sei jedoch angemerkt, daß viele ein Alter, in dem ein Rückzug ins Ausgedinge möglich wurde, nicht erlebt haben, denn die Lebenserwartung unserer Vorfahren lag gut drei Jahrzehnte unter der, mit der heute Lebende rechnen können.

Die Modalitäten der Übergabe des Hofes in jüngere Hände wurden vor der Grundherrschaft geregelt, die – wie wir bereits gehört haben – für den Übergang des Besitzes an den neuen Besitzer mit der *Ehrung* eine nicht unbeträchtliche, oft schwer aufzubringende Summe erhielt. Gleichzeitig wurde auch die künftige Versorgung des Altenteilers wie seiner noch im Haus lebenden Kinder geregelt. Der Auszügler erhielt neben der gesonderten Wohnung im Haus den Fruchtgenuß bestimmter Grundstücke. Diese waren von ihm selbst zu bearbeiten, der Hof hatte jedoch zumeist für den *Zug*, als des für die Bestellung der Grundstücke notwendigen Viehs und der Gerätschaften, zu sorgen. War ein selbständiges Bearbeiten der ausbedungenen Flächen nicht mehr möglich, traten an dessen Stelle Naturalleistungen des Besitzers, während der bis dahin bearbeitete Grund und Boden an den neuen Besitzer zurückfiel. Platz für das Vieh im Stall, die Bereitstellung von Futtermittel für dieses, sofern sie nicht selbst gewonnen wurden sowie die Düngung der Äcker, gehörten in den überwiegenden Fällen ebenfalls zu den Verpflichtungen des Nachfolgers. Mitunter bedung sich der Übergeber eine kleinere Summe aus, die vom Übernehmer auf Wunsch, zumeist in kleinen Raten, auszuzahlen war. Im Fall der Krankheit oblag die Pflege ebenso dem Nachfolger wie von diesem auch alle beim Tod des Besitzvorgängers anfallenden *ortsüblichen Kosten* zu tragen waren.

Mochte der Lebensabend der ohnehin nicht sonderlich verwöhnten, abgearbeiteten Auszügler fortan ärmlich und gerade auf das Lebensnotwendigste reduziert erscheinen, so waren sie in einer ungleich besseren Situation als jene, die sich zeitlebens als Dienstboten oder Taglöhner verdingt hatten, und alt geworden nicht wußten, wie sie sich in Zukunft weiterbringen sollten, denn jener Grundstandard an finanzieller und medizinischer Versorgung, der in unseren Tagen jedem Zeit seines Lebens gewährt wird, war unbekannt. Die Sorge über erwerbsunfähig Gewordene oblag der Grundherrschaft, der Dorfgemeinschaft und nach 1848 der politischen Gemeinde. Nur wenige Gemeinden unterhielten eigene Gebäude, in denen solchen Personen Kost und Logis geboten werden konnte. In den meisten Fällen wurde ihre Versorgung auf die einzelnen Gemeindebürger umgewälzt, sei es daß ein Beitrag zum Unterhalt dieser *Gemeindearmen* zu leisten war oder die Gemeindearmen an bestimmten Tagen, je nach Finanzkraft des einzelnen Gemeindebürgers, bei diesem einquartiert wurden und von diesem verpflegt werden mußten, wobei sie nach ihren Möglichkeiten zu leichteren Arbeiten angehalten werden konnten. Voraussetzung, um überhaupt in den Genuß dieser Regelung zu kommen, war die Zugehörigkeit zum Heimatverband der Gemeinde. Denn nur Gemeindebürger wurden versorgt, unabhängig davon ob der Betreffende bereits seit Jahren oder Jahrzehnten hier lebte. Besaß er das Heimatrecht einer anderen

Gemeinde, mußte diese für ihn aufkommen. Nicht sonderlich gerne wurde Personen, die ihr Heimatrecht in der Gemeinde Wernberg besaßen, jedoch schon seit langem anderswo wohnten, Unterstützung in Form monatlicher Zahlungen gewährt. Zumeist wurde diesen bedeutet, sie mögen nach Wernberg zurückkehren, wo man für sie sorgen könne, denn gerade in Zeiten, in denen das Geld knapp war, waren die einzelnen Gemeindebürger weit eher bereit, den einen oder anderen *Gemeindearmen* für einige Tage im Jahr mitzuversorgen, als Zahlungen an die Gemeinde zu leisten, mit denen Anspruchsberechtigte weit ab vom Gemeindegebiet bedacht werden sollten.

Anläßlich der Visitation der Pfarre Damtschach im Jahr 1842 erfahren wir, daß es in der Pfarre kein Armeninstitut gebe, sondern die Betreffenden *durch Umlegung in die Häuser versorgt* werden würden. Dem ersten uns erhaltenen Protokoll des Wernberger Gemeinderates vom 5. September 1908 entnehmen wir, wie derartige Ansuchen um Unterstützung abgehandelt wurden. Unter Punkt 3 der Tagesordnung wurde die *Armenversorgung* für den in Oberwinklern in der Gemeinde Köstenberg lebenden *Urban M.* behandelt. *Solange das Viehhüten dauert, keine Unterstützung. Im Winter wird derselbe entsprechend zu unterstützen sein*, lautete die Anwort der Gemeindeväter. Die in der gleichen Sitzung behandelte *Unterstützung* für die in Klagenfurt lebende Tochter eines aus der Gemeinde stammenden Schmiedgesellen wurde zwar gewährt, es wären jedoch, so der Beschluß, *Erhebungen zu pflegen, ob kein billiger Kostplatz zu finden wäre*. In den wirtschaftlichen Notzeiten der ersten Republik war über solche Ansuchen in jeder Gemeinderatssitzung zu befinden. 1922 betrug der Voranschlag für den *Armenfond* 2.690.000 Kronen, der Abgang im Gemeindebudget rund 3.800.000 Kronen.

Abschließend sei daher noch ein Blick auf die Gemeinderatssitzung vom 21. April 1922 geworfen, in dem nicht nur vier Ansuchen um Aufnahme in den Heimatverband behandelt wurden, wovon zwei positiv erledigt, eines zwecks weiterer Erhebungen zurückgestellt und eines abgelehnt wurde, sondern auch über sieben Ansuchen um Unterstützung durch die Gemeinde zu befinden war. Ansuchen um *Unterstützung* oder *Kostgelderhöhungen* wurden abgelehnt, im besten Fall *zurückgestellt*. Aussicht auf Erfolg hatten eher Gesuche um Kleidung oder Beschuhung. Während eine Bittstellerin das erbetene Paar Schuhe bewilligt erhielt, wurde der anderen mitgeteilt, daß ihr Ansuchen auf *sechs Monate zurückgestellt* sei, zumal sie in diesem Jahr bereits ein Paar erhalten habe. Zu Winterbeginn könne sie jedoch mit einem neuen Paar rechnen.

KRANKHEIT UND TOD

Zu den Belastungen, die der Gemeinde durch die Unterstützung mittelloser Bürger erwuchs, kamen jene, die von Krankenhausaufenthalten herrührten und die der Betreffende nicht aus Eigenem zu decken vermochte. Vor diesem Hintergrund wird auch verständlich, warum sich Gemeindevertreter der Aufnahme von Gemeindebürgern in sog. *Siechenhäuser* nach Möglichkeit widersetzten, da die Kosten, die der Gemeinde daraus entstanden, aus dem Budget nur unzureichend zu decken waren. In der schon zitierten Gemeinderatssitzung vom 21. April 1922 war auch der Antrag auf Aufnahme einer Bürgerin in das *Siechenhaus* zu behandeln. Der Gemeinderat faßte darüber keinen Beschluß, sondern beauftragte ein Mitglied des Gemeinderates zu erheben *unter welchen Bedingungen die Mutter geneigt wäre, die Betreffende bei sich zu behalten*.

Krankheit, vor allem dann, wenn ihr nur mit ärztlicher Hilfe beizukommen war, bedeutete einen schweren Schicksalsschlag, der zudem erhebliche finanzielle Belastungen nach sich zog. Allein schon aus diesem Grund wurde die Überstellung in ein Spital, ohnehin erst im ausgehenden 19. Jahrhundert möglich, aber auch das Hinzuziehen eines Arztes zumeist lange hinausgezögert. Man behalf sich mit Hausmitteln, mit denen die Krankheit zumeist jedoch nur unzureichend behandelt werden konnte. Mitverantwortlich für zahlreiche Krankheiten, die unter den schlecht genährten Menschen leichte Opfer fanden, waren die katastrophalen hygienischen Bedingungen, unter denen die meisten Menschen leben mußten. Krankheit bedeutete jedoch – bestenfalls auf Zeit – den Ausfall der Arbeitskraft. Längerdauernde Erkrankungen führten zum Verlust des Dienstplatzes. War der Betroffene ein Familienmitglied, kamen zum Verlust der Arbeitskraft noch finanzielle Belastungen. Und selbst dann, wenn eine Behandlung nicht an der schmalen ökonomischen Basis des Erkrankten scheiterte, waren die medizinischen Kenntnisse mitunter kaum dazu angetan, dem Betroffenen Linderung zu verschaffen, geschweige denn, ihn zu heilen. Auch an die mangelnde ärztliche Versorgung ist dabei zu denken. Selbst die ohnehin nur unzureichend ausgebildeten Wundärzte fehlten im Gebiet der heutigen Gemeinde. Erst in unserem Jahrhundert war auch für die Bürger Wernbergs medizinische Versorgung in ausreichendem Maße vorhanden. Die Nähe zu Villach mit der entsprechenden medizinischen Infrastruktur war zudem ein Vorteil. Schöne, mitunter kaum glaubliche Erfolge bei der Behandlung von Kranken erzielte Pfarrer Marašek. So behandelte er einen Schwerverletzten (Schädelbasisbruch und Rückgratverletzung), den der Arzt bereits aufgegeben hatte und der auch nicht mehr transportfähig war, durch mehrere Wochen bis zu dessen voller Genesung.

Völlig schutzlos standen die Menschen früherer Zeiten Infektions- oder Massenkrankheiten gegenüber. 1787 forderten die Ruhr und 1788 die Blattern in der kleinen Damtschacher Pfarre jeweils acht Opfer. 1794 starben 15 Pfarrangehörige an den Blattern. Ein Bild der Hilflosigkeit gegenüber Krankheiten offenbaren auch die Eintragungen in den Sterbebüchern. Zwischen 1815 und 1825 vermerkt das Sterbebuch der Pfarre Damtschach rund 170 Sterbefälle. In 51 wird als Todesursache *Fraß* angegeben, eine Krankheit, die auf Vitaminmangel zurückzuführen ist und gerade unter Kleinkindern zahlreiche Opfer forderte. 29 Pfarrangehörige starben in diesem Zeitraum an *Schwäche* oder *Abschwächung*, worunter Altersschwäche zu verstehen ist. Bei 15 lautete die Todesursache *Abzehrung*, also Lungenschwindsucht, bei anderen lautete der Befund auf Lungenentzündung, *Lungensucht*, *Stökhusten* und *Stökkathar* (Asthma bzw. Brustwassersucht). Neun Menschen erlagen einem *Schlagl*, sieben der Ruhr. Der *Brand* – Typhus bzw. ein Sammelbegriff für verschiedene Erkrankungen, die *brennend* schmerzen – forderte sechs Opfer, die *Vergicht* (Epilepsie bzw. wohl eher Gicht) drei. Als weitere Todesursachen finden wir *hizige Krankheit*, Wassersucht, Kolik, Faulfieber (Typhus), *Aposthen* (Geschwür), Blattern, Magenkrampf oder *Abzehrung mit Bauchweh*. Einen Einblick in das Denken und die Vorstellung der damaligen Menschen gewährt die Eintragung über den Tod des 70jährigen Besitzers der *Clementkeusche* in Damtschach, der vom Dach stürzte. Der Kurat notierte: *Durch unglücklichen Fall vom Dach ist etwas in ihm gesprengt.*

ÄRZTE IN DER GEMEINDE WERNBERG 2001:

Dr. Kurt Kröpfl, prakt.Arzt
Karwankenweg 11

Dr. Christa Krieber
Facharzt für Zahn-, Mund- und Kieferheilkunde, Poststraße 1

Dr. Peter Krieber
Facharzt für Zahn-, Mund- und Kieferheilkunde, Poststraße 1

Ebenso wie sich der Eintritt ins Leben im Kreis der Familie vollzog, war dies auch bei Sterben und Tod. Der Tod, so er nicht plötzlich auftrat, vollzog sich zwar im privaten Raum, jedoch nicht unter Ausschluß der Öffentlichkeit. War jeder Heilungsversuch vergeblich, begann das Sterben. Der Familie, Verwandten, Freunden und Nachbarn war es geboten, Abschied zu nehmen. Jene, die dem Sterbenden weniger nahe standen, zeigte das Kommen des Priesters, begleitet von Mesner und Ministranten, den Ernst der Lage, in der sich der Kranke befand. Die Menschen des Mittelalters bis weit hinein in die Neuzeit hatten den plötzlichen Tod gefürchtet. Zur ars moriendi, der Kunst des Sterbens, gehörte auch mit sich selbst, seinen Nächsten und dem Schöpfer eins zu werden, um von der Welt Abschied nehmen zu können. Dazu gehörte der Versehgang, der sich in oben geschilderter Weise vollzog, und bei dem am Sterbenden nach Absolution und Kommunion die Krankensalbung (*Letzte Ölung*) vollzogen wurde. Die Geistlichen hatten darüber zu wachen, daß sie rechtzeitig gerufen wurden, und im Sterbebuch zu vermerken, ob der Verstorbene versehen worden ist. War die Krankensalbung unterblieben, so hatte der Priester den Grund hierfür anzugeben. So erfahren wir etwa, daß die am 12. Februar 1738 in Sternberg verstorbene Witwe *Margareta Pürgerin* nicht versehen werden konnte, da niemand den Priester gerufen hatte. Die meisten Menschen verließen, blättern wir in den betreffenden Damtschacher, Sternberger oder Gottestaler Matriken, diese Welt *cum omnibus sacramentis provisus/provisa*. Kinder, die noch nicht zur ersten

Begräbnis in Duel 1957 (Original Maria Orasch)

heiligen Kommunion zugelassen worden waren, und Geistesschwache galten als *incapax*, bedurften der Sakramente nicht, da sie deren Bedeutung – noch – nicht erfassen konnten.

Kam das Ende näher, fanden sich neben der Familie zumeist auch Nachbarn ein, die mit ihren Gebeten den Sterbenden begleiteten. War der Tod eingetreten, galt es eine Reihe von Gebräuchen zu beachten. Der Pfarrgemeinde wurde der Tod durch das *Ausläuten* angezeigt. Im Haus begannen die Vorbereitungen für Aufbahrung und Begräbnis. Der Tote wurde gewaschen, bekleidet und auf eine Art

Schaubett gelegt. Kerzen brannten, Weihwasser mit einem Buchsbaumzweig standen für das *Besprengen* bereit. Während in der Stube, wo der Tote aufgebahrt war, völlige Ruhe herrschte – selbst Uhren wurden angehalten, Spiegel verhängt –, hub im Haus große Geschäftigkeit an, denn in den kommenden Tagen waren jene zu bewirten, die vom Verstorbenen Abschied nahmen. Am Abend fanden sich Verwandte, Freunde und Nachbarn zum Rosenkranzgebet ein. Solche Totenwachen hatten nicht selten einen fröhlichen Ausklang, denn bei Schnaps, in späterer Zeit Wein und Kaffee, und Brot wurde des Verstorbenen, insbesondere seiner Vorzüge, gedacht. Nach dem Beten vertrieb man sich die Zeit der Wache auch mit Erzählungen, wobei Unheimliches nicht fehlen durfte, ebensowenig wie manch lustige Begebenheit.

Das Leben kannte unzählige soziale Differenzierungen. – *Im Tod sind alle gleich*, lautet ein alter Spruch. Mitnichten mag man dagegen einwenden, allein die *Stoll-Ordnung* der Pfarre Sternberg aus dem Jahr 1832 beweist das Gegenteil. Die Kosten für die eigentliche Beisetzung und den Kondukt waren zwar für *Bauer, Keischler oder Kind* mit jeweils 15 Kreuzer gleich, die *Seelenwacht* für einen Bauer kostete einen Gulden 15 Kreuzer, für eine Bäuerin einen Gulden. War der Verstorbene ein Keuschler oder eine Keuschlerin kostete sie 30 Kreuzer, bei Kindern, Inwohnern und Dienstboten 15 Kreuzer. Wollte man eine *Leichenrede*, so kostete dies einen Gulden extra. Wurde mit vier Glocken geläutet, schlug sich dies mit 24 Kreuzer zu Buche, bei drei mit 18 und bei zwei mit zwölf, wobei das Läuten mit zwei Glocken – salopp formuliert – Mindesterfordernis war. Zu den Kosten für Kirche, Pfarrer und Mesner, den Aufwendungen für die Bewirtung der Trauergäste kamen noch jene für die Aufnahme des Inventars und die Abgaben an die Grundherrschaft.

„Rechnen mit der Ewigkeit" – Fromme Stiftungen

Bei unserem Gang durch die Pfarrgeschichte haben wir bereits gehört, daß ein Teil jener Einnahmen, mit denen die Geistlichen ihren Unterhalt bestritten, aus Widmungen von Pfarrangehörigen stammten, die um ihres Seelenheiles willen, manche aber wohl auch aus weniger hehren Motiven, *fromme Stiftungen* errichteten.

Ein Stiftungsbrief, der von der jeweiligen vorgesetzten kirchlichen Behörde genehmigt werden mußte und von dieser beglaubigt wurde, enthielt die detaillierten Bestimmungen über Höhe und Dauer der Stiftung und Verwendung der *Interessen*, wie die Zinsen genannt wurden. Das übergebene Kapital wurde in öffentlichen *Fonds*, zumeist in Staatsanleihen, angelegt. Der jährliche Ertrag aus diesen Stiftungen und Meßstipendien kam nach einem genauen Schlüssel dem zelebrierenden Priester, den Ministranten und dem Mesner sowie der Kirche zugute. War das Kapital höher und überstieg der Betrag die Erfordernisse für die Abhaltung der Messe, so wurde der verbleibende Rest zumeist unter den Ortsarmen verteilt.

Die älteste dieser Stiftungen im Gebiet der heutigen Gemeinde Wernberg wurde zugunsten der Pfarre Sternberg verfügt und

Umberg (Original Gemeinde Wernberg)

Burg Eichelberg (Original Gemeinde Wernberg)

Klosterkirche Wernberg (Original Gemeinde Wernberg)

Statue eines Hl. Georg aus dem Kloster Wernberg (Original Gemeinde Wernberg)

datiert aus dem Jahr 1500. Am 9. September dieses Jahres übergaben die Brüder *Michael und Hans von Stallhofen, Juri und Lienhard die Tunner von Newensaß unter Sternberg und Mert an der Traa bei sanct Bartholomä* fünfzig rheinische Gulden zur Stiftung eines Jahrtages.

Erst einige Jahrhunderte später hören wir von der nächsten Stiftung zugunsten Sternbergs. In seinem Testament vom 10. Juli 1761 vermachte *Gregor Kramer*, durch 48 Jahre Pfarrer am Sternberg, der dortigen Kirche 500 Gulden. 1766 wurde davon eine Stiftung eingerichtet. Bereits 1755 hatte *Kramer* dem Kollegiatkapitel in Friesach 1000 Gulden übergeben, die mit drei Prozent jährlich verzinst werden sollten. Die Interessen dieses Kapitals sollten *für seine Armen Pfarr Kinder zur Bekleidung übermacht* [= verwendet] werden, *das übrige aber für die ... Betler.* 1776 wurde aus einem Kapital von 100 Gulden, das *Johann Schöffmann vulgo* Teppel der Kirche Sternberg vermacht hatte, eine Meßstiftung über vier Messen eingerichtet.

1773 war bereits von einem Stifter, der nicht genannt werden wollte, eine Kreuzwegandacht gestiftet worden. Der Überschuß der Interessen sollte für die Erneuerung der einzelnen Kreuzwegstationen verwendet werden. Wenige Jahre später erhöhte die Pfarrgemeinde Sternberg dieses Kapital um 100 Gulden und anstelle der Kreuzwegandacht wurden fortan Quatembermessen gehalten. *Alle Quatember* sollten auch für *Peter Schuster vulgo Drabosnjak* und dessen *Freundschaft* [=Verwandtschaft] Messen gehalten werden, eine weitere *in festo St. Anna*, wofür der Stifter der Kirche Sternberg 1779 125 Gulden übergab. Ein unbekannter Wohltäter übergab um 1794 der Kirche 45 Gulden, die mit weiteren 55 Gulden, die *Maria Teppan* der Pfarrkirche hinterlassen hatte, zu einer Meßstiftung vereinigt wurden, sodaß von den Interessen daraus jährlich *zu ewigen Weltzeiten* je zwei Messen für *jede Partei* gelesen werden konnten. Die letzte Stiftung im ausgehenden 18. Jahrhundert verdankte die Kirche am Sternberg Pfarrer *Matthäus Orempegg*, der mit einem Kapital von 100 Gulden eine jährliche *Quatembermeßstiftung* einrichtete.

Erst nach 1866 hören wir von der nächsten Stiftung. Der am 28. August 1866 verstorbene *Kaspar Haas* aus Kantnig hinterließ der Kirche 50 Gulden, für die jährlich eine Messe gelesen werden sollte. Bedeutender war die Stiftung, die 1871 Pfarrer *Isidor Wuzella* einrichtete. Gemäß seinem letzten Willen sollten 850 Gulden für die Stiftung einer Hauptandacht verwendet werden, 400 Gulden zur Errichtung einer Armenstiftung. Von den 500 Gulden, die der 1871 verstorbene Pfarrer *Johann Lesjak* der Kirche vermacht hatte, wurde jährlich ein Totenoffizium für ihn und seine Eltern gehalten. Um die gleiche Summe richtete 1881 *Franz Temel*, der Besitzer der *Wegmacherkeusche* zu Lichtpold, eine Meßstiftung ein, die alljährlich am Kreuzaltar für ihn und seine Angehörigen gehalten werden sollte.

Besonders detailliert waren die Bestimmungen, mit denen *Anna Krumpl*, die einstige Wirtschafterin im Sternberger Pfarrhof, eine Stiftung zum Gedenken an den verstorbenen Pfarrer und Dechanten *Valentin Link* einrichtete. Für ein Kapital von 400 Gulden sollten nach Willen der Stifterin *im Monat Mai beim*

Frauenaltar bei geöffneter Thüre, damit der Priester das Grab sieht, sechs stille Messen für den verstorbenen Pfarrer und *zu Ehren unserer lieben Frau vom heiligsten Herzen Jesu gelesen werden*. Die von *Martin Drabosenig* aus Wernberg 1885 errichtete Meßstiftung war weniger aufwendig. Für das Legat von 100 Gulden sollte jährlich eine heilige Messe gefeiert werden. 1902 wurde auch aus einem Legat über 200 Gulden, das *Theresia Mossier* bestimmt hatte, eine Meßstiftung errichtet. Die letzte Stiftung vor Ausbruch des Weltkrieges verdankte die Pfarre der 1910 verstorbenen *Barbara Fille*. Auch sie hinterließ detaillierte Bestimmungen über Art und Abhaltung der Messen. So waren stille Messen vorgesehen, solche mit Gesang, andere mit Segen. Das Meßlegat von 400 Kronen sollte jedoch *so schnell als möglich verrichtet werden*. Ihr war also nicht an einer Meßstiftung im herkömmlichen Sinn gelegen.

Derartige Verfügungen kamen auch den Interessen des Ortsgeistlichen entgegen, der 1917 beim Ordinariat anregte, die jährlichen Meßstiftungen zu reduzieren. Insgesamt hatte er pro Jahr 29 Messen zu lesen. 1920 gestattete das Ordinariat schließlich die Reduktion dieser Verpflichtung auf zwölf Messen jährlich. Durch die Inflation in den folgenden Jahren wurde das Stiftungsvermögen der Kirche Sternberg nahezu völlig entwertet. 1933 betrug es nur noch 78 Groschen.

Die älteste Stiftung zugunsten des Damtschacher Gotteshauses verfügte *Isabella Gräfin Galler*, die nicht nur die Kapelle von Schloß Damtschach neu adaptieren und ausstatten ließ, sondern mit einer Siftung vom 1. Jänner 1695 auch die finanzielle Situation der hiesigen Kirche zu bessern versuchte. Von den Meßstipendien, bei denen auch ein *windischer* Prediger vorgesehen war, haben wir bereits gehört. Zweihundert Jahre nach ihrer Errichtung repräsentierte diese Gallersche Stiftung einen Geldwert von 315 Gulden.

Die nächste Stiftung zugunsten der Kirche von Damtschach wurde erst 1858 durch *Anton Lippitsch vlg. Roschan* errichtet, der dafür 250 Gulden widmete. Für die Interessen der einen Hälfte des Kapitals war jährlich eine Messe zu lesen, für die andere sollte eine *Ewige Lichtstiftung* eingerichtet werden. *Alex Hermann vlg. Deutschbauer* aus Umberg richtete 1861 in Damtschach eine Meßstiftung ein und im gleichen Jahr eine weitere bei der Filialkirche in Umberg. Eine Seelenmesse mit *Libera* sollte jährlich für die Zinsen des von *Oswald Buchwalder* 1864 der Kirche Damtschach übergebenen Kapitals gehalten werden. Der Damtschacher Kurat *Jakob Rebernig* hatte 1886 testamentarisch die Errichtung einer Meßstiftung und einer *Stiftung für arme Schulkinder* verfügt. Die letzte der Stiftungen in der Pfarre vor dem Ersten Weltkrieg tätigte 1894 *Lukas Buchwalder vlg. Tischler*, der für ein Kapital von 600 Gulden ein Meßstipendium für eine jährliche Seelenmesse mit *Jahresbitten* und eine *Armenstiftung* einrichtete.

Durch die Inflation in den Jahren nach dem Ersten Weltkrieg wurden diese Kapitalien fast zur Gänze entwertet. 1933 betrug das Stiftungsvermögen nur noch 33 Groschen.

Die erste Stiftung in der Pfarre Gottestal hatte 1753 der Bauer *Adam Florianz vlg. Tuder* errichtet. Von den Zinsen eines Kapitals von nur 30 Gulden sollten jährlich zwei Messen gelesen werden. 1858 wurden für diese Kapitalien Staatsobligationen angeschafft.

Erst 100 Jahre später erfahren wir von der nächsten Stiftung. Der aus der Pfarre Gottestal stammende Villacher Handelsmann *Josef Orasch* hatte der Pfarrkirche 500 Gulden hinterlassen, für deren Interessen jährlich eine neuntägige Hauptandacht *ad intentionem der Orasch´schen Verwandten* mit Beginn am 4. Fastensonntag abgehalten werden sollte. Diese Andacht sollte täglich mit einer *Segensmesse* beginnen, danach der Rosenkranz gebetet, ein Segen erteilt und am *Anfang und Schluß eine kurze erbauliche Predigt* gehalten werden. 1860 stiftete *Maria Stotz*, die Besitzerin der *Andreucic-Hube*, 100 Gulden. Die Zinsen betrugen jährlich fünf Gulden und wurden für eine heilige Messe aufgewendet. 1863 übergab der Auszügler an der *Kaprealität* in Schleben, *Florian Tscheinig*, dem Pfarrer von Gottestal 100 Gulden. Dieses Kapital und die von der *Rebernikbäurin Ursula Orasch* in Duel und deren Tochter Maria gestifteten 200 Gulden wurden *zur Besserung der Dotierung der von Josef Orasch gestifteten Hauptandacht und zum Lesen einer stillen Messe nach dieser* verwendet. 1871 richtete *Ursula Lahsnig* aus Föderlach eine Stiftung über 100 Gulden ein. 1872 erhielt die Pfarrkirche eine weitere Zuwendung von *Florian Tscheinig*, die 1895 einen Wert von 190 Gulden repräsentierte.

Für eine Jahresmesse zum Gedenken an ihren am 25. November 1878 verstorbenen Mann, den k.u.k. Oberst Johann Freiherr Fröhlich von Salizone, stiftete die Besitzerin von Schloß Wernberg, Baronin *Josefine Fröhlich-Salizone*, 1888 120 Gulden. Für die auf Schloß Wernberg im März 1893 verstorbene und am Friedhof in Gottestal beigesetzte gebürtige ungarische Aristokratin *Baronin Elisabeth Fischer, geb. Gräfin Serenyi*, stiftete *Baronesse Margarethe von Fischer* 1893 600 Kronen. Davon sollten 200 für die Pflege des Grabes der Baronin aufgewendet werden, die der jeweilige Mesner von Gottestal zu besorgen hatte. 400 dienten als Kapital, von dessen Interessen jährlich ein Requiem mit Vigil und Libera gehalten werden sollte. 1896 hinterließ *Anton Jantschnig* durch letztwillige Verfügung der Kirche in Gottestal 100 Gulden unter der Bedingung, daß dafür jährlich an seinem Todestag eine Messe gelesen werde. Als letzte der frommen Stiftungen ist noch jene von *Gräfin Sidonie Wagensperg* anzuführen. Hier sollten für die Zinsen eines Kapitals von 400 Kronen, jährlich ein Requiem und zwei stille Messen in Gottestal gelesen werden. Das Requiem hatte am 11. Jänner, also dem Todestag ihres 1913 verstorbenen Gemahls stattzufinden, die beiden stillen Messen waren am 20. und 21. Februar jedes Jahres zu lesen.

Wie im Fall der Pfarren Sternberg und Damtschach wurden auch die Stiftungskapitalien der Pfarre Gottestal durch die Inflation der Nachkriegsjahre völlig entwertet.

Switbert Lobisser, op. 386, Sternberg (Verlag Johannes Heyn)

Wirtschaft

Der Anlage des *Franziszeischen Katasters*, auf dem unser heutiges Grundbuch basiert, verdanken wir interessante Einblicke in die Lebens- und Wirtschaftsweise unserer Vorfahren. Im Jahr 1832 wurden die einzelnen Grundstücke im Gebiet der heutigen Gemeinde Wernberg von staatlichen Beamten vermessen und gemeinsam mit einem Ausschuß, dem Vertreter der Dorfgemeinschaft angehörten, wurde die Bonität der einzelnen Grundparzellen festgestellt. Umfang und Bonität der Grundstücke dienten zur Bemessung der Grundsteuer, die der einzelne Besitzer zu leisten hatte. Die Ergebnisse dieser Erhebungen sind im sog. *Catastral-Schätzungs-Elaborat* zusammengefaßt. Zuvor hatten Vertreter der Steuergemeinde über Art und Ertrag der betriebenen Wirtschaft ausführlich Rede und Antwort zu stehen. Dabei wurden die Auskunftspersonen, in unserem Gebiet ebenso wie anderswo, nicht müde zu erklären, der Ertrag ihrer Gründe sei eigentlich erbärmlich gering.

In der Steuergemeinde Umberg, zu der die Orte Damtschach, Umberg und Ragain gehörten, lebten 1831 273 Personen in 60

Gasthaus Lepuschitz in Damtschach 1919 (Original Rosa Lepuschitz)

Im Garten vom Gasthof Marinitsch in Gottestal (Original Gerhard Marinitsch)

Häusern. Von diesen 60 Familien waren 52 in der Landwirtschaft, eine im Gewerbe und fünf sowohl im Gewerbe als auch in der Landwirtschaft tätig. Je einem Haushalt stand ein Geistlicher, der Kurat von Damtschach, und ein Beamter vor. Bei letzterem handelte es sich, folgt man dem Protokoll, um einen Lehrer. Tatsächlich dürfte dieser Beamte jedoch der Verwalter von Schloß Damtschach gewesen sein, da in dieser Zeit in Damtschach, wie wir aus anderen Quellen wissen, noch kein Schulbetrieb unterhalten wurde. Sollte es damals im Ort tatsächlich einen *Lehrer* gegeben haben, so kann dies kein anderer gewesen sein, als einer jener Winkelschullehrer, denen wir in der Schulgeschichte schon begegnet sind, und ein solcher hätte wohl kaum vom Ertrag seiner Schule leben können. Gleiche Verhältnisse finden wir bei der Darstellung der Steuergemeinde Trabenig, zu der Terlan, Stallhofen, Kaltschach und Trabenig gehörten. In dieser Gemeinde lebten 1831 354 Personen. 58 Haushaltsvorstände bezogen ihren Unterhalt ausschließlich aus der Landwirtschaft, sechs in Verbindung mit einem Gewerbe, während zwei vom Ertrag ihres Gewerbes leben konnten. Auch die Steuergemeinde Sand mit insgesamt sieben Orten – Rajach, Weinzirl, Kantnig, Lichpold, Krottendorf, Sand und Sternberg – zeigt ein ähnliches Bild. Hier finden wir 68 Häuser mit 68 Wohnparteien, von denen 56 in der Landwirtschaft, drei ausschließlich von einem Gewerbe und acht von Gewerbe und Landwirtschaft lebten. Des weiteren verzeichnet die Aufstellung noch einen Geistlichen, den Pfarrer von Sternberg. Föderlach, Kletschach, Neudorf, Goritschach, Duel und Dragnitz bildeten die Steuergemeinde Neudorf. Hier lebten 70 Familien; 59 von ihnen von Erträgen der Landwirtschaft, zwei von einem Gewerbe und neun bedurften zu ihrem Lebensunterhalt sowohl der Einkünfte aus der Landwirtschaft wie aus einem Gewerbe. 415 Personen umfaßte die Steuergemeinde Wernberg. In den ihr zugehörigen fünf Orten Wernberg, Schleben, Gottestal, Zettin und St. Ulrich lebten 78 Familien. Neben einem Beamten und dem Pfarrer von Gottestal finden wir einen einzigen Haushaltsvorstand, der ausschließlich ein Gewerbe betrieb. 60 Familien arbeiteten in der Landwirtschaft, immerhin 15 verfügten über Einkünfte, die zum Teil von einem Handwerker stammten.

Gasthaus Schöffmann in Kletschach (Original Walter Matschek sen.)

Fassen wir abschließend zusammen, so finden wir im Gebiet der heutigen Gemeinde um 1830 neben den drei Geistlichen des Gebietes und zwei herrschaftlichen Beamten 285 Familien, die ausschließlich von der Landwirtschaft lebten, neun als Gewerbetreibende, 43 verfügten über Einkünfte aus beiden Bereichen.

LANDWIRTSCHAFT

Wenden wir uns zunächst der Landwirtschaft zu und werfen ein Blick auf Umfang, Art der Bewirtschaftung und Ertrag.

Auf die Frage der Kommission gaben die Vertreter aller Steuergemeinden zu Protokoll, die hier ansässigen Besitzer würden *lediglich über mittelmäßige und schlechte Gründe* verfügen. Aufgrund der klein- bis mittelbäuerlichen Besitzstruktur kamen Verpachtungen selten vor. In der Steuergemeinde Wernberg fanden sich zehn ganze Huben mit einem Grundbesitz im Ausmaß von 24–36 Joch. Sechs Bauern

An der Drau (Original Georg Lippitsch)

galten als 3/4-Hübler mit einem Grundbesitz zwischen 17 und 22 Joch. Elf Besitzungen werden als halbe Huben beschrieben. Das Ausmaß ihres Grundbesitzes betrug zwischen sechs und 14 Joch. Ein Besitzer trat als 1/4-Hübler auf. Sein bescheidener Grundbesitz umfaßte nur vier Joch. 34 Familien verfügten über Grundbesitz von 1/8 bis zu einem Joch. Elf Hausbesitzer in dieser Steuergemeinde waren ohne jeden Grundbesitz. Ein ähnliches Bild bietet sich in der Steuergemeinde Umberg. Neben sieben ganzen Huben (26–31 Joch) finden wir zwei 3/4-Bauern (17–23 Joch), drei halbe Huben (10–15 Joch), zwei 1/4-Hübler mit einem Grundbesitz zwischen vier und acht Joch sowie 30 Keuschler (1/8 bis 3 Joch). In der Steuergemeinde Sand finden wir in dieser Zeit sechs ganze Bauern (32–41 Joch), zwei 3/4-Bauern (24–29 Joch), fünf Besitzer einer halben Hube (15–20 Joch), sieben 1/4-Bauern (4–13 Joch), 30 Keuschler mit einem Grundbesitz zwischen 1/3 und 3 Joch sowie 15 Hausbesitzer ohne jeden weiteren Grundbesitz. Anders ist die Situation in der Steuergemeinde Trabenig. Die bäuerlichen Besitzungen hier waren zum Teil erheblich größer als jene in den anderen Orten. Neben einem Besitz mit 54 Joch, finden wir zwölf ganze Bauern (31–40 Joch), sechs 3/4-Hübler (20–27 Joch), fünf Halb- (16–18 Joch) und einen Viertelbauern (13 Joch). Besaßen 24 Keuschler in dieser Gemeinde noch Gründe bis zu fünf Joch, so waren 18 ohne jeden Grundbesitz.

Ein Verkauf der *stets nur mittelmäßigen Produkte* auf Märkten bildete eher die Ausnahme. Als Marktort kam ohnehin nur das nahe Villach in Frage, doch selbst dort war kein gutes Geschäft zu erwarten, denn allein Zeit, Weg, Maut und *Zährung* mußten mit einem Gulden und 15 Kreuzer veranschlagt werden, sodaß wenig bis gar kein Gewinn zu erwarten war. Markttage in Villach waren der Mittwoch und der Samstag.

Auf den Ackerflächen wurde Winterweizen, *Winter- und Sommerkorn*, Gerste, Hafer, Mais, Haiden (Buchweizen), Rüben, Flachs und *steyrischer Klee* angebaut. Auf kleineren Flächen baute man Hirse, Erdäpfel und Kraut an; zwischen dem Mais *Fisolen* und Kürbis. Die Wiesen lieferten *süßes, gemischtes und saures Heu* sowie *Grumeth*. In den Hausgärten wurden Gemüse und *Grünzeug* gezogen. *Edles Obst* war nur in den Schloßgärten zu finden, alle anderen mußten sich mit *gemeinem*, im besten Fall *veredeltem Obst* begnügen. Der Ertrag der Apfel-, Birnen- und Zwetschkenbäume wurde *zur eigenen Consumation verwendet*. Auch die Obstgär-

Heuernte in Föderlach 1943 (Original Familie Messner)

ten wurden gemäht, ebenso die Hutweiden. Das Wintergetreide wurde zwischen 15. September und 15. Oktober gesät, das Sommergetreide zwischen 15. März und Ende April. Die Ernte des Wintergetreides erfolgte überwiegend zwischen Mitte Juli und Anfang August; die des Sommergetreides zwischen Anfang August und Mitte September. Die Heumahd war zwischen 15. Juni und 10. August. Das Grummet wurde zumeist zwischen 15. und 30. September eingebracht.

Heuernte (Original Johanna Wucherer)

Die Feldarbeit wurde größtenteils mit Ochsen und Pferden bewältigt. Ein *Zugtag* mit einem Paar Ochsen wurde mit eineinhalb Gulden bewertet, ein Zugtag mit zwei Pferden kam auf zwei Gulden. Der Taglohn betrug bei schwerer Arbeit für Männer 24, für Frauen 20 Kreuzer. Bei *leichterer* Arbeit erhielt ein männlicher Taglöhner 20, eine Frau 15 Kreuzer. Um den Geldwert eines Zugtages mit zwei Pferden abzuarbeiten, hatte eine Taglöhnerin somit drei *schwere* bzw. vier *leichtere* Arbeitstage zu leisten. Vor allem die *Kleinhäusler*, die über kein eigenes Zugvieh verfügten, waren darauf angewiesen. Übernahmen Bauern für

Getreideernte in Duel (Original Maria Orasch)

sie Zugdienste, wurden diese entweder bar entlohnt, wozu noch die *Fourage* kam, oder sie hatten, was die Regel war, *verhältnismäßige Handarbeiten* zu leisten, welche dem *Fuhrlohn* gleich kamen.

Wie arbeitsintensiv Anbau und Ernte waren, möge nachstehenden Beispielen entnommen werden: Um ein Joch Ackerland zu pflügen und zu eggen war ein Ochsenpaar drei Tage eingesetzt. Mit zwei Pferden war man mit der gleichen Arbeit immerhin einen Tag früher fertig. Zur Ernte von Getreide auf einem Grundstück im Ausmaß von einem Joch waren zehn Schnitterinnen sowie drei männliche

Kartoffelernte 1966 (Original Maria Warmuth)

Heuernte (Original Johanna Wucherer)

Arbeiter, die die Garben aufrichteten und zusammentrugen, erforderlich. Für das Setzen von Mais benötigte man auf einem Joch acht weibliche Arbeitskräfte, zum *Hauen* bei gleicher Fläche 15. Zum *Häufeln* waren ein Pferd und vier weibliche Arbeitskräfte erforderlich und zum Einbringen benötigte man für ein Joch 20 weibliche Arbeitskräfte. Wurden auf einem Joch Erdäpfel gesetzt, so waren von der Saat bis zum Einbringen der Frucht erforderlich: 4½ Ochsenzugtage zum Setzen und Ausackern, zwei Zugtage mit einem Pferd für das *Häufeln* und Einführen, 20 weibliche Taglöhnerinnen zum Setzen und Aufsammeln.

Den Wernbergern wurde attestiert bei der Kultivierung ihres Grund- und Bodens *allen möglichen Fleiß zu verwenden*, so leiteten sie etwa Straßenwasser auf ihre Felder, um diese zu bewässern. Andererseits wurde kritisch angemerkt, daß die Hutweiden und Auen *gänzlich der Natur überlassen* wären. Auch mit der Pflege der Obstbäume scheint es nicht

Heuernte in Neudorf um 1940 (Original Theresia Haas)

Kletschach 1941 (Original Walter Matschek sen.)

weither gewesen zu sein, denn diese waren *ganz verwahrlost*. Die Waldungen der Besitzer, in denen überwiegend Fichten und Föhren, vereinzelt auch Lärchen und Tannen wuchsen, waren in keinem guten Zustand. Die Waldweide des Viehs und das *frühzeitige und wiederholte Abästen* der Nadelbäume zur Streugewinnung war nicht angetan, einen guten Waldbestand aufkommen zu lassen.

Was nun den Viehbestand in den fünf Steuergemeinden Wernberg, Sand, Umberg, Neudorf und Trabenig betraf, so wurden im Jahr 1832 insgesamt 148 Pferde, 290 Ochsen, acht Zuchtstiere, 601 Kühe, 443 Stück Jungvieh, 286 Schafe, 41 Ziegen und 479 Schweine gehalten. Auf größeren Besitzungen fanden sich zumeist ein oder zwei Pferde, zwei Ochsen, vier Kühe, sechs Stück Jungvieh, acht Schafe und vier bis fünf Stück *Borstenvieh*. Die Pferde sind, lesen wir, *von Oberkärntner gemeiner Landschlag, mittler Größe* und wurden selbst gezüchtet. Ebenfalls der *Oberkärnt-*

ner Landraze gehörte der Rinderbestand an. Die Schafe werden als klein, weiß und *grobwollen*, das *Borstenvieh* als *von bayrischer Abstammung, kurzfüßig, lang gestreckt und in sich veredelt* beschrieben. Die Pferde wurden mit Heu, Klee, geschnittenem Stroh und Hafer gefüttert; Kühe und Ochsen im Winter mit *Grumeth* und Stroh sowie *Wurzelgewächs*, im Sommer geweidet. Milchkühe und Zugochsen erhielten *Zubesserungen* in Form von Heu und Klee. Neben dem Einsatz am Feld kamen die Pferde beim Vorspann und im Fuhrwerk zum Einsatz, vor allem da *der ziemlich hohe Berg, über welchen sich die Post- und Komerzialstraße von Klagenfurt nach Villach hier zieht*, den *nahe liegenden Pferdebesitzern viele Verdienste durch das Vorspannen* verschaffte. Ochsen wurden für landwirtschaftliche Zugarbeiten verwendet, nach mehrjähriger *Arbeit* gemästet und dann als Fleisch verkauft. Was den Rinderbestand anlangte, so wurden *Kuhmilch und Schmalz* im Haus verbraucht, *taugliche Kälber bei Haus gezüchtet*, die anderen verkauft. Schafwolle und Felle wurden für den Hausgebrauch verwendet und auch die Schweinezucht diente fast ausschließlich dem Eigenbedarf, *nur manchmal* wurde *etwas Speck oder ein kleines Stück* verkauft. Nahezu ohne jede Bedeutung war die *Federviehzucht*, obwohl *in jedem Hause einige Haushühner der Eyer und Hühnlein wegen anzutreffen* waren.

Was das Essen betraf, so bestand dieses aus *Kornbrod*, Mehl-, Milch- und Gemüsespeisen mit einer *Feyertagszubesserung* an Fleisch. Die Speisen wurden jedoch mit Schmalz und Speck *übermäßig fett gemacht*.

Werfen wir noch abschließend einen Blick auf den Speisezettel einer Wernberger Küche vor gut 70 Jahren. Als Frühstück gab es Sterz mit Milch oder eine Milchsuppe, selten Kaffee. Eine Ausnahme bildete hier der Sonntag. An diesem gab es Kaffee – zumeist Mischkaffee – und Reindling oder Kaffee und Haidensterz. Zur Vormittagsjause Speck, Brot und Most, seltener Hauswürste. Das Mittagessen bestand am Montag zumeist aus Speck- oder Fleischknödel. Am Dienstag gab es *Kas- oder Erdäpfelnudeln mit Zuspeise*, am Mittwoch *geschnittene Nudeln* oder Erdäpfelknödel, am Donnerstag *Ritschert oder Selchsuppe mit Geselchtem*, am Freitag *Kloatzennudel, Schmarren oder Germspeisen*, am Samstag *Germblatteln mit Kraut oder Rohnensalat*, an Sonntagen *Geselchtes mit Zuspeisen*.
Als Nachmittagsjause galten verschiedene Salate (Erdäpfel, Rohnen, Gurken) und Brot. Abends gab es entweder Sterz und Milch, eine Milchsuppe mit Brot oder Sterz, Kartoffeln *mit Schale*.

Heuernte in Duel (Original Rudolf Petritsch)

Handel, Gewerbe und Industrie

Wie in jedem Dorf finden wir auch in denen unseres Gemeindegebietes verschiedenste Gewerbebetriebe. Die meisten konnten ihren Inhaber nur unzulänglich ernähren und er war daher auch auf Einkünfte aus der Landwirtschaft angewiesen.

Die Gewerbefreiheit war eine Errungenschaft der Jahre nach der Revolution von 1848 (Gewerbeordnung 1859). Bis dahin galten, obgleich der aufgeklärte Staat des 18. Jahrhunderts bereits manche Änderung gebracht hatte, die restriktiven Bestimmungen, die wir aus dem Mittelalter kennen.

Unterschieden wurde zwischen dem Personal- und dem Realgewerbe. Letzteres war mit einem Anwesen verbunden (*radiziertes Gewerbe*) und wurde zumeist mit diesem auch weitergegeben. Lag also auf einer Realität etwa eine *Tafferngerechtigkeit* (Wirtshauskonzession), so ging diese bei Verkauf des Anwesens an den neuen Besitzer über. Weiters wurde zwischen Polizei- und Kommerzialgewerben unterschieden. Schuster, Fleischer und Schneider etwa, die nur für den Gebrauch vor Ort produzierten, gehörten ersterem an.

Begünstigt waren jene Orte, durch die die *Post- und Komerzialstraße* von Klagenfurt nach Villach führte. Neben Vorspann- und Fuhrdiensten, die eine willkommene Aufbesserung der Einnahmen bildeten, finden wir hier eine Reihe von kleineren Gasthäusern. So hören wir 1629, daß *Georg Trageiner, Schmid bey der Linden im Wernberger Amt* nicht nur eine *Holzgerechtigkeit* besaß, also zur Entnahme von Holz aus den herrschaftlichen Wäldern berechtigt war, das er wohl auf seiner Säge verarbeitete, sondern auch ein *taffernrecht*, daß er also ein Gasthaus betrieb. Im *Neudorffer ambt* der Herrschaft Wernberg finden wir in diesem Jahr zwei weitere Gasthäuser. So besserte *Andre Hochensasser* seinen Lebensunterhalt, den er aus dem Ertrag einer *Keischen* bezog, mit Einnahmen aus einem kleinen Gasthaus auf. Als weiteren Gastwirt finden wir einen Urban Lassnig, der für die *taffern* der Grundherrschaft jährlich 22 Kreuzer diente.

Über lange Zeit wurde beim Gastgewerbe zwischen Bier- und Weinwirten unterschieden. Nahezu alle Bierwirte betrieben eigene Brauereien, in denen das leichte und wenig haltbare Steinbier gebraut wurde. Für dieses wurde Hafer verwendet, dessen Maische durch heiße Steine erhitzt wurde.

Auch die Herrschaft selbst unterhielt mehrere Betriebe. So gehörte zur Herrschaft Damtschach 1629 eine *Mautmühl mit dreyen Lauffen und eine Stampf*, zur Meierei des Schlosses in diesem Jahr zudem eine Säge. Auch zur Meierei des Schlosses Wernberg gehörte 1629 eine Mühle, doch war diese durch die *nachlessigkheit des Müllers ... verderbt*. Man plante jedoch, diese wiederum aufzubauen. Und zu Eichelberg hatte einst, folgt man der Beschreibung im Urbar von 1629, eine Mühle gehört, die jedoch nach der Zerstörung der Burg *gleichfalls in abschläppf khommen* war.

1832 hören wir, daß Felix Jöchlinger in Wernberg eine neue *Schiffmühle* habe errichten lassen. Des weiteren gab es in diesem Jahr dort ein *Brauhaus mit Kessel und allen übrigen Vorrichtungen*, das wohl von einem der lokalen Wirte betrieben wurde. In allen anderen Orten der einzelnen Steuergemeinden findet sich, außer den summarisch erfaßten Gewerbebetrieben, kein weiterer Hinweis auf ein *Industriegewerbe*, von einer Mautmühle und einem Wasserrad, die in der Steuergemeinde Trabenig betrieben wurden, abgesehen.

Nach dem Kauf des Schlosses Wernberg durch die Familie Fröhlich betrieb *Felix von Mottony* in Wernberg verschiedene Unternehmungen, denen jedoch kein sonderlicher Erfolg beschieden war. 1887 mußte der Besitz infolge der unglücklichen Geschäfte Mottonys verkauft werden. Im Gailtal unterhielt dieser eine Ziegelbrennerei. Auch dem Proponentenkomitee zum Bau der Gailtalbahn gehörte Mottony an. Doch auch hier endeten seine Unternehmungen mit einem finanziellen Fiasko. Die Ziegelei mußte verkauft werden und Felix von Mottony setzte sich unter Hinterlassung beträchtlicher Schulden nach Rußland ab.

Kehren wir wiederum zu den in unseren Orten betriebenen Kleingewerbe zurück, wenngleich die Quellen genaue Aufschlüsse über Art und Umfang nicht immer zulassen. Festhalten wollen wir, daß 1832 52 Familien dieses Gebietes zur Gänze oder teilweise von einem Gewerbe lebten. Einen ersten Gewerbetreibenden finden wir neben den Gastwirten, deren Spur wir bereits verfolgt haben, im schon genannten Wernberger Urbar von 1629. In Zettin saß damals auf seiner Keusche ein *Andree Paterniuz*, der ausdrücklich als Weber angeführt wird.

Wagnerei Tengg in Wernberg (Original Eduard Haas)

Weitere Hinweise über ein auf einer bestimmten Realität ausgeübtes Handwerk verdanken wir den Hausnamen. So führte 1826 ein Anwesen in Duel den Vulgarnamen *Schusteritsch* (Nr. 10). Diesen Hausnamen finden wir auch in Wernberg (Haus Nr. 14), in Schleben (Nr. 1) und Föderlach (Nr. 34). Weitere Hausnamen, die einen Rückschluß auf den einstigen Besitzer zulassen, entnehmen wir einem Verzeichnis der Wernberger Untertanen des Jahres 1826, so für den gleichnamigen Ort einen Schmied (Nr. 16), einen Fleischhacker (Nr. 10), einen Zimmermeister (Nr. 4), einen Bachfischer (Nr. 13) sowie einen Bader. In Föderlach finden wir neben einem Haus mit dem Vulgarnamen Wirt noch einen Kramer (Nr. 4) und einen Schneider (Nr. 13), dessen Vulgarnamen in manchen Quellen auch *Tonitsch* lautet. In Schleben findet sich als Hofname für das einstige Anwesen Nr. 10 die Bezeichnung Hafner, in Zettin für das Haus Nr. 4 das Diminuitiv *Fleischkerl*, in Neudorf die Realität vulgo Müller. Unter den Gottestaler Anwesen scheinen ein Tischler (Nr. 3) und ein Maurer (Nr. 1) auf.

Dieser kurze Blick auf in unserer Gemeinde vorkommende Vulgarnamen, die mit der Tätigkeit eines ihrer Besitzer in Verbindung stehen, gibt zugleich eine Übersicht über das in Dörfern ausgeübte Gewerbe. Fast in jedem der größeren Orte unseres Gemeindegebietes war bis in die Zwischenkriegszeit ein Schuhmacher, Krämer, Gastwirt, Schneider, Tischler oder Schmied zu finden. Die Nähe zu Villach ermöglichte zudem die Versorgung mit Produkten, die von Spezialisten hergestellt werden mußten, für die ein ständiger Aufenthalt im Gemeindegebiet nicht in Frage kam. Zum Teil ließ sich die Nachfrage auch durch wandernde Händler decken, die entweder von Haus zu Haus zogen, um ihre Waren anzubieten, oder diese auf Märkten verkauften.

1905 finden wir in der Gemeinde Wernberg 89 Gewerbebetriebe, die sich auf 19 Orte des Gemeindegebietes verteilen. 15 von ihnen hatten ihren Standort in Wernberg, zwölf in Föderlach, zehn in Damtschach und acht in Gottestal. Neben zwei Spar- und Darlehenskassen in Föderlach (bzw. Kletschach) und Wernberg zählte man zwölf Gemischtwarenhandlungen und Krämereien, je drei Holzhandlungen, Sägen und Müller, vier Hufschmiede, elf Schuhmacher, acht Tischler, sieben Kleidermacher, 22 Gasthäuser, zwei Bäckereien, drei Zimmereibetriebe und zwei Marktfieranten, sowie jeweils einen Lohnfuhrwerker, Hafner, Fleischer, Maurer, Mehlhändler, Wagner, Binder und Sattler. Eine Gemeindebürgerin betrieb eine Brückenmaut. Wie damals üblich, waren mehrere Gewerbe in einer Hand vereinigt. In Damtschach betrieb

Linienverkehr in Wernberg um 1930 (Original Eduard Haas)

Wernberg (Original Gemeinde Wernberg)

Wudmath (Original Gemeinde Wernberg)

Zettin (Original Gemeinde Wernberg)

Betriebsgelände der Firma LEGRAND (Original LEGRAND)

Betriebsgelände der Firma TANN (Original TANN)

Philipp Lepuschitz neben der Gastwirtschaft noch eine Gemischtwarenhandlung. In Föderlach waren eine Holzhandlung, die Brückenmaut und ein Gastbetrieb in der Hand von *Maria Glaser* vereinigt. Zum Gasthaus der *Elise Schlotterbach* in Wernberg gehörte 1905 auch eine Krämerei. Gleiches galt in Föderlach für die Firma *Maček und Comp.*, die zudem noch eine Bäckerei betrieb.

1909 betrug die Zahl der Gewerbebetriebe in der Gemeinde 93, wovon 16 Betriebe in Wernberg und 15 in Föderlach beheimatet waren. Am Vorabend des Ersten Weltkrieges hatte sich die Zahl der Wernberger Gewerbebetriebe auf 95 erhöht. Neben den alteingesessenen Handwerkern und Gewerbetreibenden finden wir auch den Photographen *Franz Prinz*, der sich in Wernberg niedergelassen hatte. An der Spitze aller Sparten stand im Jahr 1913 das Gastgewerbe mit 18 Betrieben, gefolgt von 15 Gemischtwarenhandlungen und Krämereien. Elf Schuh- und vier Kleidermacher, elf Tischler, fünf Holzhändler, drei Sägewerke, fünf Hufschmiede, zwei Bäcker und zwei Obstmosterzeuger finden sich neben der Glaserschen Brückenmaut ebenso wie vier Wagner, drei Müller, zwei Maurer und jeweils ein Lohnfuhrwerker, Spirituosenhändler, Sattler, Zimmermeister, Hafner, Fleischhauer, eine Tabaktrafik, die der Gastwirt Leopold Schiller in Wernberg betrieb, und ein Musiker, der in Ragain lebende *Matthias Sager*. Nach wie vor waren mehrere Gewerbe in einer Hand vereinigt. Von den 13 Konzessionen, die wir in Föderlach finden, besaßen die Inhaber der Firma Maček drei. Drei weitere, die zuvor Maria Glaser innegehabt hatte, waren zwischenzeitlich auf *Johann Vospernik* übergegangen. In Damtschach war zur Säge und zur Holzhandlung des *Gabriel Zitterer* eine der beiden Obstpressen in der Gemeinde gekommen.

Schmied in Föderlach (Original Gemeinde Wernberg)

Ganz neue Einnahmen erschlossen sich, wenngleich vorerst nur zögerlich, einzelnen Gemeindebewohnern durch den Fremdenverkehr. Die Nähe zu Kärntens Seen, insbesondere zum Wörther und zum Faaker See wie die Lage an der Südbahn waren hier von Vorteil.

Erste zaghafte Versuche, das Gebiet touristisch zu nützen, unternahmen nicht von ungefähr Föderlacher Bürger, da sie dank der Bahnstation im Vorteil waren.

In einem *Illustrierten Wegweiser durch Kurorte, Sommerfrischen und Hotels* aus dem Jahr 1908 werden wir über das Angebot unterrichtet, das Föderlach und Kletschach für Sommergäste damals bereithielten. Andere Orte der Gemeinde als die beiden werden nicht genannt. Im Gasthof *Schöffmann* in Kletschach standen allfälligen Touristen vier Zimmer und ein Kabinett zur Verfügung. Mehr schien Föderlach zu bieten, wenngleich auch hier nur insgesamt 16 Fremdenzimmer in den beiden Gasthöfen und *sehr wenige Privatwohnungen* zur Verfügung standen. Reiste man von der Haupt- und Residenzstadt an, so betrug der Fahrpreis im Eilzug bis zur Station Föderlach-Faaker See in der zweiten Klasse rund 28,90 Kronen, in der dritten 17,40 Kronen. Die Rückfahrt kam, aus welchen Gründen auch immer, wesentlich teurer. Die Strecke Föderlach–Wien schlug sich für Reisende der zweiten Klasse mit 46,30 Kronen, für jene der dritten mit 27,90 Kronen nieder. Den Gast erwartete ein *hübscher Ort mit guter, reiner Luft und Trinkwasser, schönen Parkanlagen und Spaziergängen, unmittelbar an der Bahnstation gelegen und nur eine Stunde von einem der schönsten Alpenseen, dem Faaker See, entfernt.* Der Ort, so die Ankündigung weiter, verfügte mit den einzelnen Gewerbebetrieben und dem Post- und Telegraphenamt über die nötige Infrastruktur. In 13minütiger Bahnfahrt konnte Villach erreicht werden. Bergsport war hier ebenfalls möglich. Zudem luden die Orte der Umgebung, genannt werden Damtschach, Gottestal, die Ruine *Umberg* und der *Hohe Sternberg*, zu Ausflügen ein.

In der Zwischenkriegszeit machte es sich dann der **Fremdenverkehrsverein der Gemeinde Wernberg** zur Aufgabe, den Tourismus in diesem Gebiet in jeder Weise zu fördern. Die Anlegung von Wanderwegen mit Ruheplätzen und Maßnahmen zur Ortsverschönerung gehörten ebenso zum Programm des Vereines wie der Plan, Badeanlagen zu errichten. Seinen Höhepunkt erfuhr der Fremdenverkehr in der Gemeinde allerdings erst in den 60er und 70er Jahren, wenngleich seither, wie anderswo in Kärnten auch, rückläufige, bestenfalls stagnierende Nächtigungszahlen hingenommen werden müssen.

Von jenen Unternehmungen, die Felix von Mottony in Wernberg aufgezogen und die bereits nach kurzer Zeit zu seinem völligen finanziellen Zusammenbruch geführt hatten, abgesehen, banden die lokalen Betriebe nur wenige Arbeitskräfte. Größere Unternehmungen siedelten sich erst in den Jahren nach dem Zweiten Weltkrieg hier an, wobei die Nähe zu Villach und die noch günstigen Grundstückspreise den Ausschlag gaben. 1950 begann die Firma *Kunz & Co* in Föderlach mit dem Betrieb einer Kiesgewinnungsanlage. Am 8. Juli 1974 nahm die Firma *TANN* ihren Betrieb mit damals rund 150 Beschäftigten auf und 1995 konnte das Betriebsgebäude der Firma *LEGRAND Österreich* eröffnet werden. Dem Umstand, daß Wernberg zunehmend als Industriestandort interessant wurde, haben die Gemeindeväter insofern Rechnung getragen, als die nötige Infrastruktur geschaffen wurde.

VERZEICHNIS DER GEWERBEBETRIEBE IN WERNBERG 1905

(aufgenommen wurden nur die heute zur Gemeinde gehörenden Orte)

Bäcker:
- Föderlach: pr. Firma Matschek & Comp. Inhaber Josef Matschek und Valentin Ellender
- Wernberg: Wenzel Hausegger

Brückenmaut:
- Föderlach: Maria Glaser

Fleischer:
- Wernberg: Gregor Schlotterbach

Gemischtwarenhandlung:
- Damtschach: Philipp Lepuschitz, Peter Schellander
- Föderlach: Josef Matschek, Maria Oberjörg
- Gottestal: Josef Belohuby, Aloisia Lippitsch
- Kaltschach: Anna Weiß
- Kantnig: Wilhelm Kussian
- Terlach: Johann Wiltschnig
- Wernberg: Johann Schiller, Elise Schlotterbach

Hafner:
- Krottendorf: Johann Piber

Holzhändler:
- Damtschach: Kaspar Auer, Peter Schellander
- Föderlach: Maria Glaser

Hufschmied:
- Damtschach: Josef Gatterer
- Trabenig: Johann Jesenitschnig
- Wernberg: Gregor Sturm

Kleidermacher:
- Duel: Andreas Romauch
- Föderlach: Paul Fugger
- Kaltschach: Johann Mörtl, Franz Woschitz
- Lichtpold: Simon Dulnig
- Umberg: Albin Hermann

Lohnfuhrwerker:
- Föderlach: Johann Taschwer

Marktfierant:
- Kaltschach: Katharina Scherwitzl

Maurermeister:
- Wernberg: Matthias Weiß

Mehlhändler:
- Wernberg: Josefa Hausegger

Müller:
- Damtschach: Andreas Hoja
- Gottestal: Johann Florianz
- Kaltschach: Michael Habernig

Säge:
- Damtschach: Gabriel Zitterer
- Gottestal: Johann Florianz
- Terlach: Franz Melcher

Sattler:
Wernberg: Franz Kargl

Schuhmacher:
- Damtschach: Josef Köchl
- Duel: Josef Kavalirek
- Föderlach: Franz Scharwitzl
- Gottestal: Anton Marinitsch
  Franz Woschitz
- Sand: Heinrich Bürger
  Johann Petritsch
- Terlach: Silvester Mairitsch
- Trabenig: Matthäus Kleber
- Wernberg: Johann Romauch

Spar- und Darlehenskassenverein Wernberg reg. Gen. m. u. H.
Spar- und Vorschußkasse reg. Gen. m. u. H. (slow.; Sitz damals in Kletschach)

Tischler:
- Damtschach: August Langer
- Dragnitz: Anton Orasch
- Föderlach: Johann Dersola
- Kaltschach: Markus Gabriel
- Terlach: Simon Regatschnig
- Wernberg: Franz Pack

Wagner:
- Wernberg: Franz Schwarz

Wirt:
- Damtschach: Philipp Lepuschitz
- Duel: Anton Orasch
  Maria Sturm
- Föderlach: Maria Glaser
  Josef Matschek
- Gottestal: Josef Belohuby
  Georg Marinitsch
- Kaltschach: Anna Weiß
- Kantnig: Wilhelm Kussian
- Kletschach: Susanne Schöffmann
- Trabenig: Matthäus Kleber
- Sternberg: Klemens Tschebul
- Terlach: Maria Wiltschnig
- Trabenig: Johann Scherwitzl
  Johann Strukl
- Umberg: Johann Hermann
- Wernberg: Leopold Schiller
  Elise Schlotterbach
  Ursula Tscheinig

Zimmermeister:
- Kaltschach: Valentin Spitzer
  Johann Tschermenjak
- Kantnig: Ferdinand Wiggisser

GEWERBE UND INDUSTRIE IM WERNBERG VON HEUTE

Werfen wir nach dieser kurzen Darstellung der wirtschaftlichen Entwicklung unserer Gemeinde noch einen Blick auf die derzeit hier ansässigen Betriebe. Das nachstehende Verzeichnis, in dem Betriebe aufgelistet werden, die im Gemeindegebiet ihren Sitz haben, beweist eindringlich, welch rasante Entwicklung Wernberg seit dem Zweiten Weltkrieg genommen hat. Aus einem Verband überwiegend agrarisch strukturierter Dörfer mit kleineren Gewerbebetrieben wurde neben einem interessanten attraktiven Industriestandort ein bevorzugtes Wohngebiet für all jene, die landschaftliche Schönheit, Natur und Ruhe in ihrer Freizeit suchen, auf entsprechende Infrastruktur jedoch nicht verzichten und überdies die räumliche Nähe zu Kärntens zweitgrößter Stadt mit ihren vielfältigen Angeboten nicht missen wollen.

GEWERBE- UND INDUSTRIEBETRIEBE IN WERNBERG (STAND JÄNNER 2001)

Autohändler, KFZ-Werkstätten und -handel:
- Karosseriebau Hassler GmbH, Terlacher Straße 34
- Jonach Manfred, KFZ-Werkstätte, Landesstraße 42
- Sablatnig Bruno, KFZ-Handel, Trabeniger Straße 23
- Scharnagl Günter, KFZ-Handel, Bundesstraße 8

Bäckereien:
- Debriacher Herbert, Triester Straße 22
- Schumy Mandred, Landesstraße 4

Banken:
- Raiffeisenbank Wernberg, Bundesstraße 15
- Posojilnica–Bank St. Jakob, Landesstraße 33

Baumeister:
- Essmann Bau GmbH, Erlenweg 2

Blumenhändler und Gärtnereien:
- Blumenstube Wernberg, Industralflor, Industriestraße 1
- Hinteregger Kurt, Blumenhandel, Industriestraße 5
- Pozewaunig Helmut und Sigrid, Gärtnerei, Gartenweg 15

Brennstoffhandel:
- Wurmitzers Nachfolger, Triester Straße 20

Drogerie:
- Schlecker GmbH, Drogeriemarkt, Bundesstraße 13

Elektrounternehmen:
- Ing. Fink Gerhard, Elektrounternehmen, Bundesstraße 16
- Ulbing Günther, Elektroinstallationen, Fasanweg 26

Fleischhauer:
- Fruhmann Rudolf, Triester Straße 1

Fitnesscenter:
- Domig Roland, Top Gym, Industiestraße 1

Friseure:
- Kofler Isabella, Frisör Isabella, Industriestraße 1
- Pinzer Kurt, Frisiersalon KURT, Bundesstraße 19

Gasthäuser und Cafes:
- Benakovitsch Karl, Gasthaus Schiller, Bundesstraße 21
- Eder Johann, Gasthaus, Goritschacher Straße 25
- Fruhmann Rudolf, Gasthaus, Triester Straße 1
- Lepuschitz Waltraud, Gasthaus, Umberger Straße 6
- Musikstüberl, Tschernitz Gaststätten OEG, Bundesstraße 25
- Pfeifer Angelika, Buschenschenke, Kantniger Straße 31
- Piber Anton, Gasthaus, Umberger Straße 20
- Piber Gabriele, Terlacher Straße 30
- Primig Friederike, Cafe, Bundesstraße 13
- Samer Josef, Gasthaus Sternberg, Sternberger Weg 19
- Schmoliner Günter, Cafe Monika, Industriestraße
- Winkler Gabriele, Gasthaus, Föderlacher Weg 13

Geflügelhandel:
- Tatschl Johann, Geflügelhandel, Waidmannsweg 8

Holzhandel:
- Milazzi Sergio, Lichtpolder Weg 44

Isolierungen:
- Essmann Hugo, Isolierungen, Weidenweg 3

Kaufhäuser:
- BILLA Feinkost AG, Bundesstraße 14
- Zluga Jutta, SPAR-Markt Wurmitzer, Trabeniger Str. 1
- Ambrosch Sabine, Kaufhaus ADEG, Terlacher Str. 19

Kühlanlagenservice:
- Schöffmann GmbH & CO KG, Kühlanlagenservice, Schlebener Weg 5

Kunststoffverarbeitung:
- Ing. Stichauner Siegfried, Kunststofftechnik GmbH, Friedensweg 11

Landwirtschaft:
- Borchardt Christian, Reitschulweg 2
- Missionskloster Wernberg, Klosterweg 2
- Suppick Hermann, Ragainer Straße 45

Lieferbeton:
- Lieferbeton GmbH, Landesstraße 46

Pensionen:
- Borchardt Christian, Reitschulweg 2
- Meschnark Wilhelmine, Bundesstraße 13
- Missionskloster Wernberg, Klosterweg 2
- Oitzinger Hans Peter, Sternberger Weg 28
- Ulbing Johann, Gottestaler Straße 39

Reitställe:
- Fischer Helmut und Ines, Reitschulweg 6
- Wahl Georg, Industriestraße 7

Stickerei:
- Spielberger Karl Heinz, Tauernweg 17

Schlossereien:
- Ramusch Johann, Schlosserei, Dorfplatzstraße 1

Schottergewinnung:
- Kostmann GmbH, Landesstraße 46

Tankstellen:
- Thun-Hohenstein Andrea, ARAL Tankstelle, Bundesstraße 3
- Kleinberger Kurt, ÖMV Tankstelle, Bundesstraße 23

Tischlereien:
- Anderwald Manfred, Tischlerei, Moorweg 7

Transportunternehmen:
- Klade, Transporte GmbH, Industriestraße 16

Werbung:
- Swoboda Karl, Werbegestaltung, Magnolienweg 7

Zimmerei:
- Lepuschitz Erhard, Zimmerei Lepuschitz KG, Landesstraße 2

Großbetriebe:

- LEGRAND ÖSTERREICH GmBH, Industriestraße 4
- SPAR-Warenhandels AG, Betriebsstätte TANN, Landesstraße 45

Weitere Betriebe:
- C & P Suschnig GmbH, Technisches Büro für Elektronik, Industriestraße 4
- Helpfer Angelika, Kosmobiologische Dienstleistungen, Amselweg 29
- Hütter Caroline, Caro´s Pferdeladen, Bundesstraße 19
- Ing. HufnagelWolfgang, Kanal-Kontroll-Service, Sternweg 13
- Hufnagel GmbH & CO KG, Reinigungsdienst, Hubertusweg 22
- Klammer Elisabeth, Privat-Pflegeeinrichtung, Sonnrainweg 14
- Lesjak Martina, Hilfestellung zur Erreichung einer körperlichen und energetischen Ausgewogenheit, Amselweg 29
- Mitterer Kurt, Reparaturbetrieb, Amselweg 28
- Schmoliner Leopold Wilhelm, Handel und Montagen
- SIKA Plastiment GmbH, Dueler Str. 31
- „Tischlein deck dich“, Scherwitzl Günther KEG, Ortsweg 3
- Wbg. Gasbrennertechnik GmbH, Dueler Straße 31

Des weiteren haben ihren Sitz in der Gemeinde Wernberg:

- Österreichische Post AG, Postamt Wernberg, Poststraße 2
- Österreichische Bundesbahnen, Bahnhof Föderlach, Landesstraße 44

- Dr. Kröpfl Kurt, prakt. Arzt, Poststraße 1
- Dr. Krieber Christa, Facharzt für Zahn-, Mund- und Kieferheilkunde, Poststraße 1
- Dr. Krieber Peter, Facharzt für Zahn-, Mund- und Kieferheilkunde, Poststraße 1

- Dr. Stengl Erika, Praxis für Sprach- und Stimmstörungen

- Dr. Stefan Barbara und Dr. Wolfgang Plautz, Tierarztpraxis, Triester Straße 24

- Dr. Jana Revedin, Architektin, Haselweg 5
- DI Wegscheider Heinrich, Architekt, Gottestaler Straße 11

- DI Schertler Armin, Zivilingenieur für Bauwesen, Dueler Straße 20

Menschen und ihre Geschichte – Geschichten von Menschen

Aufgabe des Historikers ist es, den Blick zurück zu ermöglichen, Werden und Vergehen von Generationen darzustellen, den Heutigen zu vermitteln, was gewesen ist, vor allem auch, warum es so gewesen ist. Jeder Ort, jede Institution, jedes Gemeinwesen, jede Familie, jeder einzelne von uns hat seine Geschichte. Vieles, was ihn bewegt, bleibt selbst seinen Zeitgenossen verborgen.

Von *Menschen und ihrer Geschichte* soll im folgenden berichtet werden. Die Auswahl dieser *Geschichten von und über Menschen* aus unserer Gemeinde scheint willkürlich, möglicherweise für den einen oder anderen ohne inneren Zusammenhang, und doch gestattet jene Sammlung kurzer Biographien und kleiner Begebenheiten, das Nebeneinander von menschlichen Tragödien und Humoresken, Hochpolitischem und schlichtweg Alltäglichem einen eindringlichen Blick zurück.

DER FALL ANNA S. – PROTOKOLL EINES „KINDSMORDES“

Am 9. Mai 1819 fand *Katharina Knees*, die am Ufer der Drau Holz sammelte, die Leiche eines neugeborenen Kindes. Sie zeigte ihren Fund einer Nachbarin, wickelte schließlich das *halb verfaulte Kind* in ihr *Fürtuch*, trug es nach Hause und machte dem Pfarradministrator von Gottestal *Jakob Kopitschar* davon Mitteilung. Dieser informierte seinerseits den Ortsrichter; und jener wiederum die Bezirksobrigkeit Landskron. Auf deren Anweisung wurde hierauf vom Kreischirurgen und geprüften Wundarzt in Treffen eine Obduktion vorgenommen.

Maria Trug, die im *Bezirke* Wernberg *gewöhnlich Hebammen-Dienste leistete* und daher der Obduktion beigezogen wurde, gab an, daß *dieses Kind vermuthlich der Anna S. gehören dürfte, weil diese vor kurzer Zeit zimlich dicken, itzt aber schlanken Leibes gewesen sey.* Auf diese Angabe hin, wurde *Anna S.* vorgeladen und verhört.

Sie gab an, 24 Jahre alt – tatsächlich war sie am 9. April 1792 geboren –, katholisch, ledig und derzeit bei ihrer Mutter, einer verwitweten Inwohnerin, in Duel wohnhaft zu sein. Ihr Vermögen bestand zu diesem Zeitpunkt aus 98 Gulden, die aus der väterlichen Erbschaft stammten, sowie acht weiteren Gulden, dem *Lidllohn* des vorigen Jahres. Auf die Frage, ob sie denn wisse, warum sie vorgeladen worden sei, antwortete sie, *sie vermuthe, weil sie ihr todt gebornes Kind in die Trau geworfen hätte.*

Das Kind, so gab Anna S. an, habe sie bei einer Hochzeit Anfang Juli vorigen Jahres von einem Keuschlersohn aus *Aichwald* empfangen. Sie habe den Kindsvater drei Wochen später nochmals getroffen. Da sie sich zuvor *nie in einem schwangeren Zustande befunden* und überdies *nie eine Bewegung des Kindes im Leibe wahrgenohmen* habe, sei sie sicher gewesen, *nicht schwanger zu seyn*, sondern vermutete, *ihre Zunahme des Leibes komme von einer anderen Krankheit her.* Am Sonntag vor der Entbindung habe sie jedoch, aus Besorgnis, *daß es doch eine Schwangerschaft seyn könnte*, nach der Hebamme Maria Trug geschickt. Diese kam gegen acht Uhr abends, gab Anna, der *sehr übel* war, ein *Getränk, daß sie aber erbrechen mußte*. Während die Hebamme die junge Frau untersuchte, gestand diese den *Fehltritt*. Um vier Uhr morgens verließ Maria Trug Anna, die sich nun *etwas besser* fühlte. Um zehn Uhr vormittag hätten jedoch die Schmerzen wieder zugenommen und Anna sandte ihre Schwester Agnes erneut zur Hebamme. Die Mutter der Wöchnerin befand sich zu diesem Zeitpunkt im Stall des Anwesens.

Auf die Frage über den Verlauf der Geburt gab Anna zu Protokoll. Als die Schmerzen immer heftiger wurden, *sey sie aus dem Bette gestiegen, neben demselben niedergehockt, habe sich mit der Hand an der Bettstätte und mit der anderen an dem dabey befindlichen Stuhl gehalten, dann wäre das Kind zur Welt gekommen, das unter ihrem Leibe auf den Boden niederfiel. Übrigens sey die Entbindung nach vorausgegangenen heftigen Schmerzen, ohne Zwang anzuwenden, geschehen. Am Kinde wäre nicht das mindeste Lebenszeichen wahrzunehmen, die Augen geschlossen und dasselbe sehr mager und ausgezehrt. Sie habe während der Entbindung und auch als sie das Kind im Bett verbarg volle Besinnungskräfte gehabt, sey aber nachher von einer solchen Schwäche befallen worden, die ihr öfter das Bewußtsein raubten. Indessen wäre Mutter und Schwester, jene mit Kochen und Kuhfüttern, diese beym Bruder abwesend gewesen. Um Hülfe zu rufen habe sie unterlassen, weil sie einerseits beym Mangel einer Bewegung des Kindes im Leibe sich noch immer nicht für schwanger hielt und andern theiles die beym Kuhfüttern entfernte Mutter wegen Entlegenheit des Stalles sie auch nicht gehört haben würde. Die Abwesenheit der Mutter würde eine halbe Stunde gedauert haben und als diese ins Zimmer zurückkam, hätte sie sich schon wieder im Bette befunden. Um der mütterlichen Frage über das Blut am Boden und im Schafe zuvorzukommen, hätte sie der Mutter gesagt, dieß brand aus dem Leib. Die Mutter erwiderte, sie wolle dieß vorher nicht auf die Seite schaffen, bis nicht Maria Trug komme und es untersucht haben würde. Und als diese erschien, hätte selbe das Blut im Schafe umgerührt und untersucht.*

Die Untersuchungskommission befragte – naheliegenderweise – auch Mutter und Schwester genau, da es unglaubwürdig schien, niemand hätte die Leibesfülle der jungen Frau nicht als Schwangerschaft zu deuten versucht. Sowohl die Mutter wie die Geschwister, als auch ein naher Verwandter, der Anna zu Weihnachten 1818 explizit auf eine mögliche Schwangerschaft angesprochen hatte, gaben an, Anna S. habe auf diese Frage geantwortet, *solches nicht zu wissen, weil sie nichts spüre, obschon sie gestehen müsse, mit Mannsbildern zu thun gehabt zu haben*.

Unmittelbar nach der Geburt wickelte Anna das Kind in einen alten Kittel und versteckte es *durch beynahe sechs Wochen in ihrem Bette*. Auf die Frage, warum sie die Geburt verheimlicht habe, wenn das Kind, wie sie angebe tot zur Welt gekommen sei, gab sie an, sie habe die Geburt *verheimlicht, weil sie glaubte, daß todte Kinder nicht auf dem Freithof begraben würden*. Bei einer weiteren Einvernahme erklärte sie, der Grund für die *Verheimlichung* sei der, daß sie *öfter, jedoch unwissend von wem, gehört* habe, *Mütter, die todte Kinder zur Welt brächten, müßten zur*

Strafe des Nachts im Freythofe auf Todten-Beinen liegen, wovor sie sich gar sehr gefürchtet und sowohl das Kind verborgen als auch die Niederkunft verheimlicht hätte.

Als die Hebamme, die auf Wunsch von Annas Mutter herbeigerufen worden war, eintraf, fand sie Anna auf der Bretterliegestätte am Ofen vor. Das geronnene Blut am Boden und im Schaff schienen ihr verdächtig und so schickte sie, da sie annehmen mußte, hier habe eine Geburt stattgefunden, die verheimlicht werden sollte, um einen männlichen Zeugen. In dessen Gegenwart untersuchte sie das Schaff, in der *Absicht die Nachgeburt zu finden*. Da sie jedoch *nichts angetroffen* hatte, entfernte sie sich. Am Nachmittag des selben Tages untersuchte sie, wiederum herbeigerufen, die Wöchnerin, deren *Bauch sie zusamgefallen* vorfand. Bei weiteren Besuchen, am zweiten und dritten Tag nach der Geburt, sei ihr ein *nicht unbedeutender Gestank* aufgefallen, Mutter und Schwester von Anna hätten diesen jedoch dem *Blute* zugeschrieben.

Durch sechs Wochen verbarg Anna das tote Kind in ihrer Bettstatt. Warum dies unbemerkt blieb, konnte sie dem Untersuchungsrichter mit dem Hinweis erklären, daß in den *ersten 14 Tagen niemand, nachher sie selbst* aufgebettet habe. An einem Samstag, so gab sie bei der ersten Einvernahme an, habe sie dann das Kind in ein mit *Sprey gefülltes Pösterl eingehillt und in die Trau getragen*. Erneut darüber befragt, sagte sie aus, sie hätte *Hemden und Vortuch in ein Wasserschaf* gegeben, auf dessen Boden das Kind lag. Diese Wäsche habe sie bei der Drau gewaschen und währenddessen die Leiche des Kindes in den Fluß geworfen.

Da man die Aussage der Kindsmutter, sie habe ein totes Kind geboren, für unwahrscheinlich hielt, sondern vielmehr annahm, *daß sie den Tod des Kindes auf irgent eine Art befördert habe*, wurde Anna wiederholt befragt. Sie blieb bei ihren Aussagen.

Anna S. blieb über ein Jahr im Arrest. Im *Bezirksgericht* Landskron wurde ihr gleichsam als Strafverschärfung *ein Fuß an einen Stein geschlossen*, so daß sie sich *kaum bewegen konnte*. Am 12. Juni 1820 wurden vom *k. k. Stadt und Landrecht* die Untersuchungen *aus Abgang des rechtlichen Beweises* eingestellt. Die Angeklagte jedoch zur Bezahlung der *Urtheils-Taxe, der Verpflegs- und Anstaltskosten* verpflichtet. Das Urteil des *Stadt- und Landrechtes* wurde am 7. Juli 1820 durch das k.k. innerösterreichische *Apellazions- und Criminalobergericht* bestätigt.

Wäre Anna S., deren Spur sich nicht weiter verfolgen läßt, für schuldig befunden worden, den Tod ihres Kindes durch vorsätzliche Unterlassung der Hilfeleistung bei der Geburt herbeigeführt zu haben, hätte ihr eine Kerkerstrafe zwischen fünf und zehn Jahren gedroht. Bei äußerer Gewaltanwendung, die zum Tod des Kindes führte, drohten zehn bis zwanzig Jahre Kerker.

EIN DAMTSCHACHER WIRD PROTESTANT

Trotz der rigorosen Durchsetzung der Gegenreformation in Kärnten, im Zug derer auch die protestantischen Khevenhüller Wernberg aufgeben und das Land verlassen mußten, mißtraute die Obrigkeit ihren Untertanen in dieser Hinsicht und wachte streng darüber, daß nicht im Geheimen ein anderes Bekenntnis als das katholische ausgeübt und weitergegeben wurde. Wurde eine solche *Häresie* entdeckt, so ging man streng dagegen vor und nicht selten bedeutete dies den Landesverweis, wie ja das Beispiel der Kärntner Landler in Siebenbürgen beweist, deren Vorfahren ihre Heimat einst aus Glaubensgründen hatten verlassen müssen. Das Toleranzpatent Josephs II. gestattete schließlich auch den Angehörigen anderer christlicher Religionsgemeinschaften die Ausübung ihres Bekenntnisses, wenngleich natürlich von einer Gleichstellung zwischen den einzelnen christlichen Religionsgemeinschaften keine Rede sein konnte. Immerhin wurde es nun möglich, sich öffentlich zu einem anderen als zum katholischen Glauben zu bekennen.

Kurat *Juch* berichtet, daß es 1816 unter den 422 Einwohnern seiner Pfarre auch zwei Protestanten gebe. 1832 findet sich nur noch ein *Akatholik* in der Pfarre. Auf die Frage, wie der Ortspfarrer diesem begegne, teilt der Dechant mit, das *Benehmen* des Ortsgeistlichen *gegen diesen* sei *wie gegen die übrigen Katholiken*. Die einzelnen Geistlichen wurden auch wiederholt angewiesen, *Akatholiken* an ihrem Krankenbett zu besuchen, wohl weil man sich dabei auch eine Rückkehr zum katholischen Glauben erhoffte. Der Damtschacher Kurat mußte jedoch diesbezüglich mitteilen, daß seit seinem *Hier seye noch kein Akatholik krank* gewesen sei.

Aus dem Jahr 1829 liegt uns ein Protokoll vor, nach dem ein Damtschacher den Übertritt zum Protestantismus vollzogen hatte. Am 31. Juli 1829 mußte Kurat Juch dem Ordinariat mitteilen, daß der 27 Jahre alte, ledige Wegmachersohn *Joseph Mößlacher, in der Zauchen, Pfarre St. Ruprecht gebürtig*, am 14. Mai dieses Jahres zur *augsburgischen Confession* übergetreten sei.

Mößlacher stammte aus einer gemischtkonfessionellen Ehe und war, wie der Kurat fast entschuldigend hinzufügte, *von seiner protestantischen Mutter in ihren Religionsgrundsätzen unterrichtet* worden, *ohne daß der Vater etwas entgegen that*. Als Gründe für seinen Übertritt gab *Mößlacher* an, er wünsche das Abendmahl in *beyden Gestalten* zu empfangen und lehne die *Ohren beicht* ab, da es genüge, wenn der *Mensch seine Sünden wahrhaft bereihet*. Schließlich erzählte er dem Kuraten, daß er im Alter von 14 Jahren *die Neigung zur protestantischen Religion bekommen* habe, seither in keine katholische Kirche mehr gegangen sei und sich *immer mit den protestantischen Büchern abgegeben habe und ... wie er zu Arriach eine Zeit lang gewesen sei, ... heimlich in den Tempel gegangen* sei.

Im Falle eines Religionswechsels sah der Gesetzgeber vor, daß der Betreffende zuvor über längere Zeit von einem katholischen Geistlichen unterwiesen werde. Im Falle *Mößlachers* wurde dieser *katholische Unterricht* durch *sechs Wochen* von Kurat *Juch* erteilt, der jedoch bald einsehen mußte, daß *alle Mühe fruchtlos* blieb und dies den jungen Mann von seinem Vorhaben nicht abbringen würde, zumal dieser offen erklärte, auch wenn er *ein halbes Jahr zum Unterricht gehen müßte*, würde dies an seinem Entschluß nichts ändern. Kurze Zeit später gab der Kurat auf und *Mößlacher* trat zum Protestantismus über.

„Fürstbischöfliche Majestät, ... schreiben Sie ihm auf die Pfarre, er solle das Geläute besorgen". – Der „Kampf" der Sternberger um ihr 4-Uhr-Läuten

Den Reformen Josephs II. verdankte das Gebiet der heutigen Gemeinde Wernberg nicht nur eine tiefgreifende Neuorganisation der Pfarreinteilung, die nicht ohne Protest, mitunter sogar gegen heftigen Widerstand der Bevölkerung durchgesetzt wurde, wenn man etwa an die langjährigen Auseinandersetzungen anläßlich der Errichtung der Damtschacher Kuratie denkt, sondern sie bedeuteten für die damals Lebenden auch den Abschied von manch lokalem religiösen Brauch, der nach dem Willen des obersten Landesherrn fortan der Vergangenheit angehören sollte.

Zu diesen Bräuchen gehörte auch das sog. *Feierabendläuten*. Im Juli 1788 teilte der Damtschacher Pfleger dem Ordinariat mit, daß dieses Verbot von *allen übrigen Pfarren und Kuratien genau befolgt und unterlassen werde*, einzig die Pfarrkinder von Sternberg hätten bisher *dieser ... Verordnung keine Folge geleistet*. Schon wenige Tage später erreichte den Sternberger Pfarrer ein Schreiben seiner Vorgesetzten, daß das Läuten einzustellen sei. Inwieweit bzw. für wie lange der Ortspfarrer dieser Weisung nachgekommen ist, entzieht sich unserer Kenntnis. Anläßlich der bischöflichen Visitation im Jahr 1816 hören wir nichts mehr von diesem Brauch. Der Pfarrer berichtete nur, daß der Brauch, gegen Unwetter zu *schießen* in der Pfarre nicht bestehe, wenngleich auch er einräumen müsse, daß sich dieser *Irrwahn, daß der Geistliche das Gewitter bezwingen könne, sich noch hie und da halte* und es auch in dieser Pfarre Menschen gebe, die diesen *Irrwahn unterhalten.*

Vom verbotenen Feierabendläuten hören wir nichts, doch es ist anzunehmen, daß der Brauch entgegen den Weisungen der kirchlichen Behörden auch weiterhin gepflogen wurde und auch die einzelnen Pfarrer von Sternberg diese ihren Pfarrkindern liebe Tradition nicht abzuschaffen versuchten. Erst Pfarrer *Lavrinc*, der 1906 die Stelle am Sternberg antrat, wollte damit Schluß machen. Die Reaktion, die seine Schäfchen daraufhin zeigten, hatte er wohl nicht vorausgesehen, doch er wähnte sich im Recht und beharrte darauf, daß dieser Brauch ein für allemal abgeschafft sei. Doch so schnell gaben die Sternberger nicht auf. Am 22. August 1906 langte im Ordinariat ein Gesuch der Pfarrgemeinde an Bischof Kahn ein, das Läuten auch weiterhin zu gestatten. Allein die Anreden, die das Schreiben einleiten, verdienen hier wiedergegeben zu werden. Das Schreiben ist adressiert an *Seine Durchlaucht den Herrn Josef Kahn, Fürstbischof*, um dann mit folgenden Anreden zu beginnen: *Ihre Exzellenz, Hochwürdigster Herr, Ihre fürstbischöfliche Gnaden, Allergnädigster Oberhirte, Ihre Fürstbischöfliche Majestätt*[!]. Die erste Bitte, die die Sternberger erhoben, war, daß wiederum *tagtäglich um vier Uhr nachmittags etwas geläutet* werde, wie es *alter Brauch war.* Begründet wurde dies – wenn man so will – „historisch" und praktisch. Doch lassen wir die Sternberger selbst zu Wort kommen: *Es waren hier in Ältester zeit Mönche. Diese gingen täglich in die Kirche und zwar um vier Uhr und hielten den heiligen Segen oder Vesper und betteten. Und wie sie dies abbrachten* [abschafften], *läuteten Sie zu diesem Zeichen und das Läuten hieß „Segenleuten". Das Leuten nannte man „Vesperläuten", weil es vom Worte Segenläuten abstammt. Jetzt hieß es Vesperläuten. Das dieses alte Kurze Läuten unser neuer Hochwürd. Herr Pfarrer Ferd. Lavrinc abbrachte, bitten wir von dieser Anzeige ihm den Auftrag machen, er solle nur wieder läuten lassen.*

Der „historischen" Begründung folgte eine praktische. *Wir brauchen das Geleute auch als Uhr auf der Feldarbeit. Ein jeder kann nicht eine Uhr bei sich haben, worauf das Geläute sehr wünschenswert ist. Wir bitten unseren lieben Oberhirten, Herrn Josef Kahn, er möge so gut sein, und uns das Läuten wieder verleihen. Schreiben sie ihn auf die Pfarre, er solle wieder das Geläute besorgen.* Doch der neue Pfarrer hatte noch eine weitere Neuerung eingeführt, die, so meinten seine Pfarrkinder, ebenfalls aufzuheben sei. Bis dahin wurde an Freitagen um zwölf Uhr Mittag mit der *großen Glocke* geläutet, dies habe er, so seine Pfarrkinder, *abgebracht*. Auch in diesem Fall wurde der Bischof gebeten, den Pfarrer anzuweisen, die alte Ordnung wieder herzustellen, denn sonst würden die Sternberger *den Freitag versäumen*, an dem sich doch *jeder Katholik auf das bittere Leiden und Sterben Christi* zu besinnen habe.

Zur Bekräftigung ihrer Bitte wurde diese am Ende des Schreibens in slowenischer Sprache wiederholt. Das Gesuch verfehlte nicht seine Wirkung. Bereits eine Woche später erreichte den Pfarrer von Sternberg ein Schreiben des Ordinariates, wonach das Läuten *sofort wieder einzuführen sei, damit so jede unnotwendige Aufregung der Pfarrgemeinde vermindert werde.*

„Wie ich das hiesige Volk kenne, hört bei der Tasche selbst der liebe Gott zu existieren auf". – Die Wernberger im Spiegel geistlicher Obrigkeiten

Dem Protokoll der bischöflichen Visitation des Jahres 1816 verdanken wir interessante Einblicke in den Alltag der damals erst dreißig Jahre alten Pfarre Damtschach. Besonders ausführlich hatte der Ortspfarrer über die Art und Weise zu berichten, mit der Feiertage in der Pfarre begangen wurden. Joseph II. hatte einen Gutteil kirchlicher Feiertage, an denen nur leichte bäuerliche Arbeit verrichtet wurde und die damit auch ein wenig Abwechslung in den arbeitsreichen Alltag gebracht hatten, abgeschafft. An einigen von ihnen wurde auch weiterhin festgehalten. Gerade Dienstboten wehrten sich gegen die Abschaffung dieser *abgebothenen* Feiertage, während die staatlichen Bestimmungen nach Reduktion dieser arbeitsfreien Tage auch den Interessen der Bauern entgegenkamen.

In der Pfarre Damtschach, so hören wir, wurden diese *ungebotenen* Feiertage *nach den ungeschriebenen Gesetzen gepflogen*, wenngleich zu den Messen an diesen Tagen, im Unterschied zu den *gebotenen* Feiertagen, den kirchlichen Hochfesten und Sonntagen, *nur mit dem kleinen Geläut dazu Zeichen gegeben* [wurde] *wie an einem Werktage*. Auch die Zahl der Meßbesucher an solchen Tagen war nicht sonderlich groß und es kamen *nur wenige zum Gottesdienst*, da *vom größten Teil des Volkes gearbeitet* wurde. Selbst die Dienstboten erschienen nur vereinzelt, wobei die Schuld dafür zum Teil ihnen selbst gegeben wurde. Doch auch von den wenigen, die am Gottesdienst teilnahmen, waren dem Pfarrer einige suspekt, denn unter ihnen fanden sich nicht nur *gesittete und religiöse* Pfarrkinder, sondern auch *Scheinheilige*.

Unter jenen, die diese Feiertage durch Arbeitsruhe einhielten, fanden sich solche, die den Tag zum Ärger des Kuraten *mit Müßiggang zubrachten*, wenngleich sich wenig Möglichkeiten für *Lustbarkeiten* boten, da die schlechten Zeiten *den Weg dazu versperren*.

Was nun die verschiedenen Bittprozessionen im Laufe des Kirchenjahres betraf, so fanden sie am *Marcustag* und an den drei Tagen der *Bittwoche* statt, die nach Umberg, Ragain und Sternberg führten. Fronleichnam wurde am Sternberg gefeiert, am Sonntag darauf in Damtschach. Am Sonntag nach Matthäus wurde in Umberg ein Gottesdienst gefeiert, ebenso am Valentinstag, wozu sich die Pfarrgemeinde einstmals *besonders verlobigt* [= verpflichtet] hatte. In Ragain fand am Sonntag nach dem Fest des heiligen Bartholomäus ein besonders feierlicher Gottesdienst statt, ebenso am *Oswalditag*. Diesen Gottesdienst feierte man im Gedenken an die Feuersbrunst des Jahres 1781, die den Ort in seiner Existenz bedroht hatte.

Das Kirchweihfest in Damtschach, am Sonntag nach dem Fest *Johannes des Täufers*, wurde in feierlicher Form mit einem *altherkömmlichen Gottesdienste* begangen. Die Beteiligung von Pfarrfremden an diesen Gottesdiensten war sehr gering und auch die eigenen Pfarrkinder ließen es, wie der Pfarrer klagte, am nötigen Eifer bei der Beteiligung an Prozessionen und Meßfeiern fehlen. Insgesamt beurteilte er jedoch das religiöse Leben in seiner Pfarre als gut und bescheinigte den meisten seiner Pfarrkinder, regelmäßig zum Gottesdienst zu erscheinen, wobei auch der überwiegende Teil der Dienstboten und Kinder von Haus aus dazu angehalten wurde, so daß es um die *Religiosität bey dem größten Theile der Gemeinde gut bestellet* war.

Am 28. August 1842 besuchte der Dechant des Dekanates Oberes Rosental die Kuratie Damtschach. Über die Beobachtungen, die der unmittelbare Vorgesetzte des Damtschacher Pfarrers hierbei machte, liegt uns ein Bericht vor, der vom Dechant dem Ordinariat übermittelt wurde.

Kurat in Damtschach war in diesem Jahr, wie wir bereits gehört haben, *Andreas Tautscher*, der sein Amt mit Eifer und zur Zufriedenheit der Pfarrgemeinde ausübte, dabei *Klugheit* zeige und von bescheidenem *Betragen* sei, wie eine Befragung von Pfarrangehörigen ergab. Der Dechant jedoch scheint den Angaben der Pfarrkinder nur bedingt Glauben geschenkt zu haben, denn er merkte an, ob der Kurat seine Pflichten *mit oder ohne Eifer erfülle, sei schwer zu beurteilen*. Immerhin attestierte er ihm *Fleiß* und *Leichtfaßlichkeit* bei seinen Predigten, die von den Zuhörern *leicht verstanden* werden konnten, und auch die Auswahl der Themen und die Art des Vortrages sagten dem Dechant zu. Katechismus und Christenlehre hielt der Kurat an jedem Sonn- und Feiertag ab, beschränkte sich dabei jedoch auf die Pfarrjugend, während die erwachsene Bevölkerung keinerlei Wert auf solche Unterweisungen legte und sich mit Predigt, Rosenkranz und dem *Abbeten der Allerheiligenlitanie* zufrieden gab. Bei der Unterweisung der Jugendlichen zeige der Geistliche, so der Vorgesetzte, *Geschick* und *Geduld* und auch in der *Verwaltung des Bußsakramentes* sei die ganze Pfarre, wie die Befragung ergab, mit dem Kuraten zufrieden. Zufrieden zeigte sich die Gemeinde auch mit ihrem Pfarrer bei Versehgängen und Krankenbesuchen. Was erstere betreffe, sei er *auf den ersten Ruf willfährig und bereitwillig* und habe daher noch keinen Kranken *mit den heiligen Sterbesakramenten vernachlässigt*. Auch aus eigenem besuche er die Kranken in der Gemeinde *gerne und öfter.* Was nun seinen Lebensstil anlange, so mische er sich nicht in weltliche Angelegenheiten, halte den Kanzleibetrieb in Ordnung, befolge die Weisungen der vorgesetzten Behörde, halte sich größtenteils zu Hause auf oder mache kurze Spaziergänge. Einzig zur Besorgung wichtiger Geschäfte sei er manchmal in Villach oder Klagenfurt, bemühe sich aber noch am *nämlichen Tag* in die Pfarre zurückzukehren. Auch an den im Pfarrhof befindlichen privaten Büchern des Kuraten fand der Dechant nichts auszusetzen, merkte nur, daß der Pfarrer seine *Berufsstudien* auch weiterhin fortsetzen möge, zumal *es ihm an Zeit nicht gebricht.* Der Umgang, den er pflege, sei unbescholten und die *Aufführung unklaghaft*. Zwar besuche er bisweilen auch die Gasthäuser, doch würde er sich dort nicht lange aufhalten. *Öffentliche Lustbarkeiten* besuche er nicht, es sei denn die *Ortsherrschaft* würde ihn dazu auffordern, doch selbst dann, leiste er dieser nur *auf einige Augenblicke Gesellschaft.* Auch an seinem Äußeren gebe es nichts zu bemängeln. An Sonn- und Feiertagen trage er, wie vorgeschrieben, Kleidung in schwarzer oder dunkler Farbe, wie er in seinem *äußerlichen Anzug* überhaupt immer als Priester erkennbar sei. Auf die Frage des Dechanten an die Vertreter der Pfarrgemeinde, *was am Kuraten besonders zu loben oder abzustellen* sei, gab man an, daß *Tautscher* im Unterschied zu seinem *alten Vorgänger bei der Kirche und kirchlichen Verrichtungen die schönste Ordnung wiederhergestellt* habe. Ausgesprochen Negatives wußte niemand über den Pfarrer zu berichten.

Neben dem Pfarrer wurde auch der Mesner einer genauen Kontrolle unterzogen. Da die Anstellung eines *ordentlichen Mesners* aus den Einkünften der Pfarre nicht möglich sei, sei ein *Mesnerbube mit Namen Peter Woschitz* angestellt, dessen *Aufführung gut* sei, zumal er *ganz unter der Aufsicht des Kuraten* stehe und daher seinen Dienst *fleißig erfülle*. Den Haushalt des Kuraten führte eine Magd, die auch die Kirchenwäsche und die Reinigung der Kirche besorgte.

Das Kirchengebäude selbst befand sich in *gutem Zustand*, sein Inneres wurde jedoch als *sehr einfach* beschrieben. Die liturgischen Geräte und die Kirchenwäsche wurden als in

Ordnung befunden, einzig deren Aufbewahrungsort in der Sakristei, die nicht gewölbt und *nach allen Seiten frey* war, erschien nicht als idealer Aufbewahrungsort. Um die Paramente hingegen war es *schwach bestellt*.

Was die Kirchenkämmerer anging, so werden diese als *ansehnliche und unbescholtene Leute* beschrieben. Auf Anfrage gaben sie an, daß beide lesen, aber nur einer schreiben könne. Sie besorgten gemeinsam mit dem Kuraten auch die Vermögensangelegenheiten der Pfarre, deren Einkommen so gering war, daß die Pfarrgemeinde die jährlich entstehende Schuld ausgleichen mußte und sich dazu schon Jahre zuvor verpflichtet hatte. Da die Pfarrkirche als Schloßkapelle keiner *öffentlichen Behörde* unterstand, der eine Kirchenrechnung vorzulegen war, wurde diese vom Kuraten und den Kirchenpröpsten nur in Form einer Aufstellung über Einnahmen und Ausgaben erstellt. Für die Filialkirche Umberg hingegen, deren Gebäude sich diesem Protokoll zufolge in einem *sehr guten Zustand* befanden, wurde jährlich ordnungsgemäß Rechnung gelegt. Diese Filiale besaß auch, wie es heißt, *hinreichend Vermögen*.

Was nun die Pfarrgemeinde betraf, gab der Kurat in seiner Stellungnahme vom 26. August 1842 an, daß der *größere Teil der Gemeinde* hinsichtlich *Religiosität und Sittlichkeit gut* sei und auch bei der Jugend kein Abnehmen an Religiosität und sittlichem Betragen befürchtet werden müsse. Einzig das *Laster der Völlerey* sei eher im Zu- denn im Abnehmen begriffen, da sich in der Nähe eine *Brandweinbrennung befinde* und auch die Ortsobrigkeit dagegen nichts unternehme. *Abergläubische Mittel* wende die Bevölkerung bei Krankheiten nicht an, einzig bei Gewittern müsse mit der großen Glocke *ein Kreuz gemacht* werden. Diese werde jedoch nicht *geschlagen*, somit nicht gegen Unwetter geläutet. Predigt und Exerzitien werden, so der Kurat, mit *Erfolg gehalten* und der Bevölkerung dabei die *Grundwahrheiten der christkatholischen Religion* auseinandergesetzt und öfters wiederholt, um so dem *Gedächtnisse eingeprägt* zu werden.

Auch einer seiner Nachfolger, *Johann Sablatnig*, der 1871 in Damtschach als Provisor wirkte, stellte seinen Schäfchen ein gutes Zeugnis aus. In einem *Promemoria* anläßlich der bischöflichen Visitation schrieb er über seine Pfarrgemeinde: *Die Pfarrgemeinde ist im allgemeinen recht gut religiös, bis auf einige wenige, zumeist jüngere Leute, Feinde der Sittlichkeit und Ordnung. Der größte Teil der Pfarrgemeinde begibt sich zweimal, die Schuljugend aber dreimal des Jahres recht erbaulich zum Sakramente der Buße und des Altares.*

Träger des religiösen Lebens in der Pfarre waren vor allem die verschiedenen geistlichen Bruderschaften, die ihre Mitglieder auch nach außen hin sichtbar zusammenfaßten und ihnen verschiedene Pflichten auferlegten, wie die Verrichtung bestimmter Gebete, den Besuch von Gottesdiensten an einzelnen Tagen des Jahres, die Teilnahme an den Begräbnissen anderer Mitglieder und deren Gedenken in Gebet und Gottesdienst. Neben der *Ursula-Bruderschaft*, die wir in nahezu allen Pfarren unserer Diözese finden, und der in der Pfarre Damtschach im Jahr 1933 139 Personen angehörten, finden wir 1894 in der

Pfarre noch den *Hermagoras-Bücherverein* und dessen deutschsprachiges Pendant, den von Bischof Kahn gegründeten *St. Josef-Bücherverein*, ein Paramentenverein und die Rosenkranzbruderschaft. Von dieser wurde 1890 in Wien ein Bild der *Rosenkranzkönigin* erworben und am 25. März 1890 vom Ortspfarrer geweiht. Der Bruderschaft gehörten zu diesem Zeitpunkt 33 Männer und 77 Frauen an. Pfarrer Schaubach rief 1894 eine weitere Bruderschaft, jene der *Mutter Gottes vom guten Rate (Beatae Mariae Virginiae de bono consilio)* ins Leben. Deren Mitglieder hatten täglich drei *Gegrüßet seist du Maria* zu beten, was nach Schaubachs Meinung, *jedermann leicht verrichten* konnte, zumal dafür *viele Ablässe verliehen* wurden.

In den Jahren nach dem Ersten Weltkrieg war auch das religiöse Leben in der Pfarre mancher Veränderung unterworfen. Am erfolgreichsten und beständigsten blieb unter allen geistlichen Bruderschaften der Pfarre jene der *Heiligen Ursula*. Die Neugründungen der Jahrhundertwende konnten nie das Gros der Bevölkerung erreichen, noch schlechter bestellt war es um die Mitgliederzahlen der in der Zwischenkriegszeit ins Leben gerufenen kirchlichen Standesbündnisse, die an die Stelle der alten Gemeinschaften treten sollten und die einzelnen Bevölkerungsgruppen getrennt nach Stand – Männer, Frauen, Jugendliche und Kinder – erfassen sollten.

Als 1929 die *Katholische Aktion* in Damtschach ins Leben gerufen werden sollte, behalf sich der Ortspfarrer damit, daß er einzelne Gemeindemitglieder in einem Ausschuß zusammenfaßte. Dem Ordinariat teilte er mit, daß diese sieben Personen fürs erste die kirchlichen Standesbündnisse der Pfarre vertreten und repräsentieren würden, da eine Gründung kirchlicher Vereine und Standesbündnisse im besonderen *hier mit großer Vorsicht in Angriff genommen werden müsse, weil ... starke sozialdemokratische Strömungen* bestünden. Doch diese allein wollte selbst der Pfarrer nicht für den zögerlichen Beitritt zu kirchlichen Vereinen verantwortlich machen, denn abschließend schrieb er, mit Blick auf die ganze Pfarrgemeinde: *Wie ich das hiesige Volk kenne, hört bei der Tasche selbst der liebe Gott auf zu existieren.*

Anton Falle – Tod in Dachau

Mit wenigen Worten teilte die Kommandantur des Konzentrationslagers Dachau am 19. Jänner 1945 *Anna Falle* mit, ihr Mann *Anton* sei am 15. Jänner 1945 im *hiesigen Krankenhaus* an den Folgen eines Lungenemphysems gestorben und seine Leiche im *staatlichen Krematorium in Dachau* eingeäschert worden. Als die Witwe um die Übersendung der Urne bat, lautete die lapidare Mitteilung, daß dies aufgrund der *zur Zeit bestehenden Postsperre* nicht geschehen könne.

Anton Falle, am 25. März 1886 in Rajach, das damals noch zur Gemeinde Wernberg gehörte, als 14. Kind einer Keuschlerfamilie geboren, ist eines der 39 Todesopfer, die Faschismus und Nationalsozialismus unter den Kärntner Sozialdemokraten gefordert hatte.

Nach der Schulzeit in Lind ob Velden, während der der Lehrer mehrfach bei der Mutter anfragte, welche Pläne man mit dem begabten jungen Burschen denn habe, die jedoch letztlich an den finanziellen Nöten der Eltern scheitern mußten, kam er, eben aus der Schulpflicht entlassen, als Pferde- und Ochsenknecht zum damaligen Wernberger Bürgermeister und Reichsratsabgeordneten *Orasch* in Duel. Der Jahreslohn bestand neben einem Anzug, einem Paar Schuhe, zwei Hemden, aus Kost und Logis und 30 Gulden in bar. Von Duel ging Falle ins Rosental, arbeitete dort ebenso wie später in Klagenfurt als Fuhrknecht.

Während seiner Anstellung in der Bäckerei des *Schattenhofes* in Klagenfurt kam es zu ersten Kontakten zur Sozialdemokratie, die nach und nach intensiviert wurden.

Der Tätigkeit als Fuhrknecht folgte eine Anstellung als Krankenwärter in der Nervenheilanstalt des Klagenfurter Krankenhauses, darauf zwei Jahre Militärdienst, in denen immer wieder Beiträge Falles im *Arbeiterwillen*, dem Organ der Kärntner Sozialdemokraten erschienen, mit denen er sich bei seinen militärischen wie zivilen Vorgesetzten nicht unbedingt beliebt machte. Aus dem Militärdienst heimgekehrt erhielt er eine Wärterstelle im Villacher Krankenhaus. Seine Zeitungskritiken wie seine *revolutionären Umtriebe* führten jedoch zur baldigen Entlassung.

Da in Kärnten keine Anstellung zu finden war, ging Falle in die Schweiz, kehrte 1914 nach Österreich zurück, um die Stelle eines Arbeitersekretärs in Fohnsdorf zu übernehmen. Der inzwischen ausgebrochene Weltkrieg verhinderte sein Vorhaben. Falle wurde eingezogen, kam an die russische, später an die italienische Front.

Nach dem Zusammenbruch der Front kehrte er nach Kärnten zurück. In Villach erhielt er von Parteifreunden, denen der kämpferische junge Mann noch gut in Erinnerung war, die Einladung, das Parteisekretariat zu übernehmen. 1921 zog er als Abgeordneter in den Nationalrat ein, dem der geistvolle und pointierte Redner bis zu dessen Auflösung 1934 angehörte. 1928 wurde er, der weiterhin in der Redaktion des *Arbeiterwillen* tätig war, zum *Landesvertrauensmann* gewählt. Anders als der damalige Landeshauptmannstellvertreter *Matthias Zeinitzer* oder der Klagenfurter Bürgermeister *Pichler-Mandorf* glaubte Falle nicht an den möglichen Ausgleich mit dem Dollfußregime.

Wie andere prominente Vertreter der Kärntner Sozialdemokraten wurde er nach den Ereignissen des Februar 1934 wiederholt verhaftet, im November 1935 zu einem Jahr *schweren und verschärften Kerker* verurteilt, nach einiger Zeit jedoch begnadigt.

Trotz wiederholter Versuche seitens maßgeblicher Vertreter des Ständestaates und der Sozialdemokratie angesichts der Bedrohung durch den Nationalsozialismus einen Ausgleich zu finden, stand Falle solchen Angeboten, gleich ob von Funktionären der *Vaterländischen Front* oder Mitgliedern der österreichischen Monarchisten an ihn herangetragen, ablehnend gegenüber. *Sich selbst treu bleiben*, hieß die Losung, die Falle ausgab und schloß darin ein, daß nur die Wiederherstellung demokratischer Strukturen ein Miteinander möglich machen werde.

Von den Nationalsozialisten nach 1938 zwar streng überwacht, blieb er bis 1944 weitestgehend unbehelligt. Als Folge des Attentates vom 20. Juli 1944 wurde auch Falle verhaftet und kam ins Konzentrationslager Dachau.

Obwohl unter den Häftlingen, wie Nationalrat *Hans Lagger* in seinem 1946 erschienenen Buch *Die Wahrheit über Dachau* berichtet, die Meinung herrschte, eine Krankmeldung und die Einweisung ins Krankenrevier bedeute den *sicheren Tod*, mußte sich Falle am 26. Dezember 1944 krank melden. Er wußte, was ihn erwartete.

Ein Brief an seine Frau, den er kurz vor seinem Tod seinem Mithäftling *Valentin Just* diktiert hatte, erreichte Anna Falle nie. Einzig der Brief an den an der Front stehenden Sohn zum bevorstehenden Jahreswechsel hat diesen erreicht: *Helfet einer dem Anderen,* heißt es darin. *Von Herzen wünsche und hoffe ich, daß Du, Peppi, Mama und Frieda aus dem Krieg heil herauskommt und gemeinsam die Schwierigkeiten des Lebens meistert. Gott beschütze und behüte Euch und unsere heilige Kärntner Heimat. Ich danke Dir für Deine verständnisvollen, herzinnigen Bemühungen um mein Schicksal. Im neuen Jahr wünsche ich Dir viel Soldatenglück und Gesundheit. Hoffen wir, daß es das letzte Kriegsjahr sein wird.*

Vereinsleben in der Gemeinde Wernberg

Neben der politischen Gemeinde mit ihren Organen und den örtlichen Institutionen wie Pfarre und Schule sind es vor allem die einzelnen Vereine, die das kulturelle und gesellschaftliche, aber auch wirtschaftliche und soziale Leben in einer Gemeinde tragen und prägen. In ihnen findet der einzelne Gleichgesinnte, die gleich ihm an der Verwirklichung ihnen wichtiger Ziele arbeiten. Zugleich bieten Zugehörigkeit und Mitarbeit in einem Verein Entfaltungsmöglichkeiten und soziale Kontakte abseits von Beruf und Alltag.

Die große Zeit an Vereinsgründungen in unserem Bundesland und damit auch in unserer Gemeinde brach mit Inkrafttreten der Verfassung von 1867 an, als jene Rechte von Meinungs- und Versammlungsfreiheit, die eine der Hauptforderungen der Revolution des Jahres 1848 gewesen waren, nun in Form der Staatsgrundgesetze dem einzelnen Staatsbürger gewährt wurden.

VEREINSLEBEN IN DER MONARCHIE

Die durch die Revolution des Jahres 1848 geförderten Zusammenschlüsse in Vereinen blieben größtenteils auf das Bürgertum der Städte beschränkt, denn das Interesse der ländlichen Bevölkerung galt in diesen Monaten nahezu uneingeschränkt den Forderungen nach Aufhebung der Grunduntertänigkeit und nicht jenen, die elitäre Zirkel unterschiedlicher nationaler Provenienz und politischer Ausrichtung erhoben. Der auf die Revolution folgende Neoabsolutismus verbot jede weitere politische Tätigkeit in Vereinen, der Schulterschluß zwischen Staat und Kirche dieser Ära begünstigte jedoch die Tätigkeit eines Vereins, der zu den erfolgreichsten Kärntens im allgemeinen und zu dem der Kärntner Slowenen im besonderen werden sollte, die 1851 in Klagenfurt gegründete **Hermagoras-Bruderschaft (Družba Sv. Mohorja)**, die im Gebiet unserer Gemeinde seit nunmehr fast anderthalb Jahrhunderten nachzuweisen ist. Ziel dieses Vereines war die *Herausgabe und Verbreitung guter, die intellektuelle, moralische und religiöse Bildung befördernder und wohlfeiler Bücher*, mit denen vor allem die Landbevölkerung versorgt werden sollte. Nach einer Krise am Ende des ersten Jahrzehntes seines Bestandes wurde der Verein 1860 in eine Bruderschaft im kirchlichen Sinn umgewandelt. Die Werbung für diese und den Vertrieb der Bücher übernahmen nun die Geistlichen vor Ort.

Mit der Zulassung politischer Vereine nach 1867 erreichte die deutsch-slowenische Auseinandersetzung einerseits und die zwischen liberalen und konservativen Gruppierungen andererseits einen ersten Höhepunkt. Unter dem Eindruck liberaler Landtagsmehrheiten kam es dabei auch zur Annäherung zwischen slowenischen und deutsch-konservativen Kreisen, wie das – sehr frühe – Beispiel der Gründung des **Katholischen Konstitutionellen Volksvereines, Ortsgruppe Gottestal**, im Jahr 1870 zeigt. Dem Schreiben des provisorischen Obmannes dieses Vereines an die k. k. Landesregierung vom 17. August 1870 können wir Ziel und Zweck dieser ersten Vereinsgründung in der Gemeinde

Wernberg entnehmen. Demnach sollten durch diesen Verein *einerseits die Vermittlung des persönlichen Verkehrs in geselligen Zirkeln* [und] *andererseits die Wahrung und Beförderung der katholisch-konservativen Interessen in kirchlicher, staatlicher und sozialer Beziehung* erreicht werden. Als Mittel hierzu dienten *das Zusammenkommen im Vereinslokale zur Conversazion und Erholung, Vereinsversammlungen zu zweckentsprechenden Vorträgen und zur Berathung von Petizionen und Adressen und Zeitschriften, Broschüren und Bücher zu belehrender, unterhaltender Lektüre.* Die Konstituierung des Vereines fand am 6. November 1870, mit Beginn um 15.30 Uhr, im Garten des Pfarrhofes von Gottestal statt, wozu unter der Linde eine *Rednerbühne* errichtet worden war. Der Versammlung wohnte als Vertreter der Behörde, der Villacher Bezirkskommissär Dr. Valentin Pogatschnigg bei, dem wir nachstehenden Bericht verdanken:

Eine große Menge Volkes, ich schätze sie auf 200–250 Personen, war anwesend. Sie kamen von allen Seiten; neben örtlichen Geistlichen, wie dem Pfarrer von Kranzelhofen, dem Provisor von Damtschach, dem Pfarrer von Petschnitzen, Katechet Andreas Einspieler aus Klagenfurt neben dem Klagenfurter Theologieprofessor Dr. Nemez und dem Handelsmann Peter Werlin, aus Wernberg Graf Raimund Wagensperg und dessen Mutter, aus Damtschach die Gräfin Rosenberg und deren Sohn sowie einige Lehrer der Umgebung und das Bauernthume.

Als erster Redner skizzierte der provisorische Obmann Marinitsch in slowenischer Sprache Aufgaben und Ziele des Vereines. Nach diesem sprachen der Klagenfurter Kaufmann Peter Werlin und Andreas Einspieler, damals unbestrittener Führer der Kärntner Slowenen, dessen slowenische Ansprache *mit viel Beifall aufgenommen* wurde. Nach diesem hielt Graf Wagensperg eine *3/4 Stunden lange Rede*, in der er nicht nur die *Hebung der sittlichen und wirtschaftlichen Zustände des Volkes* forderte, die neue *Schulorganisation erörterte,* sondern auch *gegen die religionslose und religionsfeindliche Richtung des modernen Parteilebens auftrat*, ehe er auf die Einnahme Roms durch italienische Truppen und dem Ende der weltlichen Herrschaft des Papstes zu sprechen kam, gegen die der *katholische Staat* [Österreich, Anm.] nicht protestiert habe, wie dieser überhaupt keine Hand für die Rechte des Papstes rühre, *obwohl* [dieser] *unschuldig ... wie ein Kind, das kaum lallen kann, von einer Rotte Buben freventlich aus seinem langjährigen Besitze verdrängt werde.* Wagensperg forderte daher die Anwesenden auf, mittels Resolution gegen *diese schnöde und ungerechte Behandlung des Papstes ... und ... die Indifferenz unserer Regierung gegenüber diesen Vorgängen* zu protestieren. Auf diese Ansprache folgte ein *dreifaches Hoch auf den Papst, währenddessen einige Salven von den Pöllern gelöst wurden.* Als hierauf Obmann und Vereinsvorstand *per acclamationem* gewählt werden sollten, schritt Pogatschnigg unter dem Hinweis, dies sei in dieser Form statutenwidrig, dagegen ein, *nachdem sowohl Weiber wie Kinder in der Versammlung anwesend waren und das Publicum aus vielen Nichtvereinsmitgliedern bestand.* Die Wahl mußte in ein geschlossenes *Local* verlegt werden. Aus dieser ersten Wahl ging der Grundbesitzer *Anton Marinitsch*, der schon als provisorischer Obmann die Gründung des Vereines betrieben und dessen Geschäfte bisher geleitet hatte, als Obmann hervor. Sein Stellvertreter wurde Pfarrer *Johann Sumper* von Gottestal, Schriftführer der Lehrer Thomas Kuchler. Dem Ausschuß gehörten weiters die Grundbesitzer *Jakob Florianz, Anton Marinitsch, Anton Sille, Blasius Trapp* und *Johann Trapp* an.

Für mehr als ein Jahrzehnt sollte dieser Verein der einzige im Gebiet der Gemeinde Wernberg bleiben, ohne jedoch eine nennenswerte Tätigkeit zu entfalten, zumindest hat diese in den Quellen keinen Niederschlag gefunden. Im Juni 1884 teilte Pfarrer Sumper der Bezirkshauptmannschaft Villach mit, daß sich der Verein freiwillig aufgelöst habe.

Zu diesem Zeitpunkt war man in der Gemeinde Wernberg bereits dem Beispiel zahlreicher anderer Kärntner Kommunen gefolgt und zur Gründung einer Freiwilligen Feuerwehr geschritten. Die erste Freiwillige Feuerwehr Kärntens wurde am 14. Juni 1864 in Klagenfurt von *Ferdinand Jergitsch* gegründet. Als ältester freiwilliger Feuerwehrmann in Kärnten gilt der Uhrmachermeister *Karl Martinis*, der seit 1838 in Klagenfurt die Aufgabe eines *freiwilligen und entgeltlosen Feuerwehrspritzenaufsehers* versah. Bis zum ersten Kärntner Landesfeuerwehrtag im Juni 1869 wurden elf Feuerwehren in Kärnten gegründet, so in Klagenfurt, Villach, St. Veit an der Glan, Wolfsberg, Obervellach, Hermagor, Spittal, Völkermarkt, Feldkirchen, Eisenkappel und Gmünd. 1879 gehörten dem Landesfeuerwehrverband bereits 52 Feuerwehren an, 1899 238 und 1909 220. In den Jahren nach 1869 fanden regelmäßig Landesfeuerwehrtage statt. Zu Beginn der 1880er Jahre erfaßte dann das gesamte Kronland eine wahre Gründungswelle. Parallel zu den Feuerwehren entstanden Rettungsgesellschaften, die bei Unglücksfällen sanitäre Hilfsdienste zu leisten hatten. Klagenfurt besaß die älteste *Rettungskolonie* der Monarchie, gegründet im Jahr 1866. Seit 1898 wurden derartige Gründungen seitens des Landesfeuerwehrverbandes stark forciert.

Bevor wir uns den Gründungen der ersten Feuerwehren in unserem Gemeindegebiet zuwenden, soll noch ein kurzer Überblick über das Brandschutzwesen in Kärnten gegeben werden. Die ersten Ansätze dafür lassen sich bereits im Mittelalter nachweisen. Durch die Anlage von *Feuerbächen und Gerinnen* sollte die Feuergefahr, die in der damaligen Zeit eine weit größere Bedrohung darstellte, gebannt, bzw. ein ausgebrochenes Feuer rascher unter Kontrolle gebracht werden. Doch die Bauweise der Häuser, die bis ins 19. Jahrhundert zu einem guten Teil in Holz ausgeführt waren, die Eindeckungen mit Stroh und Schindeln, das Fehlen von Feuermauern, die einen Brand hätten eingrenzen können, und die engen, verbauten Gassen in den Städten, verhinderten eine effektive Brandverhütung und -bekämpfung. Neben der Einrichtung der *Feuerbäche* dienten auch die Aufstellung der Turm- und Nachtwächter, die Anschaffung von ledernen Löscheimern, Leitern etc., dem Schutz vor Feuer. Für 1516 ist in St. Veit an der Glan eine Umlage, das *Feuergeld*, das zur Anschaffung von ledernen Löscheimern diente, nachgewiesen. 1546 erhielt Klagenfurt eine *Löschordnung*, 1584 Villach. Ein kaiserliches Hofdekret vom 30. August 1800 schrieb eine einheitliche *Feuerlöschordnung* vor, die 1802 für die Stadt Klagenfurt erlassen wurde. Seit 1825 gab es solche Löschordnungen auch für andere Städte, Märkte und Dörfer Kärntens. 1866 wurden in einem Landesgesetz, das die Bauordnung des Kronlandes Kärnten zum Inhalt hatte, weitere Bestimmungen für den Brandschutz erlassen, wie das Anbringen von Blitzableitern oder die Errichtung von Feuermauern. 1891 gab es erstmals eine Feuerpolizeiordnung, in der die Rechte und Pflichten der Feuerwehren geregelt wurden. Mit dem Landesgesetz vom 5. August 1933 wurde der Brandschutz in die Kompetenz des selbständigen Wirkungskreises der Gemeinde verwiesen.

Als erste Freiwillige Feuerwehr in der Gemeinde wurde 1882 die **Freiwillige Feuerwehr Wernberg** gegründet. Durch ein *geordnetes Zusammenwirken* sollte, wie den Statuten der Wehr vom 20. April 1882 zu entnehmen ist, *Leben und Eigentum der Mitbürger* geschützt werden. Dies sollte durch *gemeinsame Übungen* und durch das *Ausrücken bei allen innerhalb der Gemeinde sowie in erreichbaren Distanzen entstehenden Bränden* bewirkt werden. Erster Kommandant war der Wernberger Schloßverwalter *Felix von Mottony*. Als seinen Stellvertreter finden wir *Thomas Sommeregger*. Exerziermeister war *Josef Vončina*. Zudem gehörte dem engeren Ausschuß des Vereins noch der damalige Bürgermeister *Orasch* an. Doch der mit großem Engagement gegründete Verein stand gleich zu Beginn vor größeren Schwierigkeiten. Der Ausschuß entschloß sich daher, direkt an den Kaiser *als Schützer und Förderer alles Edlen und Nützlichen* zu appellieren, um die notwendige Ausrüstung, insbesondere die *Feuerspritze*, anschaffen zu können, da dies aus eigenen Mitteln nicht zu bewerkstelligen war. Bis dahin hatte man die *Montur* für die einzelnen Mitglieder, die diese in Raten abzahlten, mehrere Leitern, eine *Firsthackenleiter*, eine Steigerausrüstung und 24 Meter Schläuche erworben. Zudem standen eine *einem Privaten gehörende Feuerspritze* und ein *Schlauchhabelwagen* in Verwendung. Im Gesuch an den Kaiser führte der Ausschuß an, daß neben der Feuerspritze noch 40 bis 50 Meter Schläuche, mehrere Leitern sowie ein Wasser- und ein Mannschaftswagen benötigt würden. Insgesamt würde man für die Anschaffung dieser Geräte 200 Gulden benötigen. Schon wenige Wochen später teilte die kaiserliche Kabinettskanzlei mit, daß der Freiwilligen Feuerwehr Wernberg eine Spende von 60 Gulden gewährt worden ist.

Nachdem die ersten Schwierigkeiten überwunden waren, schritt man sogleich daran, der neuen Wehr eine geeignete Heimstätte zu schaffen. Auf einem Grundstück, das der damalige Besitzer der Herrschaft Wernberg zur Verfügung stellte, entstand das erste Rüsthaus der Gemeinde, das durch vier Jahrzehnte die Gerätschaften der Freiwilligen Feuerwehr beheimaten sollte, ehe nach 1924 neue Rüsthäuser in Wernberg, Gottestal und Föderlach entstanden. Im Jahr ihrer Gründung gehörten der Feuerwehr Wernberg bereits 67 aktive und 15 unterstützende Mitglieder an.

Dem Beispiel Wernbergs folgte bereits im Jahr darauf die Ortschaft Damtschach. Den

FF Wernberg (Original FF Wernberg)

vom damaligen Kommandanten *Josef Scholz* und den Ausschußmitgliedern *Andreas Fischer, Peter Müller und Lukas Buchwaldner* zur Genehmigung durch die Vereinsbehörde vorgelegten Statuten können wir entnehmen, daß die neugegründete Wehr aus drei Abteilungen oder *Rotten, Steiger, Spritzenmannschaft* und *Schutzmannschaft*, bestehen sollte. Wie die Feuerwehr Wernberg kämpfte auch jene von Damtschach, der 1884 30 Mitglieder angehörten, zu Beginn mit großen finanziellen Schwierigkeiten. Daher entschloß man sich auch in Damtschach, den Kaiser um eine finanzielle Unterstützung bei der Anschaffung von *Feuerlöschrequisiten* zu ersuchen. Die Bezirkshauptmannschaft Villach, die das Gesuch der Damtschacher weiterleitete, befürwortete dieses und hielt den Betrag von 80 Gulden für angemessen, da *die Pfarr- und Schulgemeinde Damtschach gerade derzeit durch den notwendigen Schulhausbau in Anspruch genommen ist.* Auch die Gemeindeverwaltung unterstützte die Bitte der Damtschacher Feuerwehr in einer ausführlichen Stellungnahme, die auch einen Blick auf die sozialen und ökonomischen Verhältnisse jener Zeit gestattet und daher auszugsweise wiedergegeben werden soll.

AUS EINEM SCHREIBEN DER GEMEINDE WERNBERG AN DIE BEZIRKSHAUPTMANN SCHAFT VILLACH VOM 1. AUGUST 1884:

Die Verhältnisse der Feuerwehr sind bezugnehmend sehr schwach. ... Der Jahresbetrag beträgt einen Gulden. Die Feuerwehr besteht größtenteils aus Besitzern, jedoch sind dieselben größtenteils verarmt und erschwingen kaum den besagten Gulden, da ... auch das Schulhaus im Bau steht, wozu hohe Zahlungen verlangt werden müssen. In der Pfarre Damtschach sind auch keine solchen Personen, welche zu diesem Zwecke höhere Unterstützungen geben könnten. Wohl wäre die hohe Herrschaft in Damtschach zu geben bereit, jedoch ist allseits bekannt, daß sie in finanzieller Hinsicht abgeschwächt ist.
Die Ortschaften, in welchen die Feuerwehr besteht, sind verarmt und gehören in die nicht mehr erträgliche Gegend, wo sie kaum ihr Fortkommen erlangen, denn die ganze Pfarre Damtschach zahlt kaum 1200 Gulden Steuer. Eine Erwirkung der Feuerwehr war sehr notwendig, denn die Häuser sind größtenteils aus Holz erbaut und bei dem Umstand, daß Wasser wohl vorhanden ist, zweckmäßig, denn bis eine der fremden Feuerwehren kommen könnte, wäre bei einem Feuerausbruch bereits alles niedergebrannt.

Schon bald nach seiner Gründung kam es auch zu einem Wechsel in der Kommandantenfunktion. An die Stelle von *Josef Scholz* trat *Lothar Graf von Orsini und Rosenberg.* 1887 trat die Feuerwehr dem Kärntner Landesfeuerwehrverband bei. Als erstes *Rüsthaus* diente ein Raum im Verwalterhaus von Schloß Damtschach. 1895 wurde die *Spritzhütte*, das erste eigentliche Rüsthaus errichtet. Der Holzbau, südlich des heutigen Hauses Johann Haas, stand bis 1935 in Verwendung. Das wohl modernste Requisit, das bei der damaligen Feuerwehr in Verwendung stand, war eine von *Graf Wagensperg* gestiftete ausziehbare Leiter, die sogar auf einem Fahrzeug montiert war.

Als letzte Feuerwehr im damaligen Gemeindegebiet wurde 1895 die **Freiwillige Feuerwehr St. Ulrich** gegründet, um die Brandgefahr in diesem *abgeschiedenen Dorf*, dessen Häuser zum Teil aus Holz erbaut waren, zu bannen. Erster Kommandant dieser Wehr war *Thomas Tengg*. Dem ersten Vereinsausschuß gehörten neben ihm *Josef Rök, Anton Köck* und *Josef Maier* an.

Zeichen dafür, daß die nationale Auseinandersetzung, die das politische Leben in Kärnten in jenen Jahren kennzeichnete, auch vor der Gemeinde Wernberg nicht halt machte, war 1898 die Gründung einer Ortsgruppe des **Deutschen Schulvereines**, der sich zur Aufgabe gemacht hatte, *an Orten mit sprachlich gemischter Bevölkerung ... die Bestrebungen zur Erlangung und Erhaltung deutscher Schulen zu unterstützen*. Träger dieser Vereinigung vor Ort waren zumeist die Lehrer, die im gemischtsprachigen Gebiet zunehmend zum Widerpart der meist slowenischen Geistlichen

FF Damtschach 1906 (Original Eduard Haas)

wurden. Das Ziel des Vereines sollte durch die Errichtung von Schulen und – in besonderen Fällen – Kindergärten, die Anstellung von Lehrern, Geldunterstützungen, die Beistellung von Lehrmitteln, Vorträge und die Herausgabe von Druckwerken erreicht werden. Die Initiative zur Gründung dieses Vereines in Wernberg ging vom Damtschacher Lehrer *Ferdinand Gutmann* aus, der auch die *Constituierung* der Ortsgruppe am 19. März 1898 leitete. Erster Vorsitzender des neuen Vereins, dem bei seiner Gründung 20 Mitglieder angehörten, war der Wernberger Kaufmann *Johann Schiller*. Als Schriftführer fungierte Gutmann selbst.

Doch auch die slowenische Volksgruppe im Gemeindegebiet konnte auf ein reges Vereinsleben verweisen. Die Kontakte nach Klagenfurt und zum slowenischen Zentrum Laibach besorgten zumeist die Geistlichen. Die

Hermagorasbruderschaft erreichte gerade in diesen Jahren ihren Höchststand an Mitgliedern. In den kirchlichen Vereinen und Bruderschaften waren die Slowenen tonangebend. 1907 wurde in Klagenfurt der **Slowenische christlich-soziale Verband für Kärnten** gegründet, der sich die *materielle und geistige* Unterstützung, und die Förderung des Unterrichts, der Erziehung und Bildung *unter den Slowenen in Kärnten im christlichen und nationalen Geiste* zum Ziel gesetzt hatte. 1914 gehörten diesem Verein bereits 50 örtliche Vereine an; unter den 39 Bildungsvereinen war auch jener von Föderlach. 1910 war in Föderlach auch ein Zweigverein des **Laibacher Zentralvereines für Bienenzucht in Krain, Kärnten und dem Küstenland** gegründet worden. Die Gründung erfolgte von Laibach aus und der Sekretär des dortigen Hauptvereines vertrat den Föderlacher Verein auch nach außen. 1914 entstand in Föderlach auch eine Ortsgruppe des **Slowenischen Bienenzuchtvereins für Kärnten**.

Ihr deutsches Pendant fanden die beiden slowenischen Bienenzuchtvereine in dem 1910 in Damtschach gegründeten **Zweigverein des Zentralvereines für Bienenzucht**, den *Raimund Graf Wagensperg* und *Gabriel Zitterer* ins Leben gerufen hatten. Gegen Entrichtung eines Jahresbeitrages von zwei Kronen und zwanzig Heller hatte jedes Mitglied den Anspruch auf Bezug der Vereinszeitschrift und die Möglichkeit, seine Bienenvölker versichern zu lassen. Zudem standen den einzelnen Mitgliedern die vom Verein angeschafften und im Damtschacher Schulhaus verwahrten Geräte, wie eine Wabenpresse, ein Wachsschmelzer und eine Honigschleuder zur Verfügung. Der Zentralverein stand im übrigen unter dem Protektorat von Erzherzogin Maria Josepha, der Mutter des letzten österreichischen Kaisers.

Graf Wagensperg war auch führend an der Gründung des **Landwirtschaftlichen Gauvereines Damtschach** beteiligt, den er 1911 gemeinsam mit *Ferdinand Alberer, Sigmund Samitz, Blasius Truppe* und dem Damtschacher Oberlehrer *Thomas Blüml* ins Leben rief. Zweck des Vereines war es, *die allgemeinen Interessen der Landwirtschaft in seinem Gebiete wahrzunehmen, zu fördern und zu vertreten.*

Ein solcher Verein existierte in der Gemeinde schon seit einigen Jahren. Der **Gauverein Wernberg** stand unter der Führung des Pfarrers von Sternberg und von Johann Vospernik und *führt*[e], wie einer Beschwerde an die Bezirkshauptmannschaft Villach zu entnehmen ist, vornehmlich *slowenisch-nationale* Mitglieder. Da die nationalen und politischen Gegensätze in der Gemeinde anscheinend nicht mehr zu überbrücken waren und auch auf das Vereinsleben abfärbten, verließen verschiedene Mitglieder den Verein, um im **Gauverein Neudorf-Wernberg** ausschließlich *deutschfreundlich gesinnte Mitglieder der Gemeinde Wernberg* zu vereinigen. Gegen die Konstituierung dieses neuen Vereins protestierte nicht nur Johann Vospernig, sondern auch der damalige Wernberger Bürgermeister *Matthias Vospernik*. In einem Schreiben an die Vereinsbehörde wiesen sie daraufhin, daß der Gauverein seit Jahren bestehe und *auf Grund des Statutes der k. k. Landwirtschaftsgesellschaft* gebildet worden war. Im März 1911 konstituierte sich im Gasthaus Schiller ein zweiter Gauverein für die Steuergemeinden Neudorf und Wernberg, dem u. a. der Gastwirt *Leopold Schiller, Matthäus Orasch, Georg Marinitsch und Josef Maier* angehörten. Die Bezirkshauptmannschaft Villach verweigerte diesem zweiten Verein vorerst die Anerkennung, die Landesregierung jedoch übertrug die Entscheidung darüber dem Landeskulturrat. Da der neue Verein bereits 21 Mitglieder aufwies, unter diesen auch die Wernberger Schloßherrin *Olga von Mihalovic*, wurde dieser schließlich genehmigt.

Der beginnende Weltkrieg rückte wenige Jahre später anderes in den Vordergrund, sodaß eine nennenswerte Tätigkeit dieser Vereine, deren Entwicklung hier skizziert wurde, nicht zu verzeichnen ist. Die nationale Polarisierung, die manche dieser Gründungen begleitet hatte, sollte jedoch auch in der Zwischenkriegszeit sowohl im Vereinsleben wie in der Gemeindestube für manche scharfe Auseinandersetzung sorgen.

VEREINSLEBEN ZWISCHEN DEN KRIEGEN

Nur langsam kehrte in den Jahren nach dem ersten großen Krieg die Normalität zurück. Der Kampf um Kärntens Südgrenze, in dem der SHS-Staat seine Ansprüche auf Teile des Landes militärisch durchzusetzen versuchte hatte, hinterließ deutliche Spuren. Der Tätigkeit der slowenischen Vereine begegnete man von nun an seitens der Behörden und Teilen der Bevölkerung mit großem Mißtrauen.

Am ehesten scheint der Ausgleich zwischen den national und politisch divergierenden Gruppen in den sogenannten funktionalen Vereinen, wie die Feuerwehr einer war, gelungen zu sein. Bei ihr war es unabdingbar notwendig, daß alle an einem Strang zogen, wenngleich es auch hier manche, erbittert ausgefochtene Meinungsverschiedenheit gegeben haben mag, deren Gründe weit eher in den politischen Geschehnissen der Zeit zu suchen waren, als in technischen Fragen einer effektiven Brandbekämpfung.

1924 begann die **Freiwillige Feuerwehr Wernberg** mit dem Bau neuer Rüsthäuser, vorerst von jenem in Wernberg. Später sollten jene in Gottestal und Föderlach folgen. 1926 wurde die Wehr in drei Löschzüge unterteilt, deren erster in Wernberg, der zweite in Gottestal und der dritte in Föderlach stationiert war. 1932 feierte die Feuerwehr ihr 50jähriges Gründungsfest. Zu diesem Anlaß wurde die erste Motorspritze angeschafft. Inzwischen war jedoch in der Organisation der Wernberger Feuerwehr eine doch wesentliche Änderung eingetreten. Die Stationierung eines dritten Löschzuges in Föderlach signalisierte, daß man seitens der Führung des Vereines bereit war, einen eigenständigen Weg zuzulassen. 1932 wurde das Kommando über diesen Löschzug dem Föderlacher *Anton Matschek* übergeben. Im gleichen Jahr begann man in diesem Ort auch mit dem Bau eines Löschwasserbehälters. 1933 wurde jener in Neudorf errichtet, zwei Jahre später einer in Duel. 1936 konnte auch der Bau des Rüsthauses der **Feuerwache Föderlach** abgeschlossen werden und die Wehr ihre neue Heimstatt beziehen. Deren Ausrüstung war, gemessen an der unserer Tage, denkbar bescheiden. So umfaßte diese im Jahr 1931 eine große fahrbare Spritze, sieben Druckschläuche, einen Saugschlauch, ein Strahlrohr, je vier Schlüssel, Wassereimer und Schlauchbinder, einen Holzhammer und zwei Wagenlaternen. 1938 wurde die erste Tragkraftspritze, eine *R 18/2*, angeschafft.

Auch in der **Freiwilligen Feuerwehr Damtschach** hatte es in diesen Jahren manche Veränderung gegeben. Anläßlich des 45jährigen Gründungsfestes im Jahr 1928 erhielt die Wehr ihre erste Motorspritze, die bis 1953 in Verwendung stand. Anläßlich der 50-Jahr-Feier fiel auch der Entschluß zum Neubau des Rüsthauses. Der alte Holzschuppen hatte ausgedient, wurde abgetragen und in Stallhofen wieder aufgebaut, wo er der Unterbringung der Geräte des zweiten, in diesem Ort stationierten Löschzuges diente, ehe er 1960 an Franz Liposchek verkaufte wurde, der ihn fortan als Heuhütte verwendete. 1935 war der Bau des neuen Rüsthauses abgeschlossen, und dieses konnte am 11. August 1935 seiner Bestimmung übergeben werden. Auch die Ausrüstung der Feuerwehr konnte knapp vor Kriegsausbruch nochmals verbessert werden. Zur Brandbekämpfung diente neben der *Zweizylinder-Viertaktspritze* Marke *Union* auch eine handbetriebene Druckspritze, die auf einem Pferdewagen montiert war.

FF Damtschach 1928 (Original Eduard Haas)

Die gegenseitige *Naturalhilfeleistung ... bei Bränden von Bauobjekten und durch Brandschäden entstandene Naturalschäden* war Zweck des 1922 unter Federführung von *Ferdinand Alberer, Franz Pack, Josef Haas* und *Josef Sticker* gegründeten **Feuerversicherungsvereines Wernberg**, dem ursprünglich 56 Besitzer aus der Gemeinde Wernberg beitreten wollten. Doch nur ein Teil von ihnen scheint dies auch tatsächlich getan zu haben, denn der Verein zählte nie mehr als 30 Mitglieder und stellte seine Tätigkeit nach 1925 überhaupt ein.

Mangels Mitglieder mußte auch ein zweiter, der 1923 von *Oskar Humele* gegründete **Fürsorgeverein Wernberg**, seine Tätigkeit einstellen. Er sollte der Unterstützung in *außergewöhnlichen, unverschuldeten Not- und Sterbefällen* dienen. Vorrangig sollte diese *organisierten Mitgliedern der Arbeiterpartei* zugute kommen. Auf Antrag des Obmanns wurde der Verein mit 1. Jänner 1936 aufgelöst und dies mit der *besonders schlechten Lage der Mitglieder* begründet. Dem Protokoll der letzten Sitzung dieses Vereines ist die finanzielle Misere, vor der man stand, klar zu entnehmen. Im letzten Vereinsjahr waren die Mitgliedsbeiträge nur von sechs Mitgliedern bezahlt worden. Die Rückstände konnten überhaupt nicht mehr *hereingebracht* werden.

Ebenfalls unter sozialdemokratischer Ägide entstand 1929 in Wernberg ein Zweigverein **Freie Schule – Kinderfreunde**, dessen Ziel neben der Sorge um das leibliche und geistige Wohl der Kinder, die Trennung von Kirche und Schule und die Aufhebung aller *Bildungsprivilegien* war. 1933 bestanden in Kärnten 33 Zweigvereine; in der unmittelbaren Nachbarschaft der Gemeinde solche in Velden, Maria Gail, Villach und Landskron. 1933 stellte der Verein seine Tätigkeit ein. Im Februar 1934 wurde er verboten.

Kriegsopfer sollten durch die 1931 gegründete Ortsgruppe des **Bundes der Kärntner Kriegsopfer** unterstützt werden. Die Gründung des Wernberger Zweigvereines hatte *Hermann Debriacher*, der langjährige Wernberger Feuerwehrkommandant, initiiert. Dem ersten Ausschuß gehörten neben ihm *Valentin Schellander* aus Trabenig, *Alois Gasser* aus Wernberg und als Invalidenvertreter *Josef Sturm* aus Trabenig an.

Die Förderung des zunehmenden Fremdenverkehrs in der Gemeinde machte sich der 1929 im Gasthaus Schiller gegründete **Fremdenverkehrsverein der Gemeinde Wernberg** zur Aufgabe, der diese durch ein umfangreiches Programm, das Maßnahmen der Ortsverschönerung, den Ausbau von Wanderwegen und Ruheplätzen, die Einrichtung von Badeanlagen und die Erhaltung der Natur- und Kunstdenkmäler vorsah, in *enger Fühlungnahme* mit der Gemeinde verwirklichen wollte. Der Verein stellte seine Tätigkeit 1938 ein.

Die 1937 gegründete Ortsgruppe Wernberg des **Deutschen Schulvereines „Südmark"** nahm in seinem Programm jene Ziele wieder auf, die der 1898 hier gegründete *Deutsche Schulverein* bereits verfolgt hatte. Neben der Förderung der deutschen Schulen, der Volksbildungsarbeit und der Pflege des Heimatgedankens, sollte der Verein auch der *Abwehr jedes deutschfeindlichen, also auch jüdischen Einflusses, auf allen Gebieten* dienen.

Über die Gründungsmitglieder des Vereines liegen keine Unterlagen vor. Sitz des Vereines sollte – wohl nicht zufällig – der Ort Föderlach werden. Diese Wahl des Vereinssitzes war wohl auch als Provokation für die dort ansässige slowenische Minderheit gedacht.

Schon bald nach der Machtübernahme der Nationalsozialisten wurde jede Vereinstätigkeit eingeschränkt, einzelne Vereine in NS-Organisationen übergeleitet, die meisten jedoch verboten.

UNSERE VEREINE HEUTE

Schon bald nach Kriegsende begannen einzelne Vereine ihre Tätigkeit wieder aufzunehmen, neue wurden gegründet. Der erste Verein, der nach 1945 in der Gemeinde entstand, war kein politischer, sondern ein kultureller, die **Theatergruppe Wernberg.**

Ein reichhaltiges und buntes Bild bietet sich bei der Betrachtung des heutigen Vereinslebens. Derzeit zählt man 41 Vereine mit Hunderten von Mitgliedern. Diese bestimmen wesentlich das gesellschaftliche, kulturelle und sportliche Leben in der Gemeinde. Im folgenden soll ein kurzer Blick auf die Geschichte der einzelnen Vereine und ihrer Aktivitäten geworfen werden.

ARBÖ ORTSCLUB WERNBERG

Die Betreuung der Fahrrad- und Kraftfahrer des Gemeindegebietes war und ist eines

Theatergruppe der Landjugend Wernberg 1922 (Original Eduard Haas)

Gemeindebad (Original Gemeinde Wernberg)

Amtshaus der Gemeinde Wernberg (Original Gemeinde Wernberg)

der Ziele des 1967 unter Erich Hochenberger gegründeten Vereines. Seit Bestehen des **ARBÖ Ortsclub Wernberg** galt jedoch ein besonderes Augenmerk der Vereinstätigkeit der Förderung sportlicher Aktivitäten im Gemeindegebiet. Neben der Einführung des Skilanglaufes, der Durchführung des Radwandertages, der seit 1978 zahlreiche Sportbegeisterte im Mai jedes Jahres zusammenführt, organisierten die Vereinsmitglieder über viele Jahre gemeinsam mit der Wasserrettung die Schwimmausbildung der Wernberger Kinder im Gemeindebad.

Obmänner seit 1967:
Johann Stranner 1967–1970
Georg Hoffmann 1970–1974
Franz Kargl 1975–1989
Johann Rabitsch seit 1989

Derzeitiger Vorstand:
Obmann: Johann Rabitsch
Stellvertreter: Johann Fink
Schriftführer: Kurt Josef Mirnig
Stellvertreter: Josef Pichler
Kassier: Johanna Kargl
Stellvertreter: Josef Vogl
Organisationsleitung: Josef Zojer
Kontrolle: Walter Oberlechner und Ernst Korb

BIENENZUCHTVEREIN UMBERG

Auf eine lange Tradition können die Bienenzüchter in der Gemeinde Wernberg verweisen. Bereits in den 1860er Jahren bestand in Gottestal ein Bienenzuchtverein, der vom damaligen Pfarrer und kärntenweit bekannten Bienenzüchter Sumper gegründet worden war. Die *Erhaltung der Carnica-Biene im Gemeindegebiet* hat sich einer der jüngsten Vereine der Gemeinde, der 1999 gegründete **Bienenzuchtverein Umberg** zum Ziel gemacht. Neben den Imkern im Gemeindegebiet sollen auch solche aus umliegenden Gemeinden, in denen keine Bienenzuchtvereine mehr existieren, betreut werden.

Obmann seit 1999:
Albin Otti

Derzeitiger Vorstand:
Obmann: Albin Otti
Stellvertreter: Matthäus Oschounig
Schriftführer: Daniela Otti
Kassier: Ingrid Mitterl
Gesundheitswart: Albin Otti

BIENENZUCHTVEREIN WERNBERG

Auf Anregung von Graf Wagensperg wurde, wie wir bereits gehört haben, 1910 der Zweigverein Wernberg des Zentralvereins für Bienenzucht in Wien gegründet, zu dessen Mitgliedern auch Imker aus der Gemeinde Lind ob Velden zählten, sodaß der Verein einige Jahre nach seiner Gründung in *Bienenzuchtverein Wernberg-Lind* umbenannt wurde. 1930 trennten sich die Linder Imker von ihrem Wernberger Mutterverein und gründeten gemeinsam mit Kollegen aus Velden den Bienenzuchtverein Velden. Bis zur Auflösung des

Vereins im Jahr 1939 konnten trotz des Verlustes von Mitgliedern aus Lind zahlreiche Veranstaltungen, vornehmlich im Gasthaus Romauch in Duel, abgehalten werden. Nach der Wiederaufnahme der Vereinstätigkeit in den Jahren nach 1945, vorerst durch die lokale Geistlichkeit, die hier an alte Traditionen anknüpfen konnte, gelang es nach und nach durch die Einladung Interessierter zur Mitarbeit, den Verein, der bis 1978 unter der Leitung von Martin Sternad stand, zu konsolidieren. Heute gehören dem Verein 29 Mitglieder an.

Obmänner u.a.
Raimund Graf Wagensperg
N. Paust
Franz Schwarwitzel
Martin Sternad (bis 1978)
Josef Kavalirek 1978–1998
Franz Reinwald seit 1998

Derzeitiger Vorstand:
Obmann: Franz Reinwald
Erster Stellvertreter: Rudolf Moschik
Zweiter Stellvertreter: Johann Kutej
Schriftführer: Wolfgang Markatsch
Kassier: Wilfried Waldhauserl
Gesundheitswart: Alois Trampitsch
Gerätewart: Friedrich Kavalirek

DORFGEMEINSCHAFT RAGAIN

Das Brauchtum in einem *noch ländlichen Dorf* zu erhalten, hat sich die **Dorfgemeinschaft Ragain** zur Aufgabe gemacht, die 1989 als Verein angemeldet wurde. Die Initiative zur Gründung des Vereins, der heute 78 Mitglieder zählt, ging von den Familien *Magnes, Kleibner, Loy* und *Keuschnig* sowie von *Margit Suppik, Hermann Suppik* und *Norbert Runda* aus. Der Vertiefung des Kontaktes unter den Bewohnern dienen die gemeinsamen Feiern und Feste im Jahreslauf. Im August findet alljährlich das große Dorffest mit Böllerschießen und Kirchtagsladen statt, am 5. Dezember jedes Jahres wird Ragain zur *Hochburg der Krampusse*.

Obmänner seit 1989:
Walter Magnes
Peter Keuschnig

Derzeitiger Vorstand:
Obmann: Peter Keuschnig
1. Stellvertreter: Herbert Debriacher
2. Stellvertreter: Ronny Keuschnig
Schriftführer: Hannes Loy
Kassier: Hans Kleibner
Organisation: Walter Zedlacher
Obmann des Jugendforums:
Ronny Keuschnigg

EC FRUHMANN WERNBERG

Seit 1975 wurden auf dem Schloßteich, dem Damtschacher Teich und dem Ulrich-Teich Eishockeyspiele zwischen den Orten Wernberg und Damtschach ausgetragen. Aus den Spielern beider Mannschaften wurde 1983 der *EC Lepuschitz* gegründet, der bis 1988 an Bewerben des Drautalcups teilnahm und diesen zwischen 1985 und 1988 auch gewinnen konnte. Im Jänner 1989 wurde der Club unter dem Namen *EC Wernberg Urschitz* als Verein angemeldet. Noch im November jenes Jahres erfolgte die Umbenennung auf *EC Raiba Wernberg*, seit der Saison 1996/97 führt der EC den Namen **EC Fliesen Koller Wernberg**, seit Ende 1999 **EC Fruhmann Wernberg**. Zwischen 1989 und 1994 nahm der Verein an den Spielen der Unterliga West teil und war bei diesen ebenso erfolgreich wie in den Jahren zuvor bei den Bewerben des Drautalcups. In der Saison 1993/94 wurden alle Spiele in dieser Liga gewonnen und es folgte der Aufstieg in die Kärntner Liga, wo der Club 1996/97 den dritten Platz erkämpfte. In der Saison 1997/98 spielte der Verein, der heute 30 Mitglieder zählt, in der vom Kärntner Eishockeyclub neu gegründeten Kärntner Elite-Liga, errang dort nach einem sechsten Platz in der ersten Saison im Jahr darauf den Vizemeistertitel und konnte damit den bisher größten Erfolg in seiner Vereinsgeschichte feiern.

Obmänner seit 1989:
Hans Frankl 1989–1995
Günther Brüggler seit 1996

Derzeitiger Vorstand:
Obmann: Günther Brüggler
Stellvertreter: Gerhard Koller
Schriftführer: Siegfried Schiller
Stellvertreter: Gerhard Hass
Kassier: Günter Jannach
Stellvertreter: Hubert Pettauer

ER RAIBA WERNBERG

Eine beeindruckende Bilanz ihrer Vereinstätigkeit können die 17 Mitglieder der 1966 gegründeten Eisschützenrunde **ER Raiba Wernberg** vorlegen. Von 1993 an stieg der Verein, den seinerzeit *Josef Hufnagel, Max* und *Peter Söllinger* und *Helmut Sonnberger* gegründet hatten, von der Bezirksliga II in die Landesliga auf. Gleich fünfmal en suite, nämlich von 1996–2000, konnte der Titel eines Seniorenlandesmeisters errungen werden, 1998 zusätzlich der 2. Platz bei der Seniorenstaatsmeisterschaft im salzburgischen Wals und 1999 der 1. Platz bei der Seniorenstaatsmeisterschaft in Zeltweg.

Obmänner seit 1966:
Josef Hufnagel
Peter Söllinger
Klaus Lepuschitz
Walter Gratzer

Derzeitiger Vorstand:
Obmann: Walter Gratzer
Stellvertreter: Hermann Suppick
Schriftführer: Klaus Lepuschitz
Stellvertreter: Gerald Lepuschitz
Kassier: Johann Rabitsch
Stellvertreter: Herbert Schellander

ELTERNVEREIN DAMTSCHACH

Wenige Wochen vor Ende des Schuljahres 1975/76 wurde der **Elternverein Damtschach** gegründet, der sich die Unterstützung der Schulleitung bei verschiedensten Veranstaltungen in organisatorischer und finanzieller Hinsicht zur Aufgabe gemacht hat. In den vergangenen 23 Jahren seines Bestandes leistete der von *Rudolf Tscheckl* initiierte

Verein unter seinen bisher sieben Obleuten vorbildliche Arbeit für die Schüler der Volksschule Damtschach. Mit den Einnahmen aus den Mitgliedsbeiträgen und aus Spenden werden alljährlich die *Nikoloaktion*, der Besuch einer Vorstellung im Stadttheater Klagenfurt, der Schulschitag und ein Sommerfest ermöglicht. Derzeit zählt der Verein 102 Mitglieder.

Obmänner/Obfrauen seit1976:
Rudolf Tscheckl 1976–1978
Kurt Mirnig 1978–1983
Franz Reinwald 1983–1986
Ing. Norbert Runda 1986–1990
Ing. Arnulf Schellander 1990–1995
Ingrid Oprisnik 1995–1998
Maria Blüm seit 1998

Derzeitiger Vorstand:
Obfrau: Maria Blüm
1. Stellvertreterin: Gerda Mossier
2. Stellvertreterin: Elisabeth Nikolic
Schriftführerin: Petra Schellander
Stellvertreterin: Sylvia Weiss
Kassier: Edith Kofler
Stellvertreterin: Heidemarie Fuchs
Rechnungsprüferinnen: Ottilie Themel und Ursula Uitz
Weitere Mitglieder des Elternausschusses:
Manuela Granig
Gerda Dostall
Maria Fischbacher
Andrea Flechl
Christa Hallegger
Helga Hermann
Anton Kuri
Silvia Kuri
Margret Morgenthaler
Jana Revedin
Astrid Tschöfenig
Margarethe Ulbing
Hildegard Wulz

ELTERNVEREIN DER VOLKSSCHULE GORITSCHACH

Wie in Damtschach besteht auch ein **Elternverein der Volksschule Goritschach**, der bereits 1957 vom damaligen Schuldirektor *Fister* gegründet wurde, um die Zusammenarbeit zwischen Schule und Elternhaus zu fördern. Der Elternverein Gottestal besitzt zudem einen Vorläufer im vorigen Jahrhundert, da einstens ein *Unterstützungsverein der Volksschule Gottestal* bestanden hat, über dessen Gründung und Aktivitäten jedoch nichts weiter bekannt ist. Einem Bericht des Gendarmeriepostens Wernberg aus dem Jahr 1939 ist zu entnehmen, daß dieser Verein bereits vor der Jahrhundertwende seine Tätigkeit eingestellt haben muß.

Obmänner/Obfrauen seit1957 u.a.:
Werner Fritzl
Maria Fleischhacker
Helmut Kanduth
Helga Kohl
Ruth Ulbing

Derzeitiger Vorstand:
Obfrau: Ruth Ulbing
Stellvertreter: Elke Matschek
Weitere Ausschußmitglieder:
Cornelia Ronacher

Manuela Sereinig
Elke Greile
Silvia Schellander
Sigrid Treiber
Claudia Schellander
Caroline Marinitsch
Roswitha Trink
Claudia Warmuth

EV GASTHAUS PIBER

Freude am Stocksport führte 1987 die acht Gründungsmitglieder des **EV Gasthaus Piber** in Umberg zusammen. Derzeit zählt der Verein 26 Mitglieder, die sich der Pflege und Förderung des Stocksports verschrieben haben.

Obmänner seit 1987:
Norbert Jakobitsch
Harald Tranacher
Johann Kollitsch, dzt. Obmann

Derzeitiger Vorstand:
Obmann: Johann Kollitsch
Stellvertreter: Ferdinand Heiser
Schriftführer: Helmut Krainer
Kassier: Harald Tranacher
Rechnungsprüfer: Horst Themel und Werner Jakobitsch
Zeugwart: Manfred Jakobitsch

F1 RACING CLUB

Die Freude am *Bauen und Bewegen von funkgesteuerten Automodellen mit Elektroantrieb* vereint die Mitglieder im **F 1 Racing Club**, der – im Dezember 1996 gegründet – zu den jüngsten Vereinen der Gemeinde gehört und aus einem losen Zusammenschluß von Personen, die dasselbe Hobby betreiben, entstanden ist. Unter Obmann und Gründungsmitglied *Rene Riepl* werden alljährlich Rennen der Klassen *F1* und *DTM-4WD* veranstaltet. 1997 wurde auf dem alten Betriebsgelände der Firma Legrand eine Hallenbahn für den Winterbetrieb eingerichtet. In der Zeit von Frühling bis Herbst werden die Rennen auf dem Betriebsgelände der Firmen Legrand in Wernberg und Tann in Föderlach ausgetragen. Die Hallenbahn konnte 1998 erweitert werden, zudem besteht seit 1999 auch die Möglichkeit, die Rundenzeiten computerunterstützt zu messen.

Obmänner seit 1996:
Ing. Rene Riepl seit 1996

Derzeitiger Vorstand:
Obmann: Ing. Rene Riepl
Stellvertreter: Harald Riepl
Schriftführer: Ing. Heinrich Strobl
Kassier: Ing. Gerhard Fercher
Stellvertreter: Ing. Andreas Siegl

FRAUENTRACHTENGRUPPE WERNBERG

Der 1985 im Gasthaus Schiller von zehn Gemeindebürgerinnen gegründete Verein hat es sich zur Aufgabe gemacht, sowohl im kulturellen als auch im karitativen und kirchlichen Bereich tätig zu sein. Zu den Höhepunkten in der Geschichte des Vereines, der heute 12 aktive und 160 unterstützende Mitglieder zählt, gehören neben dem Gründungsfest im Hof von Schloß Wernberg im September 1987 und der Einweihung des *Notburga-Kreuzes* in Trabenig 1992, die Organisation des *Wernberger Kulturfrühlings*, bei dem seit 1995 anhand von Bildern und Dokumenten die Geschichte der einzelnen Dörfer der Gemeinde aufgearbeitet und präsentiert werden konnte. Der von den Mitgliedern der **Frauentrachtengruppe Wernberg** veranstaltete und in der Zwischenzeit schon zur Tradition gewordene Weihnachtsbasar dient karitativen Zwecken in der Gemeinde. Die Damen des Vereines, deren Festkleid die Rosentaler Sonntagstracht mit der Bodenhaube ist, haben in den vergangenen Jahren durch ihre Auftritte nicht nur bei offiziellen Anlässen in der Gemeinde zu einem *farbenprächtigen* Bild beigetragen, sondern zudem Wernberg bei zahlreichen Brauchtumsveranstaltungen und Trachtenfesten in ganz Kärnten vertreten.

Obfrauen seit 1985:
Maria Flaschberger 1985–1997
Astrid Oschounig seit 1997

Derzeitiger Vorstand:
Obfrau: Astrid Oschounig
Stellvertreterin: Karin Lexer
Schriftführerin: Helga Kobentschitz
Stellvertreterin: Rosi Masaniger
Kassier: Monika Schmoliner
Stellvertreterin: Gerti Struckl
Organisation: Rosi Soran
Stellvertreterin: Angelika Themel

FREIWILLIGE FEUERWEHR DAMTSCHACH

Die **Freiwillige Feuerwehr Damtschach** nahm 1948 ihre Tätigkeit wieder auf, wobei die Ausrüstung fast zur Gänze neu angeschafft werden mußte. Neben der neuen *Arbeitsbekleidung* und dem notwendigen Schlauchmaterial konnte die Wehr 1952 einen zweirädrigen Spritzenanhänger erwerben, der vorerst von einem Traktor, später von einem Mannschaftswagen gezogen wurde. Das erste Mannschaftsfahrzeug, Marke *Bedford*, stammte noch aus Militärbeständen. Anläßlich des 70jährigen Gründungsfestes wurde eine neue Motorspritze, Typ *R 75 Rosenbauer*, angeschafft, die bis 1975 in Verwendung stand. In den folgenden Jahren wurde der technische Stand der Damtschacher Wehr ständig verbessert. 1963 erhielt sie mit einem *Ford FK 1250 Transit* ein neues Rüstfahrzeug, gleichzeitig wurde der alte Mannschaftswagen, der seit 1954 gute Dienste geleistet hatte, ausgeschieden. 1966 wurde die erste elektrisch betriebene Sirene installiert, seit 1981 erfolgt die Sirenensteuerung über Funk. Die Ausrüstung mit Atemschutzgeräten 1974, einer neuen Motorspritze 1975 und einem *Ford Transit 150 Allrad* im Jahr 1979, wobei der alte Rüstwagen an die FF Wernberg abgegeben wurde, verdeutlicht, mit welchem Einsatz und beträchtlichem finanziellen Aufwand man um die ständige Verbesserung der technischen Ausrüstung bemüht war. 1985 schließlich erhielt die Feuerwehr Damtschach, die derzeit in ihrem Mitgliederstand 52 Aktive und 10 Altmitglieder zählt,

FF Damtschach (Original FF Damtschach)

ein neues Rüsthaus, das dritte in der Geschichte dieser Wehr.

Kommandanten seit 1883:
Josef Scholz
Lothar Graf von Orsini und Rosenberg
Georg Epplinger
Kaspar Haas
Johann Hermann
Nikolaus Klement
Philipp Lepuschitz
Josef Haas
Urban Lassnig
Oskar Mossier
Klaus Lepuschitz, derzeit Kommandant

FREIWILLIGE FEUERWEHR FÖDERLACH

Die ausreichende Versorgung mit Löschwasser in den von der Feuerwache Föderlach betreuten Orten des Gemeindegebietes war das vorrangige Ziel der Wehr, die bald nach Kriegsende ihre Tätigkeit in vollem Umfang wieder aufnahm. 1948 konnte bereits der Löschwasserbehälter in Goritschach seiner Bestimmung übergeben werden. Ebenso wie in Damtschach und Wernberg galt es in den folgenden Jahren, in denen die Föderlacher Wehr wiederholt ihr Können bei Großbränden, etwa 1952 in Göritschach und 1961 in Föderlach,

60 Jahre FF Föderlach 1991 (Original FF Föderlach)

wie bei den Hochwassereinsätzen des Jahres 1967 in Wudmath unter Beweis stellte, die technische Ausrüstung der Feuerwache ständig zu verbessern. 1964 wurde eine Sirene angeschafft, 1966 eine Tragkraftspritze *VW-Automatik*. 1974 erhielt die Wehr ihren ersten Rüstwagen, einen *Opel-Blitz*, mit Funkausstattung. Zwischenzeitlich war auch in der Organisation der Föderlacher Florianijünger eine wesentliche Änderung eingetreten. Mit Beschluß des Gemeinderates vom 15. Oktober 1971 wurde die Feuerwache Föderlach, vorerst unter kommissarischer Führung von Oberlöschmeister *Johann Kulnik*, selbständig. Im April 1972 erfolgte die offizielle Gründung der **Freiwilligen Feuerwehr Föderlach,** der seit Oktober 1972 *Erich Weißensteiner* als Kommandant vorsteht. Unter seiner Führung konnte die Ausrüstung dieser jüngsten Wehr in der Gemeinde Wernberg ständig erweitert werden. 1973 begann man mit dem Umbau des Rüsthauses, in dem drei Jahre später auch ein Schulungsraum eingerichtet werden konnte. 1988 wurde der Neubau des Rüsthauses in Angriff genommen, der 1990 abgeschlossen werden konnte. Nach der Anschaffung eines

FF Wernberg im Jahr 2000 (Original FF Wernberg)

Stromerzeugers, einer neuen Tragkraftspritze, neuer Atemschutzgeräte und schließlich des Löschfahrzeuges, Typ *Mercedes 815*, präsentiert sich die FF Föderlach heute als moderne, bestens ausgerüstete Wehr.

Kommandanten seit 1931:
Anton Matschek 1931–1945
Hubert Kulnig 1945–1947
Stefan Ulbing 1957–1965
Johann Kulnik 1965–1972
Erich Weißensteiner seit 1972

Freiwillige Feuerwehr Wernberg

Auch die älteste Wehr der Gemeinde, die **Freiwillige Feuerwehr Wernberg,** nahm schon bald nach Ende des Zweiten Weltkrieges ihre Tätigkeit auf, wobei die Führung auch weiterhin in den bewährten Händen des langjährigen Kommandanten *Hermann Debriacher* lag, der dieser Feuerwehr bis 1955 durch insgesamt 22 Jahre vorstand. 1960 konnte die Ausrüstung durch den Kauf eines Rüstwagens, Marke *Opel Blitz*, und einer Trag-

Feuerwehrhaus Wernberg (Original Gemeinde Wernberg)

kraftspritze mit VW-Motor und Gugg-Pumpe entscheidend verbessert werden. 1970 begann man mit dem Bau eines neuen Rüsthauses, das 1975 durch einen Schlauchturm erweitert wurde. Das 100jährige Bestandsjubiläum konnte mit der Übergabe eines Tanklöschfahrzeuges 2000, Marke *Steyr 690*, und verschiedener moderner hydraulischer Rettungsgeräte begangen werden. 1989 wurde der Fuhrpark der Wehr durch den Kauf eines Kleinlöschfahrzeuges, Marke *Mercedes Benz 310*, erweitert. 1995 erhielt die Wehr nach Um- und Ausbau des Rüsthauses eine moderne, funktionelle, mit einem Schulungsraum ausgestattete Heimstätte für ihre derzeit 45 aktiven und sechs Altmitglieder.

Kommandanten seit 1882:
Felix von Mottony 1882–1887
Leopold Schiller 1887–1922
Hermann Debriacher 1922–1955
Johann Fruhmann 1955–1956
Hans Debriacher 1956–1957
Anton Marinitsch 1958–1981
Hans Fruhmann 1981–1996
Hermann Debriacher seit 1997

Mitglieder des Ortsfeuerwehrausschusses Wernberg:
Komandant: Hermann Debriacher
Stellvertreter: Franz Liposchek sen.
Zugskommandanten: Albert Frankl und Ing. Josef Bürger
Gruppenkommandanten: Ing. Franz Liposchek jun., Gerhard Haas, Mag. Hannes Liposchek
Kameradschaftsführer: Anton Perko
Schriftführer: Anton Tengg jun.
Kassier: Gerhard Bergmeister
Gerätewart: Günther Brüggler
Bekleidungswart: Emil Winkler
Atemschutzbeauftragter: Georg Scherzer
Funkbeauftragter: Gerhard Marinitsch

GOTTESTALER FEITELCLUB

Zusammenkünfte in geselliger Runde, der gemeinsame Besuch von Veranstaltungen bzw. die Ausrichtung und Mitarbeit an solchen, ist seit bald zweieinhalb Jahrzehnten Ziel und Aufgabe des **Gottestaler Feitelclubs.**

Derzeitiger Vorstand:
Obmann: Gerhard Marinitsch
Stellvertreter: Barbara Wegscheider
Kassier: Viktoria Konstanznig

JAGDGESELLSCHAFT ST. HUBERTUS WERNBERG

Die Pflege des Wildbestandes und die Erhaltung der Artenvielfalt einerseits und das Miteinander von Grundbesitzer und Jägerschaft andererseits sieht die 1990 gegründete **Jagdgesellschaft St. Hubertus Wernberg** als ihre wichtigsten Ziele. Stätte dieser Begegnung zwischen den Jägern untereinander wie mit anderen Teilen der Bevölkerung soll die *Hubertuskapelle* sein, die im August 2000 eingeweiht wurde. Dem Verein, der bei seiner Gründung 27 Mitglieder, darunter zwei Frauen zählte, gehören heute 35 Vollmitglieder an.

Obmänner seit 1990:
Walter Matschek
Peter Keuschnig

Derzeitiger Vorstand:
Obmann: Peter Keuschnig
Stellvertreter: Walter Petschnig
Schriftführer: Franz Rieser
Kassier: Herbert Zerfall
Jagdleiter: Walter Hufnagel
Jagdaufsicht: Walter Hufnagel und Ing. Hans Terzesniowski

JUDOCLUB IPPON WERNBERG

Beeindruckend ist die Bilanz, die einer der jüngsten Vereine der Gemeinde ein Jahr nach seiner Gründung vorlegen kann. Unter der Führung von Obmann *Siegfried Stichauner*, der neben *Bernd Wohlschlager* und *Ottilie Themel* auch zu den Gründungsmitgliedern gehört, vereint der **Judoclub Ippon Wernberg** derzeit 69 aktive Mitglieder. Dank ausgezeichneter Trainerarbeit, dem Eifer und sportlichen Ehrgeiz der einzelnen Gruppen und der *harmonischen und zielgerichteten Zusammenarbeit* von Vorstand, Trainern und

Eltern konnten bei Turnieren im In- und Ausland bisher 39 Medaillen errungen werden, darunter sieben erste Plätze bei den Kärntner Meisterschaften und fünf bei Turnieren in Österreich und Italien. Im neu errichteten Turnsaal der Volksschule Goritschach finden die Mitglieder des Vereins optimale Trainingsmöglichkeiten, wofür seit der Saison 1999/2000 vier geprüfte Trainer zur Verfügung stehen.

Obmänner seit 1998:
Ing. Siegfried Stichauner seit 1998

Derzeitiger Vorstand:
Obmann: Ing. Siegfried Stichauner
Stellvertreter: Dr. Michael Staber
Schriftführer: Bernd Wohlschlager
Stellvertreter: Roswitha Ulbing
Kassier: Ottilie Themel
Stellvertreter: Irmgard Troppan

KÄRNTNER ABWEHRKÄMPFERBUND, ORTSGRUPPE WERNBERG

Die Ortsgruppe Wernberg des **Kärntner Abwehrkämpferbundes** wurde im August 1956 von 16 Gemeindebürgern, darunter elf Teilnehmern des Kärntner Abwehrkampfes, gegründet, im Jahr darauf folgte die Meldung der Ortsgruppe bei der Landesleitung. Ziel der Vereinigung war nicht nur die Erhaltung der Tradition des Abwehrkämpferbundes und das Gedenken an die erfolgreiche Abwehr von Ansprüchen auf Teile Kärntens, sondern auch die soziale und gesellschaftliche Betreuung der einzelnen Mitglieder. Als vornehmste Aufgabe betrachtet der Verein nach wie vor das alljährlich am 10. Oktober stattfindende Gedenken an Abwehrkampf und Volksabstimmung durch die Feier am *Radenighügel* und die Totenehrung. 1975 erhielt der Verein, dem derzeit 245 Männer und Frauen angehören, eine eigene Fahne.

Kärntner Abwehrkämpferbund OG Wernberg (Original Verein)

Obmänner seit 1956:
Dir. Alois Eder 1956–1978
Friedl Weihs 1968–1970
Hubert Marinitsch 1970–1984
Franz Aufegger 1984–1996
Peter Keuschnig seit 1996

Derzeitiger Vorstand:
Obmann: Peter Keuschnig
Stellvertreter: Hans De Monte
Schriftführer: Inge Aufegger
Stellvertreter: Hermann Moser
Kassier: Franz Soran
Organisation: Angelika und Alfred Themel

Fahnenträger: Hans De Monte, Leopold Regitschnig und Hubert Struckl
Frauenvertretung: Linde Haas

KAT – KÄRNTNER AUTORINNEN THEATER

Die Herausgabe der vierteljährlich erscheinenden Zeitung „*Katz*", ein monatlicher Jour fixe, Workshops und Gastspiele, Theaterproduktionen und Jugendtheater zählen zu den Tätigkeiten des 1993 gegründeten Vereins, dem die kritische Auseinandersetzung mit dem traditionellen Theater- und Kulturbetrieb ein Anliegen ist, wobei gerade der Arbeit von AutorInnen, *die nie den leichten geradlinigen Karriereweg gegangen sind, sondern unangepaßt und kritisch, sich mit viel Engagement spröden und heiklen Themen verschrieben haben*, ein Forum geboten werden soll. Derzeit zählt der Verein 30 Mitglieder.

Derzeitiger Vorstand:
Obmann: Heimo Toefferl
Schriftführer: Wilrun Arrich
Stellvertreter: Evi Moschik
Kassier: Dipl. Ing. Michael Ehrenfried
Stellvertreter: Nina Dom

KÄRNTNER KRIEGSOPFER- UND BEHINDERTENVERBAND ORTSGRUPPE WERNBERG

Die Sorge um Kriegsopfer und Behinderte im Gemeindegebiet von Wernberg hat sich die **Ortsgruppe wernberg des Kärntner Kriegsopfer- und Behindertenverbandes** zur Aufgabe gemacht. Derzeit zählt der Verein 27 Mitglieder.

Derzeitiger Vorstand:
Obmann: Hilde Samitz
Stellvertreter: Willi Meschnark
Schriftführer: Barbara Samitz
Stellvertreter: Rosa Pichler
Kassier: Rosi Hoffmann
Stellvertreter: Johann Martinschitz
Hinterbliebenenbetreuer: Hilde Kuchler
Rechnungsprüfer: Sepp Hochkoffler und Margot Wiesenreiter

KYNOLOGISCHER VEREIN FÜR DAS LAND KÄRNTEN – HUNDESCHULE FÖDERLACH

Um Hundebesitzern im Gemeindegebiet die Möglichkeit zu geben, ihre *vierbeinigen Gefährten unter Anleitung geschulter Ausbildungswarte zu folgsamen und verkehrssicheren Begleitern zu erziehen*, wurde 1980 die **Hundeschule Föderlach** gegründet, die seither unter der Leitung von Friedrich Weißensteiner steht. Der erste Ausbildungsplatz befand sich nördlich des Sportplatzes und auf diesem konnte bereits im Juni 1980 der erste Kurs abgehalten werden. 1984 stellte der damalige Bürgermeister der Gemeinde, dem zunehmenden Raumbedarf des Vereins Rechnung tragend, ein Areal bei der Draubrücke zur Verfügung das im Jahr 2000 durch den Verein angekauft wurde. Schwerpunkt der Vereinstätigkeit des 170 Mitglieder zählenden Vereines ist nach wie vor die *Sozialisierung der Welpen, die Erziehung junger und die weitere Ausbildung fortgeschrittener Hunde* wie auch die Heranführung von Kindern im Umgang mit Hunden. Diesem Zweck diente etwa der Besuch von 200 Schulkindern der VS Goritschach und Lind am Welttierschutztag 1996, im Jahr darauf der von Schülern der VS Damtschach, wobei den jungen Besuchern nicht nur ein Einblick in den richtigen Umgang mit Hunden und die Hundeausbildung gegeben wurde, sondern auch Diensthunde der Polizei Villach und der Rettungshundbrigade vorgeführt werden konnten.

Einen zweiten Schwerpunkt der Vereinstätigkeit bildet die Teilnahme an Turnieren in verschiedenen Hundesportarten. Bereits fünf Jahre nach Gründung des Vereins errang der damals 10jährige Goritschacher Christoph Koller den Kärntner Meistertitel in der Kategorie *Begleithunde*, wurde in den folgenden Jahren mit seinen Hunden mehrmals Kärntner Meister sowie österreichischer Staatsmeister in Agility. Das Vereinsmitglied Ing. Erwin Pinter konnte sich für die Teilnahme an der Weltmeisterschaft in Kopenhagen qualifizieren und erreichte dort ein sehr gutes Ergebnis.

Derzeitiger Vorstand:
*Vorsitzender: Friedrich Weißensteiner**
Stellvertreter: Walter Wieltschnig
*Schriftführer: Rosemarie Kaidisch**
*Stellvertreter: Tanja Henriks**
*Kassier: Agnes Weißensteiner**
Stellvertreter: Peter Schüttelkopf

Abrichtewart und Ausbildungsreferent:
Helga Guggenbichler
Stellvertreter: Andrea Stroj
Beisitzer: Heribert Fritz
Weitere Ausbildungswarte: Karl Koller, Monika Brandner Helga Srienz, Manfred Penker, Kurt Bacher.

Jene Mitglieder des Vorstandes, die gleichzeitig auch Ausbildungswarte sind, sind mit gekennzeichnet:*

LANDJUGEND WERNBERG

Zusammenkünfte im Rahmen der ORE – Orts- und Regionalentwicklung waren der Anstoß dazu, eine Neugründung der **Landjugend Wernberg** zu versuchen, nachdem der Vorgängerverein 1994 offiziell stillgelegt worden war. Schwerpunkt der Landjugend ist neben geselliger Freizeitgestaltung die Brauchtumspflege. Die Gründungsversammlung der LJ Wernberg fand am 27. April 1997 statt. Im Jahr 2000 erfolgte der Zusammenschluß mit der Jugendgruppe Wernberg.

Obleute:
Vong a Quay, Uwe Borchardt,
Martin Klammer

Derzeitiger Vorstand:
Obmann: Martin Klammer
Stellvertreter: Friedl Schwarz
Schriftführer: Christoph Schallegger
Kassier: Maximilian Wolf
Leiterin: Regina Karnel
Stellvertreter: Eva Müllner

MGV ALPENGRUSS DAMTSCHACH

14 aktive Sänger und 40 unterstützende Mitglieder zählt der derzeit unter der Leitung von Franz Kavalirek stehende Verein. Die Freude am Singen und die Bereitschaft andere daran teilhaben zu lassen war seit Gründung des Vereines im Jahr 1927 Hauptziel der Damtschacher Sänger. Erster Chorleiter war der Damtschacher Gastwirtssohn Felix Lepuschitz, erster Obmann des Vereins Leopold Gatterer. Nachdem Felix Lepuschitz, von Beruf Gendarmeriebeamter, 1932 nach Unterkärnten versetzt wurde, übernahmen die Damtschacher Lehrer Will und Orasche die Leitung des Chores. Der Zweite Weltkrieg unterbrach die Tätigkeit des Vereines und erst 1947 konnte man darangehen, den MGV neu aufleben zu lassen. Die Chorleitung übernahm, für die damalige Zeit eine Sensation, Rosa Lepuschitz, die Schwester des ersten Chorleiters, der im übrigen 1947 in Ausübung seines Dienstes ums Leben kommen war. Erster Obmann des Vereins war in dieser Zeit Ing. Karl Brodnig. Am 15. Mai 1949 konnte im Gasthof Mossier-Lepuschitz in Damtschach die erste Liedertafel abgehalten werden. Wie jeder Verein so kannte auch der MGV Damtschach in seiner nun schon über 70jährigen Vereinstätigkeit Höhen und Tiefen. Allein an der schwankenden Mitgliederzahl, die sich zwischen zehn und 30 Sängern bewegte, mag dies abgelesen werden. Nach 32 Jahren legte Rosa Lepuschitz die Funktion eines Chorleiters nieder, ihr Nachfolger wurde der pensionierte Oberschulrat Anton Schöffmann, der von 1979 bis 1982 diese Funktion ausübte. Ihm folgte der gebürtige Kantniger Ing. Josef Kordasch, unter dessen Leitung der Chor kurzfristig sogar 30 Mitglieder zählte. 1983 wurde die Partnergemeinde Wernberg-Köblitz in der BRD besucht, 1984 folgte die erste Rundfunkaufnahme und 1986 die Jubiläumsplatte, die in der Pfarrkirche St. Martin in Villach aufgenommen wurde. Weitere Höhepunkte der Vereinsgeschichte waren die Weihe der Vereinsfahne wie eine CD-Aufnahme im Jahr 1996. Seit seinem Bestehen hat der MGV zahlreiche offizielle wie private Feiern in der Gemeinde wie auch außerhalb Wernbergs verschönt und vertieft.

Obleute:
Leopold Gatterer 1927–1938
Ing. Karl Brodnig 1947–1959
Leopold Gatterer 1960–1963
Walter Hufnagel 1963–1992
Franz Kavalirek seit 1992

Chorleiter:
Felix Lepuschitz 1927–1932
Max Will und Ignaz Orasche 1932–1938
Rosa Lepuschitz 1947–1978
Anton Schöffmann 1979–1982
Ing. Josef Kordasch seit 1982–1999
Dietmar Reitz seit 1999

Derzeitiger Vorstand:
Obmann: Franz Kavalirek
Stellvertreter: Erwin Kramer
Schriftführer: Karl Hammermayer
Kassier: Adolf Kogler
Chorleiter: Dietmar Reitz
Notenwart: Thomas Kistenich
Chronist: Johann Kleibner

NATURFREUNDE WERNBERG

Mit 180 Mitgliedern waren die **Naturfreunde Wernberg** einer der mitgliederstärksten Vereine der Gemeinde. Der 1984 gegründete Verein, hat sich den Schutz und die Erhaltung der Umwelt, die Adaptierung und Errichtung von Wanderwegen und Schutzhütten zur Aufgabe gemacht. Zu den wichtigsten der mit großem Engagement durchgeführten Veranstaltungen zählen das Zeltlager am Hafnersee für 70 bis 120 Kinder, das *Eisfest* in Umberg und die vom Verein organisierten Badefahrten.

Obmänner seit 1984:
Hubert Haas 1984–1998
Michael Runda seit 1998

Derzeitiger Vorstand:
Obmann: Michael Runda
Stellvertreterin: Josefine Lamegger
Schriftführerin: Bettina Hechel
Stellvertreterin: Monika Goriupp
Kassier: Erich Goriupp
Stellvertreter: Franz Haller

ÖSTERREICHISCHER KAMERADSCHAFTSBUND, ORTSGRUPPE WERNBERG

Die Durchführung von Feiern zum Gedenken an die Gefallenen beider Weltkriege und des Kärntner Abwehrkampfes sowie an Mitglieder des österreichischen Bundesheeres oder der Exekutive, die in Erfüllung ihres Dienstes ums Leben gekommen sind, die

Österreichischer Kameradschaftsbund OG Wernberg (Original Verein)

Schaffung und Pflege von entsprechenden Gedenkstätten einerseits und das Bekenntnis zur Heimat und die Pflege von Kontakten zu Soldatenorganisationen anderer Staaten haben sich die 324 Mitglieder des **Österreichischen Kameradschaftsbundes, Ortsgruppe Wernberg** zur Aufgabe gemacht, der 1976 gegründet worden ist. Seit 1986 bestehen enge Kontakte zur *Krieger- und Soldatenkameradschaft Glaubendorf* in der Partnergemeinde *Wernberg-Köblitz*, seit 1992 auch zur italienischen Soldatenkameradschaft *Gruppo Alpini Bertagnoli* in *Pradamo* in der Provinz Udine.

Obmänner seit 1976:
Fritz Themel 1976–1986
Johann Lepuschitz 1986–1991
Eduard Hofmann 1991–1992
Martin Udermann, prov. 1992–1994, seit 1994

EC Fruhmann Wernberg (Original Verein)

Frauentrachtengruppe Wernberg (Original Verein)

MGV Alpengruß Damtschach (Original Verein)

Volkstanzgruppe Groß-Sternberg-Wernberg (Original Verein)

Derzeitiger Vorstand:
Obmann: Martin Udermann
Stellvertreter: Peter Scharr, Hermann Moser, Marianne Steiner
Schriftführer: Johann Grundnig
Stellvertreter: Leopold Schmoliner
Kassier: Felix Skubl
Stellvertreter und Chronikführer: Josef Pichler
Organisationsreferent: Leopold Schmoliner
Frauenreferentinnen: Ida Treiber und Maria Oertl
Beiräte: Friedrich Udermann, Emil Winkler und Helmut Kandutsch

ÖSTERREICHISCHER ROTTWEILER-CLUB – ÖRV WERNBERG

55 Mitglieder zählt derzeit der **Österreichische Rottweiler-Club – ÖRV Wernberg.** In zwei Kursen, von denen einer im Frühjahr, der zweite im Herbst veranstaltet wird, soll neben züchterischen Belangen vor allem der richtige Umgang mit diesen Rassehunden vermittelt werden.

Derzeitiger Vorstand:
Obmann: Erich Pippenbach
Stellvertreterin: Iris Lippitsch
Schriftführer: Helmut Kühberger
Stellvertreterin: Elisabeth Pippenbach
Kassiererin: Roswitha Lippitsch
Stellvertreterin: Reinhilde Freißlich

ÖSTERREICHISCHE WASSER-RETTUNG, EINSATZLEITUNG WERNBERG

Beim Gang durch die Geschichte unserer Gemeinde begegnen wir immer wieder dem Hinweis, daß Menschen dieses Gebietes in den Fluten der Drau ihr Grab gefunden haben. Andere, oft an weit entfernten Orten Beheimatete, hat der Fluß hier freigegeben. Nicht immer war der Grund ihres Todes klar. Die Menschen haben den Fluß auch immer wieder in seiner Bedrohlichkeit erfahren müssen, erinnert sei hier nur an die Verwüstungen und die Gefahr für Leib und Leben, die die Hochwasserkatastrophe des Jahres 1967 mit sich gebracht hatte. Das *Bedürfnis, in Not geratenen Menschen zu helfen*, wie die Begeisterung am Wassersport und der Schaffung und Förderung aller Maßnahmen und Einrichtungen, die der Bekämpfung und Vorbeugung des Ertrinkungstodes dienen, haben sich jene 350 Personen verschrieben, die gegenwärtig der **Österreichischen Wasser-Rettung, Einsatzleitung Wernberg** angehören. Dieser Zweigverein des Kärntner Landesverbandes war 1977 von *Karl Brenner, Josef Stockenbojer* und *Herbert Kulnik* gegründet worden, nachdem schon im Jahr zuvor neun Gemeindebürger einen Rettungsschwimmkurs in Faak am See absolviert hatten. Das erste Jahrzehnt des Bestandes konnte mit einer großen Übung an der Drau abgeschlossen werden. In diese Zeit fällt auch der Bau des Hauses Gruber, der von den Mitgliedern der Wasserrettung mit einem Arbeitseinsatz von rund 2000 Stunden und mit Hilfe von Spenden von Firmen und Privatpersonen durchgeführt werden konnte. Schwerpunkte der Tätigkeit im zweiten Jahrzehnt seines Bestandes waren für den Verein vor allem die Jugendarbeit, die Durchführung der Schulschwimmtage und die Anfängerschwimmausbildung. Kernaufgabe des Vereines blieb nach wie vor die Überwachung im Gemeindebad, wobei Mitglieder der Wasserrettung auch als Sanitäter beim Roten Kreuz tätig sind. Neben der Teilnahme an Wettkämpfen, bei denen immer wieder Spitzenplätze erzielt werden konnten, organisiert der Verein für das Fremdenverkehrsreferat der Gemeinde auch die Veranstaltung *Wasserspaß in Wernberg* und seit einigen Jahren als öffentliche Abendveranstaltung eine *Neptuntaufe*.

Obmänner bzw. Einsatzleiter seit 1977:
Karl Brenner 1977–1987
Ing. Wolfgang Eichkitz seit 1987

Derzeitiger Vorstand:
Einsatzleiter: Ing. Wolfgang Eichkitz
Stellvertreter und technischer Leiter: Klaus Weissensteiner
Schriftführer: Melanie Unterweger
Kassier: Daniela Melcher
Tauchwart: Harald Albel
Stellvertreter: Bernhard Kanduth
Jugendwart: Michaela Pirker
Stellvertreter: Sybille Zederbauer
Nautiker Funkwart: Christoph Eichkitz
Referent Erste Hilfe:
Bettina Weissensteiner
Stellvertreter: Daniela Swoboda
Gerätewart: Stefan Krizisnik
Stellvertreter: Robert Zwölbar
Kassaprüfer: Ing. Franz Wedenig

„PANORAMA". VEREIN FÜR MUSIK UND KUNST IN DAMTSCHACH

Der 1987 als *Verein für Kammermusik in Damtschach* gegründete Verein hat sich die Aufführung von Kammermusik im Schloß Damtschach zur Aufgabe gemacht, wobei dies auch die Förderung künstlerischer Aktivitäten in verschiedenen Kunstsparten miteinschloß. So wurde von Beginn an eng mit der *Galerie Schloß Damtschach* zusammengearbeitet, Ausstellungen, Dichterlesungen und seit 1998 das *Sommertheater* in Damtschach veranstaltet. Diesem Umstand wurde 1993 durch Umbenennung des Vereines in „Panorama". Verein für Musik und Kunst in Damtschach Rechnung getragen. Gegenwärtig zählt der Verein 100 Mitglieder.

Obmänner/Obfrauen seit 1987:
Mag. Peter Putz 1987–1989
Maria Keller 1989–1991
Dipl.Ing. Felix Orsini-Rosenberg 1991–1992
Jean Claude Maibach 1992–1997
Mag. Peter Putz seit 1997

Derzeitiger Vorstand:
Obmann: Mag. Peter Putz
Stellvertreter: Mag. Barbara Putz-Plecko
Schriftführer: Heidi Maibach
Kassier: Brigitte Orsini-Rosenberg
Rechnungsprüfer: Jean Claude Maibach

PENSIONISTENCLUB WERNBERG

Die Sorge für die ältere Generation durch Betreuung bei Pensionsangelegenheiten, die Organisation von Veranstaltungen und die Vermittlung günstiger Erholungsaufenthalte bezeichnet der 1998 gegründete **Pensionistenclub Wernberg**, dem derzeit 160 Mitglieder angehören, als seine wichtigsten Aufgaben.

Derzeitiger Vorstand:
Obmann: Herbert Beutelmayer
Stellvertreter: Erich Vagaja
Schriftführer: Heinz Moser
Stellvertreter: Brigitte Kordasch
Kassier: Ingeborg Beutelmayr
Stellvertreter: Erich Vagaja
Kontrolle: Klothilde Rauter

PENSIONISTENVERBAND ÖSTERREICHS, ORTSGRUPPE WERNBERG

Seit 1955 hat sich dieser Aufgabe auch die rund 365 Mitglieder zählende Ortsgruppe Wernberg des **Pensionistenverbandes Österreichs** verschrieben. Seit seiner Gründung war der Verein unter Führung von insgesamt acht Obleuten bemüht, älteren Gemeindebürgern in rechtlichen Fragen Hilfestellungen zu geben wie auch ihre kulturellen, sozialen und gesellschaftlichen Interessen zu wahren und zu fördern. Die Einnahmen aus einem Oster- und einem Weihnachtsbasar ermöglichen dem Verein die Finanzierung verschiedenster Veranstaltungen, so wird seit 1993 alljährlich ein Kegelturnier durchgeführt, an dem sich bis zu 350 Personen beteiligen.

Obmänner/Obfrauen seit 1955:
Albin Schellander 1955–1973
Mathias Jessenitschnig 1973–1975
Johann Lesiak 1975–1987
Maria Fritz 1987–1988
Rosi Massaninger 1988–1989
Gregor Mikosch 1989–1990
Johanna Kargl 1990–1991
Margarethe Korb seit 1991

Derzeitiger Vorstand:
Vorsitzende: Margarethe Korb
Stellvertreter: Johanna Kargl, Irmgard Obereder, Franz Petritsch
Schriftführer: Johanna Kargl
Kassier: Gregor Mikosch
Sportwart: Ernst Korb

QUINTETT STERNBERG

Die Freude am Gesang und dessen Pflege veranlaßten *Dietmar Reitz, Klaus Lepuschitz, Gerhard Klammer* und *Hannes Mikl-Petschnig* 1989 zur Gründung des *Quartett Sternberg*, das seit 1994 durch Christian Petschar erweitert als **Quintett Sternberg** auftritt. Neben den fünf aktiven Mitgliedern gehören dem Verein 29 unterstützende Mitglieder als Förderer an.

Quintett Sternberg (Original Verein)

Obmänner seit 1989:
Dietmar Reitz seit 1989

Derzeitiger Vorstand:
Obmann. Dietmar Reitz
Chorleiter: Hannes Mikl-Petschnig
Schriftführer: Gerhard Klammer
Kassier: Dietmar Reitz

REITVEREIN ST. GEORG

Die Freude am Pferdesport führte rund 100 Personen im **Reitverein St. Georg** zusammen, der zu den jüngsten Vereinen der Gemeinde zählt.

Derzeitiger Vorstand:
Präsident und Sportwart: Georg Wahl
Schriftführer: dzt. nicht besetzt (?)
Stellvertreter: Daniela Smonig
Kassier: Elisabeth Korecky
Jugendwart: Sara Wahl

GEBIRGSTRACHTEN-ERHALTUNGS- UND SCHUHPLATTLERVEREIN „D' ALMRAUSCHBUAM" UMBERG-WERNBERG

Ebenfalls der Pflege des Brauchtums und dessen Weitergabe an die Jugend haben sich die Mitglieder des **Schuhplattlervereins „D' Almrauschbuam" Umberg-Wernberg** zur Aufgabe gemacht. 1957 gründete *Andreas Knes* in Umberg einen *Schuhplattlerverein*, vorerst aus sechs Mann bestehend, der 1960 als selbständiger Verein angemeldet wurde, nachdem bereits im Jahr zuvor der erste öffentliche Auftritt in Gratschach bei Villach stattgefunden hatte. Nach der Gründungsfeier mit Fahnenweihe im Jahr 1963 folgte die kontinuierliche Aufbauarbeit. Im Herbst 1964 wurde eine Tanzgruppe gegründet, vier Jahre später eine zweite Jugendgruppe. Seither haben 80 Kinder mit Freude im Verein *platteln* gelernt. Durch seine zahlreichen Auftritte in ganz Kärnten wurden die *Almrauschbuam*, die

Schuhplattlerverein „Almrauschbuam" Umberg/Wernberg (Original Verein)

derzeit 55 Aktive in fünf Gruppen und 360 unterstützende Mitglieder zählen, weit über die Gemeindegrenzen hinaus bekannt.

Obmänner seit 1960:
Andreas Knes 1960–1988
Gerhard Glantschnig seit 1988

Derzeitiger Vorstand:
Obmann: Gerhard Glantschnig
Stellvertreter: Oswald Hermann
Schriftführer: Mathilde Naschenweng
Stellvertreter: Margit Tranacher
Kassier: Hubert Ulbing
Stellvertreter: Dietmar Waldhauser

Ehrenobmann:
Andreas Knes

SENIORENCHOR WERNBERG

Daß die Freude am Singen keine Frage des Alters ist, beweisen seit 1980 die Mitglieder des als gemischten Chor gegründeten **Seniorenchores Wernberg**, dem *Hermann Fister* durch zwölf Jahre als Chorleiter vorstand. Die Gestaltung von Feiern, Clubnachmittagen und Festen haben sich die derzeit 28 Mitglieder des Chores unter Leitung von *Olga Jannach* und *Hansi Marinitsch* zur Aufgabe gemacht.

Obmänner/Obfrauen seit 1980:
Dir. Hermann Fister 1980–1992, gleichzeitig auch Chorleiter
Franz Wochein 1992–1997
Olga Jannach seit 1998 Chorleiterin

Derzeitiger Vorstand:
Obfrau: Johanna Marinitsch
Stellvertreter: Greti Fugger
Chorleiterin: Olga Jannach
Dem Vereinsvorstand gehören weiters an:
Thomas Stollwitzer und Hilde Ofner
Johann Quendler

SENIORENCLUB WERNBERG

Mitglieder des Seniorenchores Wernberg waren schon bei der Gründung des **Seniorenclubs Wernberg** im Jahr 1974 federführend beteiligt, der damals 23 Mitglieder zählte, heute sind es 185. Seither war der Verein unter Führung der Obmänner *Thomas Kaplaner, Hermann Fister* und *Johann Quendler* bemüht, älteren Gemeindebürgern zu helfen, ihren *Lebensabend freudvoller und sinnvoller zu gestalten.*

Obmänner seit 1974:
Thomas Kaplaner 1974–1980
Dir. Hermann Fister 1980–1992
Johann Quendler seit 1993

Derzeitiger Vorstand:
Johann Quendler
Johanna Marinitsch
Greti Fugger
Siegfried Bergmeister
Meinhild Lassnig
Hermann Moser
Johann Ramusch
Gertrude Spitzer-Quendler

SINGKREIS WERNBERG

Die Pflege, Förderung und Teilnahme am Chorgesang waren ebenso wie die Freude am Singen ausschlaggebend für die Gründung des **Singkreises Wernberg**, der schon nach kürzester Zeit einen festen Platz im kulturellen und gesellschaftlichen Leben der Gemeinde eingenommen hat. Die Gründung des gemischten Chores geht auf Initiative von fünf Gemeindebürgern zurück. Nach einem Aufruf fanden sich bei der Gründungsversammlung im Juni 1983 bereits 28 Personen ein, die ihre Freude am Gesang mit anderen teilen wollten. Erste Auftritte boten die Gästeehrungen und Heimatabende in der Gemeinde, jährliche Chorkonzerte und das Adventsingen. Schon bald eröffneten sich Kontakte außerhalb der Gemeindegrenzen, u. a. zu Chören in der Steiermark, Deutschland, Italien und der Schweiz. Auch der seit 1994 von der Gemeinde Wernberg veranstaltete *Kulturfrühling* geht auf eine Initiative des Singkreises zurück. Nachdem 1990 die erste Schallplatte des Chores aufgenommen wurde, konnte als Höhepunkt der 15-Jahr-Feier die erste CD des Singkreises präsentiert werden. Der Verein zählt heute 20 aktive und 100 unterstützende Mitglieder.

Singkreis Wernberg (Original Verein)

Obmänner seit 1983:
Rudi Petritsch
Hans Tschemernjak
Hans Peter Reiner
Derzeitiger Vorstand:
Obmann: Hans Peter Reiner
Stellvertreter: Wolfgang Verginz
Schriftführerin: Beate Scharwitzl
Stellvertreter: Regina Reiner
Kassier: Anni Weissensteiner
Stellvertreterin: Renate Sabernig
Chorleiterin: Andrea Scherzer
Notenwart: Hannelore Schleinzer
Stellvertreterin: Edith Winkler
Kontrolle: Willemijntje Müller und
Veronika Kramer

SPORTVEREIN LEGRAND WERNBERG

Eine Erfolgsgeschichte der besonderen Art ist jene des **SV Legrand Wernberg**, der am 1. März 1947 unter dem Namen *SV Föderlach* im GH Schöffmann in Kletschach gegründet wurde. Als erstes Spielfeld dienten zwei von den Familien König und Matschek gepachtete Felder im Föderlacher Wald, die nach und nach zu einem *selten schönen Fußballplatz* wurden. Denkbar schwierig war der Beginn: Hermann Debriacher gelang es die Dressen von der englischen Besatzungsmacht zu erhalten, das Emblem des jungen Sportvereins stickten die Wernberger Mädchen. Das Holz für den Bau der Kabine kam vom Holzhändler Franz Brodnik. Doch mußte dieses erst in den Ossiacher Tauern geschlägert und zur Säge gebracht werden. Für die *erste Fühlungnahme* wurde der SV Faak verpflichtet und das Treffen stand am Ende der Halbzeit bereits 4:0 für die Föderlacher Gastgeber, ehe der Anpfiff zur zweiten Halbzeit dank eines *wolkenbruchartigen Regenschauers* buchstäblich ins Wasser fiel. Die ersten Sporen galt es in der 2. Klasse, Gruppe C, zu verdienen. Kaum waren die ersten Hürden geschafft, drohte dem Verein das Aus, da der Sportplatz einer Kiesgrube weichen mußte. Auf einem von Josef Matschek gepachteten Grundstück wurde ein neuer Platz angelegt, die Spielerkabine abgetragen und am neuen Standort wieder aufgestellt. Im Jahr 1951 fusionierte der SV Föderlach mit dem SK Lind-Rosegg zum **Sportverein Blau-Gelb Wernberg**, 1957 gelang dann der Sprung in die 1. Klasse West, 1959 jener in die Unterliga. Nach anfänglichen Schwierigkeiten in dieser Klasse begann *Wernbergs Glanzzeit*, die sich beim 2:1 Sieg der Wernberger über den Tabellenführer Polizei Klagenfurt am 29. Mai 1960 ankündigte, dank dem die schon sichere Meisterwürde dem Klagenfurter Verein verloren ging, nachdem die, wie der Berichterstatter in der Zeitschrift „Welt und Sport" schrieb, *die hochfavorisierten Polizisten ... kein Mittel gefunden hatten, die geballte Abwehr der Wernberger aufzureißen.* 1963 folgte jedoch der Abstieg in die 1. Klasse, um 1966 wiederum in die Unterliga und 1973 in die Kärntner Liga aufzusteigen. In aller gebotenen Kürze sei im folgenden noch auf die weiteren sportlichen Stationen des SV Wernberg verwiesen: 1973–1976 Kärntner Liga, 1976–1977 Unterliga, 1977–1981 Kärntner Liga, 1981–1983 Unterliga, 1983–1988 1. Klasse, 1988–1992 Unterliga, 1992–1995 Kärntner Liga, seit 1995 Unterliga.

Vorstand des SV Wernberg (Original Verein)

In diesem Zeitraum hatte der Wernberger SV auch mehrere Namensänderungen und manche größere Krise zu durchlaufen. 1973 folgte die Änderung des Vereinsnamens von *Blau-Gelb Wernberg* auf *SV Wernberg-Kunz*, 1978 die Namensänderung in *SV Blumen Schiller-Wernberg*, 1984 jene in *SV Wernberg-Bauhaus* und 1992 schließlich in *SV Legrand Wernberg*. Auch die äußeren Rahmenbedingungen für Training und Wettkampf hatten sich in diesen Jahren grundlegend geändert. Bereits 1963 war auf dem Fußballplatz eine Flutlichtanlage installiert worden. 1971 konnte das Sporthaus eingeweiht werden und 1982 erhielt der Verein ein neues Hauptspielfeld, dem 1995 die Eröffnung eines Jugendtrainingsplatzes folgte, während der einstige Sportplatz in Föderlach heute Trainingszwecken dient.

Obleute:

Paul Tremmel (Sektionsleiter) 1947–1951
Johann Kleewein 1951–1964
Martin Watzenig 1964–1974
Josef Matschek 1974–1984
Franz Jakobitsch 1984–1989
Adam Müller 1989–1993
Brigitte Kordasch 1993–199
Cristian Arneitz seit

Derzeitiger Vorstand:
Obmann: Christian Arneitz
Stellvertreter: Herbert Rautnig, Adam Müller, Klaus Steibl
Schriftführer: Klaus Matschek
Kassier: Andreas Schaller und Robert Haider
Nachwuchsleiter: Norbert Gärtner

TENNISCLUB WERNBERG

1991 wurde von sieben Personen der **Tennisclub Wernberg** gegründet, der in den folgenden Jahren als vorrangigste und wichtigste Aufgabe den Ausbau der Tennisanlagen sah, die heute den rund 100 Mitgliedern des Vereines optimale Möglichkeiten bei der Ausübung dieser Sportart bieten.

Im Frühjahr 1978 wurde vom *Sportverein Wernberg* der Entschluß zur Errichtung von Tennisplätzen gefaßt, die bereits im Juni 1978 eröffnet werden konnten. Im Herbst 1990 fällt nach längeren Verhandlungen zwischen den beiden Sektionen des SV Wernberg die Entscheidung zur Trennung der Sektionen. Am 20. November 1990 erfolgte schließlich die Gründung des TC Wernberg, der 1992 zwei weitere Tennisplätze eröffnen und 1994 ein Sport- und Umkleidehaus seiner Bestimmung übergeben konnte. Im Oktober 1997 wurde mit dem Bau eines Clubhauses begonnen, das 1999 offiziell eröffnet wurde.

Obmänner seit 1990:
Franz Jakobitsch seit 1990
Derzeitiger Vorstand:
Obmann: Franz Jakobitsch
Stellvertreter: Mag. Herbert Lobak
Schriftführer und Sektionsleiter:
Ernst Thurner
Stellvertreterin: Marianne Thurner
Kassier: Peter Lesjak
Stellvertreter: Perchenig Gerhard

THEATERGRUPPE WERNBERG

Der Wunsch zur Erhaltung und Förderung von Kulturgut und insbesondere die Pflege des Amateurtheaters führte bereits ein Jahr nach Kriegsende schauspielbegeisterte Gemeindebürger in der **Theatergruppe Wernberg** zusammen, nachdem Theateraufführungen schon in der Zwischenkriegszeit zu den Höhepunkten geselligen Lebens in der Gemeinde gehört hatten, denkt man dabei etwa an die Darbietungen zu Silvester. Im Frühjahr 1947 konnte unter der Leitung von *Hubert Marinitsch* das erste Stück – *Das Findelkind* – aufgeführt werden. Die Theatergruppe stand über gut ein Jahrzehnt in enger Verbindung mit der *Dorfgemeinschaft Gottestal*, die ebenfalls von *Hermann Fister* geleitet wurde. Derzeit gehören dem Verein im sechsten Jahrzehnt seines Bestandes 17 Mitglieder an.

Obmänner/Obfrauen seit 1946:
Hubert Marinitsch
Dir. Alois Eder (bis 1951)
Dir. Hermann Fister 1951–1963
Magdalena Stranner 1963–1992
Marie Luise Anderwald seit 1994

Theatergruppe Wernberg (Original Verein)

Derzeitiger Vorstand:
Obfrau: Maria Luise Anderwald
Stellvertreter: Karl Rasom
Schriftführer: Werner Rasom
Stellvertreterin: Christine Michaeler
Kassier: Johanna Rasom
Stellvertreterin: Jutta Rasom
Rechnungsprüfer: Andrea Knes, Luzia Fillafer

WERNBERGER BUAM

In dem halben Jahrhundert, seit dem diese Musikgruppe in verschiedenen Besetzungen besteht, hat sie *einen für sie typischen Klang und ein eigenständiges Repertoire* entwickelt. Die Gründung der Gruppe erfolgte 1948. Die Harmonika spielte Andreas Kneß, die Posaune Gottfried Schellander. Klarinettist war Josef Hohenberger und am Helikon spielte Rudolf Kargl. Damals ging es noch mit dem Fahrrad zu den einzelnen Auftritten. Am Tanzboden gingen die Tänzer im Kreis, bis einer das nächste Musikstück bestellte und dafür drei Schilling bezahlte. 1950 gründete Reinhard Tschernitz die *Reinhard Kapelle*, in der Schellander die

Posaune, der Villacher Anton Obmann die Klarinette und Alois Piron das Schlagzeug spielte. Bald schon war die Gruppe weitum, besonders im Mittelkärntner Raum, bekannt und beliebt. 1954 wurden aus der *Reinhard Kapelle* die *Wernberger Spitzbuam*, seit 1960 hieß die Gruppe *Die 4 Spitzbuam*, seit 1963 *Wernberger Buam*. Es war dies nicht nur eine Zeit wechselnder Bezeichnungen sondern auch wechselnder Besetzungen. Zu fünft traten die *Wernberger Buam* erstmals 1965 auf, nachdem der damals erst 17jährige Arnulf Aichholzer zur Gruppe gestoßen war. 1981 folgte der erste Auftritt in Radio Kärnten. Mittlerweile wurden über 70 Musikstücke aufgenommen. Damals kam auch die erste LP der Gruppe heraus, inzwischen können sie bereits auf fünf CD´s verweisen. Den Tonträgern folgten Auftritte in verschiedenen österreichischen Fernsehsendungen, wie *Klingendes Österreich* oder *Treffpunkt Kärnten*. Schon seit Jahrzehnten sind die *Wernberger Buam* die *Hauskapelle* der Villacher Bauerng´man.

Besetzung:
Sepp Schmölzer: Trompete/Flügelhorn
Friedl Schwarz: Klarinette/Saxophon
Rase Uran: Harmonika
Arnulf Aichholzer: Helikon

VOLKSTANZGRUPPE GROSS-STERNBERG-WERNBERG

Die 1980 gegründete **Volkstanzgruppe Gross-Sternberg-Wernberg** hat sich die Kultur- und Brauchtumspflege im Gemeindegebiet zur Aufgabe gemacht. In den Anfangsjahren seines Bestandes wurden vom Verein u. a. auch Zeltfeste organisiert. Zu dem alljährlich vom Verein mit seinen derzeit 16 Mitgliedern absolvierten Programm gehört die Teilnahme am Villacher Kirchtag ebenso wie die Gestaltung beim Erntedankfest, ursprünglich im Schloß Wernberg, später auf der Gemeindewiese, und beim Wernberger Kulturfrühling. Mit der Maibaumfeier, mit dem *Maibaumkraxeln* und anschließender Versteigerung und der Ausrichtung von Faßdaubenrennen, bietet die Volkstanzgruppe den Gemeindebürgern die Möglichkeit zu geselligem Beisammensein.

Obmänner/Obfrauen seit 1980:
Albert Wautischer
Ulrike Pirker
Gerhard Dobernig
Anton Weiß
Gerold Zofall
Susanne Dobernig
Margarethe Mendel

Derzeitiger Vorstand:
Obfrau: Margarethe Mendel
Organisationsleiter: Bernd Smole
Schriftführer: Dagmar Maier
Stellvertreter: Susanne Dobernig
Kassier: Bettina Selan
Tanzleiter: Valentin Dobernig
Stellvertr. des Tanzleiters: Richard Schedina
Stellvertreter des Organisationsleiters: Martin Rasom und Robert Podesser
Mädlleiter: Christa Rasom
Chronistin: Josefine Feichter
Spieler: Gottfried Podesser
Kassaprüfer: Martin Rasom, Christa Rasom

Durch das Jahr – Brauchtum im Gemeindegebiet

In den vergangenen Jahrhunderten haben kirchliche Feiertage und das zumeist damit in Verbindung stehende Brauchtum das Leben der Menschen wie den Ablauf eines Jahres weit stärker bestimmt als heute. Das Kirchenjahr begann – wie auch noch heute – mit dem ersten Adventsonntag. Von da an bis Weihnachten fanden täglich – in der Regel um sechs Uhr früh – Roraten statt, die man *mindestens siebenmal besuchen mußte*, um als *guter Christ* zu gelten, wie sich die Wernberger Gemeindebürgerin *Wilma Tschabuschnig* aus Gottestal erinnert. Diese Frühmessen und die einzelnen Fasttage der Adventzeit – Mittwoch, Freitag und Samstag – dienten zur Vorbereitung auf das Weihnachtsfest. Private Feiern und Festlichkeiten, wie etwa Hochzeiten, waren verboten und fanden so gut wie nicht statt. Das Fest einzelner Heiliger, die der Monat Dezember auswies, wurden festlich oder zumindest mit dem Meßbesuch begangen, wie etwa der 4. Dezember (Barbaratag). Besonders feierlich gestaltete sich der 8. Dezember (Maria Empfängnis). Als strenger Fasttag galt der 24. Dezember. Zu Mittag gab es eine *Fastensuppe*, am Abend *Apfelstrudel oder Reindling mit Kaffee*. Den Tag beschloß der Gang zur Christmette. Bescheiden nahmen sich – wenn überhaupt vorhanden – auch die Geschenke aus, die man zu Weihnachten erhielt. Als eigentliches Hochfest galt der *Christtag*, der feierlich mit Hochamt und Te Deum begangen wurde. Zeichen des hohen Feiertages war auch das Essen, das an diesem Tag reichlicher als sonst ausfiel. Auch das Fest des Erzmärtyrers Stephan wurde feierlich begangen. Während des Gottesdienstes wurden Wasser und Salz geweiht, an vielen Orten Kärntens fanden und finden Pferdeweihen statt. Das Pferd, zumeist das kostbarste Gut des Bauern, wurde damit unter den besonderen Schutz dieses Heiligen gestellt. Auch der letzte Tag des Jahres galt als Fasttag. Lustiger ging es dann, zumindest in unserem Jahrhundert, am Abend dieses Tages zu, wie *Rosa Lepuschitz* und *Lorenz Oschounig* aus Damtschach zu berichten wissen:

SILVESTER DER FF DAMTSCHACH IM GASTHOF MOSSIER-LEPUSCHITZ

Schon zur Tradition geworden waren jedes Jahr die Silvesterfeiern mit den wohl unvergeßlichen Theateraufführungen und anschließendem Tanz. Lose für den Glückshafen wurden verkauft und nach 12 Uhr ging die große Versteigerung los. Sachspenden, aber auch Geld waren schon vorher von Feuerwehrmännern eingesammelt worden. Es waren sehr schöne und preiswerte Dinge darunter; die kleineren Sachen für den Glückshafen, die größeren für die Versteigerung. Was halt so im Haushalt übrig war wurde gespendet, wie Gläser, Geschirr, Puppen, sonstige Figuren, Torten und hauptsächlich Geld. Zum Versteigern kamen mitunter eine Mistkrippe, Rodel, Körbe, Rechen, Zockl, Hühner, Hasen und vieles andere. Das Lustigste beim Versteigern war, daß so manchesmal eine Henne vom Haus aus dem Stall miterwischt wurde. Am Morgen wurde dies erst

bemerkt; da kam die Fanni, unsere langjährige treue Dienerin, mit einem Gezeter ins Haus und erzählte es der Wirtin: „No ja, ist ja für die Feuerwehr!" Der für immer bestimmte Versteigerer Matthäus Ferletta war der deutschen Sprache nicht ganz mächtig. Wenn der Saal einer Rauchkuchl glich, schrie er immer „Luderbuben vom Rachen aufhören!"
Das Theater fing ca. um 20.00 Uhr an und dauerte meist zwei Stunden. Dann wurde bis in die frühen Morgenstunden getanzt. Der Saal war immer zum Bersten voll. Mit großer Begeisterung und unaufhörlichem Applaus wurde den großartigen Spielern gedankt. Spielleiter war Schuldirektor Alois Eder.

Reichhaltig war auch das Essen zu Neujahr. Als *Glücksbringer* mußte es Schweinernes sein. Unglück bedeutete die Unterbrechung des Mittagessens durch einen Besuch. Den Tag selbst begann man mit dem Besuch einer Messe bzw. des feierlichen Hochamtes.

Die kommenden Wochen ab Drei König bis zum Beginn der Fastenzeit waren die lustigsten des Jahres und die Tage des ausgehenden Jänners und beginnenden Februars auch willkommene Tage um zu Heiraten, da im Fasching nach Lust und Laune gefeiert werden konnte. Am 2. Februar, dem *Maria Lichtmeßtag*, opferte man der Pfarrkirche die Lichtmeßkerzen. Der *Blasiussegen*, den man tags darauf erhielt, sollte vor Halskrankheiten behüten. Als Bauernfeiertag galt in manchen Gegenden Kärntens der Tag des Hl. Valentin.

Mit dem Aschermittwoch begann die Fastenzeit. Unterhaltungen waren verboten; wie im Advent fanden kaum Hochzeiten statt, es sei denn, daß aus bestimmten und allen einsichtigen Gründen schnell geheiratet werden mußte. Der Genuß von Fleischspeisen war in der Fastenzeit an Freitagen und Samstagen untersagt, es sei denn, man war aus Gründen des Alters oder der Krankheit davon dispensiert. Am Palmsonntag fand die Weihe der Palmzweige statt; am Gründonnerstag gedachte man des letzten Abendmahls. Die Altäre wurden ihres Schmucks entkleidet und das Allerheiligste auf einen Seitenaltar übertragen, die Glocken verstummten, da sie – wie man den Kindern sagte – *nach Rom geflogen waren*. Die kommenden Tage bis zum Osterfest waren durch regen Kirchenbesuch und verschiedenste Bräuche, wie etwa die Feuer- und Wasserweihe am Karsamstag bestimmt. Die ganze Karwoche gab es das Frühstück erst um 9.00 Uhr. Am Karsamstag zu Mittag eine *dicke Bohnensuppe mit Brot* und abends *Reindling mit Kaffee*. Die Feier der Auferstehung und das Hochamt am Ostersonntag markierten das Ende der Fastenzeit und nach dem *mageren Fastenessen freuten sich alle auf das Osteressen. Am Ostersonntag um 3 Uhr früh beim ersten Böllerschuß setzte sich die ganze Familie um den Tisch zum Gebet und dann gab es das Geweihte*, erinnert sich Wilma Tschabuschnig. *Geselchtes, Hauswürste, Eier, Butter mit Kren, Apfelkren, Essigkren oder Eierkren, dazu Most, für Kinder Most verdünnt mit Zucker, Kaffee mit Zimtreindling oder halbweißes Brot*. Zu Mittag gab es am Ostertag Rindsuppe mit Nudeln, Rindfleisch, Kren und geröstete Kartoffeln, am Abend wiederum Geselchtes.

DAS BÖLLERSCHIESSEN ZU OSTERN AM SCHUMBERG (ROSA LEPUSCHITZ):

Begonnen wurde am Karsamstag am frühen Nachmittag bei der Fleischweihe. Am Abend während der Auferstehung, wurde eine Pause eingelegt und um 1 Uhr nachts hat das fast pausenlose Böllern erst richtig begonnen, die Nacht durch bis nach der Messe am Ostersonntag. Das Laden war eine mitunter sehr gefährliche Sache. Pulvergeld wurde im Dorf gesammelt. Geladen wurde mit Schwarzpulver, Sägespänen und fein zerkleinerten Ziegelsteinen. Es waren kleine und große Böller; den größten hat man sicher in der ganzen Gemeinde gehört, in der Nähe mußte man die Ohren zuhalten, denn es war ein ohrenbetäubender Krach. Die geladenen Böller wurden rechtmäßig hingelegt und auf die Zündöffnung ein wenig Pulver geschüttet. Nicht jeder durfte mit der glühenden Lunte einen Böller ablassen. Ein verläßlicher Schußmeister mußte immer dabei sein und die ganze Verantwortung tragen, und das war immer der Kaspar Haas.

Im Morgengrauen kamen dann die Ortsbewohner mit einer gebührenden Osterjause, Glühmost, heißen Tee; ein Schnaps durfte auch nicht fehlen, denn es war zu dieser Jahreszeit oft einmal noch sehr kalt. Manchmal wurde es zuviel des Guten, dann mußte der Schußmeister besonders auf der Hut sein. Wegen der großen Gefährlichkeit wurde ja das Böllerschießen verboten und so hat auch dieser alte Brauch aufgehört.

In der auf die Osterfeiertage folgenden Saatzeit fielen verschiedene Bittprozessionen um reiche und gute Ernte, wie etwa am Markustag (25. 4.) oder am Fest des heiligen Georg (23. 4.), im übrigen einem alten Zinstag. Besonders festlich wurde der Festtag dieses Heiligen am Sternberg begangen. Ein uralter Brauch im Gemeindegebiet war das *Georgijagen. Rosa Lepuschitz* berichtet uns dazu: *Am Vorabend des Tages des heiligen Georgs versammeln sich Schulbuben im Alter von sechs bis 14 Jahren mit Lärmgeräten und einem Körbchen für die Gaben und ziehen, nur im eigenen Dorf, von Haus zu Haus. An der Haustür wird mit einem Lärmgerät (Rinderhörnern, Deckel, Glocken, Kuhglocken) und durch Poltern ein Zeichen der Ankunft gegeben. Dann wird mit den Geräten unheimlich gelärmt, dann von einem Buben der Haltersegen gesprochen, dann wieder gelärmt. Nach dem letzten Lärm öffnet meistens die Hausfrau selbst die Tür und überreicht die Opfergaben: Eier oder Geld. Dann ziehen sie weiter. Beim letzten Haus werden dann die Gaben genau aufgeteilt, der Sprecher bekommt meistens etwas mehr. Zum Dank mußten die Buben dann einen einige Meter hohen Reisighaufen errichten und um den Johannestag (24. 6.) anzünden. Viele Dorfbewohner und auch Fremde strömten hinauf und warteten bis das Feuer erloschen war.*

HALTERSEGEN

Ich wünsch´ Euch Glück herein und
Unglück hinaus,
es tritt ein armer Halter vor Euer Haus,
mit heiligem Kelch und Opferwein
soll Euch alles gesegnet sein.
Mit Jesunamen tritt er wieder hinaus,
vor´s Tor, vor´s Engelhaus.
Da begegnet er dem heiligen Petrus
mit dem Himmelsschlüssel, er bittet ihn
er versperre dem Elefanten den Rüssel,
dem Luchs die Zähne, dem Bären den
Schlund,
daß Euch bei kan Bandl (Bein) schaden
kunnt.
Gabe und Opfer hilft gewiß
bei unserm Herrn Jesuchrist.
Der Halter-Segen ist g´sprochn
für ein Jahr oder zweiundfünfzig
Wochen.

Der Sommer und Frühherbst war auch die Zeit der zahlreichen Kirchtage. Die Damtschacher Pfarrkirche war dem heiligen Johannes dem Täufer geweiht. Fiel dessen Fest auf einen Montag, Dienstag oder Mittwoch, wurde der Kirchtag am Sonntag zuvor begangen, fiel er auf einen Donnerstag, Freitag oder Samstag, so war der darauffolgende Sonntag Kirchtag, der mit einem feierlichen Hochamt und einem *Umgang* gefeiert wurde. Den Zug eröffnete der Kreuzträger, dem die Männer und eine sechs bis sieben Mann starke Blechmusik folgten. Danach kam die Feuerwehr in *Gala-Uniform mit der großen, schweren, den Zimmerleuten geweihten Fahne ... aus rotem Brokat, goldbestickt und mit einem Bildnis Johannes des Täufers*. Der Feuerwehr folgten die Kirchensänger, *der Himmel mit der Geistlichkeit und dem Hochheiligsten und die Ministranten, die Herrschaft ...*, nach einer kleinen Fahne aus weißer Seide mit einem Marienbild die *in weiß gekleideten Schulmädchen* mit Kerzen, daran anschließend die Knaben und die Frauen. Auf dem Weg wurde an vier Altären halt gemacht, während des Umgangs mit allen Glocken geläutet. Die Musik spielte zwischen den Stationen, vor und nach dem Beginn der *geistlichen Zeremonien am Altar sang der Kirchenchor.* Zum Schloß zurückgekehrt, wo sich der vierte Altar befand, löste sich die Prozession auf und *mit flotten Märschen* ging es dem Gasthaus zu. *Bis in die späten Nachtstunden oder gar bis zum Morgen wurde bei Tanz, Speis und Trank der Kirchtag im Gasthaus abgehalten und gefeiert.* Am Montag danach fand der Nachkirchtag statt und dabei *ging es wieder mit derselben Musik flott weiter. Der Nachkirchtag war in der Hauptsache für die Nachbarn, Geschäftsleute und Wirte; Wirte als Gegenbesuch. Viel wurde gegessen und getrunken. Zu manchen Kirchtagen gab es auch Zechburschen. Die hatten die Aufgabe, bei der Ankunft im Gasthaus die Wirtsleute hochleben zu lassen und dann für einen guten Ablauf und Unterhaltung zu sorgen, Jung und Alt tanzen zu führen und vor allem als Wächter bei Streitigkeiten oder Raufhandel zu fungieren.* Das Kirchtagsessen bestand in Damtschach aus *Saurer Suppe, Schweine-, Kalb- und Schöpsen-Braten mit den üblichen Beilagen und Salaten, Kaffee, Kärntner Reindling und Krapfen.* In Gottestal gab es zum Frühstück Kaffee mit

Wernberger Kirchtag 1930 (Original Wilma Tschabuschnig)

Reindling und Krapfen, mittags *Saure Suppe, Rindsuppe mit Nudeln, Rindfleisch mit gerösteten Kartoffeln und Krensauce*, am Nachmittag *Schweinsbraten oder Schöpsernes, halbweißes Brot, Rohnen-, Kraut- und grünen Salat, Apfel- und Dörrzwetschkenkompott*, am Abend Reindling und Kaffee.

Zur Unterhaltung an den Kirchtagen trugen wesentlich die Musikkapellen bei. Im Unterschied zu Böhmen waren solche in Kärnten im 19. Jahrhundert Mangelware. Zahlreiche böhmische Musikanten versuchten daher ihr Glück außerhalb ihres Heimatlandes. Zu diesen zählte *Wenzel Vilanek*, der sich Mitte der 70er Jahre des vorigen Jahrhunderts vorerst in Ragain niederließ. Seinen Lebensunterhalt verdiente er sich in der *Jelinek-Kapelle*. Nach einigen Jahren konnte er in Umberg eine kleine Landwirtschaft erwerben. Sein gleichnamiger Sohn, noch in Böhmen geboren, wurde vom Vater ebenfalls zum Musiker ausgebildet. Dessen Sohn Josef wußte *Klaus Fillafer*, dem wir einen Abriß der *Böhmischen Tanzmusik im Raum Wernberg* verdanken, manche Anekdote aus dem Leben seines musizierenden Vaters zu berichten. So hätte dieser eine Pause bei seinen Übungen am Instrument zu einem Besuch im Gasthof Schiller in Wernberg genützt und sei, als es ans Bezahlen ging von der Wirtin aufgefordert worden, dies musikalisch zu tun – „*Buaman, spielt´s die Kaiserhymne, dann kriagt´s de guate Jaus´n umasunst!*" Eine weitere sehr bekannte Musikkapelle dieser Zeit war die *Kapelle Belohuby*, die von den Einheimischen *Die Gottestaler* oder *Die Böhm* genannt wurden und die unter der Leitung des Gasthauspächters *Josef Belohuby* stand. Die Einnahmen, die bekanntere Kapellen einspielten, waren mitunter beträchtlich. Die „Reviere" der einzelnen Kapellen waren – ohne dies groß absprechen zu müssen – genau abgesteckt. Anlässe, zu denen gespielt wurde, gab es genug. Nicht nur an Kirchtagen, sondern auch bei Hochzeiten und anderen weltlichen Festen wollte man auf musikalische Umrahmung nicht verzichten. Die Besetzung dieser Kapellen, deren Musiker mitunter auch die Vertretung eines Erkrankten einer anderen Kapelle übernahmen, war die gleiche: B-Trompete, Flügelhorn, ES-Klarinette, Baßflügelhorn, ES-Trompete und Helikon (F-Baß). Die *Belohuby-Kapelle* wurde 1926 aufgelöst. An ihre Stelle trat die Kapelle *Kerndal*, die unter der Leitung von *Peter Kerndal* aus Föderlach stand, und samstags stets vor dem Parkhotel in Villach spielte. Unter den Musikern dieser Kapellen befanden sich wahre Meister. So soll der Flügelhornist der *Belohuby-Kapelle* sein Instrument derart meisterhaft beherrscht haben, daß sich, wie seine Zuhörer zu sagen pflegten, *wenn er das hohe C spielte, das Blech gebogen habe*.

Als Erntedank nach Beendigung der Arbeit am Feld und dem Einbringen der Ernte galt, wie wir den Aufzeichnungen von *Wilma Tschabuschnig* entnehmen können, Allerheiligen. Zumeist wurde ein *kleineres Schwein oder ein Schaf geschlachtet; da gab es Braten oder Gekochtes, so eine Art Erntedank*. Zudem wurden *halbweiße* Allerheiligenstriezel gebacken, die man an jene verteilte, *die irgendwie bei der Feldarbeit mitgearbeitet* hatten. Wenige Wochen danach begann mit dem Advent wiederum die stille Zeit des Jahres.

Werfen wir abschließend noch einen kurzen Blick auf die heutige Brauchpflege im Jahreslauf im Gemeindegebiet, so finden wir neben den Pfarrämtern als Träger dieser Brauchtumspflege die Dorfgemeinschaften und die lokalen Vereine. Ihre Aktivitäten ergeben ein buntes Bild. Diese reichen vom Perchtengehen am 5. Jänner, dem Sternsingen, den Faschingsumzügen, der Palmweihe, dem Osterfeuer, dem Maibaum-Aufstellen, der Fronleichnamsprozession, den Kirchtagen, dem Erntedank, den 10. Oktober-Feiern und der Gefallenenehrung bis zum Adventsingen und den Pferdeweihen am Stefanitag, um nur einige Fixpunkte im Jahreslauf anzuführen.

Sagen aus dem Gemeindegebiet

Ein Teil der nachstehenden Sagen aus dem Gemeindegebiet bzw. aus der näheren Umgebung von Wernberg wurde von Johann Viertler aufgezeichnet und im Amtsblatt der Gemeinde Wernberg veröffentlicht. Ihm und Rosalia Soran aus Kaltschach, der die Aufzeichnung einer Erzählung zu verdanken ist, kommt dabei das Verdienst zu, diese bis dahin nur mündlich tradierten Geschichten aus unserem Gemeindegebiet nach Erzählungen älterer Leute aus den Ortschaften Terlach, Sternberg und Oberwinkeln bei Köstenberg aufgezeichnet und somit der Nachwelt erhalten zu haben.

DIE TÜRKEN VOR STERNBERG

Zur Zeit der Türkeneinfälle ritt eine Vorhut der Renner und Brenner, aus Terlach kommend, zur Kirche von Sternberg. Das Gotteshaus sollte geplündert und hernach niedergebrannt werden. Auf dem Plateau am Fuße des Kirchenhügels, an der Stelle des heutigen Letternigkreuzes, fiel das Pferd des Anführers der Horde plötzlich in die Knie und konnte sich nicht mehr erheben. Alles Zureden wie Gewalt waren vergeblich; das Pferd rührte sich nicht von der Stelle. Erst als sein Herr den Schwur tat, die Kirche nicht zu brandschatzen, sondern zu verschonen, stand das Tier auf und drehte sich rasch um. Ebenso rasch wurde nun der Rückzug nach Terlach angetreten. Als Dank für die Erhörung seines Schwures ließ der Türke seinen golddurchwirkten Mantel zurück. Aus diesem wurde ein Meßkleid für die Kirche am Sternberg angefertigt. An der Wende zu unserem Jahrhundert soll es noch erhalten gewesen sein.

DAS LETTERNIGKREUZ

Ein unheimlicher Ort war in früheren Zeiten jener an dem heute das Letternigkreuz steht. Wiederholt wollen die Bewohner von Terlach dort in mondhellen Nächten eine dunkle Gestalt beobachtet haben. Näherte sich ihr jemand, so verschwand sie plötzlich. Weiters wußte man von einer hölzernen Heiligenstatue zu erzählen, die des Nachts wiederholt über den Kirchhügel gekollert und nahe des Letternigkreuzes gesehen worden sei. Über lange Zeit haben die Menschen unserer Gegend diese Stelle des Nachts gemieden und manche, so heißt es, tun es auch heute noch.

DER SCHATZ AUF DER BURGRUINE STERNBERG

Ebenso wie von anderen, seit vielen Jahren verfallenen Burgen und Ansitzen unseres Landes, heißt es auch von der Burgruine Sternberg, daß in ihr ein Schatz zu finden sei. Dieser soll sich nahe des Mauertores auf der Südseite des steilen Felssturzes unter der Ruine befinden. Nur alle hundert Jahre könne er von einem Sonntagskind, das einen geweihten Gegenstand mit sich trage, gehoben werden.
An einem hohen kirchlichen Festtag ging einst ein Mädchen aus Terlach zur Messe nach St. Georgen am Sternberg. Als es das besagte Mauertor durchschritt, sah es im Gestrüpp längs des Weges eine große weiße Marmorplatte, auf der zwei goldene Schlüssel lagen. Da das Kind diese Platte noch nie gesehen hatte, kam es neugierig näher, bog die Sträucher zur Seite und just in dem Augenblick, da es nach

den Schlüsseln greifen wollte, hörte es Schritte hinter sich. Erschrocken drehte es sich um, sah jedoch niemanden. Dem Mädchen wurde es unheimlich, es bekam mit der Angst zu tun und lief eilig davon. Lange noch hörte es hinter sich ein Wimmern und Klagen. Zu Hause erzählte das Kind von seiner unheimlichen Begegnung. Alle die davon hörten, bedauerten das Mädchen, denn hätte es den Mut gehabt, die Schlüssel an sich zu nehmen und an ihre Stelle einen geweihten Gegenstand zu legen, so hätte es den Schatz, der unter der Platte vergraben war, heben können, da der Geist, der den Schatz bewacht, durch den geweihten Gegenstand seine Gewalt über den Schatz verloren hätte. Die Steinplatte mit den goldenen Schlüsseln jedoch war verschwunden.

DER SCHATZ AUF DER BURGRUINE EICHELBERG

Während auf Hohenwart und Sternberg die dort verborgenen Schätze von einem Männchen in eiserner Rüstung bewacht werden, hütet den Schatz in der Ruine Eichelberg ein schwarzer Ziegenbock. Den Schatz werde, so der Volksmund, dereinst ein Sonntagskind heben. Den Ziegenbock wollen Einheimische wiederholt gesehen haben, wie er seinen Hunger mit Laub und seinen Durst an einem morschen Brunnentrog in der Nähe der einstigen Burg gestillt habe.

Im folgenden seien zwei weitere Sagen wiedergegeben, die zwar nicht im unmittelbaren Gemeindegebiet zu lokalisieren sind, jedoch deutlich Bezüge zu einzelnen Orten der Gemeinde aufweisen.

DER SCHATZ IM SCHWARZEN SCHLOSS

Auch in der Ruine der Burg Hohenwart, die sich einst auf der höchsten Stelle des Schmarotzwaldes bei Köstenberg erhob und im Volksmund das *Schwarze Schloß* genannt wird, soll sich ein Schatz befinden.

Zwei Buben aus Köstenberg, nach anderer Version aus Sternberg, hüteten einst in der Nähe der Ruine ihr Vieh und beide kannten die Plätze rund um die einstige Burg ziemlich gut. Eines Tages fanden sie jedoch die Stellen, an denen sie sonst ihr Vieh weideten, völlig verändert. Neugierig geworden, beschlossen sie die Ruine, die ebenfalls verändert erschien, näher zu besehen. Ihr Erstaunen wuchs mit jedem Schritt. An dem Ort, an dem sich sonst nur verfallenes Gemäuer, Sträucher und Gestrüpp befand, führte nun eine Stiege in hell erleuchtete Kellerräume, in denen drei Fässer standen. Eines war mit weißen Steinen, das andere mit Kletzen und das dritte mit Roßäpfeln gefüllt. Belustigt ob dieses Fundes und etwas mutiger geworden, nahmen sie aus jedem der drei Fässer etwas mit. Gegen Abend trieben die beiden das Vieh nach Hause. Ihre Hosentaschen, die sie sich in der Ruine kräftig angefüllt hatten, wurden immer schwerer. Da ihnen dies lästig zu werden begann, beschlossen sie ihre Taschen zu entleeren und die Steine, Kletzen und Roßäpfel wegzuwerfen. Doch als sie das tun wollten, sahen sie, daß daraus Gold geworden war. Rasch liefen sie zur Ruine zurück, um mehr davon zu holen, doch diese bot den seit Jahren vertrauten Anblick und der Eingang in den Keller ließ sich trotz eifrigstem Suchen nicht finden. Doch auch so erregte ihr Schatzfund großes Aufsehen, nicht zuletzt auch deshalb, da die beiden den Ort, an dem sie ihr Glück gemacht hatten, nicht preisgaben. Beide jedoch suchten die Ruine nach wie vor oft auf, in der Hoffnung, den Eingang in die Gewölbe noch einmal zu finden.

Durch ihren Fund hatte sich auch das Leben der beiden verändert. Die Tage, an denen sie ihren Unterhalt mit dem Hüten von Vieh hatten fristen müssen, schienen vorbei zu sein. Durch ihren Reichtum übermütig geworden, begannen sie ein liederliches Leben zu führen. Das gefundene Gold schmolz rascher als erwartet dahin und eines Tages hatten sie ihr letztes Geld beim Kartenspiel verloren. Von nun an waren sie gezwungen, ihren Lebensunterhalt wiederum durch ihrer Hände Arbeit zu verdienen. Sie kehrten in ihren Beruf als Viehhalter zurück und damit auch an jenen Ort, an dem sie einst ihr Glück gemacht hatten und der ihr Leben so einschneidend verändert hatte.

Als beide wieder einmal ihren einstigen Lebenswandel bedauerten, mit dem sie ihr Vermögen durchgebracht hatten, stand plötzlich ein kleines Männchen in eiserner Rüstung vor ihnen. Es erzählte den Männern, daß zu einer bestimmten Mitternachtsstunde der Schatz gehoben werden könne. Doch keiner der beiden fand den Mut, sich zur Geisterstunde an diesem unheimlichen Ort einzufinden.

Das kleine Männchen soll nicht nur auf Hohenwart, sondern auch auf Sternberg gesehen worden sein. Jene, die ihm begegnet waren, berichteten, daß es stets eine eiserne Rüstung getragen habe und verschwunden sei, sobald man sich ihm genähert habe. In der Erinnerung der Einheimischen lebt es als Hüter der verborgenen Schätze von Hohenwart und Sternberg weiter.

LEGENDE ODER EIN TEIL WAHRHEIT

(nach einer Aufzeichnung von Rosalia Soran)

Den Kirchenbüchern der Pfarre Sternberg können wir entnehmen, daß im Jahr 1814 die Terlacher Bäuerin Apollonia durch einen Sturz vom Balkon ihres Anwesens ums Leben kam. Zwei Jahre später wurde ihr Mann Urban bei der Abnahme einer Glocke vom Turm der Sternberger Kirche erdrückt. Hinter diesen dürren Mitteilungen soll sich jedoch, so will es der Volksmund, die schicksalhafte Verstrickung des jungen Bauern verbergen.

Der Terlacher Bauer Urban war erst wenige Jahre verheiratet. Nach zwei Töchtern schenkte ihm seine Frau Apollonia 1813 einen Sohn und Erben, der bei der Taufe den Namen des Vaters erhielt. Bald nach der Geburt des Sohnes kam eine junge Magd auf den Hof, in die sich der Bauer verliebte. Der Bäuerin entging natürlich die Werbung ihres Mannes um die junge Frau nicht und bald kam es zu heftigen Auseinandersetzungen zwischen den Eheleuten, da Apollonia nicht gewillt war, das Verhältnis, das ihr Mann vor ihren Augen begonnen hatte, zu tolerieren. Weder Bitten noch Drohungen halfen: Der Mann wollte das Verhältnis zur jungen Magd nicht lösen. Mehr und mehr verfiel er der jungen Geliebten und faßte daher einen ebenso heimtückischen wie tragischen Entschluß.

Montags war Waschtag am Hof und die Hausfrau verwendete den Balkon (Gang), auf den eine Außenstiege führte, zum Trocknen der Wäsche. Als sie an diesem Tag die Wäsche hinauftrug, brach die Treppe und die Bäuerin stürzte in die Tiefe. Jede Rettung war vergebens. Die ganze Umgebung bedauerte den jungen Witwer, der seine Frau auf so tragische Weise verloren hatte, und nun mit drei unmündigen Kindern zurückblieb. Was niemand wußte, war, daß Urban selbst den Tod seiner Frau herbeigeführt hatte, indem er die Stiege angesägt hatte.

Selbst die Liebe und Leidenschaft zu seiner jungen Geliebten, um derentwillen er seine Frau ermordet hatte, konnten den Mann weder ablenken noch beruhigen. Eines Morgens sah er, wie seine beiden Töchter über den Hof gingen und hinter dem Stadel verschwanden. Just als er die Stallarbeit beendet hatte, sah er sie zum Haus zurückkehren. Ihm schien, als seien die beiden frisch gekämmt. Er beobachtete nun den Gang der beiden Mädchen einige Tage. Es geschah immer das Gleiche. Die Mädchen verließen das Haus, verschwanden hinter dem Stadel und kehrten nach einer Weile gekämmt zurück. Hier scheint etwas nicht mit rechten Dingen zuzugehen, dachte sich Urban. Das Ganze ließ ihm schließlich keine Ruhe und er fragte die Töchter, wohin sie denn jeden Tag gingen. „Zur Mutter!", gaben die Kinder lachend zurück, denn diese warte jeden Morgen hinter dem Stadel auf sie, um sie zu kämmen.

Nun war es mit der Ruhe des Bauern endgültig dahin. Seine Gedanken kreisten fortan nur noch um das eine. Er sann Tag und Nacht darüber nach, wußte sich jedoch keinen Rat. Nach quälenden Tagen und Nächten, in denen er nach einem Ausweg gesucht hatte, wandte er sich an den Pfarrer. Diesem gegenüber offenbarte er die große Schuld, die er, einer Leidenschaft willen, auf sich geladen hatte, und bat den Geistlichen, ihm einen Weg zu zeigen, wie er und sein Weib zur Ruhe kommen könnten.

Der Pfarrer gab ihm den Rat, nächstens seinen Töchtern zu folgen und, nachdem seine verstorbene Frau die Töchter gekämmt und entlassen hatte, diese zu fragen, wie sie ihren Frieden finden könne. Am nächsten Tag nahm der Bauer allen Mut zusammen und folgte seinen Töchtern. Nun stand er vor seiner Frau, die durch ihn zu Tode gekommen war. Auf seine Frage, was er tun könne, damit sie ihren Frieden finde, gab sie ihm folgende Antwort: „Den Frieden brauchst Du wohl nötiger als ich! Trotzdem mache ich Dir folgenden Vorschlag: Warte in der nächsten Vollmondnacht mit einer doppelspännigen Kutsche hier auf mich. Wir werden dann zum weißen Kreuz nach Villach (Zehenthof) fahren. Unterwegs werde ich Dir dann alles erzählen!"

Mit dieser Antwort kam der Bauer zum Pfarrer. Der Geistliche hörte sich den Bericht an und forderte Urban auf, einen Tag vor der Vollmondnacht wiederum im Pfarrhaus zu erscheinen. Dann würde er ihm genauestens erklären, wie er sich bei dieser gruseligen Fahrt zu verhalten habe. Gesagt, getan: Einen Tag vor Vollmond kam der Bauer in den Pfarrhof. Der Wunsch der toten Frau müsse erfüllt werden, ließ der Pfarrer gleich vorweg verlauten. Urban könne sich jedoch schützen, indem er bereits vor seiner Frau auf der Kutsche sitze und zwar auf der rechten Seite. Er dürfe auf der Fahrt keine ihrer Fragen beantworten, geschweige denn sich mit ihr unterhalten. Auf jeden Fall müsse er vor Mitternacht beim weißen Kreuz angelangt sein. Dort habe er sofort von der Kutsche zu springen, und zwar noch ehe der Geist seiner Frau den Boden berühre. Halte er sich daran, so der Geistliche, werde ihm nichts geschehen.

In der Nacht darauf wartete Urban, wie ihm geheißen ward, mit dem Gespann auf seine Frau. Diese stieg ein, stellte diese und jene Frage, um ihren Mann, der so schwer an ihr gefehlt hatte, in ein Gespräch zu verwickeln. Doch dieser schwieg eisern. Er wäre wohl auch nicht fähig gewesen zu antworten, denn ringsum erhoben sich andere Stimmen, die auf ihn ohne Unterlaß einredeten. So müsse das Fegefeuer sein, dachte Urban bei sich, der vor Angst weder ein noch aus wußte. Endlich erreichte man den Zehenthof in Villach und der Bauer nahm all seinen Mut und alle Kraft zusammen und sprang von der Kutsche. Die tote Frau stieg aus der Kutsche, sah ihren Mann eindringlich an, der ihrem Blick kaum standzuhalten vermochte und dem diese Sekunden eine Ewigkeit schienen. Ehe sie sich umwandte, um im Dunkel der Nacht zu verschwinden, sprach sie zu ihm. „Sei froh, daß Du vor mir aus der Kutsche warst, denn sonst hätte ich Dich zermalmt wie der Mühlstein das Korn. Eines jedoch sollst Du noch wissen: Auch Du wirst nicht lange leben, denn eine Glocke wird Dich erschlagen. Von Deinen Nachkommen aber sollen sieben Generationen verflucht sein und erst dann sollst Du Deinen Frieden finden!"

Urban hielt erschrocken inne, doch als die Gestalt verschwunden war, löste sich ein wenig die Angst und schnell trieb er die Pferde an, die ihn ins heimatliche Dorf zurück brachten. Bald schon war der Fluch der Toten vergessen, die sich auch nicht mehr zeigte. Zwei Jahre später war der Bauer mit Arbeiten im Turm der Pfarrkirche beschäftigt, da eine gesprungene Glocke abgenommen werden mußte. An die Prophezeiung der Toten dachte Urban schon längst nicht mehr. Die Arbeit ging gut voran und schien geschafft, als ein Seil riß, die Glocke herabstürzte und den Bauern unter sich begrub. Ihm blieb gerade soviel Zeit, daß der Pfarrer geholt und dem Sterbenden die Sakramente gespendet werden konnten. Kaum zwei Jahre nach dem feigen Mord an seiner Frau hatte sich Urbans Schicksal erfüllt.

Quellen- und Literaturverzeichnis

Das nachstehende Verzeichnis führt die wichtigsten Quellen und Literatur in summarischer Form an, die für die Abfassung der Chronik verwendet wurde

1. UNGEDRUCKTE QUELLEN:

- **Archiv der Diözese Gurk**: Alte Pfarrakten Damtschach, Gottestal und Sternberg; Pfarrarchive Damtschach, Gottestal und Sternberg.
- **Gemeindeamt Wernberg:** Sitzungsprotokolle des Gemeinderates (ab 1908); Archiv der Gemeinde Wernberg;
- **Gendarmerieposten Wernberg:** Chronik des Gendarmeriepostens Wernberg (ab 1913)
- **Kärntner Landesarchiv:** Allgemeine Handschriftenreihe, Franziszeischer Kataster, Sammelarchiv des Geschichtsvereins, Herrschaftsarchive, Vereinskataster.
- **Pfarramt Damtschach:** Liber memorabilium
- **Pfarramt Gottestal:** Liber memorabilium
- **Pfarramt Sternberg:** Liber memorabilium
- **Steiermärkisches Landesarchiv:** Allgemeine Urkundenreihe, Diplomreihe, Handschriftensammlung, Spezialarchive, Partezettelsammlung, Vermählungsanzeigen, Patente und Kurrenden.
- **Volksschule Damtschach:** Chronik der VS Damtschach; Chronik der ehemaligen VS Sternberg.
- **VS Goritschach:** Chronik der VS Goritschach; Chronik der ehemaligen VS Gottestal.
- **Privatarchive im Gemeindegebiet**

2. GEDRUCKTE QUELLEN:

August JAKSCH – Hermann WIESSNER, Monumenta historica ducatus Carinthiae. Geschichtliche Denmäler des Herzogtums Kärnten, Band I–XI (Klagenfurt 1896–1972).

Jakob UNREST, Österreichische Chronik. Hrsg. v. Karl Großmann (=MGH, Scriptores rerum Germanicarum, N. S. XI) (Weimar 1957).

Jakob UNREST, Chronicon Carinthiacum. In: Simon Friedrich Hahn, Collectio monumentorum veterum et recentium ineditorum I (Braunschweig 1724) 479–536.

Johann Weikhard VALVASOR, Topographia archiducatus Carinthiae (Nürnberg 1688) [Reprint Klagenfurt 1975].

Martin WUTTE, Kärntner Gerichtsbeschreibungen (Klagenfurt 1912) (=AGT 20/21).

ORTSREPERTORIEN
GEMEINDELEXIKA
AMTS- UND ADREßKALENDER
VOLKSZÄHLUNGSERGEBNISSE
WAHLERGEBNISSE
LANDESGESETZBLÄTTER

3. LITERATUR:

Archäologischer Atlas von Kärnten. Hrsg. v. Gernot PICCOTTINI unter Mitarbeit von Erich WAPPIS (Klagenfurt 1989).

B. CZERWENKA, Die Khevenhüller (Wien 1867).

Damtschach 1800–1988. (Damtschach 1988).

Paul DEDIC, Kärntner Exulanten des 17. Jahrhunderts. Ergänzungen und Berichtigungen von Gustav Adolf von Metnitz (Klagenfurt 1979).

DEHIO. Kunsthandbuch Kärnten (Wien ^{2}1981).

Barbara DEUER – Wilhelm DEUER, Rund um den Wörthersee. Kulturwanderungen (Klagenfurt 1999).

Der 10. Oktober 1920. Kärntens Tag der Selbstbestimmung. Vorgeschichte – Ereignisse- Analysen. Hrsg. v. Kärntner Landesarchiv (Klagenfurt 1990).

Karl Dinklage, Geschichte der Kärntner Landwirtschaft (Klagenfurt 1966).

Ders., Geschichte der Kärntner Arbeiterschaft 2 Bände (Klagenfurt 1976–182).

Ders., Kärnten um 1620. Die Bilder der Khevenhüller-Chronik (Wien 1980).

Werner Drobesch, Vereine und Verbände in Kärnten. Vom Gemeinnützig-Geselligen zur Ideolisierung der Massen (Klagenfurt 1991) (= Das Kärntner Landesarchiv 18).

Rudolf Egger, Die Reisetagebücher des Paolo Santonino 1485–1487 (Klagenfurt 1947).

Erläuterungen zum Historischen Atlas der österreichischen Alpenländer II/8/2: Die Kirchen und Grafschaftskarte. Ost- und Mittelkärnten nördlich der Drau (Klagenfurt 1958) (= AGT 52).

Erläuterungen zum Historischen Atlas der österreichischen Alpenländer II/8/3: Die Kirchen und Grafschaftskarte. Oberkärnten nördlich der Drau (Klagenfurt 1959) (= AGT 53).

Roman Felsner, Dem Nächsten zur Wehr. Kärntens Feuerwehren im Wandel der Zeit (Graz 1994).

Claudia Fräss-Ehrfeld, Geschichte Kärntens. 2 Bände (Klagenfurt 1984–1996).

Walther Fresacher, Der Bauer in Kärnten. 3 Bände (Klagenfurt 1950–1955) (= AGT 31, 39 und 45).

Georg Graber, Volksleben in Kärnten (Graz 1934).

Hugo Henckel, Burgen und Schlösser in Kärnten 2 Bände (Klagenfurt–Wien 1964).

Alfred Hummitzsch, Die territoriale Entwicklung der Ortsgemeinden in Kärnten (Klagenfurt 1963) (= Schriftenreihe für Raumforschung und Raumplanung 3).

August Jaksch – Martin Wutte, Kärnten. In Erläuterungen zum Historischen Atlas der österreichischen Alpenländer I: Die Landgerichtskarte, Teil 4 (wien 1914–1929).

August Jaksch, Geschichte Kärntens bis 1335. 2 Bände (Klagenfurt 1928–1929).

Ders., Die Stadrichter und Bürgermeister von Villach bis zum Schlusse des XVIII. Jahrhunderts. In: Carinthia 80 (1890) 108–112.

Karl Kafka, Wehrkirchen Kärntens. 2 Bände (1971–1972).

Kärntens gewerbliche Wirtschaft von der Vorzeit bis zur Gegenwart (Klagenfurt 1953).

Georg Khevenhüller, Das Burgenbild in Hochosterwitz. In: Carinthia I 150 (1961) 715–725.

Barbara Kienzl – Wilhelm Deuer, Renaissance in Kärnten (Klagenfurt 1995).

Ernst Klebel, Die Grundherrschaften um Stadt Villach (Klagenfurt 1942). (= AGT 27).

Ders., Zur Geschichte der Pfarren und Kirchen Kärntens (Klagenfurt 1979).

Franz Xaver Kohla – Gustav Adolf von Metnitz – Gotbert Moro, Kärntner Burgenkunde. 2 Bände (Klagenfurt 1973). (=Aus Forschung und Kunst 17).

Irmtraud Koller-Neumann, Die Lehen des Bistums Bamberg in Kärnten bis 1400 (Klagenfurt 1982). (= Das Kärntner Landesarchiv 7).

Eberhard Kranzmayer, Ortsnamenbuch von Kärnten. 2 Bände (Klagenfurt 1956–1958). (= AGT 50–51).

Maria Kurz, Zur Lage der Slowenen in Kärnten. Der Streit um die Volksschule in Kärnten 1867–1914 (Klagenfurt 1990). (= Das Kärntner Landesarchiv 17).

Alois Lang – Gustav Adolf von Metnitz, Die Salzburger Lehen in Kärnten bis 1520. Hrsg. von Gotbert Moro (Wien 1971). (= FRA 2/79)

J. Lukeö, Militärischer Maria Theresien-Orden. Neue Folge. 1850–1890 (Wien 1890).

Gustav Adolf von Metnitz, Geadelte Bürger in Kärnten. 1. Teil. In: Carinthia I 154 (1964) 70–151.

Ders., Geadelte Bürger in Kärnten. 2. Teil. In: Carinthia I 155 (1965) 437–505.

Therese MEYER, Dienstboten in Oberkärnten (Klagenfurt 1993). (= Das Kärntner Landesarchiv 19).

Günther NECKHEIM, Schloß Wernberg. Missonskloster (o. O., o. J.).

Wilhelm NEUMANN, Das Wappenbuch C des Kärntner Landesarchivs (Klagenfurt 1980).

Markus PERNHART, Burgen und Schlösser in Kärnten. 194. Bleistiftzeichnungen aus der Zeit um 1860. Mit einem Beitrag von Anton Kreuzer (Klagenfurt 1976).

Gernot PICCOTTINI, Die Römer in Kärnten (Klagenfurt 1989).

Franz. O. ROTH, Zum Erscheinungsbild der Herrschaft Wernberg im 17. Jahrhundert. In: Neues aus Alt-Villach 5 (1968) 103–162.

Jana Gräfin REVEDIN, Gärten in Kärnten. Historische Gartenbilder vom Burg- zum Baumgarten (Klagenfurt 1995).

Stephan SINGER, Kultur- und Kirchengeschichte des oberen Rosentales. Dekanat Rosegg mit Einschluß des Wörther-See-Gebietes (Kappel 1935).

J. SIEBMACHERS großes Wappenbuch.Band 29. Der Adel in Kärnten, Krain und Dalmatien (Neustadt an der Aisch 1980).

Peter G. TROPPER, Vom Missionsgebiet zum Landesbistum. Organisation und Administration der katholischen Kirche in Kärnten von Chorbischof Modestus bis zu Bischof Köstner (Klagenfurt 1996).

Wilhelm WADL – Alfred OGRIS, Das Jahr 1938 in Kärnten und seine Vorgeschichte (Klagenfurt 1988). (=Das Kärntner Landesarchiv 15).

Wilhelm WADL, Das Jahr 1945 in Kärnten (Klagenfurt 1985).

Ulrike WALTEN, Die Breuner, Genealogie und Geschichte einer steirischen Adelsfamilie. Geisteswiss. Dissertation (Graz 1985).

August WALZL, Die Juden in Kärnten und das Dritte Reich (Klagenfurt 1987).

Ders., Kärnten 1945. Vom NS-Regime zur Besatzungsherrschaft im Alpen-Adria-Raum (Klagenfurt 1985).

Ders., Gegen den Nationalsozialismus. Widerstand gegen die NS-Herrschaft in Kärnten, Slowenien und Friaul (Klagenfurt 1994).

Evelyne WEBERNIG, der Landeshauptmann von Kärnten. Ein historisch-politischer Überblick (Klagenfurt 1987).

Alois WEISS, Kärnthens Adel bis zum Jahr 1300 (Wien 1869).

Hermann WIESSNER – Margarethe VYORAL-TSCHAPKA, Burgen und Schlösser in Kärnten. 3. Band (Wien ²1986).

Martin WUTTE, Kärntens Freiheitskampf 1918–1920 (Klagefurt 1985). (= AGT 69).

AIHLBE